SHARP

那些特别善于表达自己观点的女人

The Women Who Made an
Art of Having an Opinion

MICHELLE DEAN

〔加〕米歇尔·迪安／著

冯璇／译

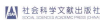

社会科学文献出版社
SOCIAL SCIENCES ACADEMIC PRESS (CHINA)

Sharp

献给每一个曾经被别人告知

"太聪明不好"的人

目 录

前　言

被我写进本书的这些女性在各自的生活中拥有同一个被视为褒奖的标志：她们都曾被形容为"锐利（sharp）"。

这些女性各自天赋的确切本质不尽相同，但她们的共同点是都能写一手令人难忘的好文章。没有多萝西·帕克（Dorothy Parker）对自己生活中的荒谬事物的尖刻回顾；没有丽贝卡·韦斯特（Rebecca West）将世界的一半历史浓缩进一次用第一人称描述的旅程的能力；没有汉娜·阿伦特（Hannah Arendt）关于极权主义的理论；没有玛丽·麦卡锡（Mary McCarthy）以山精中间的公主的奇特觉悟为主题的小说；没有苏珊·桑塔格（Susan Sontag）对阐释的理解；没有宝琳·凯尔（Pauline Kael）对电影制片人的强烈抨击；没有诺拉·埃夫龙（Nora Ephron）对女权运动的怀疑论；没有雷娜塔·阿德勒（Renata Adler）对权威人士缺点怪癖的编目列举；没有珍妮特·马尔科姆（Janet Malcolm）对精神分析学和新闻学的风险与回报的反思：这个世界就不会是现在这个样子。

这些女性是在二十世纪取得这些成就的事实更让她们显得非比寻常。那时的世界是一个没有人渴望听到女性就任何事情发表观点的世界。我们很容易忘记当多萝西·帕克开始发表她那些辛辣的诗文时，女性甚至还没有选举权。我们也总是忽略第二波女权主义思潮是在苏珊·桑塔格凭借《关于"坎普"的札记》（Notes on "Camp"）成为标志性人物之后才盛行起来的。这些女性在任何有组织的女权运动开始为女性这个整体谋求利益之前就已经公开蔑视人们为特定性别限定特别期许的行 为了。她们凭借自己超群的天赋，获得了其他女性根本不可能拥有的，在智慧层面与男性平等的地位。

所有这些个人成就还总让她们与"女权主义"的群体政治关系紧张。这些女性中有一些人会宣称自己是女权主义者，另一些则不会。事实上，她们之中没有谁满足于做一名活动家。丽贝卡·韦斯特是最接近于走上这条道路的人，但她最终也发现，妇女参政论者虽然勇猛得令人敬佩，但也假正经得不可原谅。桑塔格写过为女权主义辩护的文章，但是在受到质疑时又对艾德丽安·里奇（Adrienne Rich）怒斥这项运动"头脑简单"。就连诺拉·埃夫龙也承认自己为女性在 1972 年民主党全国代表大会上的组织能力感到担忧。

这种矛盾心态通常被看作她们想与女权主义政治撇清关系的证明。有些时候，这的确是她们的目的。这些女性之间存在一些本质上的巨大差异，而且她们并不愿意被归为同一个群体。一方面是因为她们之间有些人相互憎恶：比如麦卡锡就不喜欢帕克，桑塔格也不喜欢麦卡锡，阿德勒攻击凯尔时更可以说是不遗余力。另一方面是因为她们没有时间培养什么"姐妹情"：我甚至可以想象，要是汉娜·阿伦特看到我把她的作品放在女性身份的背景中讨论，一定会滔滔不绝地把我训斥一番。

即便如此，这些女性依然被认为是女性像男性一样有资格就艺术、思想和政治发表观点的有力证明。我们在这条战线上取得的任何进展都得益于阿伦特、迪迪翁和马尔科姆及其他女性为这个等式的女性一方增添的砝码。无论她们自己是否意识到了这一点，她们确实为其他在她们之后的女性开辟了道路。

我写这本书是因为这段历史还远远没有达到它理应享有的为人熟知的程度，起码在纽约某些偏僻的区划之外是这样的。她们每个人都有传记出版，我也读了这些传记。不过鉴于传记的性质，每本书只能单独讲述一位女性，介绍发生在她一个人身上的事件，而不能体现我认为我发现的存在于她们之间的联系。美国文学的发展通常是以男性小说家作为纪年标志的：先是海明威和菲茨杰拉德的作品；然后是罗斯、贝娄和塞林格的作品。在这个版本的故事中，同时期的女性作家也有许多同样值得被铭记的成就的想法几乎是不存在的。即便是从学术的角度来说，人们也普遍认为男性在"智识史"中占主导地位。二十世纪中期被称作"纽约知识分子"的这个群体当然也总是被定义为一个男性群体。不过我的研究显示实际情况并非如此。从人口统计角度来说，男性的数量确实超过了女性的。但是从一个大概是更关键的问题上看，即用其创造出的成果是否值得被铭记，是否能够定义他们所处环境中的术语来衡量的话，女性也是完全符合标准，甚至是有所超越的。

毕竟，谁的声音比帕克的更能穿透各个时代？你几乎可以从她的每行诗句中感受到那种刮擦声。又有谁的道德和政治观点比汉娜·阿伦特的影响更深远？没有苏珊·桑塔格，我们对于文化的构想将停留在哪里？如果不是宝琳·凯尔为我们开启了推崇流行文化的大门，我们会如何看待电影？对摆在我面前的这些女性的成就研究越久，我反而越觉得困惑：在谈论二十世纪的文学和智识历史时，怎么有人能够不将女性作为其中的核心？

我不禁认定，人们没有这样做的原因就是在这些女性所处的时代中，如此聪慧、卓越和锐利并不总能为她们赢得赞美。更多情况下，她们还会因为无意中刺伤了别人的感情而遭到猛烈的攻击。百老汇的制片人都憎恨帕克，甚至将她从戏剧批评家的位置上赶了下去。玛丽·麦卡锡在《党派评论》（*Partisan Review*）的许多朋友都厌恶她以他们为对象写的那些诙谐模仿文，还认为她是一个高傲、刻薄的人。与宝琳·凯尔同时期的男性电影制作人批评她不够严肃。（实际上，她至今仍然会受到这种指责。）在琼·迪迪翁（Joan Didion）首次发表她关于加利福尼亚州中部的著名散文《一些做着美梦的梦想家》（*Some Dreamers of the Golden Dream*）之后，她的编辑收到了不少毫不留情的批评信。当珍妮特·马尔科姆提出有些记者利用了被报道对象的虚荣心时，不少报刊的专栏作家们都在自己的专栏中批判她玷污了新闻工作宣称拥有的尊严。

有一些批评就是明目张胆的性别歧视，另一些则是纯粹的愚蠢。还有不少是以上两种情况的综合。不过这些女性的力量的关键就体现在她们如何对待这些批评上，她们秉持的是一种往往很风趣的聪明的怀疑论。就连汉娜·阿伦特也会不时为《艾希曼在耶路撒冷》（*Eichmann in Jerusalem*）引发的喧嚣而感到厌烦；迪迪翁则给一封放肆的读者来信回复了一个"哦，哇"；阿德勒有一个引用作者的原话回敬他们的习惯，她会指出这些人的用词重复和缺乏深意。

这些女性善于嘲讽的作风有时会成为她们应当被忽视的根据，因为人们觉得她们"不够严肃"。反讽、挖苦和嘲弄可以是局外人的工具：当你本身没有参与传统智慧的形成过程时，你对传统智慧自然会产生怀疑，这种怀疑的副产品就是讽刺。我认为，当发现这种特征和倾向时，我们应当更加小心试图干涉这种特征的做法。因为与众不同始终具有其智慧价值。在本书中，这种"不同"指的是"不是男性"，但它同时也可以指不是白人、不出身于上流社会，或不曾就读于名校。

这些女性就不总是身处所谓对的地方，她们也不是什么完美的榜样人物。她们的背景情况都很相似：大都是白人，大多是犹太裔，以及都来自中产阶级家庭。在接下来的内容中，你会看到她们也都拥有伴随这些特征而来的习惯、侧重点和偏见。比如，在一个更完美的世界中，像佐拉·尼尔·赫斯顿（Zora Neale Hurston）这样的黑人作家也应当被更加广泛地认定为这个群体中的成员，但是种族主义导致她的作品被边缘化了。

即便如此，这些女性仍然投身战场，参与了这场二十世纪的大辩论。这就是这本书的意义所在，仅凭她们的成就，就足以让人认可她们存在的价值。

我写这本书还有另一个动力，这个动力决定了我会去探索关于这些女性的哪些问题。如果你是拥有某种雄心壮志的年轻女性，了解这段历史会让你获得一些宝贵的财富。知道尽管性别歧视还很盛行，但你终究会找到突破它的道路就是一种宝贵的财富。

所以，我在接下来的内容中会一直探索究竟是什么把这些女性塑造成了她们后来成为的样子，她们是优雅的辩论者，她们会受到男性的阻碍，但也从他们那里得到过帮助；她们容易犯错，但不会被自己的错误定义；更重要的是，她们完全不会被人们遗忘。我寻找这些答案只是为了一个简单的理由：即便是在今天，即便是在女权运动结束之后（这个说法尚存争议），我们依然需要更多像她们一样的女性。

第一章　帕克

在成为后来那个指引方向的北极星之前，年仅十九岁的多萝西·帕克已经不得不为生计奔波了。对于像她这样的人来说，生活本不应该如此。1893 年，帕克出生在一个富裕的皮毛商人家庭中。她的家族姓氏是罗斯柴尔德（Rothschild），但不是那个罗斯柴尔德——帕克一生都在这样提醒采访者。不过帕克家在纽约仍然算得上一个受人尊敬的犹太家庭，他们的经济状况足以承受泽西海岸边的假期和曼哈顿上西区的宽敞公寓。然而在 1913 年冬天，因为两任妻子先后离世，以及一个亲兄弟随着"泰坦尼克号"一起沉入海底，帕克的父亲终于被悲伤击倒，撒手人寰。他几乎没有给孩子们留下任何遗产。

当时的多萝西·罗斯柴尔德尚未婚嫁，所以也无法指望夫家拯救她于水火之中。她也没受过什么教育，高中都没毕业，因为像她这样出身的女性都不是为了将来找工作而接受教育的。到二十世纪中期，秘书专科学校将向大量中产阶级女性传授让她们能够养活自己的职业技能，但是在帕克刚成年时，这些机构还都处于起步阶段。最终，帕克只能依靠自己仅有的能够迅速领到报酬的技能谋生：她会弹钢琴，而且舞蹈学校当时正如雨后春笋般在曼哈顿各处被创办起来。帕克喜欢说有时候她甚至向学生们教授略微不合体统的新兴的雷格泰姆（ragtime）舞蹈 ①，比如火鸡跑和灰熊舞之类的。帕克在讲到这个故事时总是把自己当成故事中的笑料。她的一个朋友记得她曾这样说："我教过的男学生之后都成了不中用的跛脚鸭。"[1]

---

① 雷格泰姆是一种原始的音乐风格，它把非洲音乐节奏的基本元素引入流行音乐，为爵士乐的兴起创造了条件。雷格泰姆最初是作为舞蹈音乐，1897 年至 1918 年十分普及，在圣路易斯和新奥尔良的美国黑人社区的红灯区尤其流行。（如无特别说明，本书脚注皆为译者注）

2 　　这是个有意思的故事，但也几乎肯定是个被夸大了的故事。在帕克的朋友和同时期人的所有记录中，没有一个人提到过帕克坐在钢琴边，更别说跳过任何舞蹈了。可能她只是把这些才能都抛弃了，也可能，如她后来在写作上的经历一样，利用她的音乐天赋挣钱这件事让她对音乐本身失去了兴趣。不过，还有可能是她为了幽默而夸大了事实，因为从一开始，幽默就为她提供了一种很好的逃避途径。她的笑话最终会将多萝西·罗斯柴尔德转变为传奇一般的"帕克夫人（Mrs. Parker）"，后者仿佛是某种愉快时光的化身。帕克夫人手里总是端着一杯鸡尾酒，她说出的俏皮话总会像投下一枚手榴弹一样在聚会中引爆笑声。

　　不过，就如聚会中的喧哗热闹和光鲜亮丽总能掩盖苦难和沮丧一样，帕克的生活也是如此。那些让其他人着迷不已的故事都是用悲惨的经历雕琢成的供人消遣的愉悦内容。就连这个坐在一群随着音乐旋转的舞者中间弹钢琴的天性快活的形象，也是帕克用来隐藏自己的愤怒和痛苦的。帕克显然并不介意告诉别人自己曾经身无分文，因为从白手起家到身处她达到的高度这件事中蕴含了某种大无畏的精神。不过帕克很少谈及在她五岁时就去世的母亲，以及被她憎恨的继母。她还不喜欢谈自己十五岁就离开学校的原因其实是要留在家中照顾越来越病弱且开始变得糊涂的父亲。直到近五年后她父亲去世，帕克才摆脱了这个困住她的牢笼。

　　后来，帕克在一篇题为《了不起的老绅士》（*The Wonderful Old Gentleman*）的文章中描述了这个（虚构）人物弥留之际的情况：

　　　　人们没有必要聚集到老绅士的病榻前了，他已经认不出他们之中的任何人。实际上，他在近一年前就认不得他

们了，他总是叫错他们的名字，还会在有礼但严肃地询问 3
他们家庭成员的健康情况时弄错谁是谁的丈夫、妻子或孩
子。[2]

　　帕克喜欢将父亲的去世描述为一场悲剧，有时还会为自己
不得不孤苦伶仃地自谋生路而愤愤不平："你知道，我当时没
有钱。"[3]不过不得不找工作养活自己被证明是对她大有裨益的，
这也是帕克第一次将一段不好的经历转变成一个精彩的故事。
这就是她的天赋：将复杂的情绪梳理成机智风趣的妙语，将所
有辛酸艰难隐藏在字里行间，而不是平铺直叙地大吐苦水。

　　在有了这样的经历之后，帕克显然认定所有的好运都是
某种偶然。她总是说自己走上写作道路是个意外，是"因为缺
钱"[4]才写作的。但这并不是事情的全部真相。帕克在还是小
孩子的时候就开始写诗了，虽然具体是从几岁开始已经弄不清
了。帕克不喜欢保存记录，她的文稿也很少有留存至今的。她
的一位传记作者设法找到了她小时候给父亲写的几封短笺，从
那里面，人们已经可以听出一位明日作家的声音。有一次她给
父亲写信说："人们说如果你的字迹向上扬，那意味着你有一
种鼓舞人心的天性。"她在这里指的是自己倾斜的手写笔迹。
接着她又补充了一句略微泄气的评论："我想我有。"[5]这种做
法后来将成为她的标志性策略。

　　有时候，天赋也是一种意外。它会选择哪些人能拥有这些
天赋，然后让这些人过上一种他们自己都从未梦想过的生活。
不过，天赋确实是与多萝西·帕克成为作家这件事有关的唯一
可以被算作意外的东西。

　　最先给予帕克一个职业机会的人叫弗兰克·克劳宁希尔
德（Frank Crowninshield）。1914 年的某个时候，他从一堆
主动投稿的文章里挑出了帕克的稿子，可能是因为从她身上看

到了自己的影子，也可能是因为看中了她的反抗精神。克劳宁希尔德出身于波士顿婆罗门（Boston Brahmin）阶层①，此时已经过了不惑之年，但他和纽约上流社会的其他成员有很大区别。克劳宁希尔德终身未婚——可能因为他是同性恋，不过没有确切证据证明这一点。在所有关心他的人面前，克劳宁希尔德是一位专心照顾自己沉溺于麻醉药品的兄弟的人。他在纽约为人所知的特点主要是他好开玩笑，以及他担任了新版《名利场》（*Vanity Fair*）的负责人。这份杂志原本是一份古板、正派的男士时装杂志，但康泰·纳仕（Condé Nast）雇用克劳宁希尔德对其进行彻底的改造。

当时还是美国杂志的最初兴起阶段。《哈泼斯杂志》（*Harper's*）和《大西洋月刊》（*Atlantic Monthly*）都在发行中。不过《纽约客》（*New Yorker*）尚未问世，也没有什么人敢奢望比"迪比克（Dubuque）的老夫人们"更有见识的读者群。爱德华·伯奈斯（Edward Bernays）是弗洛伊德的外甥，通常被认为是创造了公共关系学的人，他在1913年秋才刚刚开启自己的职业生涯。⁶从事广告业的人更是刚刚才开始设想他们最终将在美国拥有怎样的影响力。

在几乎没有什么先例可效仿的情况下，克劳宁希尔德的《名利场》就呈现了某种与主编的个性很相似的特点：尖酸刻薄、莽撞无礼，在针对富人的时候尤其如此。可能是因为他的兄弟遭受的折磨，也可能是因为克劳宁希尔德家族一直是个很有声望，但并非多么富有的家族——反正克劳宁希尔德对于富人们总是抱有一种批判态度。不过他采用的并不是什么言辞激烈的社会批判。相反，克劳宁希尔德喜欢调侃。就连他为改版后的第一期杂志写的《主编的话》都带着一种讽刺意味：

---

① 新英格兰地区的名门世家。

我们打算遵循着高尚的、传教士一般的精神为女性做一些事情，据我们观察，至今为止，还没有哪份美国杂志为女性做过这样的事。我们打算常常迎合她们的智慧。我们打算冒险相信，她们在最清醒的时候，也是能够胜任一些大脑活动的；我们甚至打算壮着胆子相信她们正是为当代文学作出了更原创、更令人兴奋，而且是充满吸引力的贡献的人。我们特此宣布自己为坚定、顽固的女权主义者。[7]

这就是一个可以有多种解释，容易令人困惑的讽刺：这是在拿当时还相对新鲜的女权主义这个概念说笑？还是一种旨在赞美女权主义的幽默？又或是不含任何政治意图的单纯嘲弄？在我看来，这三个答案都是对的。一个类似讽刺的主要乐趣就在于从不同的方向能够看出不同的含义。至少有几种方向是女性可以采用的。当这第一期杂志在1914年被发行出来的时候，女性甚至还没有投票权。但是因为克劳宁希尔德喜欢开玩笑，所以他需要一些站在相反立场上看问题的作者，也就是那些不受公认的规矩禁锢的人。

大部分符合这个类别的作者碰巧都是女性。安妮·奥黑根（Anne O'Hagan）是一位妇女参政论者，她写过关于格林尼治村（Greenwich Village）中所谓的波希米亚生活的文章。克拉拉·泰斯（Clara Tice）是一位前卫派插画家，她喜欢宣称自己是第一位梳波波头的女性，从这份杂志创立初期，泰斯就一直是它不可或缺的组成部分。玛乔丽·希利斯（Marjorie Hillis）到二十世纪三十年代时会成为各地女性单身生活的代表，杂志创立初期，她也在这里发表过文章。

帕克将会成为这份杂志最具标志性的声音，不过让她到这里就职的过程花了不少时间。克劳宁希尔德是因为她提交的一段轻诗歌而注意到她的。那首诗的名字叫《任何门廊》（*Any Porch*），全诗共 9 节，内容都是无意中听到的评论，这首诗的主旨就是，在任何家境富裕、消息比较灵通的富有人家的门廊上，你都可能听到这些内容。风格固定的、品评二十世纪初期上流社会的道德偏见的题材可能会让现代人觉得没意思。不过从这首诗中已经能够看出后来的帕克会关注哪些焦点：她对于女性特质带来的局限的尖酸解读，以及对那些只会重复公认观点和陈词滥调的人的不耐烦。

> 我不会说布朗夫人是个坏人，
> 她不关心道德，但不是不讲道德……
> 我觉得这个可怜的姑娘嫁不出去了
> 她正在谈论她的"事业"呢。8

6　　克劳宁希尔德从这首诗中看到了一些东西，他支付了 5 美元或 10 美元或 12 美元来购买这首诗。（关于这个报酬，帕克、克劳宁希尔德，以及其他人说的数额各不相同。）这次小小的成功让她有勇气向克劳宁希尔德申请一个工作机会。起初，他没法在《名利场》为她争取到职位，所以他把帕克安排到了《服饰与美容》（*Vogue*）。

　　这个安排并不十分合适。1916 年的《服饰与美容》还是一本为拘谨古板的端庄女性提供拘谨古板的端庄内容的杂志。帕克对于时装潮流从来不感兴趣，可是她发现这里的工作要求她对每种布料的优点或做多长的褶边之类的问题保持激情甚至是近乎虔诚的关注。哪怕是她在这里上班的最初一段时间里，她也无法鼓起足够的干劲。后来她尝试用礼貌的言辞描述这段回忆，但她依然难以掩饰自己像爱批判其他任何事一样，对同事们也抱有诸多意见。她告诉《巴黎评论》(*Paris Review*)采访者,在《服饰与美容》工作的那些女性"平淡无奇……并不时髦"。[9]她对那些人的赞美从来没有对她们的侮辱一半长:

> 她们都是正派、端庄的女性——是我见过的最端庄的,不过她们根本不能胜任在这样一份杂志中的工作。她们戴着滑稽的小软帽,把杂志中的模特从强悍的尤物无趣化为娇柔的小家碧玉。

《服饰与美容》是为顺应刚刚兴起的商业制衣产业的需求而创办的,这项产业大多时候要迎合顾客的喜好,同时也在让他们的喜好变得平庸。即便是在杂志创办初期,《服饰与美容》中的每篇文章就已经蒙上了一层营销的外衣,每期杂志都会表现出一种产品目录的格调。此时距离女性推翻裙装的束缚还有超过半个世纪的时间,但是凭借着既令人敬佩,又有些邪恶的先见之明,帕克在《服饰与美容》工作时做的每一件事都是在摧毁美丽的服装是女性优雅的最高表现的理念。

公平地说,在《服饰与美容》被迫终日应对一个在她看来根本配不上自己的主题的这段时间,反而能让帕克更加集中自己的才智。那个写出《任何门廊》这样的作品的作者开始把自己的钢笔当作所向披靡的大锤。在《服饰与美容》感到的压抑让她变得狡猾和敏锐。举例来说,当她被安排为用钢笔和墨水绘制的服装画撰写插图说明时,她就必须非常小心。这些插图往往是占据《服饰与美容》最多版面的内容,帕克得利用机智让自己的文字足够难以捉摸,这样主编才不会抓到帕克其实很看不起《服饰与美容》的读者的任何暗示。这种像制作金银细丝工艺品一样精心雕琢出来的插图说明中不乏一些绝妙的成果——比如那句著名的"简洁是内衣的灵魂"[10]。其他一些则拿时尚要求的复杂的支撑内衣开起了更轻松的玩笑：

> 只有一件事能和人生中的第一场恋爱一样激动人心，那就是人生中的第一件紧身胸衣。这两件事都能够带来一种令人愉悦的受重视的感觉。这件紧身胸衣能让十二岁孩子平板一样的身材也显示出某种腰部曲线。[11]

不过，她的编辑们还是注意到了这一点。当她的不屑表现得过于明显时，帕克不得不重写某些插图说明。尽管帕克的举止显然是无懈可击的，但《服饰与美容》的主编、头脑冷静的埃德娜·伍尔曼·蔡斯（Edna Woolman Chase）在自己的回忆录中形容帕克是"嘴上涂着蜜，脑子里酿着醋"。蔡斯能够意识到帕克的文字乍一读来甜美可人，实则将尖酸刻薄都隐藏在某种托词背后这点似乎很重要。她的评价与帕克后来的一位朋友的描述相互呼应。戏剧批评家亚历山大·伍尔科特（Alexander Woollcott）说年轻时的帕克是"小耐儿和麦克白夫人的奇异综合（So odd a blend of Little Nell and Lady Macbeth）"[12]。在最初的那些年里，帕克简直是文思如泉涌。她像为《服饰与美容》写文章一样频繁地为《名利场》供稿，显然是想在那里获得一个工作机会。《名利场》肯定能给帕克源源不断地写出的这种轻松、嘲讽，大多数时候并不会为人们所铭记的文字提供更多空间。她总是一次又一次地回归到一种被她称为仇恨之歌的体裁上，这种轻诗歌针对的对象范围很广，从女性到宠物狗应有尽有。有些这样的作品非常诙谐，但大部分还是以不加修饰的抱怨为主题，它们表达的尖刻甚至会让人觉得刺耳。当她被许可在散文中更大限度地展示自己的才华时，帕克往往能写出更精彩的东西。她那种像醋一样尖酸的机智被这样利用起来时往往能收获不错的效果，它们就像是一种缓慢反应的酸性物质，一点一点腐蚀被她嘲弄的主题。她对事物的厌烦情绪也总能让她的作品更深刻、更透彻。

1916 年 11 月发行的《名利场》上刊登了一篇题为《我为什么还没结婚》（*Why I Haven't Married*）的文章，帕克在这里解释了自己的独身状态。这篇文章是对纽约约会场景的一种讽刺，在帕克所处的年代，她显然和如今的我们一样毫无希望。帕克描绘了一位单身女性能够遇到的几种共进晚餐的对象，用他们来概括今天的情况似乎也依然适合。比如拉尔夫，一位永远满怀热切期盼的好男人："我看到自己被一堆毯子和沙发靠垫围在中间……我看到自己成了反对妇女参政的社团的一员"。[13] 又比如马克西米利安，一位左派波希米亚主义者："他把艺术看得比什么都重"。再比如吉姆，一位事业蒸蒸日上的生意人："在他的心中，我其实只能排在第三名，第一名和第二名是威士忌和威士忌，第三名才轮到我"。

1917 年 7 月发行的《服饰与美容》上刊登了一篇题为《室内的亵渎》（*Interior Desecration*）的文章。帕克在其中为人们描述了到由阿利斯泰尔·圣克劳德（Alistair St.Cloud，很可能是虚构的人物）装饰的房子中拜访的令人困惑的经历。（这次拜访很可能也是虚构的。）我们被告知，有一个房间里装饰着紫色的绸缎和黑色的毯子，还摆着"从宗教法庭流传下来的稀有的古董椅子"。[14]

> 除了一个黑檀木小柜上放着的一本有鲜亮的红色封皮的书之外，房间里再没有其他的东西了。我看了一眼书名，上面写着《十日谈》。
>
> 我问："这个房间是干什么用的？"
>
> 阿利斯泰尔自豪地回答说："是藏书室。"

帕克每天都在进步，写出了越来越多的妙语，对目标的分析也越来越精准。她从一开始就显露了天赋，但是她也需要时间来磨炼写作技巧。她似乎还必须获得克劳宁希尔德的赞赏和关注作为激励。帕克在自己职业生涯的最初几年里非常多产，超过了后来任何时候。自食其力的准则符合她的风格，即便是在1916年春嫁给埃德温·庞德·帕克二世（Edwin Pond Parker II）之后，她依然是这么做的。

给了多萝西新姓氏的男人是一个年纪尚轻的金发男子，他是普惠公司（Paine Webber）的股票经纪人，负责销售业绩良好的康涅狄格股票。不过就像多萝西原本的姓氏会让人联想到那个富有家族一样，帕克拥有的财产也并不像他的名字暗示的那么多。通常被简称为埃迪（Eddie）的帕克先生注定是一个没有留下什么自我描述，只能通过别人对他的印象来为我们所认识的人。我们知道他一直喜欢喝酒，是一个享乐主义者，至少远比后来成为他妻子的多萝西更追求物质生活的满足。多萝西刚认识埃迪时几乎还是个滴酒不沾的人，但在两人婚姻期间，埃迪会让她慢慢爱上杜松子酒。

《新郎来了》（*Here Comes the Groom*）发表于1917年6月，帕克站在自己一贯的批判视角谈论了婚姻制度。"从始至终，结婚的过程对于新郎来说都很悲哀，"[15]帕克在这篇于1916年结婚后创作的文章中打趣道，"从婚礼进行曲奏响到蜜月的开始阶段，他一直迷失在被遗忘的浓雾之中。"尽管似乎所有人都说帕克爱着埃迪，但她在绝大部分时间里继续把丈夫留在了那片浓雾之中。他们才结婚没几个月，美国就加入了第一次世界大战，埃迪应征入伍，在随连队接受训练之后，最终被派上了前线。他显然就是在此期间开始对吗啡上瘾的，而酒精对他的吸引力也并没有降低。

埃迪·帕克的种种问题让他成了妻子人生中一个游魂一

般的存在，他是一个偶尔被她拉着参加某些聚会的幽灵，是一个被她硬插进一两个故事中的角色，但是帕克从没有清楚地说明过他身上究竟有什么吸引自己的地方。1918 年，克劳宁希尔德终于让帕克进入了《名利场》，他的本意是想让她写散文。自这份杂志被改版时起，负责撰写戏剧评论的人一直是 P.G. 沃德豪斯（P. G. Wodehouse），他辞职以后，克劳宁希尔德就让帕克填补这个空缺。帕克从来没写过任何关于戏剧的文章，然而戏剧评论却是《名利场》不得不关注的一个主题。在二十世纪上半叶，有地位的时髦人士都热衷于阅读戏剧评论。电影在此时还不是占支配地位的流行娱乐形式，剧院中的现场表演仍然是创造和培养明星的场所。一名戏剧批评家能够搅动、影响、审视，更不用说嘲弄讽刺的金主和明星是很充足的。

　　这可能也解释了帕克最初为《名利场》写的几篇评论为什么显得那么小心翼翼。原本自信幽默的文章突然失去了节奏。在最初的几篇专栏文章里，帕克只是在紧张地闲聊。在大多数文章里，她几乎没怎么描述自己观看的戏剧和音乐剧。在 1918 年 4 月发表的第一篇评论中，帕克用了大量笔墨来抱怨一位在观看音乐剧时，把绝大部分时间花在寻找一只手套上的观众。这篇文章的结尾也很突兀，最后一句话是："就这些了。"[16]

　　信心最终还是被建立起来了，不过这是一个循序渐进的过程。帕克这位投手在进行希望渺茫的正面投球的过程中，渐渐可以投出几个快球了，而且她瞄准目标的能力也提升了。在她的第四篇专栏文章里，她抱怨了戏剧批评家的"悲惨生活"[17]，因为她想要评论的戏剧在杂志能够被送到商店货架上出售时往往已经停止演出了。在第五篇专栏文章里，她批判了戏剧总离不开战争题材的现象："除了裹上盟军旗帜，他们就不知道还能如何打扮歌舞女郎了。"[18] 渐渐的，帕克的尖刻嘲讽又显示出了她原有的优雅风格。她在抱怨《海达·高布乐》（*Hedda Gabler*）中必将出现的开枪场景时说："我真心希望［易卜生］偶尔能让女士们服点二氯化汞，或是打开煤气阀门，或选择其他一些声音小、又不会弄脏房子的死法。"[19]

帕克的信心得以增强的原因之一是她发现在《名利场》，自己是在为朋友而写作。克劳宁希尔德和这份杂志的其他编辑都理解她。幽默要建立在某种程度的相互理解上才能被感知。即使某个笑话很过火，甚至是越轨的，也必须是在讲笑话的人和听笑话的人之间存在某种共识的前提下，讲笑话的人才有道德界线可逾越。在帕克职业生涯中的大部分时间里，一直有一个密友和知己组成的圈子随时可以给予她鼓励和认可。这个圈子里的成员几乎全是男性，其中尤其重要的是两位她在《名利场》的同事。第一个人是罗伯特·本奇利（Robert Benchley），这位有些笨拙的新闻记者是在帕克从《服饰与美容》转投《名利场》后不久受雇担任执行主编一职的。另一个人是罗伯特·舍伍德（Robert Sherwood），他身材偏瘦，沉默寡言，然而隐藏在这种拘谨背后的是同样具有杀伤力的幽默感。这三个人在《名利场》总是形影不离，成了制造麻烦的三人组。

从任何层面来说，他们都用文字写就了自己的传奇。很久之后，帕克带着明显的为自己的邪恶而自豪的口气承认："我们的所作所为差到了极致。"[20] 他们都喜欢搞恶作剧，尤其是以他们的老板们为捉弄对象的那种。有一个他们最爱讲的趣闻是帕克订阅了一份葬礼杂志。她和本奇利都喜欢与死亡有关的幽默。他们还喜欢观察克劳宁希尔德从帕克的办公桌前经过，看到她从那些杂志上撕下并用大头针钉起来的尸体防腐图解时表现出的惊恐的样子。他们中午出去吃饭总要花很长时间，对于迟到心安理得，甚至拒绝为此编造借口。当克劳宁希尔德陪同康泰·纳仕一起到欧洲出差的时候，这三个人就更无法无天了。他们确实不是什么忠于职守的员工。

他们这种懒散的精神气质还被延伸到了阿冈昆圆桌会议（Algonquin Round Table）中。这个传奇的团体中包括多位作家，就连那些借别人的光来参加活动的追随者们也都很迷人。成员们会到曼哈顿中城的阿冈昆酒店进行短暂的聚会。圆桌会议的正式形成源自一次自我放纵。1919 年，《纽约时报》（*New York Times*）的戏剧批评家亚历山大·伍尔科特宴请宾客庆祝自己在战后平安返回。出席者对这次特殊仪式意犹未尽，于是决定将它延续下去。这个群体的声望持续的时间远比这个活动本身持续的时间长。圆桌会议的存在时间很短。八卦专栏里第一次提到圆桌会议是 1922 年。到 1923 年时，有报道说成员内部出了问题，原因是酒店的所有者发表了一些反对犹太人的看法；[21] 到 1925 年，这个特别的活动已经被宣告终结了。

后来，帕克对于圆桌会议的感觉变得越来越充满矛盾，她对自己获得的几乎所有成功好像都是这样的感受。帕克并不如有些人提到的那样，是参加圆桌会议的唯一女性。包括鲁思·黑尔（Ruth Hale）和简·格兰特（Jane Grant）之类的记者，以及埃德娜·费伯（Edna Ferber）之类的小说家也会经常来这里与其他人共饮。不过帕克无疑是作风和观点与这个活动联系得最紧密的一个。她的声望让其他参加活动的男性也相形见绌，那些人的名字如今大多已被人遗忘。因为帕克的风趣言谈总是那么精辟，所以她也是最经常被八卦专栏作家们引用的人。

对所有这些情况并不很适应的帕克有时会对提起圆桌会议的采访者发脾气，她要么说："我并不经常参加，去那里花钱太多。"[22] 要么对整个活动轻描淡写："那不过是一群爱讲闲话的人凑在一起吹牛炫耀罢了，他们攒了几天的笑料，需要找机会说个痛快。"[23] 帕克无疑会受到当时媒体报道的影响，那些内容对于圆桌会议自称文学界中坚力量的说法充满怀疑，甚至持批判态度。1924年，一位八卦专栏作者对这个群体嗤之以鼻："没有一个 [成员] 为文学带来什么令人印象深刻的格调，也没有谁写出过什么影响深远的诗篇，可他们都摆出一副高高在上的姿态，对传统思维充满不屑。"[24]

也许帕克辩驳得太多了，对自己朋友们的赞许则太少了。他们在酒店共进午餐和晚餐时度过的愉快时光似乎不是什么大事，也没有任何深远影响，但这为其他更重大的事情提供了助力。本奇利、舍伍德和这个群体中其他乐于听她发表意见的人们让她感到充满活力和激情。在《名利场》工作并参加阿冈昆圆桌会议的那些年正是她人生中创作力最旺盛的阶段。

帕克天生缺乏认可他人作为严肃作家或迷人明星的能力，这在她成为评论家后也一直影响着她。她不是一个容易被取悦的戏剧观众；简单来说，她不是一个戏剧迷。戏剧制作人们对于帕克在自己的专栏中发表的让他们很受伤的评价越来越气愤。其实评价本身的侮辱性并不至于引起那么强烈的受冒犯感，但是这一点已经不重要了。因为制作人不仅是被评论的对象，更是广告商。他们可以挥舞棍棒反击。

还有些时候，就连帕克的无心之举也会引发他们的怒火。那篇让康泰·纳仕疲于应付的专栏文章甚至都不是帕克最精彩的文章之一。该文章评论的对象是一部如今已经被人遗忘的萨默塞特·毛姆（Somerset Maugham）的喜剧《恺撒之妻》（*Caesar's Wife*）。帕克对这部作品中的明星比利·伯克（Billie Burke）是这样评价的：

　　扮演年轻妻子的伯克小姐看起来青春靓丽。她在一些比较严肃的场景中表现得不错；在一些轻松的桥段中，为了表现出角色的小女孩儿气质，她的表演就像在模仿伊娃·坦圭（Eva Tanguay）。[25]

这种讽刺已经比她平常的那些隐蔽了，然而它却导致百老汇传奇戏剧监制人，同时也是伯克的丈夫的弗洛·齐格飞（Flo Ziegfeld）冲到电话前大肆抱怨。在二十世纪二十年代，伊娃·坦圭被认为是一位"充满异国风情的舞者"；而比利·伯克却代表着一种纯洁无瑕的形象。她最著名的银幕形象大概就是米高梅公司 1939 年拍摄的《绿野仙踪》（*The Wizard of Oz*）中的好女巫格琳达（Glinda the Good Witch）。不过，这种卑贱下流的暗示可能还不是最令伯克感到受辱的。因为刚刚年满三十五岁的伯克对于帕克讽刺她年龄的怨恨，可能比对暗示她像脱衣舞娘的还要强烈。

不管怎么说，齐格飞已经不是第一个投诉帕克这种口无遮拦的评论的人了，所以康泰·纳仕坚持让她做出改变。克劳宁希尔德带帕克到广场饭店（the Plaza）喝茶，借机告诉她说自己不想让她继续负责戏剧评论的工作了。关于帕克究竟是辞职了还是被从《名利场》彻底解雇了，各方说法不一，答案的左右摇摆取决于你读到的是谁的版本。帕克说自己点了菜单上最贵的甜点，然后愤然离席。接着她给本奇利打了电话，后者立马也辞职了。

本奇利绝对已经成了帕克生活中最重要的男人。她渴望得到他的认可，还会以他为效仿的榜样。他们的朋友们怀疑两人之间是否发展出了婚外情，不过似乎没有证据能证明这一点。显然，帕克对本奇利来说也像本奇利对她一样重要，因为尽管有孩子要抚养，本奇利还是毅然决然地放弃了《名利场》的工作。帕克说："这是我所知的最伟大的友谊的表现。"[26]

14

不过，在离开《名利场》这件事上，他们其实并不像自己夸张的离场所表现得那么气愤，连他们的接班人都是他们自己选好的。帕克离开之前不久刚刚提拔了一位名叫埃德蒙·威尔逊（Edmund Wilson）的年轻批评家，他原本的工作是负责审核投稿。[27] 当克劳宁希尔德安排威尔逊接替本奇利的执行总编的工作时，帕克很可能更高兴了。被解雇不到一年，她的文章就会重新被刊登在《名利场》上。

交接工作非常顺利。在此过程中，威尔逊偶尔也会到阿冈昆喝上几杯，但是年纪尚轻、资历尚浅的他还要再过很多年才能成为写出《阿克塞尔的城堡》（*Axel's Castle*）和《到芬兰站》（*To the Finland Station*）这样"严肃的"批评作品的受人尊敬的作家。受邀参加了圆桌会议活动的威尔逊在日记中写道："我没觉得那些人特别有意思。"[28] 不过他的确认为帕克是一个令他很感兴趣的人，因为"她的本性中充满相互抵触的东西"。威尔逊认为帕克有别于阿冈昆群体中的其他成员是因为她能够与严肃的人"平等地对话"。[29] 她的"入木三分和一针见血"让她不像其他成员那么偏狭土气。这些特质很对威尔逊的口味，他成了帕克一辈子的朋友，即便是在帕克被人遗忘、身无分文时也依然如此。威尔逊与其他许多出身于类似背景和环境的男性不同，他真心享受与思维敏锐的女性相处。他似乎抵挡不了与真正聪明的人为伍的诱惑。

*

不过帕克根本不需要对康泰·纳仕心怀怨恨。因为凭借她此时的声望，她根本不缺少工作机会。一份名为《安斯利》（*Ainslee's*）的杂志立即雇用她做戏剧批评家。帕克的轻诗歌几乎每周都会出现在城中各份报纸和杂志上，她的戏剧批评文章每月都会被发表，除这些以外，她还会写一些散文。在整个二十世纪二十年代，帕克一刻不停地工作着。尽管她说靠写诗挣的钱从来都不够生活，但她还是依靠自己的收入及埃迪的某种形式的贡献坚持下来了；这对夫妻在 1922 年时已经分居，不过他们要到 1928 年才会正式离婚。

　　所以我们可以说帕克的文章在当时肯定是非常受欢迎的，不过它们是好文章吗？从这一角度来说，她的诗歌是最不受重视的。美国人对于轻诗歌的需求日渐萎缩，到二十世纪三十年代，更是完全没有人再看这些东西了。我们得承认，如今看这些东西确实会觉得它没什么吸引力。它的形式过分考究，内容则都是些陈词滥调。帕克也常常以爱情为主题，所以有人批评她多愁善感。她对这些批评意见很当真，于是越来越觉得自己的诗歌毫无价值。不过如果你能细细品读的话，你会发现这些表现围绕着她的外在世界的诗句时常能闪烁出智慧的光辉。就连被她弃如敝屣的作品中都不乏精彩的妙语，比如 1922 年创作的《轻佻女子》（*The Flapper*）中就有这么一段：

> 　　她少女般的举止可能会引发激动，
> 　　她的礼数教养可能会遭人指点，
> 　　不过她能造成的伤害
> 　　绝没有一条潜水艇能造成的多。[30]

　　这种指责绝不是随便一说的。帕克是在无声地瞄准与她同时代的人们。帕克和菲茨杰拉德（F. Scott Fitzgerald）差不多是同时成名的，后者正是把轻佻女子（flappers）和轻佻女子问题（flapperdom）神话化的代表人物。菲茨杰拉德创作的小说《人间天堂》（*This Side of Paradise*）讲述的就是大学校园中的年轻学生爱上一位轻佻女子的故事。这部 1919 年出版的小说不仅销量惊人，还获得了评论界的交口称赞。菲茨杰拉德因此书而声名鹊起，简而言之就是他被视为同龄人中的贤哲。帕克和菲茨杰拉德在这本书出版之前，当菲茨杰拉德还在艰难挣扎时就相互认识了。尽管如此，帕克还是对于他获得成功之后在媒体面前为自己塑造的形象感到厌烦。1922 年 3 月，帕克用一首名叫《一群年轻人》（*The Younger Set*）的仇恨之歌来纾解自己对于像菲茨杰拉德这样的青年才俊作家的嫉妒之情：

> 那些男孩儿作家；
> 那些要把纯文学抛在脚边的人。
> 每天晚上入睡前
> 他们会双膝跪地向孟肯（H.L.Mencken）祷告
> 求他保佑自己成为好男孩儿。
> 他们总是随身携带一大沓自己剪裁的稿纸，
> 还说毕竟世上只能有一个雷·德·古尔蒙（Remy de Gourmont）；
> 对此我毫无异议。
> 他们惧怕真正的公开发表
> 就像你和我
> 面对一百万美元的礼物时会畏缩一样。
> 不过眨眼间
> 他们又要朗读自己的作品了——
> 无论是在商场里，
> 在运送谷物的升降机上，
> 还是在女士的更衣室里。[31]

雷·德·古尔蒙曾经是当时非常受欢迎的法国象征主义诗人和批评家，如今他已经被大多数人遗忘了。不过帕克显然是在用他来暗喻男孩儿作家们当时的主保圣人——菲茨杰拉德。《人间天堂》出版时，菲茨杰拉德只有 24 岁。与他同时期的人无法不注意到他并对他充满嫉妒。另一位阿冈昆圆桌会议的成员在读了这本小说后抱怨说："它让我们觉得自己已经很老了。"[32]

　　帕克也嫉妒菲茨杰拉德吗？她从来没有承认过这一点——总说他是自己的朋友，还说自己喜欢他的作品。不过另一些暗示则说明帕克心中有一种想要跟对方一较高下的求胜心。1921 年，她在《生活》（*Life*）上发表了一篇名为《又见哈伯德妈妈》（*Once More Mother Hubbard*）的文章，她要表达的意思是这篇诙谐模仿文就是"给菲茨杰拉德讲的"经典童话故事。

　　　　十九岁的罗莎琳德（Rosalind）把手肘撑在膝盖上。你能看到的只有从已经用了十九年仍被擦得闪闪发光的浴盆边露出来的带波浪的短发和她隐含焦躁的灰色眼睛。她在弯弯的嘴角处懒洋洋地叼着一根香烟。

　　　　艾默里（Amory）靠在门边，轻声地吹着口哨，他吹的是《返回拿骚楼》（*Coming Back to Nassau Hall*）。罗莎琳德的年轻貌美在他心中点燃了一簇好奇之火。

　　　　他随意地说道："给我讲讲你自己。"[33]

　　这篇诙谐模仿文之所以成功，是因为它和其他成功的模仿作品一样，都建立在对被模仿对象的仔细研究上。如果说这里面有一部分嫉妒的成分，那么还有一部分就是直言不讳的批判。菲茨杰拉德确实对上流社会的"随意"抱有一种盲目的崇拜。他也对常青藤联盟情有独钟（《返回拿骚楼》就是普林斯顿大学的助威歌）。他还喜欢安排自己书中的英雄遇到各种貌美，但整体上一团糟的年轻女性角色，所有这些女性都是模拟作家的妻子泽尔达·菲茨杰拉德（Zelda Fitzgerald）创造的。菲茨杰拉德没有对这篇作品给出任何回应，不过如果他读到这些内容，他一定能看出帕克投出的石头和射出的箭至少有一些是正中靶心的。

菲茨杰拉德对女性人物的处理会引起帕克的注意绝不是个意外。帕克和菲茨杰拉德的很多朋友一样不喜欢他的妻子泽尔达。帕克对泽尔达的传记作者说过："她一遇到什么不喜欢的事就生气，我不觉得这是什么招人喜欢的品质。"[34] 帕克这么说可能是一种竞争心理作祟：有传闻说菲茨杰拉德和帕克之间是男女关系，不过没有任何证据留存下来。[35] 另一种可能的原因是形象问题：泽尔达心甘情愿地把自己塑造成媒体眼中的终极轻佻女子，这样的形象恰恰是帕克一直在抗拒的。在《人间天堂》出版之后，公众对菲茨杰拉德十分关注，而泽尔达也一直是被关注的一部分。她会在采访中说自己热爱罗莎琳德这个角色，这个角色就是以她为原型的。她还会说："我喜欢这样的女孩儿，我喜欢她们的勇气，还有她们的鲁莽和挥霍无度。"[36] 与她相反，帕克认为她的表现都是装出来的，帕克说不出这样的话，也无法理解这样的想法。

即便如此，帕克和菲茨杰拉德的友谊还是几乎持续了一生。他们太相似了——两个大部分时间里缺乏偿债能力的酒鬼兼遭遇创作瓶颈期的作家。最终，菲茨杰拉德也会认可帕克的观点，承认自己早期作品的无力，以及爵士时代无节制享乐背后的空虚。到菲茨杰拉德在 1925 年出版《了不起的盖茨比》（*The Great Gatsby*）之时，他已经不再那么崇拜"随意"了。轻佻女子和富有人家的子孙到此时成了各自玫瑰花瓣上的溃烂之处。不过人们更关注的仍然是像盖茨比在西卵的豪宅这样的闪闪发光的幻象，却没有人在乎多光鲜的幻象也不过是伪造之

物的现实。《了不起的盖茨比》从商业角度来说并不成功。菲
茨杰拉德所处时代的人们还没有准备好聆听他想要传达的信
息。直到第二次世界大战期间，因为出版了被免费派发给士兵
的版本，这本书才变得受欢迎起来。[37]

　　与帕克不同的是，菲茨杰拉德英年早逝，酗酒和肺结核联
手在 1940 年夺取了他的生命，他去世时仅四十四岁。帕克比
他多活了近三十年。当她看到躺在棺材里的菲茨杰拉德时，帕
克引用了作家在《了不起的盖茨比》中的原话用到他本人身
上："这家伙真他妈的可怜。"没有人意识到这句话的出处。

　　到二十世纪二十年代晚期，帕克也被自己设定的人格面具
困住了。所有报纸杂志上都能看到她的作品，所有人都想发表
她的诗歌或妙语。1927 年，她出版了一本名为《够长的绳子》
（*Enough Rope*）的诗歌作品集。令她吃惊，也让其他所有人
意外的是，这本诗集很快就成了一本畅销书。她的诗歌太流行
了，以至于其中的词句和韵文都被融入了日常生活。人们在聚
会中相互引用其中的内容，好让自己显得风趣非凡。《诗歌》
（*Poetry*）上一位严苛阴郁的评论者在 1928 年写道："几乎你
认识的所有人都能直引、转引，或者哪怕是不完全准确地引用
至少十几句帕克的诗文。她似乎已经取代了麻将、填字游戏和
《再问我一题》（*Ask Me Another*，该年代流行的寓教于乐的
游戏书）。"[38]

　　鉴于帕克的诗歌读起来并不会让人轻松愉快，她还能如此
受欢迎就更出乎意料了。人们喜欢的正是她这种让人震惊的风
格。她的技巧中有这样一些东西，它们虽然被反复使用，但是
每次都能收到良好的效果。此时已经离开《名利场》，到《新
共和》（*New Republic*）任主编的埃德蒙·威尔逊评论了《够
长的绳子》这本书。直到距今相对不算很久以前，文学界的朋
友互相评论彼此的作品都还不是什么奇怪的事。威尔逊对于帕

克的诗歌的惯用套路作出了一个精彩的总结：

> 起初是用带有滑稽感的伤春悲秋的几句话营造气氛，往后读也不过是典型的杂志上的补白短文，顶多可以说是内容上可信一些，文笔上优美一些，但也仅仅是略高于平均水平而已；直到读完最后一句，你才能体会到它给整篇作品带来的让人难以想象的冲击力。[39]

这种策略也有其自身的缺点。点睛妙语出现之前的部分往往都是些陈词滥调或过分煽情的内容，也就是威尔逊所谓的"平凡无奇的幽默韵文"和"平淡无奇的女性诗歌"。评论者们总是批评帕克靠死记硬背写诗，还总说她不够原创。但这些人忽略了一些事情。当帕克使用这些老生常谈的内容时，她往往就是为了利用这些内容的空洞无物，它们的不足正是帕克拿来嘲笑的对象。尽管如此，帕克还是接受了外界对她作品的批评，还总会重复那些人的观点。她在接受《巴黎评论》的采访时就说："亲爱的，实话实说，我的诗文太落伍了——和任何曾经流行，但如今看来惨不忍睹的东西一样。"[40]

值得一提的是，包括威尔逊在内的一些人当时并不这样看待她的作品。威尔逊在为《够长的绳子》撰写的评论中提到自己发现了这些诗中存在一些引人不快的内容，但他同时认为这些诗"表现了一种不断向前的状态，创作出这些令人满意的作品的人不仅拥有引人注目的文学天赋，更拥有想要写作的纯粹需求"。他在帕克的作品中看到了一种埃德娜·圣文森特·米莱（Edna St. Vincent Millay）的风格，但是二者秉持的哲学理念却完全不同。威尔逊坚持认为帕克这种"锋利、辛辣的风格"[41] 是她独有的。他还觉得这种风格弥补了她作品中存在的弱点。他确定她的声音是值得被所有人认真倾听的。

帕克的声音是一种带着自厌和自虐气息的声音，但是她折磨的目标超越了她本身。你可以将她的目标概括为"身为女性的局限性"，或"浪漫爱情传说的虚假之处"，甚至是"自杀本身的小题大做"，就如她在那首举世闻名的《摘要》（*Résumé*）及类似的作品中写到的那样： 20

> 用刀片会疼；
>
> 投河会湿漉漉；
>
> 酸会留下污迹；
>
> 麻醉品会引发痉挛。
>
> 枪支是违法的；
>
> 上吊绳索不一定结实；
>
> 煤气特别难闻；
>
> 你还是继续活着吧。[42]

尽管帕克的大部分读者都不知道这一点，但这首诗其实是一种自嘲。帕克在 1922 年第一次尝试自杀时选择的就是刀片。当时她因为与查尔斯·麦克阿瑟（Charles MacArthur）的分手而心情沮丧。麦克阿瑟是一位记者，后来会写出一部名为《头版》（*The Front Page*，又译《犯罪的都市》）的喜剧，该剧还成了二十世纪四十年代的大热电影《女友礼拜五》（*His Girl Friday*）的样板。帕克和麦克阿瑟的婚外情最后闹得很僵，在此期间帕克还做了一次人工流产。之后帕克也没有勇敢地振作起来并恢复如初。而且她似乎对很多人反复讲述过这段经历，有时候甚至是对着没有什么同情心的听众。能够证明这一点的例子是她选择的听众里包括一位当时还很年轻，且没什么经验的作家，这个人正是欧内斯特·海明威（Ernest Hemingway）。

和帕克一样，海明威在今天如此著名，以至于我们觉得当初他的天才一定是马上就获得了认可，他的名气应该是从他发表第一句话时就树立起来了。然而在 1926 年 2 月帕克第一次见到海明威的时候，他还是一位只出版过一本短篇小说集的人。《在我们的时代里》（*In Our Time*）是由规模极小的博尼与利夫莱特出版公司（Boni and Liveright）出版的。这本书并没有在纽约引发什么轰动。帕克后来描述它得到的反响与"在曼哈顿上城河滨大道发生的一场无疾而终的狗打架"[43]差不多。是菲茨杰拉德把海明威介绍给了出版自己作品的，资金更雄厚，也更有声望的斯克里布纳出版公司（Scribner's）。1926 年春，海明威来纽约与出版商洽谈出版自己首部重要著作的事宜，也是这次洽谈达成的协议最终让斯克里布纳出版公司出版了海明威的第一本真正成功的小说——《太阳照常升起》（*The Sun Also Rises*）。

所以说，当帕克和海明威结识时，他们在事业上的成就还有很大差距。从受公众追捧的角度来说，帕克的知名度远高于海明威。这一点似乎让海明威很不自在。更让他厌烦的是，帕克听迁居海外的作家说在法国生活很愉快又省钱之后，就决定延长两人相互了解的时间，和海明威乘坐同一条船前往欧洲。在接下来的几个月里，帕克在欧洲大陆上遇到过海明威几次，有时是在法国，有时是在海明威热爱的西班牙。不过帕克显然已经开始让海明威忍无可忍了。

帕克和海明威在船上时，以及后来在西班牙和法国相遇时发生了什么，谈到了什么都已经无人知晓。帕克的传记作者之一称帕克取笑了一场葬礼游行，她对西班牙人的荣誉和苦难的质疑在某种程度上侮辱了海明威。不过，她肯定还跟海明威讲了关于麦克阿瑟和她的人工流产的事。我们之所以能肯定海明威很厌恶帕克的坦白，是因为他生气到写了首诗来记录他的愤怒。他给这首诗取名为《致一位悲惨的女诗人》(*To a Tragic Poetess*)：

> 用抄袭的韵律来表露
>
> 你曾经对查理抱有的怨恨和渴望
>
> 他离开了，却在你腹中留下了孩子
>
> 孩子的小手还没成型
>
> 成型的小手总是很可爱
>
> 不过孩子的脚长出来了吗
>
> 他的睾丸下降了吗？ [44]

海明威用他认为是直白的打击的一句话结束了全诗："据我观察，悲惨的女诗人就是这么产生的。"

帕克可能从来没听说过《致一位悲惨的女诗人》，没有证据证明她知道这首诗的存在。不过她的朋友知道。海明威参加阿奇博尔德·麦克利什（Archibald MacLeish）在巴黎的公寓内举行的宴会时当众大声朗读了这首诗。出席这场聚会的还有圆桌会议成员唐纳德·奥格登·斯图尔特（Donald Ogden Stewart）及其妻子。据称在座的人都无比惊骇。斯图尔特本人在某个时刻还爱慕过帕克。他对这首诗感到无比气愤，因此立即斩断了与海明威的友谊。不过海明威显然并不后悔写了这首诗。他把这首诗用打字机打出来，然后和自己的其他文稿保存在一起。

即便是没有听过这首诗，帕克也感受到了海明威对她的不屑，而且她对此无法一笑了之。尽管海明威当时还不出名，但是他已经获得了一群文学界人士的认可。这些人的认可正是帕克也想得到的。帕克并不像其他人以为的那样毫无野心。海明威成了帕克的一个燃点，她总会从他们共同的朋友那里打探消息，问他们觉得海明威喜不喜欢她。后来帕克还写了两篇关于海明威的文章，一篇是书评，一篇是传略，这两篇文章都被刊登在当时刚刚创立的《纽约客》（*New Yorker*）上。两篇文章都充满了溢美之词，但是人们能够明显感觉到作者在写作时怀着怎样的焦虑心情。

"如所有读者都知道的那样，他拥有一种强大的感染力，"帕克在她的评论中这样写道。"他做的那些简单的事情看起来不费吹灰之力就可以做到。但是如果别人也尝试做同样的事，看看他们的结果吧。"[45]帕克通常不擅长直白的赞美，所以那篇海明威的传略中自然也带着别扭的，甚至可能是她自己都没意识到的带刺的言辞。帕克不断评论海明威对女性的诱惑力，并将这一点归咎于书上的作者照片。帕克还说海明威对批评意见过于敏感，但她认为海明威有资本这样，因为"他的作品已经创造出了一些该被用酒精保存起来的范例"。最后，帕克说海明威拥有非凡的勇气和胆量，还称赞了他管这些优点叫"决心"的说法。整篇文章读起来就像一份字数过多的道歉信，收信人不但不会原谅道歉人，还会因此觉得不自在。

23　　像往常一样，帕克再一次成功地将其他人对自己的批评意见内化了。没有人能比多萝西·帕克更讨厌她自己。这正是海明威不曾理解的地方。

*

《纽约客》当时的掌舵人哈罗德·罗斯（Harold Ross）也是一位圆桌会议的常客，这份杂志就是由他于1925年创立的。杂志的定位是精致高雅、符合大都市品味。它的目标读者是"迪比克的老夫人们"之外的群体。不过罗斯本人从来不是个温文尔雅的角色。虽然《纽约客》的员工最终会变得忠诚于他，但他看上去总是有些缺乏风度和品位。他始终决定不了要如何看待女性。一方面，他的妻子简·格兰特（Jane Grant）公开声明自己是女权主义者。格兰特的信念也许可以解释为什么在《纽约客》发行之初的几年里，那上面刊登的女性和男性作家的文章数量不相上下。[46]另一方面，在 1927 年加入《纽约客》的詹姆斯·瑟伯（James Thurber）却称，罗斯总是将男性的无能归咎于"可恶的学校女教师"。[47]帕克欣赏罗斯完全的自信，但是她在开始为罗斯创作稿件之前就已经建立起自己的声望了。实际上，帕克为提高杂志名气而发挥的作用反而比杂志为提高帕克名气作出的贡献大得多。

在《纽约客》艰难维持的最初几年里，帕克只是偶尔在这上面发表一些短篇小说或诗歌。直到罗伯特·本奇利不得不暂时辞去《纽约客》的图书评论家的工作，并由帕克填补了这个空缺之后，她才将这份杂志打造成了一份著名的出版物。帕克在这里发表文章时，用的还是本奇利选择的笔名——"永远的读书人（Constant Reader）"。

作为一名书评人，帕克堪称难忘金句女王。她就 A. A. 米尔恩（A. A. Milne）在作品中使用过度甜腻的口吻回击的那句"永远的读书人吐了（Tonstant Weader fwowed up）"[①]至今仍很出名。不过很多帕克最精彩的讽刺针对的目标都是如今已经被大众遗忘的作品，比如帕克曾说"玛戈·阿斯奎斯（Margot Asquith）和自己谈恋爱的内容将成为文学史上最优美的爱情故事之一而存在下去"。[48]鉴于此，总有人觉得帕克把精力浪费在了一些不值得她评论的作品上。琼·埃科塞拉

---

①　米尔恩在《小熊维尼》系列作品中使用了很多模仿婴幼儿发音习惯的幼稚拼写，帕克在这里故意改变了"Constant Reader"（永远的读书人）和"throw up"（呕吐）的拼写方式，是为了模仿和取笑米尔恩的风格。

（Joan Acocella）就认为从这一点上看，埃德蒙·威尔逊要比帕克做得好，因为威尔逊评论的都是一些虽然没有那么流行，但本质上更重要的作者的作品。埃科塞拉写道："'永远的读书人'专栏并不是真正的书评专栏，反倒更像单口相声演员的例行表演。"[49] 这个评论略微有些不公平是因为不同的杂志针对的读者群不同，《纽约客》从来不渴望成为发表严肃的、知性的批评的场所，它追求的只是精彩的文章。而要写出精彩的文章，选择负面评论的角度总是比正面的容易，因为作者可以通过开玩笑来提升文章的精彩程度。

幽默搞笑其实能够实现比人们通常承认的更机智、更有自知之明的尖刻效果。帕克以"永远的读书人"为笔名发表的文章中，我最喜欢的一篇其实不算是书评。这篇发表于1928年2月的文章是关于一些被她称为"文学扶轮社友（literary Rotarians）"[50] 的人的。她在这里表达厌烦之情的对象是一群出入纽约的一些文学场合，在各个聚会上就各个出版商夸夸其谈的人。这些人本身可能也是某种作家。帕克认定他们就是那些用诸如"和书呆子一起鬼混"或"与书虫一起转圈"之类的笔名发表专栏文章的人。换句话说，他们都是些装腔作势的人，他们只是披着文学的外衣，实际上没有作出任何评论："文学扶轮社友把我们和他们自己带到了一个你写的是什么已经不重要的阶段；一个所有作家都平等的阶段。"

像帕克这样拥有尖刻思想的人会觉得文学扶轮社友的态度是对自己的冒犯并不让人感到惊讶，不过她做的是比捍卫使用评判来衡量文学价值更复杂、更明确的事。毕竟，她写的东西都会被发表在这个名为"永远的读书人"的专栏中。尽管她也写了很多广为人知的诗歌，但帕克始终被认为是世俗的、喜好社交的女人。她描述的可能就是圆桌会议中的某些成员，他们之中很多人都在名字特别诙谐幽默的专栏中写文章。但最重要的是，她描述了一些后来她开始担忧也适用于自己的问题：那就是她和她的大多数朋友都把时间浪费在了没有价值的东西上。

1957 年接受《巴黎评论》采访时，帕克告诉采访者说："我总想要表现得古灵精怪。那真是可怕的想法。我本应该更有头脑些。"[51] 这种想法顽固地纠缠着帕克，且随着她越来越成功而变得愈发强烈。它就像一把插在帕克心上的刀，不但没能激发她创作出更好的作品，反而毁掉了她的创作欲望。帕克肯定不是当时唯一厌恶这种"成熟老练"的审美趣味的人。比如 1930 年 10 月，《哈泼斯杂志》上就刊登了一篇名为《向成熟老练说再见》（*Farewell to Sophistication*）的文章，其中还旁敲侧击地将帕克定义为这种空洞、无用的"世故言谈"[52] 的主要支持者。

这种幻想破灭实际上从 1929 年就已经不再是说笑了。矛盾的是，就在那一年年初，帕克还获得了一个职业生涯中的巨大成功：她发表了一篇后来将为她赢得欧·亨利奖（O. Henry Award）的短篇小说，由此证明她的才华也可以被用在创作虚构类文学作品上。但是这篇小说好像是帕克对自己的失望之情的一种寓言。小说的名字叫《高个子的金发女郎》（*Big Blonde*），其中的女主人公黑兹尔·莫尔斯（Hazel Morse）被帕克描述为一位拥有"染出来的金发"的女士。实际上，关于黑兹尔的一切都像是编造的，是一种假扮。黑兹尔出场时已经人到中年，她年轻时的生活很风光，她把时间都花在了"温顺随和"地招待男士上。如叙述者有预兆性地告诉我们的那样："男人们喜欢温顺随和的人。"[53] 不过黑兹尔对继续这种表演感到厌倦——"她越来越需要有意识地去扮演，而不是自然地流露出那种感觉"。再加上随着年纪的增长，她已经不那么容易获得富有男人们的注意了。于是她弄来了一些佛罗拿

（veronal）药片［一种巴比妥类药物，相当于二十世纪二十年代版本的安必恩（Ambien）］，不过她的自杀没有成功。

《高个子的金发女郎》显然含有一些自传性的元素。帕克也曾采用同样的方法尝试自杀（但没有成功）。她与埃迪的离婚也是在一种充满矛盾的情绪下完成的，这与黑兹尔的婚姻失败具有相同的特征。不过帕克这种深刻的愤怒并不完全是针对埃迪·帕克的，也不是针对男性这个整体的。

无论是帕克还是黑兹尔都不具有传统意义上的对男性的执迷不悟。说到男性，作家和她创作的角色其实都抱有一种骑墙态度。她们对于圆满是什么样子有自己的设想，而且认为男性应当是其中的一部分。不过在现实中，男人总是让她们失望。男人只追求肤浅的联系，他们要找的是"温顺随和"的人，而不是有渴望、有志向、有自己的需求的活生生的人。不过这篇小说中体现出的自传性质的回响不是靠几个具体细节表现的，不在于黑兹尔是不是吃了同样数量的安眠药，不在于她也从威士忌中寻求慰藉，更不在于可能是从帕克抛弃埃迪的离婚过程中借用的某些桥段。这种回响体现在字里行间的失望感中：其中当然有对男性的失望，但也有对世界，以及对她自己的失望。

也是在这一年，帕克第一次收到了几个请她到好莱坞为剧本润色的邀约。作为一位著名的风趣作家，帕克从邀请方那里得到的条件都是优于当时的一般标准的。最终帕克接受了一个周薪 300 美元，为期三个月的工作。挣钱当然是一个重要原因，但她也渴望借此机会换个环境放松一下。虽然她很不喜欢好莱坞，和她同时代的人一样，帕克也认为好莱坞是个愚蠢的地方，但她在那里的工作相当成功。她与别人一起创作了不少成功的电影剧本，珍妮·盖诺（Janet Gaynor）主演的 1934 年版《一个明星的诞生》（*A Star Is Born*）不仅为她赢得了赞美，还给她带来了一个奥斯卡奖和大笔的钞票。这些钱都被用来买杜松子酒和宠物狗了。帕克买了很多狗，其中一条贵宾犬被她取名为"陈词滥调（Cliché）"。帕克显然是为这些用钱买来的东西感到喜悦和享受的，不过宽裕的日子并没有持续太久。

问题就在于靠这个工作挣钱太容易了，所以帕克把绝大部分时间都花在了这上面。她几乎完全停止写诗了，连短篇小说也只有在手头宽裕的时候才偶尔写一篇。起初，这种方式运行得还算顺利；她在 1931 年、1932 年和 1933 年时还能每隔几个月发表一篇短篇小说。可是接下来，短篇小说的数量也越来越少了。没过多久，就变成了间隔一整年才发表一篇小说。至少有一次，她已经收了创作一部小说的定金，但是最终没能完成，于是只好把钱退了回去。她逐渐成了那种与出版商的通信内容主要都是在道歉的作家。帕克能够编出"我的作业被小狗吃了"那样让人无法生气的理由，比如 1945 年，在与维京出版公司（Viking Press）的编辑帕斯卡尔·科维奇（Pascal Covici）就某个如今已经被人遗忘的项目通电报时，帕克就是这么说的：

> 我发电报而不是打电话的原因是我都没脸听到你的声音 / 我就是写不出来 / 我从没这么夜以继日地辛苦工作过 / 从没这么想让什么文章足够好过 / 但是我得到的只有一摞摞写着感觉不对的词句的稿纸。我能做的只有继续加油 / 希望上帝能帮我完成它。我不知道这篇文章怎么这么难 / 或者我为什么这么无能。[54]

27

不过帕克的失望之情也获得了某些缓解。第一，她遇到了自己的第二任丈夫艾伦·坎贝尔（Alan Campbell）。她是在 1934 年嫁给这位又高又瘦，像电影明星一样英俊的男人的。坎贝尔自认为是夫妻之间比较会照顾人的那一个，他会监督她的饮食，还异乎寻常地关注她的着装，以至于其他人都开始怀疑他的性取向。（然而就算这是真的，朋友们和观察者们也总是说，当他们处于热恋中时，二人之间在身体上的相互吸引是显而易见的。）这段关系并不总是一帆风顺：帕克和坎贝尔会离婚，之后又复婚，最后再次离婚。最终坎贝尔会在西好莱坞的一栋小房子里自杀。那栋房子是他们无论在分居时还是离婚期间都在共同居住的。不过，在这段感情最好的时候，二人确实如胶似漆。

此外，帕克还参与到了政治中——不过很多她的仰慕者都说她在这个领域里也没能取得成功。促使帕克行动起来的火种是二十世纪二十年代晚期，人们对于处决两名意大利裔无政府主义者尼古拉·萨科（Nicola Sacco）和巴尔托洛梅奥·万泽蒂（Bartolomeo Vanzetti）的抗议。因其无政府主义政治活动而为波士顿警方熟知的萨科和万泽蒂是以谋杀和持械抢劫的罪名遭到逮捕的，但是很多美国文学界和政界的精英们都坚称二者在这些指控上是完全无辜的。像小说家约翰·多斯·帕索斯（John Dos Passos）和最高法院法官费利克斯·法兰克福特（Felix Frankfurter）这样的人一样，帕克坚定支持释放萨科和万泽蒂的要求。最终，作家和政治家的诉求都被无视，这两个人还是被处决了。不过在那之前，帕克已经在 1927 年因为参加一次游行而遭逮捕，这个消息也登上了各大报刊的头条。她在被扣押几个小时之后获释，前提是她就"游荡和闲逛"的罪名认罪，并缴纳了 5 美元罚款。当被媒体询问她是否认为自己有罪的时候，她回答说："好吧，我确实闲逛了。"[55]

第一次参加抗议的滋味让帕克渴望更多。在接下来的几年里，帕克还会投身于无数政治和社会事业。她开始对没有组织起工会的劳动者们抱有真挚的同情，她还会参加抗议华尔道夫酒店（Waldorf-Astoria）服务人员所处困境的活动。帕克总是会成为在好莱坞兴起的一些新的政治组织的领头人：比如好莱坞反纳粹联盟（Hollywood Anti-Nazi League），电影艺术家援助西班牙共和国协会（Motion Picture Artists Committee to Aid Republican Spain），最终还有电影剧本作者行业协会（Screen Writers Guild）。

有些人觉得他们很难不质疑帕克新发现的这种对平等主义的坚定信念，毕竟她和风光迷人的富人之间的联系还是很频繁的。不过，无论此时的她境况如何，帕克毕竟曾体会过物质生活的富足突然消失是一种什么感受。她偶尔还要面对财务紧张带来的恐慌，这很可能使得她对其他身处困境的人更具同情心。无论她和富人们一起相处了多长时间，她那双在很多年前就被弗兰克·克劳宁希尔德打磨得雪亮，专门发现可取笑之事的双眼让她永远不可能与富人休戚与共。

除此之外，她的政治活动还为她提供了自我批评的新途径。帕克总是用她此时参与社会和政治事业的严肃性批判自己之前进行的活动多么肤浅。比如1937年，在一篇为美国共产党创办的《新群众报》（New Masses）撰写的文章中，帕克就这样写道：

> 我不是任何政党的党员。我唯一参加过的就是那个并不特别勇敢的小团队，我们用幽默感这件过时的服装掩盖赤裸的心灵和思维。我听到别人这样说，所以我也跟着说：嘲讽是最有效的武器。我不认为我真的相信这句话，但相信是更容易、更让人安心的选择，所以我还是这么说了。如今我知道，我知道有些事情从来就不是可笑的，也永远不会变得可笑。我还知道嘲讽可能是一个保护的盾牌，但它从来

不是武器。[56]

29   随着大萧条的结束以及整个国家越来越接近加入第二次世界大战，帕克的自我鞭打也变得越来越严苛。1939年时，帕克在美国作家代表大会（American Writers Congress）上发表演讲。这是一个公开的共产主义者群体，帕克在演讲中阐述了自己的彻悟：

> 我不认为我们的语言中有哪个词的隐含意义比"成熟老练（sophisticate）"的更令人恐惧，唯一能跟它相提并论的大概是"社会名流（socialite）"。真正的字典上对它的解释也不怎么招人喜欢。它作动词时的意思是：误导、使复杂、使虚伪、篡改，以及我在这里要讨论的——掺假。你也许以为这个解释已经够明白了，不过实际上，它还有更多的深意。如今，这个词的意思似乎变成了：成为有文化、有感情的孤立主义者；嘲讽那些为自己的同胞和世界贡献一切的人；永远高高在上藐视众生，而不关注围绕在自己身边的一切；只嘲笑那些根本不可笑的事物。[57]

这段话揭示了一些真理。"成熟老练"有它自身的缺点，包括执迷于表面的东西，以及随意性。然而帕克说的和写的这些后来被证明无非是昙花一现。人们依然会把那首名叫《摘要》的诗歌介绍给别人，依然会引用帕克对 A. A. 米尔恩和凯瑟琳·赫本（Katharine Hepburn）的评论。人们只记住了她在认为自己已经写不出东西来很久之后的1957年时说的话："至于我，我想要富有。我也想要成为一名优秀的作家。这两件事可以同时发生，我希望它们同时发生，但是如果那样的美事不可能，我宁愿选择有钱。"[58]

但是在去了好莱坞之后，在参加了政治活动之后，绝大多数认识帕克的人似乎都开始将她视为一个失败。她参与的那些电影都被认为是配不上她的才华的。编写政治标语的差事对于这样一个以取笑所有事为专长的人来说似乎太过严肃了。她要成为一名优秀的短篇小说家的野心也被认为逐渐消失了，因为她再也没能重复《高个子的金发女郎》的成功。最糟糕的可能还要数这些批评是如何渗透进她对自己的评价的：从任何角度来说，她都是一位成功的作家，甚至是一位"优秀的"作家，不过人们对此并没有深刻的理解。到二十世纪三十年代中期，帕克似乎和其他任何人一样相信自己已经被人遗忘。她对写小说越来越心不在焉，至于诗歌，则彻底不写了。

失去了帕克严苛的独白的鞭策，其他人就可以更安心地发表赞美了。1928 年，在评论一本显然非常滑稽的关于俄国神秘主义者拉斯普京（Rasputin）的作品时，一位署名丽贝卡·韦斯特的作者说这本书一定是某个美国幽默作家写的。她在其中发现了"多萝西·帕克的独特天赋的影子"[59]，她认为帕克是一位"超群的艺术家"。韦斯特尤其喜欢帕克在此几个月前在《纽约客》上发表的一篇名为《只要一小杯》（*Just a Little One*）的短篇小说。它讲了一个女子在酒吧里醉得不省人事，梦到自己把一匹拉马车的马带回家和自己一起生活的故事。韦斯特对男性也很绝望，而且她也知道如何把这一点写成文章。

第二章　韦斯特

丽贝卡·韦斯特就像是一个英国版的帕克，她们都是在有生之年就受到高度赞美的女性作家。不过年轻时的韦斯特也曾沉浸于艺术家和作家的费边社会主义和实验道德，就像弗吉尼亚·伍尔夫（Virginia Woolf）及她的姐姐瓦妮莎（Vanessa）热衷于布卢姆茨伯里派（Bloomsbury set）①一样。从一开始，韦斯特的世界中就充满了"严肃的人"，所以她在他们中间感到很自在，这种她就是属于这个群体的归属感是帕克一直不曾拥有的。然而韦斯特是一个从不缺少自信的人，相反，她的自信心往往正是帮助她接近自己的雄心壮志的东西。

韦斯特让小说家 H.G. 威尔斯（H.G.Wells）成功记住自己的方式是在一份名为《自由女性》（*Freewoman*）的报纸上对其进行攻击。他们俩可能是历史上唯一因为一方给另一方写了一份极度贬低的书评而相识相恋的男女。当时还很年轻的韦斯特读了如今已经被人遗忘的威尔斯的小说《婚姻》（*Marriage*），结果她一点也不喜欢这本书。威尔斯是当时最受尊敬的作家之一的事实并没有让韦斯特胆怯，针对威尔斯骄傲地宣称的性激进主义，韦斯特这样写道：

> 他肯定是小说家中的老处女，就连像冷掉的白色酱汁一样凝结［在他的小说中］的对性的执迷都像是老处女的疯狂而已，是长时间专注于飞船和胶质的思维对肉体的反应。1

---

① 布卢姆茨伯里派是从 1904 年至第二次世界大战期间，以英国伦敦布卢姆茨伯里地区为活动中心的文人团体。它的拥护者包括作家、艺术家、知识分子和哲学家等。他们否认自己是某种正式的组织，而是被共同的理念和信仰联系在一起的人。

让如今的人们记住威尔斯的是他的飞船和像《星际战争》
（*The War of the Worlds*，又译《世界大战》）和《时间机器》
（*The Time Machine*）这样的浪漫科幻小说，但是在韦斯特和
他见面的时候，他的全部作品大多还是《婚姻》这类关于爱与
性的坦白式的、半遮半掩的自传体小说。在这本小说之前被创
作出来的《安·韦罗尼卡》（*Ann Veronica*）就讲述了一个与
韦斯特刚刚让自己陷入的这段婚外情很类似的丑闻故事。比起
具体情节，这些书籍传递的关于婚姻生活的悲观看法的主题反
而更容易被记住；美满的婚姻对于威尔斯来说就像某种牢笼。
每个故事似乎都是为了一点一点地动摇婚姻能带给人永恒的安
逸和幸福的主张。

从理论上说，这一点应该能够让韦斯特和威尔斯成为天然
的盟友。威尔斯肯定认为自己是一个支持两性平等的人。他是
《自由女性》的支持者和忠实读者。他通常会十分小心地将他
对婚姻的批判表现为追求女性和男性的解放。他认为婚姻夺走
了女性实现她们最重要、最有满足感的追求的机会。不过，在
某种程度上破坏了他对女性人格的概念的是，他显然相信大多
数女性只对室内装饰和潮流服装感兴趣。韦斯特要求威尔斯回
答自己的问题：

> 让我感到好奇的是，有些女人从来没有遇到过值得爱的
> 男人（威尔斯先生下一次坐在管子里进行时间旅行时可以观
> 察一下自己的男性同行乘客们，看看他们是不是不可爱得不
> 可救药），她们也不觉得荷兰时钟有任何诱惑力，她们像大
> 多数人一样记不住自家餐厅的墙纸颜色，她们充满智慧，能
> 在五分钟内把自己打扮得漂漂亮亮然后就不再为此费心，那
> 么她们要靠什么打发时间呢？我猜是去打桥牌，或者也可能
> 是接受国家进行的安乐死。[2]

非常值得赞扬的是，威尔斯并没有感到受辱。他没有以一副怒气冲冲、居高临下的口吻给编辑写什么抗议信。相反，他邀请韦斯特到自己和妻子简（Jane）居住的教区长住所做客。这种在面对尖锐的批评时表现出的成熟十分令人钦佩。就在发表了这篇评论文章的当月月底，韦斯特接受了邀请，到威尔斯家喝茶。她给对方留下了极好的印象，甚至可能比她本来打算留下的还好。不知道为什么，不认同对方观点的时候往往也是韦斯特最有魅力的时候。

韦斯特会有这样一种争强好胜的性格是很自然的。部分原因在于她的成长环境。二十世纪最初几年的伦敦是一个比纽约更激进、更好战的地方。当时的大不列颠已经不是世界的文化中心——这个头衔应该属于法国，或者也可能是德国——不过这里依然是世界的政治和经济中心。这里的思想家和作家们关注的首要问题都是选票和金钱，所以他们不太会像纽约的人们一样写那些让帕克感到无比厌烦的无忧无虑、爱开玩笑的文章。在二十世纪的大约头十年中，一位英国作家的生活中只有社会主义者知识分子社团和妇女参政论者示威这两件事。

不过，韦斯特还是有一些浪漫主义倾向的，所以她并不是从一开始就打算投身政治或写作。起初，她觉得自己可以成为一名女演员，因为她十几岁的时候在一个爱丁堡演出公司里待了几个月。可惜命运对她另有安排。1910 年，她乘地铁前往皇家戏剧艺术学院（Royal Academy of Dramatic Art）面试的途中在候车站台上晕倒。三位女士帮助了她，韦斯特在给不认同自己的选择的姐姐写信时说其中一位女士忍不住惋惜道："可怜的孩子——一个女演员！我来出白兰地的钱。"[3]

这是个不吉利的征兆。虽然韦斯特最终还是被录取了，但她连一年都没坚持下来。因为体质虚弱，她经常会晕倒。而且，尽管韦斯特当时的照片显示她是一个有一双会说话的大眼睛和一头浓密有光泽的秀发的年轻姑娘，可她总说自己被认定没有漂亮到可以成为女演员。韦斯特从很早就认清了，如果她想在这个世界上拥有一席之地，她就只能靠写作来实现目标。

那个时候她还在使用自己冗长的本名署名。西塞莉·伊莎贝尔·费尔菲尔德（Cicely Isabel Fairfield）是一个过分讲究的名字，容易让人误以为名字的主人性格温和、逆来顺受，然而这些特点是韦斯特一辈子都不曾有过的。和帕克一样，韦斯特也出身于没落的贵族家庭，她从那里继承了某种反射性的自我防御机制。她有一个漂泊不定的父亲，就是那种你会在弗朗西丝·霍奇森·伯内特（Frances Hodgson Burnett）①的小说中读到的父亲形象：他们衣着光鲜，风趣幽默，受到所有孩子的喜爱。不过那仅限于他和孩子们在一起的时候，而他并不经常和孩子们在一起。韦斯特在一本依据自己的童年生活创作的小说中形容他的父亲查尔斯·费尔菲尔德（Charles Fairfield）是一个"糟糕的普洛斯彼罗（Prospero）②，甚至被从自己的岛屿上驱逐出去，不过他依然是一位魔法师"。[4]这样的描述比帕克以为的还要准确。他的父亲竟然真的是一位花招大师，能够天衣无缝地隐藏自己的秘密：韦斯特的一位传记作者最近挖掘到一个信息，她的父亲在与她的母亲结婚前曾经进过监狱，然而无论是他的妻子还是女儿对此似乎都一无所知。[5]

如果费尔菲尔德是一个能养家的人，那么他的性格缺陷可能还容易被忽略一些。然而实际上，他对任何事的专注时间都不足以长到能让他有所建树。起初他是一名任性不羁的记者，

① 弗朗西丝·霍奇森·伯内特（1849~1924），美国女作家，生于英国曼彻斯特市，英语世界家喻户晓的儿童文学作家，代表作有《秘密花园》《小公主》等。

② 莎士比亚戏剧《暴风雨》中的人物。普洛斯彼罗是意大利北部米兰城邦的公爵，被弟弟篡夺了公爵的宝座后带着三岁的女儿漂流到一个小岛上，他从书中学会了使用魔法，并借此保护女儿和控制剧中的其他角色。

后来又打算创业做生意。如果他挣过哪怕一点点钱的话，那些钱也都因为赌博输光了。他人生的最后一个计划是到塞拉利昂去，靠倒卖药品挣钱。结果他去了不到一年就身无分文地返回英格兰。这一次他再无脸面回家，而是选择独自生活，直到在利物浦的一间肮脏的寄宿公寓里去世为止。他死的时候，他的三个女儿都还没有成年。

成年之后的韦斯特对父亲的评价非常严苛。她会这样描述他："我不能说我父亲堕落了，因为堕落还都有个度呢。"[6] 韦斯特还替她母亲感到受辱。伊莎贝拉·费尔菲尔德（Isabella Fairfield）在结婚前曾是一位有天赋的钢琴家，是很多人追求的对象。不过查尔斯的各种冒险带来的压力彻底毁了妻子的生活。她总是一副憔悴不堪、身心俱疲的样子。韦斯特说："有这样一位母亲是一种奇特的历练。我从来不曾觉得她让我丢脸，但这件事总让我感到气愤。"所有事加在一起让韦斯特相信，婚姻是个悲剧，或者至少是一种值得可怜的命运。

35 　　然而，换一种方式看待这个问题的话，我们也可以说父亲的失败以可能的最好的方式定义了女儿的人生。这件事给韦斯特上了终生难忘的一课，那就是自力更生的必要性。你不能依靠男人。浪漫小说里的内容全是骗人的。在关于"获得解放的女性"的概念存在之前，韦斯特就已经懂得女人通常还是要靠自己谋生活。她似乎从不怀疑她必须为自己闯出一条路来。

鉴于此，韦斯特会受到妇女参政论者吸引的原因就很清楚了：她认为这些人的目标很重要，而且是符合她的个人经历的。除此之外，她还对她们吵闹、无序的风格感兴趣。韦斯特从小被培养成了一位斗士，无时无刻不在与自己的两个姐妹争论。在政治行动主义中，韦斯特有空间发挥自己天然的魅力。她很快就加入了埃米琳·潘克赫斯特（Emmeline Pankhurst）和她的女儿克丽丝特布尔（Christabel）的队伍。这对母女是当时知名度最高的妇女参政论者，她们的组织——妇女社会与政治同盟（Women's Social and Political Union）——也是当时的运动领导机构。潘克赫斯特母女在当时就像今天的娱乐明星一样受人瞩目。一篇有代表性的美国报纸新闻提要是这样写的："搅动全英格兰的改革运动；总指挥是个漂亮姑娘。克丽丝特布尔·潘克赫斯特年轻富有、清秀标致，还是争取妇女参政权运动的发起者、鼓动者和主要组织者。"[7]

韦斯特经常和她们一起游行，并且对她们的工作充满敬意，不过她始终无法融入她们的世界。潘克赫斯特母女，特别是克丽丝特布尔本人，都是妇女参政权的坚定拥护者，她们勇猛、忠实地捍卫这项事业。韦斯特对此深感敬佩，她尤其崇拜埃米琳：

> 当她站在高台上，提高自己已经嘶哑，但依然甜美的声音发表讲话时，人们会觉得她像风中的芦苇一样瑟瑟发抖。不过这个芦苇是用钢铁打造的，它的力量无比强大。[8]

韦斯特在十几岁的时候就显示出了对文学的偏爱。她总是在读各种小说。她对于性自由的理念的兴趣是在一个更艺术性的圈子里培养起来的，而那个圈子是相对来说过分正经的潘克赫斯特母女不愿涉足的。

另一位名叫多拉·马斯登（Dora Marsden）的妇女参政论者成了对韦斯特产生更关键影响的人。与韦斯特不同的是，马斯登上过大学，她毕业于略带无产阶级性质的曼彻斯特欧文斯大学（Owens College）。马斯登与潘克赫斯特母女一起工作了不到两年。为了脱离她们，马斯登向韦斯特及其他一些朋友提议一起创建一份报纸。这份报纸就是《自由女性》[后来经过重组，该报被重命名为《新自由女性》（*New*

Freewoman）]。它将比普通的女权主义者报纸更加充满雄心，它会允许自己的作者就时事话题发表范围更广的意见。马斯登希望它能够让参加到争取妇女参政权运动中的那些真正的作家们脱离形式的束缚，抛开宣传口号似的陈词滥调。这些想法对韦斯特很有吸引力，她为能够在《自由女性》中享有相对宽松的撰稿自由而无比兴奋，这样她就可以发表那些可能会让她身为苏格兰长老会信徒的母亲惊恐万分的关于性和婚姻的观点了。为了保护她的家族姓氏，韦斯特从此时起选定了丽贝卡·韦斯特这个后来她用了一辈子的笔名。

韦斯特宣称自己只是随便选了一个笔名，就为了逃避她的本名暗示的那种"金发美女"⁹"美国甜心"的形象。她选择的笔名听起来确实比她的本名刚强了不少。这个名字出自易卜生的戏剧《罗斯莫庄》（*Rosmersholm*）。剧中的鳏夫和他的情妇因为这场婚外情给他已去世的妻子带来的痛苦而逐渐陷入深深的愧疚中。情妇承认自己加重了去世妻子的痛苦。最终，在戏剧的结尾，两个人双双自杀。这个情妇的名字就叫丽贝卡·韦斯特。

这层层潜在的没有被意识到的深意足够另写一本书了。比如与不常在身边的父亲断绝关系；再比如最初的，虽然有些矛盾的向戏剧方面发展的雄心（以及为什么偏偏是一个易卜生笔下的角色）；除此之外，这个名字还很有预见性，因为韦斯特最终也会陷入一场人尽皆知的婚外情。然而，韦斯特为什么会选择一个局外人、一个被鄙弃的人、一个最终因为难以承受的愧疚而自杀的人的名字：这是一个值得我们注意的问题。

很多人都知道韦斯特有一个特点，她一生都不惧怕在自己的作品中展露情绪。她也很少在文章中作模棱两可的表述，还总是使用第一人称来提醒读者，别忘了他们身处的是以她的主观为权威的世界。不过韦斯特的一个朋友告诉《纽约客》，韦斯特"其实比任何人的脸皮都薄，就好像是某种心理上的血友病患者一样"。[10] 她的作品直接剖析了她的思想、她的渴望和她的感觉。她不像帕克一样自厌。她的自我防护是另一种样子的。韦斯特会用她的人格来淹没你。她的所有作品可以被比作一个漫长连贯的句子，偶尔打断连贯的标点符号是那些因为缺钱才不得不写的东西。表面上，她似乎非常自信，但这其实只是一个精心制作的面具。她会为一切事情忧心忡忡，她会担心钱，担心爱情，担心几乎所有她就其发表过观点的问题，尽管她的观点会让人误以为她无比自信，无比笃定。

不过她的观点确实从一开始就是自信和笃定的。韦斯特有一种选择目标的本领。她使用新笔名之后的第一篇文章就是针对当时特别流行的爱情小说作家玛丽·汉弗莱·沃德（Mary Humphry Ward，笔名汉弗莱·沃德夫人）的。依据年轻的韦斯特的观点，这个女人"道德败坏"。有一位男士愤怒地给《自由女性》写信，无端指责韦斯特是在为工业主义辩护。韦斯特用一个像是在优雅地朝自己的对话者竖中指一般的表态作为她回应文章的开头："这真是最让人扫兴的了。"[11] 她的大胆总是能惹人发笑，至少她发表的文字是这样的。大约也是在这个时候，韦斯特用她的书评炮轰了威尔斯，然后又去他家喝了茶。韦斯特对于威尔斯夫妇的第一印象比他们对她的差多了。她认为威尔斯长相怪异，"声调还有些高"。[12] 威尔斯则认为那天的韦斯特是一位"奇妙地混合了成熟和幼稚两种气质的"[13] 年轻女士。最终在他们之间像用打火石敲击钢板一样打出火花的是知识层面的相互吸引。威尔斯并不是那种会逃避挑战的人，所以韦斯特那种难以捉摸的气质吸引了他："我从没见过像她这样的人，我怀疑世上根本没有过像她一样的人。"另一方面，韦斯特则向多拉·马斯登坦白说自己为威尔斯的思想着迷。

事实证明，韦斯特在那篇书评中对威尔斯的浪漫主义风格作出的评价是完全正确的。起初，威尔斯对待她的方式就像她在他的小说中看到的一样古板。诱惑都被融入了充满智慧的讨论中。不过尽管韦斯特已经有所表示，威尔斯还是拒绝与她发生身体接触。威尔斯的表现并不是出于对妻子简的尊重。威尔斯夫妇的婚姻是开放性的，简完全清楚他的那些婚外情。但是威尔斯当时已经有一名情妇了。他的理智似乎在这里发挥了作用，毕竟，就算是对他这样一个放纵的男人来说，同时拥有两名情妇也会吃不消。

尽管如此，威尔斯保持正直的决心还是只维持了几个月。1912 年底的某一天，威尔斯在自己的书房里意外地和韦斯特接吻了。这在两个普通人之间可能不是什么大事，不过是一段已经向着婚外情发展的感情中出现的单纯的挑逗罢了。然而在两个格外好分析的作家之间，这件事就成了让这种相互吸引达到圆满的顶峰所必需的某种纠结冲突。可是起初，威尔斯再次退缩了，韦斯特则因为他的拒绝而陷入了精神崩溃。

一个如此充满智慧的女性却会因为感情上的挫败而万念俱灰是无法被我们这个时代的女权主义理念认同的。不过韦斯特当时才十九岁，威尔斯似乎是她第一个真正意义上的恋爱对象。她像往常一样将自己的悲痛情绪融入优美的文字当中，不过她并没有把这些内容发表出来。我们是从一封韦斯特写给威尔斯，但是可以确定并没有被寄出的书信中发现这些内容的。文章的开头是这样的：

> 在接下来的几天里，我要么会朝自己的脑袋开一枪，要么会做出一些比死亡更让我粉身碎骨的事情。[14]

韦斯特在信中指责威尔斯是一个无情无义的人。"你想要的世界是一个所有人都像木偶一样对待彼此的世界，一个有人陪你争吵陪你玩耍的世界，一个人们只能愤怒和痛苦，却不能充满渴望的世界。"韦斯特不能容忍这样的对待：

> 当你说"丽贝卡，你在胡言乱语"的时候，你的口气中带着一种确定的明智：你觉得自己真正掌控住我了。我不认为你是对的。不过我知道你会从把我看作一个精神错乱、因为毫无必要的心脏病突发而倒在你的客厅里的年轻女子的想法上获得极大的满足。

就算威尔斯知道韦斯特曾经这么想——无论是通过读这封信或其他什么途径——他也没有立即奔向韦斯特。他似乎给韦斯特写过一封信，不过他在信中严厉地批评了她的过分情绪化。他并不能理解让韦斯特困扰的并不仅仅是他在这段婚外情开始之前就叫停，而是他用自己情感上的疏离嘲笑了韦斯特感受到的极度痛苦。

韦斯特是 1913 年 6 月在西班牙写的这封信，她和母亲一起到那里待了一个月，为的就是找回自己的理智。她在西班牙时也没有停止向此时已经更名为《新自由女性》的报纸发送稿件。在一篇名为《在巴利亚多利德》(*At Valladolid*) 的文章中，她不惜笔墨地详细描述了一个关于自杀的幻象，文章的情绪、语气和主题都像是对西尔维娅·普拉斯 (Sylvia Plath) 的《钟形罩》(*The Bell Jar*) 的预示。文章中的叙事者是一位年轻女士，她在朝自己开枪之后来到医院寻求救治。让叙事者陷入这场麻烦的原因也是一场婚外情，这正呼应了我们都知道的威尔斯和韦斯特之间已经过去（和尚未完结）的纠葛："我的情人虽然没有占有我的身体，但是他诱惑了我的灵魂；他和我融为一体，直到他比我更像我自己，然后他却离开了。"[15]

值得一提的是，韦斯特知道威尔斯仍然是《新自由女性》的读者。他也如她所愿地被勾起了兴趣。威尔斯会给韦斯特写信谈论她的文章。他在第一封信中说："你又开始写出精彩的文章了。"不过据我们所知，韦斯特没有回复这封信，反而是给威尔斯最新的小说《热情的朋友》（*The Passionate Friends*）写了一篇书评。韦斯特在文章中说她同意威尔斯关于性与创造力之间存在某种联系的观点：

> 男人总是像在深海中航行的轮船不得不到煤炭站点补充燃料一样，不管愿不愿意都需要做爱，这是真的：他们要想做出伟大的成就，先得获得激情来提供灵感。[16]

接着，韦斯特又坚称陷入这种关系的女性并不会像威尔斯在他的小说中想象的那样，被此类短暂的婚外情彻底毁掉。她在这个问题上再一次赞成了威尔斯的观点：问题的关键在于，上述女性需要对她的性生活和爱情生活掌握自主权。

> 在属于自己的充满雄心壮志的剧本中扮演主要角色的女性是不会因为不能在某个男人的已无激情的剧本中扮演主要角色而哭泣的。

所以，韦斯特不仅是靠一份书评挑起了这场婚外情，她可能还无意识地在随后的书评中为自己的感情进行了辩论。

这些文章确实发挥了效果。威尔斯收到了韦斯特的信号。1913 年秋，在这份书评发表几周后，韦斯特就开始和威尔斯在他的书房里幽会了。通过书评进行的调情很快终结。二人之间的通信内容沦落成了某种你侬我侬的甜言蜜语。他们用猫科动物的名字称呼对方，很多时候，威尔斯是美洲豹，而韦斯特是黑豹（Panther，后来这个词成了她给儿子取的全名的中间名）。对于这样两位作家来说，这些信件中的幼稚语气可不是他们文学水平的最高表现。

很快，一件非常讽刺的戏剧性事件的发生给两个人的命运都造成了影响。他们第二次发生关系时，威尔斯忘了戴避孕套。韦斯特当时已经开始在一份新发行的英国期刊《号角》（*Clarion*）上发表一些洋洋洒洒的长文，为未婚母亲的困境表示愤怒，因为无论在英国社会阶层的哪个位置，未婚母亲都会被视为其中的贱民。如今她自己也要成为其中之一，这当然不是什么会令她兴奋的事情。

从安东尼·潘瑟·韦斯特（Anthony Panther West）于1914年8月出生在诺福克（Norfolk）的一间小农舍开始，他就给自己的母亲带来了麻烦。后来他坚称，韦斯特对身为母亲的矛盾心情让她的孩子深受伤害。韦斯特无法掩饰自己对于孩子本身，以及因为有孩子而让她受到的限制的不耐烦。韦斯特一点儿也不喜欢这种被关在房子里，与世隔绝，为孩子的各种事情操心的处境：

> 我憎恨家庭琐事……我想要的是无拘无束、充满冒险的生活……穿着蓝色羊毛外套的安东尼看起来很精神，我可以肯定我为他准备了美好的未来［那就是1936年时一起在卡尔顿（Carlton）吃晚餐］，但是我现在想要的是罗曼史。是与一个有白皙的皮肤和带一点自然卷的深色头发，还有一辆大型灰色敞篷车的男人共度的时光。[17]

这里有必要说一下的是，威尔斯不具备以上特征中的任何一点（顶多可以说他的皮肤还算白皙）。尽管他尽可能体面地应对了这个局面，还给韦斯特和孩子安排了一个属于他们自己的住处，但是他并不能像韦斯特希望的那样陪在他们身边。他们之间仍然是情人关系，威尔斯也依然是韦斯特的思想导师，但事实证明，韦斯特并不特别适合被粉饰成一个完美的情妇。因为她太热衷于拥有属于自己的生活了。

鉴于此，韦斯特一直坚持写作，而且是以一种足以让许多新手妈妈羡慕不已的速度。她在安东尼还是个婴儿的时候就开始创作一本小说，也在她经常发表文章的地方继续发表文章，还找到了一个宣扬自己思想的新场所：威尔斯本人加入了惠特尼家族（Whitney）新近资助的一份名为《新共和》（*New Republic*）的美国杂志。他邀请韦斯特也为该杂志供稿。韦斯特的文章后来被刊登在了 1914 年 11 月的创刊号上，她还是这一期中唯一一位女性撰稿人，她的文章的题目是《严苛批评的责任》（*The Duty of Harsh Criticism*）。

这篇文章将成为韦斯特最广为人知的作品之一。它体现了一种她在《自由女性》上发表的所有文章都不具有的严肃性，看上去更像一份带着书卷气的"山上宝训（Sermon on the Mount）"。韦斯特在文中没有使用第一人称单数"我（I）"作主语，而是改用了无实体的权能性复数"我们（we）"。她是站在一种居高临下的位置上发表自己的分析的：

42

> 如今的英格兰根本没有文学批评。这里有的只是软弱无力的齐声称颂，是除非这本书被警察封禁否则就不会停歇的高声赞美，一种既不会升温成激情也不会突转为愤怒的温吞吞的友好。[18]

考虑到韦斯特正是依靠她认为缺乏的这种文学评论为自己打造出成功的文学事业的，所以她有可能夸大事实了。她对这个问题的一概而论有些不同寻常。通常来说，她的文章都是基于个人经历，但是这篇散文中并没有此类内容。她呼吁"严苛批评"可能是因为她对自己当时所处的那个特定的人生时期感到挫败。她觉得自己被困住了，但是她不能直接写这件事，因为未婚生子在当时还是一个禁忌的话题。将矛头转向"英格兰的文学批评"就是在借机隐晦地谈论她平凡枯燥的生活。"毫无疑问，如果我们忘记了思维的事，我们都会变得不安全，"韦斯特这样写道，这些话不仅是真理，更是她在当时的处境下对自己的一种提醒。

虽然她对当时的状况感到沮丧，但是她的名气却越来越大了。为了给《新共和》这份刚发行不久的杂志做广告，编辑们将韦斯特列为本杂志的一大看点。广告将韦斯特的性别作为炒作的话题，说她是"被威尔斯称为'英格兰最杰出的人（man）'的女人"。[19]韦斯特没有就这个有争议的赞美作出回应，但是她将威尔斯的作品用作了《严苛批评的责任》针对的目标之一，她写到威尔斯时说他是一位"伟大的作家"，还说"他做着狂热者放肆狂喜的美梦，思考着被仇恨的旧事物及未来世界的和平与智慧，然而他讲的故事却是个彻底的失败"。[20]

此时，韦斯特和威尔斯的关系进展还算顺利。不过，读到这篇文章的威尔斯可能已经看出了其中的双层含义：从某种层面上来说，"他讲的故事"包含了丽贝卡和安东尼。这个小男孩儿后来会一直成为他父母生活中的一个争论焦点。起初他们没有明确地告诉他他们就是他的父母。他们甚至还为安东尼是否应当在威尔斯的遗嘱中被正式提及而吵得不可开交。威尔斯不愿意在这个问题上给韦斯特保证，两人的关系也因此受到了影响。

可能是意识到一边在杂志上给情人的作品写书评，一边给他写多愁善感的情书有多么奇怪，韦斯特开始专注于另一位作者，她打算撰写一篇足够一本书长度的研究亨利·詹姆斯

43

（Henry James）的文学批评。她在《新共和》早期的一个专栏中概述了自己对这位作者的兴趣，还描述了第一次世界大战时，躲到乡下的自己在一次持续了整晚的空袭期间阅读詹姆斯的散文集《关于小说家们的笔记》（*Notes on Novelists*）的经历。伴随着天空中警笛声，韦斯特从詹姆斯作为一个作家的极度精确性中体会到的安慰越来越少：

> 他能把一根头发丝也分出几个叉，直到不能再分为止。这种精神上的姿态不过是给彻底的、令人不安的直率制造的让人焦灼的障眼法。[21]

不过，仿佛是在跟自己争辩一样，韦斯特最终又认同了詹姆斯那种既严苛精细又混乱离题的腔调。在特定的环境中，激情和愤怒突然变成了被高估的东西。飞机"在我头顶盘旋，似乎想在这个连一点灯光都没有的小村子里找到屠杀的理由，"韦斯特写道，它们"烧的燃料可能是它们能够孕育的最纯洁、最高尚的激情"。

但是韦斯特后来再次改变了自己的想法。在她的书中，韦斯特反对詹姆斯的核心论点正是他的"毫无激情的超脱"——这一点如今可以被看作韦斯特针对很多伟大男性作家抱有的标志性的不满。她认为他"希望生活中完全没有暴力，甚至是情绪的爆发都不行"。不过，也不是詹姆斯的每本书都有这个问题。韦斯特喜欢《欧洲人》（*The Europeans*）、《黛西·米勒》（*Daisy Miller*）和《华盛顿广场》（*Washington Square*）。但是她讨厌《一位贵妇的画像》（*The Portrait of a Lady*），因为她认为小说的主人公伊莎贝尔·阿切尔（Isabel Archer）是一个"傻瓜"。詹姆斯令人烦恼的超脱在这里表现得尤为突出。韦斯特抱怨说，只要一谈到女人：

44

人们无法从她引起的喧闹混乱中了解女主角的信念和性格，她可能是来得太晚、走得太早，或是干脆忘了去充当这个不知道有什么用的年长女伴的角色。皆因年轻男子的举止都是鸽子般纯洁可爱的，所以人们不应当认为她有必要在场保护一个女孩免受攻击；年轻女士们的言语都是温柔甜美的，所以人们也不应当觉得两性之间的对峙能有多激烈，既然如此，他们要一名公断人干什么呢？ [22]

韦斯特在英格兰出版这本书时，詹姆斯刚刚去世约一个月，这也让这本书成了被评论的焦点，不然一本普通的文学批评研究很可能得不到这么高的关注。总体来说，人们对这本书的反馈是积极的。《观察家》（*Observer*）说它"闪烁着金属般锋利的光亮"。[23]绝大多数美国批评家似乎也持类似的意见。不过《芝加哥论坛报》（*Chicago Tribune*）图书专栏的作者，一位名叫埃伦·菲茨杰拉德（Ellen Fitzgerald）的女士认为这本书中"对文学荣耀的破坏"是一种直白的侮辱。她说："还很年轻的女性不应该就小说撰写文学批评，这让小说家们难以承受。"[24]

我们不认为韦斯特会为这样一篇评论而感到难过。时至此时，打破"还很年轻的女性"要遵守的规则对于韦斯特来说已经不是什么新鲜事了。她根本不担心自己是不是给重要的人留下了好的印象。她也不在乎小说家们为自己和自己的作品树立的虔诚信仰。

然而韦斯特绝对不是对于小说家们经历的创作艰辛熟视无睹的。她本人也会持续创作不少虚构类作品，总共出版了十本小说。这些小说获得的总体评价是积极的："如此严格的诚实，如此沉重但独一无二的美丽，在它们崇高的精神现实主义中大获成功。"²⁵ 这段话代表了人们对她的第一本小说，1918 年出版的《士兵的归来》（*The Return of the Soldier*）的看法。然而，评论者们在普遍表示赞美的同时，也表达了他们的失望之情，因为韦斯特的名气太大了。《星期日泰晤士报》（*Sunday Times*）的评论者在评论 1920 年出版的《法官》（*The Judge*）时说："它没有达到韦斯特女士这么有能力的作家轻易就可以达到的完美程度。"²⁶ 没有人会因为她能写一本不错的小说而感到惊讶，但是人们对她的期望是写一本伟大的小说。小说家 V. S. 普利切特（V. S. Pritchett）在提到 1929 年出版的《哈丽雅特·休姆》（*Harriet Hume*）时就抱怨说："她这种错综复杂、推进很慢的风格显露了机智和温暖的优美，但是读者很可能会看到一半就搁浅在那些心理浅滩上，从而干脆放弃艰难的阅读。"²⁷

这就是一个广受赞美的批评家不想只做一位批评家时需要付出的代价。人们习惯了某种她作为作家特有的人格面具，然后以此为标准去衡量她未来的所有作品。帕克想要凭借自己的小说而不是俏皮话和诗文而被大众接受的时候，也不得不与这种衡量标准斗争，结果没能成功。韦斯特在散文中的智慧出现在虚构作品中时就成了某种恶魔，小说读者都不明白她的离题是要把他们带到哪儿去。

韦斯特的记者工作才是她生活的主要经济来源，毕竟威尔斯只承担了她的部分开支。她在《新共和》上的专栏帮助她获得了更多工作机会，她还开始在《新政治家》（*New Statesman*）及其他次要一些的杂志和报纸上发表文章，比如《当代》（*Living Age*）和《南华早报》（*South China Morning Post*）。韦斯特对于在哪里发表文章并不挑剔，她需要钱，而且她从不缺观点可表达。

韦斯特对于题材也不挑剔。她倾向于从一本书说起，最终归结到一个完全不同的话题上。她谈论过萧伯纳的战争演讲；[28] 写过她在一次夜晚乘火车时从一个醉酒的人身上发现的陀思妥耶夫斯基（Dostoevsky）的气质；[29] 她对狄更斯早期的传记作者之一总是在章节之间插入天气预报发过牢骚；[30] 还抱怨过那些将农村穷人的生活作为主题的小说："他们总是会把这种题材写得冗长乏味且脱离实际。"[31] 韦斯特还总被邀请写一些关于女性的文章，随着第一次世界大战的蔓延，她也被邀请谈论女性在战争中的角色问题。她在《大西洋月刊》上发表了另一篇洋洋洒洒、充满激情的长篇大论，内容是论述战时护理工作如何实现了女权主义的承诺，将普通的女性转变成战争的一部分。她写道："勇敢的女性一直存在，所以女权主义不是创造了这种勇气，而是让这种勇气在土壤中扎根。"[32]

韦斯特用文字在纸面上给自己塑造了一个自信的形象，但是在其他方面，她的生活开始分崩离析。与威尔斯的关系已经亮起了红灯。他的新情妇层出不穷，虽然他这种拈花惹草的特点可能并不会让谁感到意外，但有时候，二人还是会因此闹得很不愉快。他们关系的最低谷出现在威尔斯开始和一位奥地利年轻艺术家纠缠不清［她有一个好记的名字叫加藤里格（Gattenrigg）］，而两人彻底决裂则是在 1923 年 6 月的一天，加藤里格先是出现在韦斯特的公寓里，当天晚些时候又试图在威尔斯的房子里自杀。韦斯特在媒体面前保持了镇静，她在接受本地报纸采访时说："加藤里格夫人没有出言不逊，也没有大吵大闹。她是一位非常聪慧的女士，能够创作出十分精美的作品，我为她感到遗憾。"[33]

韦斯特也开始为自己感到非常遗憾了。她在给朋友和家人的信中直白地抱怨威尔斯"总是打扰我的工作"。[34] 他表现出的居高临下的气势曾经令她着迷，如今却被她称为"自我中心"。[35] 此时的学生已经学会了老师能教给她的一切，而且从

46

法律上说，威尔斯与韦斯特和安东尼都没有任何关系，所以尽管她担心失去了威尔斯的慷慨解囊，自己可能会入不敷出，但两人之间的关系的确已经到了难以为继的地步。

这段感情在韦斯特人生中已经发挥了它该发挥的作用，让她走上了自己梦想的事业道路。她当时几乎已经比威尔斯还出名了，因为她更多产，而且正处于人生中全盛的阶段，而威尔斯的作品量则开始走下坡路。所以韦斯特已经不需要他了。

*

彻底断绝关系的机会是以一次到美国作巡回演讲的形式出现的。1923 年 10 月，韦斯特把安东尼留给母亲照顾后乘船前往了大洋彼岸。她在美国成了很受欢迎的人物，能够直言不讳的无拘无束和尚未婚嫁的自由之身也让她感觉如鱼得水，或者至少可以说这些特性是符合她为自己塑造的公众形象的。美国媒体显然都被她迷住了。她成了某种能够独立思考的新女性形象的化身。让记者们更满意的是，韦斯特很愿意回答与此相关的问题。比如《纽约时报》的记者就询问她为什么年轻女性小说家的数量似乎突然变多了。这是不是与战争有关？韦斯特摇头答道：

> 年轻女性确实正在小说领域"继续前进"，不过她们并不需要战争来增加她们的数量。她们也不需要战争来为她们打开自我表达的大门，无论战争的情况是激烈还是缓和。促成这一局面的是英国女性已经为之奋斗了很多年的东西，你可以称之为自由的精神，女权主义的精神，但你要永远记住，它不局限于获得投票权的斗争。让女性为之奋斗的是一个有发展前途的位置，是在艺术、科学、政治

和文学领域不断成长的权利。[36]

　　韦斯特还补充说她不认为年龄是一个应当被考虑的因素，实际上，年龄的增长只会带来力量的增强。她还举了弗吉尼亚·伍尔夫、G. B. 斯特恩（G. B. Stern）和凯瑟琳·曼斯菲尔德（Katherine Mansfield）的例子。韦斯特断言："你知道，三十岁及以上的女人才开始显示出自己真正的价值。生活对她们而言开始有意义，而她们也能够懂得这种意义。"[37]

　　韦斯特似乎就是在说她自己。她说这段话的时候已经三十岁了，而且无疑已经占据了"有发展前途的位置"。她在美国无论走到哪里都能引起大批公众的关注，她就像帕克一样成了一位名人作家。韦斯特还在全美各地的女子俱乐部里做演讲。她的社交日历上写的全是行程安排，连页面的边边角角都被字迹占满了。她对于美国的态度不如美国对她的那么肯定。韦斯特在《新共和》上发表了四篇有关这次行程的文章，其中一篇这样写道：纽约可以"凭借其奢华富有让人眼花缭乱"，但是"其千篇一律也难免让人感到枯燥乏味"。[38]韦斯特对于某些方面的评价十足积极：她喜欢美国的铁路体系和密西西比河。但是她在自己的书信中也写了很多尖酸刻薄的话，尤其是在谈到美国的女性时，她说她们"邋遢得令人难以想象""萎靡不振得让人反感""对于自己的晚礼服也不上心得都令人难以置信"。[39]

48

　　韦斯特的名气算是不太有压力的那种。她的私生活还不至于被暴露在公众的视线中，即便如此，威尔斯的名字也总是会和她的一起出现。作为掩饰，她有时会称自己是威尔斯的"私人秘书"。无论是安东尼的名字还是他的存在都从未被提及。不过对于韦斯特在美国见到的知识分子和作家们来说，她与威尔斯的婚外情和私生子都是公开的秘密。

这些人当中也包括几位圆桌会议的成员，亚历山大·伍尔科特就是其中之一。韦斯特还见到了菲茨杰拉德，但是难以确认她是否见过帕克。尽管纽约的记者和风趣人物们似乎显然会与这位来自伦敦的锐利的年轻女士意气相投，但韦斯特其实并没能融入这个环境。只有伍尔科特成了她的朋友，关于其他人的记忆则不怎么愉快。这次旅程中间的某个时候，人们为韦斯特举办了一场庆祝聚会。帕克似乎没有参加，不过她的朋友，女权主义作家和活动家，同时也是圆桌会议成员的鲁思·黑尔出席了。黑尔是因为做过战时通讯员而出名的，后来又成了活跃的艺术品评论家。她虽然嫁给了海伍德·布龙（Heywood Broun），但是在婚后仍然使用自己原本的姓氏。1921 年时，她还因为自己是否必须在护照上使用夫家的姓氏而与美国国务院陷入了争执。当国务院不肯作出让步之后，黑尔毅然交还了护照，放弃了欧洲之行。她是一个有原则的女人。

显然，黑尔在私下里也是一个不害怕直抒胸臆的人。韦斯特告诉自己的传记作者说，黑尔在聚会上走近她，然后开始了一通长篇大论：

> 丽贝卡·韦斯特，我们都对你感到失望。你终结了一个伟大的幻象。我们以为你会是一位自立的女性。然而眼前的你却是这么一副哀戚的样子，这是因为你过去总是依靠男人给你提供你想要的一切，现在你不得不离开他，要靠自己保护自己了，你就各种抱怨。我相信威尔斯肯定是对你太好了，给你钱，给你珠宝，给你你想要的一切。如果你依照这样的条件和一个男人生活在一起，那么你早该想到，等他厌烦了，他就会把你赶出去。[40]

通常情况下，圆桌会议的成员相互侮辱时会采用婉转隐晦

的方式，不过黑尔并不是像其他人一样的幽默大师。韦斯特直
到三十年后依然记得黑尔对她的评价，而且她转述的内容可能
比黑尔的原话还要尖锐。不过黑尔的失望之情无疑刺痛了韦斯
特。这次当面批评成了这趟从任何职业角度上说都很成功，而
且充斥着人们对她的赞美的旅程中的一个不和谐音符，但让她
永生难忘的正是这个不和谐音符。

　　人们总是对韦斯特感到失望：无论是她的母亲，她的姐姐
莱蒂（Lettie），威尔斯，还是评论她小说的批评家及她的同
行们。而在这个高唱失望之歌的合唱团中，声音最洪亮的人还
要数她的儿子安东尼。安东尼在成长过程中总被父母像皮球一
样踢来踢去，因为他们的绝大部分雄心壮志都没有被放在这个
孩子的成长上。这样长大成人的安东尼心中充满了对不闻不问
的父母的怨恨。安东尼选择将自己的怨恨集中到与他接触更多
的母亲身上，这种母子之间的敌对关系也逐渐变成了一种一直
延续的传统。最终他会为了发泄自己的痛苦而创作一本被巧妙
地命名为《遗产》（*Heritage*）的小说和一本非虚构类作品，
并在这两本书中对韦斯特发出严厉的责难。他对于这个题材的
执念如此顽固，以至于韦斯特在晚年接受《巴黎评论》的采访
时对此已经无话可说："我希望他能想想私生子身份以外的事。
唉。"[41]

　　对于除了安东尼之外的几乎所有人，韦斯特让他们失望的
原因多多少少都与她的文字有关。韦斯特的散文中的一些东西
会让人们对她产生特定的期许，而当人们发现韦斯特本人其实
并不符合这种期许的时候，人们就不免感到很受伤。鲁思·黑
尔在读韦斯特的文字时看到的是一位坚强、独立的柏拉图式女
性典范，但她在聚会上看到的韦斯特却是另一种样子，这自然
会令人失望。即便是那些为韦斯特的智慧和才华而着迷的人，
有时也很难接受他们看到的这种略显轻浮的个人风格。"丽贝

卡的形象介于打杂女工和吉卜赛女人之间，不过她像小猎犬一样顽强，还有一双忽闪忽闪的大眼睛和邋遢甚至是脏兮兮的指甲。她非常有活力，但品味不佳，对知识分子和特别有智慧的人充满怀疑。"[42] 弗吉尼亚·伍尔夫在1934年的一封写给姐姐的信里这样描述韦斯特，话中一半是侮辱，一半是赞美。

不能满足所有人让韦斯特感到困惑，尽管她自己就是一个毫不吝于发表批评意见的人。韦斯特当记者时也喜欢使用带刺的言辞，女性被不讨好地描述为拥有"像稻草一样颜色浅淡、又直又硬的头发"，[43] 男人则"鼻子很尖"。[44] 不过她不能理解为什么会有这么多人对她作出了恶劣的回应。韦斯特在人生末期时说道："我引起了太多人的敌意。我从来不知道为什么，我不认为我有什么可怕的。"她想要的是情人、仰慕者和朋友，她从来不认为自己是完全不在乎别人想法的人："我想要被认可，哦，是的……我讨厌不被认可。而我总是不被认可。"[45] 在韦斯特的自信深处其实隐藏着根深蒂固的不安全感和一种想要被倾听、被喜爱的迫切渴望。

在威尔斯之后，韦斯特又遇到了多名追求者，其中包括报业巨头比弗布鲁克勋爵威廉·马克斯韦尔·艾特肯（Lord Beaverbrook, William Maxwell Aitken）。韦斯特似乎不打算再和其他作家发生婚外情，或者只是不想再陷入可能伴随各种戏剧性复杂情况的关系。她把献殷勤的目标转到了生意人上，这一点可能也证明了鲁思·黑尔的怀疑，那就是韦斯特对经济保障的看重胜过其他任何事。后来回忆起彼此的初次见面时，韦斯特形容这位名叫亨利·安德鲁斯（Henry Andrews）的投资银行家"贴心、亲切又可爱，有点像一只笨笨的长颈鹿"。[46] 这显然正是她想要寻找的类型。不到一年，韦斯特就在1930年11月与安德鲁斯结婚了。他们的婚姻会一直持续到后者在1968年去世为止。双方在婚姻期间都有不忠行为，但这并不会有什么影响，大多数时间里，韦斯特都能够从朋友和工作中得到满足。

二十世纪三十年代时，阿奈·尼（Anaïs Nin）就是这些朋友中的一员。当时尼还是一名无人知晓的法国作家。韦斯特是因为尼出版的第一本书而知道她的。这本薄薄的关于 D. H. 劳伦斯（D. H. Lawrence）的作品的副标题是"一份不专业的研究"。尽管劳伦斯总被看作一个厌恶女性的人，但这本书是最早从女性视角为劳伦斯的作品进行辩护的研究成果之一。韦斯特认识劳伦斯，在后者去世时，韦斯特还发表文章抱怨说"他在自己所属的阶层中都没有受到他理应受到的尊重"。[47] 所以韦斯特和新任丈夫到巴黎度假时，她邀请了尼来和自己见面。

无论是从作为一个普通人还是一位作家来看，尼都与韦斯特截然相反。尼给人的印象是风趣又优雅，而韦斯特则高高在上、盛气凌人。尼在散文中表现出来的人格也给人一种精心修饰、弱不禁风的感觉，与韦斯特展现的自信的勇士形象形成了鲜明对比。尼欣赏艺术的角度是看它们如何清晰地表述个人欲望，而且她只把这些想法写在日记里而不是发表到报刊上。从这一点就足以看出她和韦斯特对待写作和生活的方式绝对是有天壤之别的。

所以 1932 年的第一次会面显然不是发生在两个心意相通的人之间的。尼在日记里记录了这种喜忧参半的结果：

> 她有那么明亮、那么充满智慧的浅褐色双眼。就像波拉·内格里（Pola Negri）①，但是没有她的美貌，却有一口典型

51

---

① 波兰女演员，曾在德国拍摄了一系列大获成功的喜剧。到好莱坞发展后，关于她与卓别林订婚的传闻一直闹得沸沸扬扬。后来，这段关系被很多人当作明星利用绯闻提高人气的最早案例。

的英国人的牙齿。她的声音尖细，充满了痛苦，听着让我
很不舒服。我们只在两个层面上有共同语言：知识和人
性。我喜欢她充满母性的丰满身材。我们没有谈论任何悲
伤忧郁的话题。她特别不自在，我让她感到害怕。她为自
己凌乱的头发道歉，还为自己的疲倦道歉。[48]

尼还补充说她能看出韦斯特"渴望闪耀她独特的光芒，但
是却因为内心深处的胆怯而不敢这样做，她还很紧张，她说话
的能力远远比不上她写作的本事"。不过随着时间的推移，两
人之间的感情日益加深了。韦斯特开始恭维尼，说自己认为尼
的作品远胜过亨利·米勒（Henry Miller）的。她还告诉尼自
己觉得她非常美丽，这让尼有了色诱韦斯特的想法。（没有证
据证明尼采取了任何实际行动来满足自己的愿望。）尼后来甚
至希望自己能变得像韦斯特一样。她在日记中写道："她的文
字那么锐利，她不会受到过分天真的困扰，等我到了她现在的
年纪，我也能像她一样锐利吗？"[49]事实证明，完全不同的女
性之间也能够找到很多可以互相仰慕的东西。

二十世纪三十年代，韦斯特的生活越来越稳定。亨利的事
业虽然出过一些问题，但是这对夫妇因为从亨利的叔叔那里继
承了大笔遗产而变得更加富有。安东尼也长大了，虽然他和母
亲的关系一直不好，可他给韦斯特增加的负担越来越少。韦斯
特还在持续创作数量稳定的书评和散文，但文学方面的工作显
然开始让她觉得厌烦了，就像帕克后来对纽约的生活感到厌烦
一样。不过韦斯特没有去好莱坞，而是去了南斯拉夫。

南斯拉夫是一个拼凑而成的国家，是在第一次世界大战
之后，通过一次旨在团结这一片地区中的斯拉夫民族的运动而
组建起来的。整个国家的建立是一次同盟国阵营保护下的大型
世界主义实验。到二十世纪三十年代，这个大型实验已经彻底

失败。那里发生了政变，民族主义势力日益增长，而且遭到了德国和意大利两国法西斯主义活动的挤压。南斯拉夫在第二次世界大战期间多次成为附属国，最终在铁托统治下独立，直到二十世纪九十年代解体。

1936 年，英国议会派遣韦斯特到南斯拉夫进行巡回演讲。虽然她到那里之后出现了严重的健康问题，但是她依然为那片土地着迷。以至于在很长一段时间里，她一直希望详细写一些关于这个国家的东西——这个她并不在那里生活的国家，这个拥有的深层问题与对她的吸引力一样复杂难解的国家。同样吸引韦斯特的还有她在南斯拉夫的向导斯坦尼斯拉夫·维纳弗（Stanislav Vinaver）。不过当后者想要将双方的相互吸引推进为肉体关系时，韦斯特拒绝了。她的拒绝肯定是婉转友善的，因为她在后续的五次行程及长达五年创作关于这个国家的书籍的过程中依然借助了维纳弗的指导。即便是在希特勒开始入侵捷克斯洛伐克的时候，韦斯特仍坚持前往该地。最终在1941 年 10 月，她出版了根据这些经历创作的超过 1200 页的《黑羊与灰鹰》（*Black Lamb and Grey Falcon*）。

近来有一位韦斯特的传记作者称《黑羊与灰鹰》"能够掌控全局但略显杂乱散漫"。[50] 这样的评论是客观的，不过它大概忽视了这种散漫的闲谈方式一直是韦斯特作品吸引人的关键，也是让读者能够坚持读完这么厚的书的全部原因。到二十世纪三十年代，韦斯特已经成了擅长利用看似不相关的联系，以她独有的方式从一个想法跳跃到另一个想法的大师。读韦斯特的文字就像是在观看她的大脑如何运转。

从知识层面讲，韦斯特关于南斯拉夫的理论是存在缺陷的。她是一个敢于用心理分析法分析一整个国家的人。这种做法如今被恰当地视为一种以简释繁的途径，至少在韦斯特采用的绝对条件下是适用的。在该书开篇不久之后我们就被告知，一辆

53

货车上坐着的四个乏味、顺从的德国人就能够代表"我认识的所有德国雅利安人；而欧洲中部像这样的人共有六千万"。[51]韦斯特相信属于哪个民族是一种天命，因为人和人之间有一种不可避免的区别，这种区别应当被理解并获得尊重。这样的想法让她不以为耻地接近了分析的种族主义界线。在本书中的某一段中，她甚至明确宣称，她很喜欢看由美国"黑人男女"跳的"摘樱桃舞"，但是如果换成一个白人跳这种舞，她就会觉得表演变得充满"兽性"。

韦斯特在地缘政治学和幽默笑话之间转换得游刃有余。在解释几乎将几个斯拉夫地区拱手送给意大利的《1915 年伦敦条约》（1915 Treaty of London）的过程中，韦斯特突然停住了。她刚刚描述了意大利原始法西斯主义诗人加布里埃莱·邓南遮（Gabriele d'Annunzio）是如何带领士兵进入阜姆①（克罗地亚的一部分），以防止意大利人失去这片地区的。邓南遮是一个秃顶，蓄着抹了蜡的胡须的男子。关于他的行动引发的混乱，以及它对意大利民族主义者发出的鼓励信号，韦斯特说道：

54

> 什么时候我听说有一个国家允许自己因为对于一个彻底秃顶的女作家的热情而被搅动得天翻地覆，甚至濒临战争的边缘，那我就相信女权主义的斗争已经结束了，而且女性已经获得与男性平等的位置了。[52]

相对于韦斯特的更充满诱惑的纯粹情感问题，她的丈夫亨利在整本书中都被呈现为一种理智的衬托。一个很有说明性的例子是，有一次韦斯特和丈夫与一位克罗地亚诗人进行了关于

---

① Fiume，今称里耶卡（Rijeka）。

文学的讨论，后者试图强调约瑟夫·康拉德（Joseph Conrad）
和杰克·伦敦（Jack London）比萧伯纳、威尔斯、夏尔·贝
玑 ① 和纪德这样更传统的"文学"类型作家优秀：

> 他们写下的是人们在咖啡馆谈论的内容，如果内容足
> 够好，那这也是不错的事，但这样的内容不够严肃，因为
> 它关乎的是像汗水一样普遍且可再生的东西。[这个克罗
> 地亚诗人认为] 相比之下，纯粹的讲故事才是一种非常重
> 要的形式，因为它汇集了可以被其他有才能的诗人吸收并
> 转化为更高形式的经验。53

亨利对此提出了一个苍白的抗议（"康拉德完全没有悲剧
意识"），不过韦斯特继续大段引用了诗人坚持的观点，以至
于让人不禁怀疑她其实也接受了这些观点。

最早在《大西洋月刊》上刊登的一系列对《黑羊与灰鹰》
的评论起码可以说都是饱含赞美之情的。《纽约时报》有点奇
怪地称之为"最精彩客观的游记作品"，其评论者甚至将该书
的卓越之处具体地归因于它是由"最有天赋、最有洞察力的当
代英国小说家和批评家之一"写出来的。54《纽约先驱论坛报》
（*New York Herald Tribune*）的一位评论家写道："这是自战
争开始以来我读的唯一一本书，它像真实生活一样，自有其重
要性，足以与这个世界正在经历的危机相提并论。"55

这最后一个评论非常重要。《黑羊与灰鹰》的出版时间是
在偷袭珍珠港几个月之前，美国当时仍认为自己不会陷入欧洲
的乱局。而对于大多数欧洲人来说，到《黑羊与灰鹰》出版
时，战争已经不是什么惊悚故事书里的内容，而是吞噬一切的

55

---

① Charles Péguy，法国作家，1873~1914。

日常生活状况。

战争期间，韦斯特和丈夫安静地生活在英格兰。从 1939年秋战争在欧洲爆发之后，亨利一直在经济战争部（Ministry of Economic Warfare）工作。这对夫妇在乡下买了一栋大宅作为主要住所，部分原因在于他们认为如果最坏的情况发生了，他们大概还能"靠自己种地保证生活"。[56]韦斯特从英格兰给《纽约客》的哈罗德·罗斯发过两份报道。她在其中反复使用家庭主妇这个词指代自己。她承认自己在战争期间经历的艰辛还不至于像历史学家吉本笔下的那么难熬，但是如果不是战时的油漆价格高到离谱，她绝不会选择给新房子贴墙纸，她选择这么不相称的灯罩的唯一原因是灯泡"发出的光线可能会害死我们，因为我的房子坐落在一座小山顶部，它很容易引起道尼尔巡逻机（Dornier）的注意"。韦斯特尤其了解战争对猫的影响，她在一篇文章的开头谈到了自己的姜黄色虎斑猫的情况：

> 这场危机让猫暴露了它们是多么可怜的生物——它们的智力水平无法读懂任何书面或口头通知。它们遭受着空袭和由此导致的迁移的痛苦，就好像如果聪明敏感的人们不了解历史，没有获得关于战争性质的预先警告，不确定自己住在谁的房子里或依靠了谁的慷慨过活，也没有犯下让自己理应遭受苦难的过错时，他们也必将感受到痛苦一样。如果扑扑（Pounce）发现自己独自在房子里无人看管，它很可能已经跑到树林里，再也不回到危险的人类中间了。[57]

《黑羊与灰鹰》确立了韦斯特作为一流记者的地位。但是直到二战的欧洲战争胜利结束之后，她才真正有机会发挥一名记者的作用，她成了《纽约客》关于战犯审判新闻的首席通讯员。对于韦斯特而言，这些审判是很适合她的题材，因为审判既要考虑摆在面前的单个案件，又要考虑一般的法律原则，这种从具体到概括的方式与韦斯特在自己的文章中通常使用的思考方式不无相似之处。

韦斯特报道的第一场审判是威廉·乔伊斯案（William Joyce），英国人更熟悉的名字是他的绰号"哈哈勋爵（Lord Haw-Haw）"。乔伊斯的身份背景也被多少提及了，他出生于美国，但是主要生活在爱尔兰和英格兰。他是一个顽固的盎格鲁－爱尔兰民族主义者（Anglo-Irish nationalist），二十世纪三十年代时加入了奥斯瓦尔德·莫斯利爵士（Sir Oswald Mosley）领导的法西斯运动，后来在 1939 年秋天去了德国，成了为纳粹分子做宣传工作的广播员。他的广播节目在英国播出，目的是损伤英国人的士气。他的绰号是英国报纸给他取的，他在人们眼中是一个应当受到严厉斥责的形象。战争结束后，乔伊斯在英格兰以叛国罪接受审判。韦斯特是坚定地认为他理应被判处死刑的人之一，乔伊斯最终也确实被执行了死刑。韦斯特迫切地想要将她认为的乔伊斯在道德上的狭隘与他的身材联系在一起："他非常矮小，虽然相貌不是特别丑陋，但令人厌恶至极。"[58] 在亲眼见证了乔伊斯的绞刑之后，韦斯特就对他失去了兴趣，继而将注意力转移到她认为受过这个人伤害的那些人身上，韦斯特写道："一位老人告诉我，他来这里观看绞刑是因为他的孙辈在一次 V–1 型巡航导弹轰炸中丧生，他从停尸房看了他们的尸体之后回到家，打开收音机就听到了哈哈勋爵的声音。"[59]

韦斯特还为《纽约客》报道了纽伦堡审判，这次审判给她提出了一些更令她困扰的问题。她当然不是比别人对纳粹分子更有好感，但是她最终并没有把这些人描述成特别险恶的形

57　象。关于副元首鲁道夫·赫斯（Rudolf Hess），韦斯特的观察是他"明显已经疯了，这样的人还要接受审判似乎是法律的耻辱"。[60] 在写到希特勒的指定接班人赫尔曼·戈林（Hermann Göring）时，韦斯特说他"非常软弱"。韦斯特没有特别明确地提出那个后来让汉娜·阿伦特举世闻名的观点，即这些官员中的一部分人并不能用"邪恶"这个词的传统含义来解释。韦斯特确定他们犯下了罪行，但她不能接受这些官员只是在依照命令行事的说法，她直白地表述了自己的这种看法：

> 如果一位海军上将接到精神错乱的第一海务大臣的命令，让他在军官食堂里供应煮熟的婴儿，上将显然应当拒绝从命；但我们看到的是那些将官们在接到希特勒的接近于水煮婴儿的命令时，几乎没有表现出任何不情愿。

　　德国人对纳粹分子犯下的凶残暴行怀有的集体罪责的问题在二十世纪下半叶会成为最大的道德和政治问题，但是韦斯特在战后创作的最早一批文章里并没有对这个问题表现出多少兴趣。关于大屠杀，她觉得除了相关者必须接受惩罚这个事实之外就没什么可说的了。即便是在当时，她也相信纳粹分子全部应当为他们的战争行为而受到惩罚，并且将"他们对犹太人做的一切"归入了纳粹罪行的概括名目之下。

　　这是一个非常严重的道德上的疏忽。部分原因在于，在漫长的审判过程中，韦斯特的注意力转向了苏联。早在关于乔伊斯的文章中，韦斯特就给人们敲响了这样的警钟：

> 纳粹德国和苏联的主张和推进方式之间有一种相似
58　性。这些主张依赖的是一个前所未闻的假设，即某个拥有特殊天赋的人会拥有一种普遍的智慧，这种智慧使得他可

以对一个国家下达命令，而且他的命令高于由被称为民主的群策体系发出的命令。这在实质上是给了一个人对其他人的事指手画脚的权力。[61]

韦斯特对于共产主义的担忧在接下来的四十年里占据了她生活和写作的绝大部分，不过她也不是只关注这一个问题。她曾经被派去报道国王的葬礼、民主党代表大会、战犯审判、惠特克·钱伯斯（Whittaker Chambers）事件和南非问题等。1975年，她还被邀请参加了缅怀一位妇女参政论者的活动，韦斯特记得她"特别漂亮"。[62] 不过韦斯特能够引发的关注已经大不如前了。她与左派的疏远给她造成了一定伤害，她那种轻浮善变的风格也让她不受二十世纪四五十年代日渐成熟起来的年轻一代作家的喜爱。对于这些作家来说，韦斯特有些古怪，像是前一个时代留下的遗迹。

在人生的晚期，韦斯特清楚地意识到了人们对她关注的日渐减少。她给一个朋友写信说："如果你是一名女性作家，那么有些事你一定要做。第一，不要太出色；第二，要英年早逝，在这一点上凯瑟琳·曼斯菲尔德胜过了我们所有人；第三，像弗吉尼亚·伍尔夫一样自杀。一直写作并且写得好是不能被原谅的。"[63] 韦斯特会以这种有艺术性的、聊天似的风格继续写作，直到去世为止。她的作品仍然受到人们的赞美，在她晚年时，她还成了知识分子谈话节目的固定嘉宾。她是少有的被看作国家大事方面专家的女性之一。不过她也会犯错，她对反共产主义的执迷就是其中之一。

第三章　韦斯特和赫斯顿

　　1947 年，《纽约客》派遣韦斯特去南卡罗来纳州格林维尔（Greenville）报道一场发生在那里的私刑审判。这个任务是她自己要求的。1947 年 2 月 16 日晚，二十四岁的威利·厄尔（Willie Earle）被从皮肯斯县监狱（Pickens County jail）里劫走，当时他是因为受到刺死一位白人出租车司机的谋杀指控而被关在这里的。尽管证明他就是凶手的证据全部都是间接证据，由受害出租车司机的同事们组成的暴徒群体还是把厄尔从监狱里劫走，并对他进行殴打，用利器戳刺，用枪支射击，直至其死亡。

　　虽然私刑在美国从来没有真正终结，但是到二十世纪四十年代，这种事已经相对罕见了。厄尔的案例成了东北部各大报刊上的头条。新闻记者们热切地报道了厄尔血淋淋的尸体的情况，以期达到让读者震惊的效果。有一篇文章说厄尔的头被"崩成了碎片"。[1]另一篇说暴徒们把他的心脏从他的身体里挖了出来。[2]北方人在读到这些残忍细节的时候可能反而会感到某种安慰，因为他们生活在距离这些事情很远的地方，他们也是在用震惊来表达某种形式的自鸣得意。他们告诉自己，野蛮行为仅存在于落后的南方。

　　不过事实证明，南方人对于威利·厄尔死亡一事的看法也是存在分歧的。南卡罗来纳州当时刚迎来一位新州长，即上任仅一个月的斯特罗姆·瑟蒙德（Strom Thurmond）。这起格林维尔私刑事件给瑟蒙德州长带来了一场危机。尽管联邦调查局最终拒绝调查，但据说杜鲁门的总统民权委员会密切关注了这场审判，结果是，有 31 人被送上了被告席。

　　韦斯特与她所处时代的绝大多数白人知识分子一样为这场私刑感到惊骇。她认为这是根深蒂固的种族主义的产物。韦斯特写道："不管那些暴徒是什么人，说他们的行为与威利·厄尔的肤色无关绝对是荒谬的。"³但与此同时，她费尽苦心地想要传达她在这个案例中明显感受到的一种细微差别。她写到自己在这里没有发现白人在给黑人带来苦难后可以免受惩罚的文化。在韦斯特看来，那些被告都很担心自己会被定罪。她还认定是厄尔自己"对白人有巨大敌意"。⁴韦斯特说那些实施私刑的白人男子显然并不享受自己的所作所为，他们是出于与被害出租车司机的友谊才做出了这样的举动，而不是因为他们本身嗜血成性。韦斯特仅详细引用了一位黑人的话，而且还是一个"请求延长吉姆·克罗体系（Jim Crow system）①"的黑人。⁵

　　他说："我最希望看到的就是一项禁止黑人乘坐白人驾驶的出租车的法律。黑人喜欢乘坐白人司机驾驶的出租车。我们都喜欢。你难道猜不出原因吗？因为这是我们靠付钱就可以让白人表现得像是我们的仆人的唯一机会。"

　　韦斯特眼中的种族主义是不带个人色彩的、制度上的种族主义。法院的座位是遵循隔离制度的，前来报道审判的黑人记者如果想和白人记者一起坐在媒体区就会遭到指责，以至于他们最终只能坐到黑人坐席区域里。韦斯特还推断说，实施私刑的暴徒们对于就杀死一名黑人而接受审判所感受到的恐惧肯定不如杀死一名白人的恐惧那么严重。

　　韦斯特的愤怒有一个更直接的针对目标。辩方律师说他希望有更多像威利·厄尔一样的人死掉，他还补充道："法律规

---

① 吉姆·克罗法（Jim Crow laws）泛指1876年至1965年间美国南部各州以及边境各州对有色人种（主要针对非洲裔美国人，但同时也包含其他族群）实行种族隔离制度的法律。

定禁止杀狗，但是如果在我居住的区域内有一条不受控制的疯狗，我宁可被控告也会杀了这只狗。"[6]韦斯特忍无可忍地评价说："在任何时候的任何法庭上都没有发生过比在这里发生的更令人恶心的情况。"不过这场诉讼让韦斯特感到愤怒的原因都是从人性角度出发的，而"种族主义"和"偏见"这两个词则根本没有出现在她的文章中。

韦斯特知道被告最终被宣判无罪是不公正的。听到判决时被告们的庆祝不过是"在庆祝获得救赎，而所谓的救赎其实是将他们送到了更危险的境况中"。[7]韦斯特担心这样的判决会带来更多不法行为，但是让她紧张的似乎主要是黑人会做出什么。她觉得黑人"不知道自己在干什么"。她还认为格林维尔的审判预示着在南方发生的私刑的终结，如今我们都知道这样的预测错得有多离谱。

症结所在可能是韦斯特对于此类题材没有经验，她坚持要到格林维尔报道的是一个其他一些人，主要是黑人作家已经很好地报道并理解了的领域。艾达·B. 威尔斯（Ida B. Wells）是一位一生致力于禁止私刑的黑人记者，她撰写的文章大概都是半个世纪以前的了，但是她的名字依然为人们所熟知。同时期的其他一些黑人作家对于南方的情况也有更深刻的理解，他们甚至还经常在白人的报纸上发表文章，佐拉·尼尔·赫斯顿（Zora Neale Hurston）就是其中之一。

赫斯顿是在佛罗里达州的伊顿维尔（Eatonville）长大的，那里是这个种族主义盛行的州里的一片黑人飞地。赫斯顿一直是个叛逆的假小子，她很早就离开了学校。二十几岁的时候，她在巡回表演的吉尔伯特和沙利文剧团（Gilbert and Sullivan troupe）里给一位演员做过十八个月的女仆。直到二十六岁时，赫斯顿才获得高中文凭，之后又考上了霍华德大学（Howard University）。1925 年，她像许多充满雄心壮志的年轻黑人知识分子一样来到了哈勒姆（Harlem），并很快成了《机遇》（_Opportunity_）和《信使》（_Messenger_）这样的黑人杂志的固定撰稿人。[8]

给赫斯顿带来突破的文章是她在1928年发表的《身为有色人种是什么感觉》（How It Feels to Be Colored Me）。赫斯顿写到自己在还是个孩子的时候就离开了伊顿维尔，在那之前她并没有意识到自己是"有色人种"，也不觉得身为有色人种有任何悲惨之处。她还不能理解其他黑人因为自己的种族而感受到的哀伤。赫斯顿说那是因为"我在忙着磨利我的开蚝刀"，[9]不过在白人的世界里生活了二十多年之后，"当我被推到一个反差鲜明的白色背景前面时，我最能体会到什么是身为有色人种"。在赫斯顿生活的时代及那之后的许多年里，美国的知识分子圈子还是一个白人占绝大多数的群体。黑人和白人的报纸、杂志都是泾渭分明的，即便是在自由的北方也不例外。主要的白人报纸也报道了赫斯顿的作品，她的书籍都受到过《纽约时报》的评论，但是人们对她最先的，也是最主要的定位显然还是一位黑人作家。而黑人作家是不会被《新共和》或《纽约客》约稿的。所以她想要靠做记者、写文章来养活自己是不可能的。

鉴于此，赫斯顿选择成为一名人类学家，最终在哥伦比亚大学巴纳德学院（Barnard College at Columbia）获得了博士学位。她在那里追随先锋人类学家弗朗茨·博厄斯（Franz Boas），后者安排她为自己测量头骨。她的工作在当时被称作人种学研究（ethnography），而且都是由各个基金会赞助支持的。赫斯顿在自己的一生中会出版几本民俗研究著作，其中大部分致力于保护伊顿维尔这样的飞地中的黑人使用的日常口语。此类语言也会出现在她最著名的小说《他们眼望上苍》（_Their Eyes Were Watching God_）中。她还研究了牙买加和海地的伏都教（voodoo，又译巫毒教）传统，并将自己的发现记录在了《告诉我的马》（*Tell My Horse*）一书中。

然而，赫斯顿蒸蒸日上的事业在 1948 年戛然而止，因为她房东的儿子指控她猥亵。经过几个月的审讯后，男孩儿撤销了指控，但是这个消息已经被刊登在了报纸上。巨大的压力让赫斯顿无心写作。再加上她感兴趣的黑人生活也不是杂志社和出版社编辑们热衷的题材，她的情况就更加艰难了。赫斯顿在一篇于 1950 年为《黑人文摘》（*Negro Digest*）创作的名为《白人出版商不肯出版的作品》（*What White Publishers Won't Print*）的文章中写道："人们对仆人阶层以上的黑人的深刻、全面的内容没有需求这个事实，暗示了这个国家中存在的一些非常重要的东西。"10

63 在赫斯顿彻底被人们遗忘前，她还有一个故事要写。1953 年，赫斯顿受黑人报纸《匹兹堡信使报》（*Pittsburgh Courier*）的派遣到佛罗里达州的莱夫奥克（Live Oak）报道对鲁比·麦科勒姆（Ruby McCollum）的审判。赫斯顿的传记作者称她同意接受这个任务主要是因为她需要挣钱，但是这个案件的案情显然也是吸引赫斯顿的原因。

受审的麦科勒姆是一名黑人，她被指控谋杀了白人男子 C. 勒罗伊·亚当斯医生（Dr. C. LeRoy Adams）。麦科勒姆杀了亚当斯这件事确凿无疑，她是在后者的办公室，当着几位病人的面开枪杀死医生的。然后她就转身离开，回到家中等待警察前来逮捕自己。审判的焦点不在于她是否犯下了这个罪行，而在于她为什么这样做。事实证明，医生的行医活动与麦科勒姆的丈夫的"小圆球"生意王国（bolita empire）之间存在关联。（小圆球是一种西班牙的彩票游戏。）

人们还得知，麦科勒姆的四个孩子中有一个是亚当斯的。在审判过程中，麦科勒姆宣称亚当斯曾多次强奸她，但是法官却不允许她详细阐述具体的情形。麦科勒姆在第一次审判中被判谋杀罪名成立，在第二次审判中，她被许可以精神疾病的理由做无罪辩护，最终她被判定在精神病院接受几年治疗。

赫斯顿只旁听了第一场审判。虽然她在《匹兹堡信使报》的编辑会用耸人听闻的标题来加强报道的戏剧性成分，但是赫斯顿的文章本身是细致入微且保持尊重的。她描述了旁听者们看到的幻象，他们告诉赫斯顿说自己看到麦科勒姆的鬼魂在镇上游荡，那个鬼魂有一个鹰头，"手里还握着一把燃烧的长剑"。[11] 在写到麦科勒姆的故事时，赫斯顿照搬了法院的庭审记录，有时加上一点她本人的注释。当控方宣称麦科勒姆杀死亚当斯的真正原因是不愿支付她的医疗费用时，赫斯顿在自己的文章中复述了这个说法。

简单的复制庭审记录的方式是不可能创造出引人深思的文章的。不过赫斯顿这么做似乎只是在等待时机。审判结束之后，她写了一篇关于麦科勒姆的家庭生活的类似短篇小说的文章。《匹兹堡信使报》分十次连载了这篇文章。文章中的内容无疑是在事实的基础上加入了自由发挥。赫斯顿创造了一个关于勇敢、叛逆的麦科勒姆的故事，她最终"主宰了两个强壮的男人的命运，他们一个是白人，一个是黑人"。在赫斯顿讲述的故事中，麦科勒姆是一个与作家自己不无相似之处的女人：顽皮，渴望被爱，忍受着不幸婚姻和不忠的丈夫带来的孤独感。这个案件中的某些东西似乎让赫斯顿混淆了事实和虚构的界限。学者指出赫斯顿甚至在这篇文章中使用了曾经在《他们眼望上苍》中出现过的原话。[12]

这些文章不是赫斯顿最精彩的作品，不过它蕴含了一种生命力。换作另一个时代、另一种环境，赫斯顿也许本可以就这次审判提交一份完全不同的报道，而那份报道中必将包含后来被称为新新闻主义（New Journalism）的报道形式包含的一切

64

标志性元素：即事实、感情和个人经历的融合。赫斯顿原本可以利用这些工具报道格林维尔审判之类的题材，也就是韦斯特非常不成功地报道过的那次审判。相反，赫斯顿甚至没有拿到《匹兹堡信使报》承诺支付她的八百美元报酬。八年后，赫斯顿在 1961 年时悄无声息地去世了。直到二十世纪八十年代，赫斯顿才重新获得重视，主要是在女权主义者黑人作家艾丽斯·沃克（Alice Walker）的倡导下，赫斯顿的作品又获得了广泛的阅读，不过如今人们主要将她视为一位虚构类作品作家。

第四章　阿伦特

汉娜·阿伦特直到四十多岁时才变成一个广为人知的人物。让公众注意到她的是一份近五百页的关于极权政治的政治理论论文，她在这篇论文中使用了传达伟大观点时往往必须使用的繁复的语句。因此人们可能很容易忘记阿伦特也曾经是一位充满梦想的年轻女性，她的思考生涯也是从书写大量诗歌开始的，以及她也曾俗气地写过自己"被对现实的恐惧战胜了，这种毫无意义、毫无根据、毫无内容的恐惧，用它无神的凝视将一切化为乌有，这种恐惧是疯狂，是无趣，是痛苦，是湮灭"。[1]

不过这正是汉娜·阿伦特在1925年春天从大学返回家中后给自己的教授、哲学家马丁·海德格尔（Martin Heidegger）写的书信中的内容。当时他们已经发生了关系，后来的事证明，这场热烈的婚外情对双方来说都具有极其重大的历史意义。当阿伦特用"保护性的第三人称"[2]撰写这份自传性的文件时，这场婚外情才刚维持不到一年。她给这份文件取名为"阴影（Die Schatten）"，以此来直白地表现抑郁的情绪。当时才二十出头的汉娜·阿伦特真的非常担心自己会一辈子碌碌无为：

> 她很可能会在无意义的实验和无理由或无依据的好奇心中继续自己的人生，直到长久渴盼的终结在她毫无防备的时候，强行终止她毫无用处的活动。[3]

人生的毫无益处和终结的突如其来是阿伦特的人生中经常出现的话题——就像韦斯特和帕克也经常提到它们一样。阿伦特出生在普鲁士城市柯尼希堡（Königsberg）的一个中产阶级知识分子家庭，她的母亲是一个意志坚强、很有钢琴天赋的家庭主妇，她的父亲是一位电气工程师，也是一位研究希腊和罗马的业余学者，一天到晚埋首于书堆。

阿伦特和父亲共处的时间并不长。年轻的保罗·阿伦特（Paul Arendt）在结婚之前就染上了梅毒。到他女儿年满三岁时，保罗的病情迅速恶化了。他发病的细节非常可怕：有时一家人正在公园里散步，他会突然瘫倒在地，这正是伴随晚期梅毒出现的运动失调的表现。到阿伦特五岁时，保罗不得不入住疗养机构，他在那里待了大约两年，于1913年去世。临终前，他已经病得连前来探望自己的女儿都不认得了。父亲去世后，阿伦特很少提起他。阿伦特的传记作者伊丽莎白·扬 - 布鲁尔（Elisabeth Young-Bruehl）写到阿伦特曾对自己的朋友说她关于父亲的疾病的记忆仅限于母亲弹奏钢琴的声音，因为音乐能够在深夜安抚抱恙的父亲。

阿伦特的母亲不得不继续生活下去。她在阿伦特十几岁的时候改嫁给一位受人尊敬的商人。从物质层面来说，一位犹太裔寡妇带着自己的女儿在一战后的德国能够过上这样的生活就相当不错了。这个国家当时正处于魏玛共和国时期，这个时期的重要事件包括严重的通货膨胀、艺术实验和希特勒逐渐掌权。不过当时的家庭生活并不艰难。阿伦特总是坚称她的母亲保护她不受她遭遇的反犹主义的伤害。如果有人在教室里发表任何反犹主义言论，年轻的阿伦特回家后会告诉母亲。玛莎·阿伦特（Martha Arendt）就会给教师写批评信，然后此类现象就会停止。这无疑解释了为什么如她在《极权主义的起源》（*The Origins of Totalitarianism*）中写到的那样，阿伦特从来不认为反犹主义是"永恒的"。

不管她在《阴影》中向海德格尔表述了什么，在其他人眼中，年轻的阿伦特已经充满了冷酷的自信。她在学校的时候连老师都说不过她，因为她在家能自学的并不比老师能教给她的少，而且她很喜欢让老师也知道这一点。有一次，一位老师的评价让阿伦特感到受辱，没有人记得这位老师说了什么，但是阿伦特为此组织了一场联合抵制这位老师的活动。她因此被学校开除，最终主要是依靠自学通过了大学入学考试。

在青春期末段，阿伦特开始对哲学感兴趣，尤其对爱深思的丹麦存在主义者索伦·克尔凯郭尔（Søren Kierkegaard）的作品偏爱有加。克尔凯郭尔是最先提出焦虑的概念的人之一，那是一种人与自身及人与世界之间的严重失衡的感觉。阿伦特肯定对此深有体会。也就是在这一时期，她写出了许多诗篇，这些诗歌并不精彩，但却可以证明这个后来被指责太冷酷、太遵循逻辑的人的内心深处也充满了浪漫情怀，那些人只是没有仔细读懂她而已：

> 啊，死亡是生命的一部分，我懂，我懂。
> 所以让我享受自由自在的日子吧。
> 你不会找不到我，因为我给你留下了一个标记，
> 这页文字和这团火焰。[4]

在听到一位前男友说马尔堡大学（University of Marburg）的海德格尔教授的演讲很精彩之后，阿伦特也选择了马尔堡大学，还很快报名了海德格尔的课程。当时是 1924 年，她十八岁，海德格尔三十五岁，已婚，还有两个儿子。

要用简单几句话概括海德格尔复杂的哲学观点很难，但是他研究哲学的方法的特点是摆脱之前的思想家们对于冷硬的逻辑的忠诚。如丹尼尔·梅尔－凯廷（Daniel Maier-Katkin）曾经写到的那样，海德格尔认为"人类的经验和理解都与诗歌中固有的关于感情和情绪的领域有紧密联系（这个观点对于阿

伦特有很强的吸引力）"。[5] 海德格尔还将这个态度融入自己的
教学方法中。所有人都说他的演讲就像表演，他的独白并不仅
仅是要直接传递信息。关于校园中流传的说法，阿伦特后来
写道：

> 关于海德格尔的传闻说得很明白：思考重新获得了生
> 命；过去的文化宝藏一度被认为已经作古，如今却再度发
> 声，在此过程中，它们提出了与人们认为它们要说的那些
> 熟悉的、陈旧的、意义不大的琐事完全不同的内容。那里
> 就有这么一位老师；你也许可以学会思考。[6]

在阿伦特花了几个月的时间学习思考之后，1925 年 2 月
某一天下课后，海德格尔走近阿伦特，问她在读什么书。阿伦
特回答了问题。她给的答案肯定特别有魅力，以至于海德格尔
立即给她写了一封情书："你永远不会成为我的人，但从现在
起你会成为我生命的一部分，它将因你而变得更加丰富。"[7] 这
段婚外情就是这样开始的。

阿伦特和海德格尔总是用抽象的论述谈论两人之间的婚外
情，那些书信不愧是两个毕生都在交换观点理念的人写出来的。
他们描写对彼此的爱意的方式不仅让这件事更具戏剧性，还充
满了高度的思想性。与韦斯特和威尔斯之间交换的情书不同，
他们的通信里没有幼稚的对话，也没有昵称。唯一留存下来的
通信记录都是海德格尔发出的那些，他会写这样一些内容：

> 我受到了恶魔的侵扰。它隐藏在你充满爱意的双手
> 和闪亮的眉毛的无声祈祷中，那是一种充满女性魅力的伪
> 装。我从来没遇到过这样的情况。[8]

不管有什么充满女性魅力的伪装，恶魔依然是飘忽善变的。这段婚外情开始仅三个月之后，海德格尔就退缩了。他在信中的口气突然变得疏远。他以工作繁重为借口，还就他可以将注意力转回现实生活以后的未来作出了许多夸大的承诺。简而言之，他表现得与任何意识到和一个比自己年轻很多的女人纠缠不清是个错误，尽管心怀愧疚，但仍不愿彻底断绝今后继续与其发生关系的可能的男人没什么两样。

公平地讲，海德格尔也不算完全在说谎。他的妻子在他们的乡村地产上为他搭建了一间小棚屋，海德格尔当时正在那里创作将给他带来重大突破的代表作《存在与时间》(*Being and Time*)。不过从他打发阿伦特的时候算起，这本作品还要再过两年才能完成，何况他还计划在当年秋天继续授课。总而言之，那一年的夏天，阿伦特又变成孤身一人了。

1925 年秋天，当这对师生都回到马尔堡大学之后，海德格尔继续躲避着阿伦特。到 1926 年春天，他干脆开始放阿伦特鸽子了。沮丧的阿伦特从此开始对海德格尔死心，只不过这个过程几乎要持续一生。她离开了马尔堡，转拜到另一名哲学家门下，这个人就是卡尔·雅斯贝尔斯（Karl Jaspers）。她和海德格尔还保持着联系，但大多数时候只能给他写一些充满哀伤之情的书信。他们还可以在小镇的火车站上短暂约会，其持续的时间都不能超过火车停靠的时间。

尽管这样的见面显然是短暂且无法令人满足的，这场婚外情仍会成为他们各自生命中的标志性事件。海德格尔对于阿伦特的影响显然塑造了她的性格，而且这种影响是巨大和深远的。不过阿伦特从海德格尔这里获得的东西对她来说更像是某种启发，而不是什么必须遵循的指令，至于她的作品的主题和范围更是由她自己选择的。海德格尔专攻哲学，阿伦特则转向了政治理论。海德格尔留在德国，阿伦特离开了。第二次世界大战之后两人终于重逢时，阿伦特已经凭借自己的能力即将成为一位举世闻名的思想家，而那些为她树立了声望的思想，尤其是关于德国在二战中的行为的理念都是在没有海德格尔的评论或控制的情况下研究出来的。

70 　　他们两个人在德国的经历从任何角度来看都可谓天壤之别。海德格尔在结束了与阿伦特的婚外情之后不久就加入了纳粹党。后来关于海德格尔对于入党的事究竟有几分真心的争论很多，但不可否认的是他对于纳粹党运动是抱有一定程度的同情的。纳粹党宣扬的对于整个世界的浪漫主义幻想灾难性地与海德格尔本人的一致，那就是所有种族都陷入了长期的、严重的争斗，在这场争斗中，正义属于"德意志民族（Volk）"。

　　海德格尔并不只是悄无声息地接受纳粹党人，他甚至积极地与他们一起活动。他几乎是刚一加入纳粹党就开始领导清除大学中的犹太人的活动，就连取消他自己的导师埃德蒙·胡塞尔（Edmund Husserl）的教授资格的文件都是由他签署的。（关于这一举动，阿伦特称海德格尔是一个"潜在的杀人犯"。[9]）这件事让海德格尔成了被纳粹称为"一体化（Gleichschaltung）"的过程中的突出人物。这个德语词有时可以被翻译成英文"collaboration（协调、合作）"，大多数德国人，无论他们是公民组织中的成员还是知识分子，就是在这一过程中逐渐接受了纳粹主义的那些要务的。

　　后来在抽象地谈论到"一体化"问题时，阿伦特直白地说道："这个问题，这个针对个人的问题，并不在于我们的敌人做了什么，而在于我们的朋友做了什么。"[10] 阿伦特与海德格尔的关系有多深是直到她去世之后才为公众所知的，不过她肯定一直都在想着他。在海德堡大学师从卡尔·雅斯贝尔斯期间，阿伦特写了一篇题为《爱与圣奥古斯丁》（*Love and Saint Augustine*）的博士论文。这也许可以被视为她对自己与海德格尔之间的关系感到沮丧的另一个标志，她在这里关注的问题已经从男女之爱转为了邻里之爱。阿伦特是在 1929 年初完成这篇内容充实且具有挑战性的论文的。此时距离华尔街股市崩盘，从而引发大萧条，并导致为保证德国遵循《凡尔赛条约》（Treaty of Versailles）而设立的贷款供应出现不稳定等事件发生仅剩几个月。后来希特勒正是利用经济灾难带来的破坏为自己赚取了支持度，不过在阿伦特获得博士学位时，希特勒尚未真正羽翼丰满。

阿伦特当时生活在柏林，同样生活在这个城市里的还有很多年轻的研究生，他们都在试图想明白，在这个因为被大多数人视为侮辱的《凡尔赛条约》而动摇不定的国家中，自己能做些什么。与魏玛时期的其他人一样，阿伦特也参加了很多与当时阴郁的大环境并不相符的光鲜亮丽的聚会。一个影响她命运的聚会是在柏林人种学博物馆（Museum of Ethnology in Berlin）举办的。这个聚会是一次左派人士以筹募资金为目的而举办的化装舞会。阿伦特把自己打扮成了一个"阿拉伯闺中少女"。[11] 人们可能很想知道这样的装扮在 1929 年时是什么样子，反正她的造型显然很成功。阿伦特在舞会上遇到了一个很久没见的同学冈瑟·斯特恩（Gunther Stern），他们自此又重新联系上了。

后来斯特恩在自传中提到自己当时试图吸引阿伦特的方式是对她说"爱是一种行为，因为这种行为，某些本来是后验的事物——比如偶然遇到的一个人——就被转化成了一个人生活中的先验"。[12] 对于其他女人来说，这样的话似乎是在炫耀。但是对于阿伦特来说，这是证明他们之间的联系可以不仅局限于感情上，还存在于思想中的明显证据。阿伦特于当年 9 月嫁给了斯特恩。然而她通知海德格尔自己结婚消息的书信依然透露出一种挫败感。她向海德格尔重申自己想要安顿下来，想要

71

获得家庭的温馨，即便这个家庭不是完美的：

> 不要忘记我多么清楚、多么深刻地知道我们的感情已
> 经成了我人生中最大的幸事。这个想法不会被动摇，直到
> 今天也不会。[13]

在阿伦特写这封信的时候，海德格尔还没有公开自己倾向
于纳粹党的态度。

婚姻带来的安逸生活被证明是非常有用的。它让阿伦特有
机会更加专注于一个新的研究课题。这次她要写一本不完全算
是以她的内心生活为研究对象的书，但是它依然可以被视为阿
伦特写过的最接近自传的作品。她的朋友从一位珍本书书商手
中发现了十八世纪犹太裔沙龙女主人（salonnière）的书信和
日记，然后把它们都交给了阿伦特。这个名叫拉埃尔·瓦恩哈
根（Rahel Varnhagen）的女人的生活很快就让阿伦特入迷了。
于是她开始着手写一本传记，这本书最终会成为一本一半在
陈述个人哲学理念，一半在褒扬这位被她视为榜样的女性的作
品。从这一点来说，阿伦特几乎算得上同时期女性思想家中的
一个特例了，因为其他大多数人都没有胆量明确承认自己感激
其他女性。

瓦恩哈根 1771 年出生在柏林，是一位成功的商人的女儿。
尽管没有受过多少正规教育，但瓦恩哈根从年纪很小时就开始
对人们的想法感兴趣。成年后，她身边围绕的都是同时期的伟
大艺术家和思想家，他们通常都是德国的浪漫主义者。瓦恩哈
根的沙龙让她成了德国智识史中的一位关键人物。阿伦特对她
如此热衷的部分原因在于瓦恩哈根和阿伦特一样是犹太裔，受
同化程度也很深。不过瓦恩哈根对于身为犹太人这件事的看法
有些矛盾。鉴于此，阿伦特认为由瓦恩哈根的丈夫记录下来，

据说是她的临终遗言的这段话令人难忘：

> 身为一名犹太裔女人对我来说似乎是一生中最大的耻
> 辱，也是我一生苦难和不幸的根源——但现在，我不再渴
> 望自己不曾拥有这些经历。[14]

阿伦特深受这句话的影响，所以她用这句话作为她作品的
开头。这本书几乎是从一开始就展现了一种通灵的特质。阿伦
特直接称瓦恩哈根为自己"最好的朋友"。这本书是在完成大
约二十五年后的 1958 年才终于被出版的。阿伦特写到她在创
作本书时选择了"一种传记文学中少有的角度"。实际上，阿
伦特在描述自己的目标时几乎有种玄学的意味：

> 我的目的从来不是写一本关于拉埃尔的书；至于她
> 的个性，根据作者从外面引入的各种心理学标准和分类理
> 论，也可以得出各种各样的分析结果……唯一让我感兴趣
> 的只是用拉埃尔可能采用的方式来讲述她的一生。[15]

研究阿伦特的学者塞拉·本哈比（Seyla Benhabib）曾经
宣称，阿伦特说自己在"用拉埃尔可能采用的方式"讲述她的
故事这一点"令人震惊"。[16] 你可以花一生的时间去研究另一
个人的档案，但可能依然无法彻底理解那个人的内心世界。阿
伦特肯定也明白这一点，甚至是在尝试从拉埃尔的角度写拉埃
尔的人生时体验过这样的经历。一方面来说，想要真正代表一
个已经去世一个世纪或更久的人发声是根本不可能的事；但是
另一方面来说，阿伦特从情感上感受到的瓦恩哈根的生活对她
的吸引力已经超越了所有理性因素。她发现了一位自己想要给
她当学徒的女主人，写这样一本书就是阿伦特实现自己愿望的

73

方式。

　　阿伦特认为瓦恩哈根最让自己感兴趣的一点在于她找到了让与众不同变成对自己有益的东西的途径。阿伦特尤其把这一点与她的犹太人身份联系在一起。瓦恩哈根的丈夫试图通过获得越来越高的社会地位来超越自己的犹太人身份。但是这个方法对于瓦恩哈根来说，从来都没有效果。她认为自己无法抹去这个标志，于是她选择接受现实。阿伦特的结论是，如果说身为犹太人让瓦恩哈根与德国社会格格不入，那么它正好给了瓦恩哈根一种独具个性的视角，这种视角最终被证明是有其价值的。能够对事物有不同看法不仅仅是选择不同视角的问题，有时候，那还意味着对事物有更透彻的理解。

　　阿伦特告诉我们，瓦恩哈根因此成了某种"贱民（pariah）"。但她使用这个词时并不含有我们如今使用它时包含的那种贬义。阿伦特在后来的著作中又在这个名词前面增添了一个形容词，变成了"有意识的贱民（conscious pariah）"。一个有意识的贱民知道自己与别人不同，也知道至少在别人眼中，自己永远不能彻底摆脱这种不同。但是"有意识的贱民"还知道这种独特性让自己获得了什么。其中之一就是某种接近本能的共情能力，即一种因为有切身经历，所以能够敏感地体会到他人难处的能力：

　　　　这种敏感是对于每个人的尊严的一种病态的夸大，是一种特权阶层从不能感受的激情。就是这种强烈的共情能力造就了贱民的慈悲心。在一个建立于特权、因出身获得的骄傲和由头衔赋予的自大之上的社会中，在理智将人的尊严当作道德的基础很久之前，贱民已经凭直觉发现了广泛的人的尊严。[17]

74

尽管阿伦特通常只在描述犹太人的与众不同时才使用"贱民"这个名词，但她暗示自己知道这个模型还可以被应用到更广阔的范围中。阿伦特会选择一位女性作为贱民的代表这一点似乎并不是碰巧而已，尽管阿伦特否认了这个代表是男是女有任何重大的区别。她可能会说瓦恩哈根的犹太人身份是比她的女性身份更能引起共鸣的要点，但阿伦特在瓦恩哈根身上发现的很多事情都可以通过类比来延伸，而且阿伦特至少在某种程度上也知道这一点。当她终于在二十世纪五十年代出版了这本关于瓦恩哈根的生活的作品时，阿伦特在引言中这样写道：

> 当代的读者们肯定立刻就能发现：拉埃尔既不漂亮也没什么魅力；和她产生过任何意义上的恋爱关系的男人都比她年轻；她不具备任何能够让她施展自己惊人智慧和激情创意的才能；还有最后一点，她拥有典型的"浪漫主义"性格，这是一个"女性问题"，即男性"总体上"对女性的期盼与女性本身可以提供或想要获得的一切之间存在的差异。这个问题已经因为这个时代的状况而形成了，它表现为一个根本无法被填平的鸿沟。[18]

从汉娜·阿伦特与女权主义关系的历史来看，这算得上一段非常令人惊奇的表述了。阿伦特对于女权运动和女权主义者的豪言壮语都没什么兴趣。她在工作中接触的几乎都是男性。她从来不怎么担心自己能否融入几乎全是男性的知识分子圈子。她也不觉得父权制是一个特别严重的问题。实际上，在人生晚期，当被问及如何看待女性解放的时候，她说"女性问题"对她来说从来不是什么问题。她还告诉采访者说：

> 我一直觉得有些职业由女性承担是不成体统的，那不适

75

合她们，由女人下命令就是不怎么好看。一个女人如果想保持女性化，就应当尽量避免陷入那样的处境。我并不知道我的想法对不对……这个问题本身对于我个人来说无关紧要。最明白的说法就是，我一直在做我喜欢做的事情。[19]

这样一个自相矛盾的回答让如今的人们没法将当时的阿伦特认定成一名为女性事业默默斗争的改革者，人们甚至很难确定她本人是否支持两性平等。

尽管如此，她还是认为一个人应当去做自己想做的事。她没有创作关于诸如克尔凯郭尔之类的人物的传记作为自己广为人知的事业的开端，反而选择了一位让自己着迷的女性为主题。这位女性"既不漂亮也没什么魅力"，却拥有"惊人智慧和激情创意"。她的局外人身份不仅不是一个需要被克服的困难，反而成了可以被挖掘的力量源泉。如一些学者推测的那样，阿伦特没有感受到任何形式的对女性的歧视的原因可能是，在她生活的时代里，她的犹太人身份是一个比性别明确得多的目标。与纳粹分子针对犹太人进行的迫害相比，人们对于女性的敌意被大大地淡化了。

1933 年，当位于柏林的德国国会大厦（Reichstag）被付之一炬时，阿伦特还在忙着创作这本关于瓦恩哈根的作品。起火的原因是有人纵火，人们对真凶的身份存在争议，但是一位年轻的共产党员遭到逮捕，并被当作最有可能实施犯罪行为的人而立即接受了审判，德国的左派也因为纵火案造成的混乱而备受指责。希特勒在纵火案发生大约一个月前刚刚宣誓就任总理一职。这场动乱让他有借口获得紧急权力。阿伦特的丈夫冈瑟·斯特恩与反纳粹主义者之间有着深刻的联系，他立即离开德国到巴黎去了，阿伦特则留了下来。

她并不是感受不到政权更迭带来的危险，实际上，她说这

场大火是一种"直接的冲击"[20]，并且让她意识到自己不能继续
做一个"旁观者"了。不过早在纵火案发生之前，她肯定就已经
意识到自己曾经的朋友和同事们正渐渐屈服于纳粹的影响力这个
事实。在前一年秋天，阿伦特就听到了一些传闻，于是她给海德
格尔写信询问对方新的政治立场。阿伦特具体的关切包括海德格
尔已经成了反犹主义者的传闻，以及她从丈夫和朋友那里收集到
的各种消息。海德格尔回信的口气起码可以说是非常不耐烦和愤
怒的。他在信中列出了自己最近帮助过的犹太人学生的名单，还
补充说：

> 谁想把这叫作"激烈的反犹主义"就去叫好了。除此
> 之外，我在大学事务上的反犹程度与十年前我在马尔堡时
> 别无两样……更不用说我还与很多犹太人保持私人关系的
> 事了。
> 最重要的是，这绝对不会影响我与你的关系。[21]

然而他们之间的关系已经受影响了。这封信成了此后十多
年里两人之间的最后一次联系。

国会纵火案几个月之后，阿伦特同意帮忙偷偷搜集收藏
了瓦恩哈根的文件的那间图书馆里存在的含有反犹主义声明的
小册子。这些内容是要送给在国外组织活动的犹太复国主义者
朋友们加以利用的。不过阿伦特才干了没几天就被发现，并被
举报给了当局。她和母亲双双遭到了逮捕，并在拘留室里待了
几天。逮捕她的警官挺喜欢她，甚至还对她进行了言语挑逗：
"我该拿你怎么办呢？"[22] 最终，他还是把阿伦特放了，这可以
算是非常幸运了。在接受审讯时，她干脆选择了撒谎，没说自
己是在为谁工作。

不过出了这件事之后，阿伦特也明白自己显然不能留在

77

德国了。起初，她和母亲一起去了布拉格，玛莎·阿伦特从那里回到了柯尼希堡，阿伦特则去了巴黎。她随身携带着瓦恩哈根那本书的手稿。不过一抹阴云一直笼罩着她，她对于纳粹带来的灾难之深重已经了然于心。她在柏林认识的那些知识分子们已经开始与纳粹政权同流合污。海德格尔已经当上了大学校长，不仅把纳粹党徽别在胸前，甚至短暂地尝试过求见希特勒。这些事阿伦特都知道。

就这样，阿伦特把思考变成了个人的事。"我再也不想参与任何种类的知识事业了。"[23] 如今我们都知道，她打算让自己与知性主义疏远的计划最终没有成功。不过这种背叛留下的印记是永恒的。阿伦特从那之后不再将传统的思想生活当作一种救赎。因为即便是伟大的思想家也会受到糟糕判断的影响，他们抛弃常理和常识的速度都很快。

阿伦特在去世前几年曾告诉一位采访者说："我至今依然认为就所有事提出观点是身为一个知识分子的本质。"她当时谈到了她觉得这是一件坏事："今天我会说他们都被自己的观点束缚住了。就是这么回事。"像海德格尔这样的知识分子在加入纳粹党时并不是在主动作出什么战略性的选择。他们也不只是为了生存下去才加入的。对于他们来说，与一个自己不能热诚地坚信的事业结盟是让他们极为厌恶的事，所以他们会为自己的行为寻找合理化的理由，还会让自己不断贴近纳粹党的理念，在这个过程中，他们本身就都成了纳粹分子。

阿伦特在 1933 年抵达巴黎之后，不仅与自己的祖国断绝了关系，还将她的哲学事业抛在了一边。在法国暂居的八年里，阿伦特几乎没有发表过一个字，只是在朋友们的督促下才完成了那本关于瓦恩哈根的作品。不再进行学术研究的阿伦特选择工作，她成了多个旨在帮助越来越多聚集到巴黎的犹太移民的福利项目中的行政人员。这种相对更具官僚性质的程序性办公室工作让她觉得很放松，能够完成，也不太可能像她之前的"思想生活"那样让她感到失望。

阿伦特在巴黎时曾与冈瑟·斯特恩短暂地团聚过一段时间，不过后者一直忙于创作一部无比复杂（最终也没能出版）的小说，二人的婚姻很快就破裂了。1936年时，阿伦特认识了另一个男人，这个名叫海因里希·布吕歇尔（Heinrich Blücher）的德国共产党党员擅长社交，他与共产党运动的牵连很深，以至于他在巴黎生活的时候必须使用一个假名。

人们往往忍不住对布吕歇尔表现出来的令人震惊的男性气概进行浪漫化的描绘，阿伦特的很多传记作者都抵挡不了这个诱惑。布吕歇尔比斯特恩和海德格尔身材更高大。他说话的声音也很洪亮，还很爱笑，再加上他常年投身政治，所以是一个阅历丰富、老练世故的人。不过他在知识层面上也足以与阿伦特一较高下，这正是阿伦特要求自己的伴侣拥有的素质。无论是在书信里，还是在餐桌上的闲聊中，布吕歇尔都可以就哲学和历史问题详细表述有说服力的观点。有一封他写给阿伦特的书信令人过目难忘，在书信的开头，他先就阿伦特母亲去世发表评论并表示慰问，接下来的内容就升级为全面批判哲学家对抽象真理的忠诚：

> 马克思只是想将存在的天堂传遍整个世界，那些不如他著名的思想家也是这么做的。所以我们都处于因血腥阴云和烟雾窒息而死的边缘……克尔凯郭尔使用散落的砖块给自己堆砌了一个狭窄的洞穴，并把他的道德自我和一个本性凶暴的上帝一起关在里面。对此人们只能说：好吧，祝你好运，以及非常感谢。[24]

如布吕歇尔自信傲慢的文风显示的那样，他不是海德格尔

79 或斯特恩那样的学究。他读过很多书，完全是自学成才。尽管他也有文学方面的抱负，但是他从来没有写过一本著作。他一生都在抱怨自己遭遇了作家的瓶颈期，不过写信显然是不受任何影响的。他过的是一种被过着学术的知性生活的文人雅士们排斥的生活，这一点似乎对阿伦特很有吸引力。认识布吕歇尔十年之后，阿伦特在一封写给卡尔·雅斯贝尔斯的信中说多亏了丈夫（二人于1940年结婚，部分原因是这样布吕歇尔才能获得批准离开欧洲的文件），自己才能够"用政治的视角看待问题，用历史的方法思考问题"。阿伦特还喜欢布吕歇尔能够在这个现实的世界中生活和工作，而海德格尔对于这个世界肯定是完全不感兴趣的。

一位名叫兰德尔·贾雷尔（Randall Jarrell）的诗人朋友称阿伦特和布吕歇尔为"二元君主"。[25]虽然他们二人有时会很高傲，但这个说法的本意不是为了强调他们的高傲，而是要指出布吕歇尔和阿伦特都可以从他们之间的讨论中获得可观的力量的这个事实。他们谁也不是谁的主宰，虽然在美国的那些年里，阿伦特通常是家庭收入的主要来源，但他们的婚姻是在一种自然平等的关系下运行的，就算布吕歇尔偶有不忠，这种平衡总体上并没有受到破坏。

在巴黎与其他作家和思想家相处的时光被证明是对阿伦特有益的。她后来发现与他人一起工作更容易思考。阿伦特与另一位德国难民瓦尔特·本雅明（Walter Benjamin）成了朋友，后者当时还是一位不太成功的评论家，很难让自己的作品获得发表。编辑与他意见相左时，他总是不肯遵照他们的要求妥协。本雅明是一个古典浪漫主义者，出身于一个富裕的家庭，在他家里，公开表达任何职业追求都会被视为庸俗。虽然本雅明的父亲在很大程度上拒绝向他提供任何资助，他还是坚持投身了这项肯定会让他陷入贫困的事业。回想本雅明要成为文人

（homme de lettres）的选择时，阿伦特这样说道：

> 德国人还不知道文人的存在，几乎同样不为人知的还有本雅明为了挣钱糊口而不得不用这个身份进行的工作：不是文学史专家或学者撰写必要的长篇宏论的工作，而是撰写批评文和散文的工作。他认为这种文体的形式过于通俗泛泛，如果不是因为要按字数获得报酬，他宁愿去写格言警句。[26]

本雅明也是坚持要阿伦特完成瓦恩哈根的手稿的朋友之一。1939年他给自己和阿伦特共同的朋友格肖姆·索罗姆（Gershom Scholem）写信推荐这份手稿时说："这本书给我留下了深刻的印象。书中充满了针对时下的有教化和辩护意味的犹太研究的强有力的冲击。"[27] 阿伦特也非常乐意帮助本雅明完成他的工作。她在给索罗姆的信中写道："我很担心本雅明。我尝试在这里帮他获得一些机会，不过彻底失败了。但我比以往更加确信，帮助他获得稳定的收入，好让他有机会继续创作是非常重要的。"[28]

本雅明一直比阿伦特更趋近于一位神秘主义者。他与现实世界的联系非常脆弱。不过阿伦特后来写道，自己在本雅明的高傲中发现了一种值得延续下去的政治原则。她认为他的文人生活方式与自己已经开始鄙视的"知识分子"生活方式之间是有区别的：

> 知识分子阶层要么以专家、专业人士和官员的身份为政府提供服务，要么为社会提供消遣或教导；而文人则总是在努力地疏远政府和社会。[29]

80

在二十世纪三十年代末到四十年代初的欧洲，政府还是一种人们想要与之保持距离的东西。法国的反犹宣传也上升到了极端狂热的程度，整个国家受到来自东边的纳粹分子的施压，已经开始分崩离析。1939年底，布吕歇尔被送到了法国南部的一个拘留营里，好几个月之后才在一位有权势的朋友的帮助下获得释放。1940年，阿伦特本人也被送到了一个位于法国与西班牙边界附近的古尔斯（Gurs）的拘留营里。阿伦特在那里待了一个月，直到法国向德国投降，像古尔斯这样的拘留营都被解散为止。最终夫妻二人得以重聚，并获得了前往美国的签证。他们是1941年5月抵达纽约的。

与此同时，瓦尔特·本雅明也看到了灾祸将至的征兆，1940年秋，他筹划了前往里斯本，再从那里乘船前往美国的行程。不过本雅明必须穿越西班牙前往里斯本。当他和其他一小群原本生活在马赛的难民一起抵达西班牙边界时，他们被告知就从当天开始，边界对他们这样的"无国籍人士（sans nationalité）"关闭了，这意味着他们很可能都要被送到集中营去。到了晚上，本雅明使用过量吗啡自杀了。在失去意识之前，他给了自己的同伴一张字条，上面写着他看不到自己还有任何出路。

阿伦特是最先听到接下来发生的事情的朋友之一，那证明了后来她在一篇长长的悼念散文中所称的他的"坏运气"的一切：

> 早一天，本雅明就可以顺利地通过边界；晚一天，马赛的人就能知道穿过西班牙这条路已经走不通了。唯独就在那一天，灾难才有可能发生。[30]

这是对本雅明的命运的理智的惋惜，是她对这场悲剧的看法的陈述，她的态度似乎显示了某种感情上的疏离。不过阿伦特对于发生在本雅明身上的一切绝不是无动于衷的。在她离开法国的途中，阿伦特还特意在事发地点停留，试图寻找朋友的坟墓，结果她只找到了一片公墓。在给索罗姆的书信中她描述道：

> （公墓）面朝一个小小的海湾，可以直接俯瞰地中海； 82
> 坟墓是被凿刻在一层层的石阶上的；棺材也都被推进了这
> 些石墙中。这是我一生见过的最奇异、最美丽的地点之
> 一。[31]

就在本雅明离开马赛前，他把自己的手稿全集留给了阿伦特和布吕歇尔，如果自己到不了纽约，他希望阿伦特可以将这些手稿转交给他在那里的朋友们。手稿中有一篇是本雅明的《论历史的哲学》（*Theses on the Philosophy of History*）。阿伦特和布吕歇尔在前往美国的船上曾互相朗读其中的内容。"深思让我们看到，我们对幸福的概念会受个人存在的这段时间的彻底影响。"本雅明继续写道：

> 会引发嫉妒的幸福仅存在于我们呼吸过的空气中，存
> 在于我们曾与之谈话的人们之间，存在于将自己献给我们
> 的女性中。换句话说，我们对幸福的概念与对救赎的概念
> 是牢不可破地关联在一起的。[32]

然而到他们登船前往美国时，在欧洲大陆上激烈上演的战争几乎不会给人留下什么救赎的机会。曾经塑造了他们的大部分事物，包括他们知道的那个德国就那么消失了。

在纽约的生活一度很艰难。阿伦特和丈夫，后来还加上阿

伦特的母亲一起住在一栋破烂不堪的多租户房屋里，他们租了几个房间，但是要和其他租户共用一个公共厨房。布吕歇尔找过各种奇怪的工作，第一个就是他从没做过的某种工厂工人的活计。阿伦特先是到马萨诸塞州的一家收容所学习英文，然后就开始依靠写文章赚钱。她主要是给一份规模很小的名为《重建》（*Aufbau*）的德语报纸及其他以流亡犹太人为受众的期刊供稿。阿伦特把本雅明的论文寄给了当时也在纽约的本雅明的朋友西奥多·阿多诺（Theodor Adorno），不过并没有立即得到什么回应，似乎没有人计划出版这些作品。

83 　　阿伦特在这段时间里写的文章介乎于学术论文和现代报纸社论之间。其中大多数暴露了一定程度的文笔枯燥和一味地重复相同主题的问题。按照顺序阅读这些文章时，你会开始感觉像在接受什么慷慨激昂的动员，而非真的获得某种内心的触动。不过阿伦特在 1943 年为《灯台报》（*Menorah Journal*）撰写的《身为难民》（*We Refugees*）绝对是一篇突出的作品。文章本身就是用英文写的，这可以解释其文法简单的特点，因为此时距离阿伦特开始学习英文刚刚过去两年。

　　因为是在使用自己的第二门外语而难免流露出的那种干巴巴的语调刚好符合她哀悼和争辩的主旨："首先，我们不喜欢被称为'难民'。"[33] 阿伦特描述了这个因为在欧洲的遭遇而受到巨大打击，但是只能把那些事全都埋藏在心底的群体。阿伦特写道，这样的氛围让难民们整天魂不守舍，他们不能向别人倾吐自己的困扰，因为没有人愿意听他们经历了怎样的"地狱"：

　　　　显然没有人想知道当代历史创造出了一种新的人类——他们被敌人关到集中营里，被朋友关到拘留营里。

阿伦特从来不惧怕涉及令人不快的主题，她还批判了在难民中发生率很高的自杀现象，不过她批判的对象并不是那些选择自杀的难民，而是他们自杀的形式。阿伦特写道："他们的消失是一种悄无声息、不引人注意的消失。好像他们是在为自己选择这样极端的解决自己问题的方式而感到抱歉。"[34] 阿伦特认为这样做的理由不充分是因为自杀的逻辑不仅是纳粹制造的政治灾难造成的，甚至也是美国的反犹主义提供的："在巴黎，我们每天晚上八点以后不得离开住处的原因是我们是犹太人，而在洛杉矶，我们处处受限的原因是我们是'敌国侨民'。"

阿伦特写这篇文章时三十七岁，这篇文章是显示她拥有争论到底的天赋的第一个标志。她花了这么长的时间才说服自己，为公众写作是有用处的。她的文章着力于号召犹太人成为"有意识的贱民"——拉埃尔·瓦恩哈根被重新提起，海涅（Heine）、肖洛姆·阿莱赫姆（Sholem Aleichem）、贝尔纳·拉扎尔（Bernard Lazare），弗朗茨·卡夫卡（Franz Kafka），"甚至是查理·卓别林"等人的例子也都被阿伦特用在了后来的文章中——因为这是脱离他们所处的令人麻木、逼人自杀，还要装作没事的处境的唯一办法。

84

> 少有的那些坚持讲出实情，甚至不惜讲述被视为"卑劣"的经历的难民用让自己不受欢迎的代价换来了一个宝贵的进步：历史对他们而言将不再是一本合上的书，政治也不再是非犹太人的特权。

类似这样的文章让阿伦特受到了纽约更广泛的左翼出版圈子的注意。对于她之后的活动具有最重要影响的是一小拨以《党派评论》（*Partisan Review*）杂志为中心的年岁未老，思想却有些陈旧过时的前共产党员和文学批评家们。

对于绝大多数人来说，这份杂志没什么名气，也没有什么影响力。不过对于一小部分有权有势且大都生活或出生在二十世纪中期的美国人来说，《党派评论》成了令人向往、充满魅力的纽约知识分子生活的全部象征。这份杂志是在一份旧杂志的基础上改版而来的，原本的杂志与共产党员约翰·里德俱乐部（Communist John Reed clubs）有关系。改版后的杂志掌舵人菲利普·拉夫（Philip Rahv）和威廉·菲利普斯（William Phillips）在改版之前就是这里的编辑，不过他们连杂志的政治立场也一起改掉了。

美国的共产党在那些年里正在渐渐分出派别。一派认为只有不计一切代价忠于苏联，才能取得共产主义社会实验的成功。另一派则持怀疑态度，他们尤其怀疑斯大林和对他的个人崇拜。拉夫和菲利普斯都属于后一个阵营。他们并没有抛弃自己的左派原则，他们只是不愿意追随教条的政党路线。你可以说，他们是共产主义运动中的"有意识的贱民"。鉴于阿伦特关注的正是分析法西斯主义及其根源，她立刻就融入了这个集体。

不过随着《党派评论》的不断发展，它逐渐成了一份更关注艺术和文学，而非政治问题的杂志。阿伦特为该杂志提供的第一篇稿件发表于 1944 年秋，文章内容是关于卡夫卡的。阿伦特并不是唯一给《党派评论》供稿的女性，短篇小说作家珍·斯塔福德（Jean Stafford）、诗人伊丽莎白·毕晓普（Elizabeth Bishop）也在这里发表文章，不过只有阿伦特写的是深奥的知识性文章。

她早期的文章中暴露了所有使用非母语写作的人可能遇到的问题，布吕歇尔曾经写信提醒她必须放弃自己的"（昂贵的）斯特拉迪瓦里小提琴（Stradivarius）"，改用"（普通的）小提琴"。³⁵ 这一点在她后来为当时最重要的左派杂志之一——《国家》（*Nation*）创作的文章中体现得更加明显。《国家》的编辑是兰德尔·贾雷尔，他是阿伦特的朋友，还会帮她把文章改得更便于美国读者阅读。贾雷尔对她的影响力几乎是立即就显现出来了：1946 年，阿伦特会同时为《国家》和《党派评论》撰写关于存在主义的文章，不过只有那些经贾雷尔编辑过的文章才会拥有吸引人的导语："一场关于哲学的讲座足以引发一片混乱，因为有成百上千的人涌进来听，同时又有成千上万的人拂袖而去。"³⁶ 贾雷尔后来会成为阿伦特最经常求助的人，她称贾雷尔作的贡献是让她的作品"英文化"。

关于存在主义，阿伦特还在巴黎时了解过一点让 - 保罗·萨特（Jean-Paul Sartre）。她宣称自己对萨特的《恶心》（*La nausée*）和阿尔贝·加缪（Albert Camus）的《局外人》（*L'étranger*）印象深刻，但她对这两个人不仅怀有她对其他知识分子都怀有的担忧，更为他们表现出的倾向感到不安："象征性地说就是，他们整天待在自己的酒店房间或咖啡厅里。"阿伦特还为他们这样麻木地隐蔽在荒谬中的做法感到担心。如果他们不走入外部世界并有所作为，阿伦特担心：

> 尽管有很多反对意见，但是虚无主义的元素其实是非常清晰的，它们并非什么新见解的结果，而是一些非常古老的观点的产物。

86

此时的阿伦特已经开始创作记录自己的"新见解"的汇编了，最终得出的成果就是《极权主义的起源》。整个二十世纪四十年代，她一直在《党派评论》和其他多份美国左派报刊上发表分析反犹主义和无国籍人士困境的文章。最早在 1945 年，阿伦特就说服霍顿·米夫林出版社（Houghton Mifflin）的一位编辑认可这些分析文章值得被集中成一本书出版，不过阿伦特后来又花了五年时间才完成这本书的创作。

要简单地描述这本分为三部分的大部头很难。如阿伦特的传记作者伊丽莎白·扬－布鲁尔观察到的那样，书里可没有能够帮助读者理清头绪的温馨介绍。在第一版的前言中，阿伦特开篇就猛烈抨击了过分简单地解读历史的做法："认为世界上发生的所有事一定可以为人所理解的信念导致人们总在用陈词滥调解释历史。"[37] 阿伦特还对认为善与恶的关系可以被简单、随意地确定的观点持抗拒态度，虽然她相信极权主义从任何层面来说都是一种恶：

> 如果说在极权主义的终极阶段会出现一个绝对的恶（说它绝对是因为已经不能用人类可理解的方式推理其动机），那么我们也可以说，没有它，我们也许永远不能知道恶真正的激进本质。

这本书具有的广泛的、漫谈性的特质是由其漫长的创作周期而形成的。创作途径不仅包括了阿伦特的经验与研究，还有她与海因里希·布吕歇尔进行的很多直至深夜的畅谈。阿伦特创作这本书的大部分时间里，布吕歇尔都处于意志消沉的无业状态。他英文不够好，所以做不了文职工作；他没有博士学位，所以不能教书。而阿伦特则在由纳粹德国难民建立的朔肯出版社（Schocken Books）做编辑。每天她去上班之后，布吕歇尔会到纽约公共图书馆的阅览室里读几个小时的书。到了晚上，夫妇二人会交流各自的劳动成果，即布吕歇尔在历史方面的知识和阿伦特的分析。这本书和书中的见解最终属于阿伦特，但布吕歇尔的贡献是无价的。

阿伦特对极权主义的分析的关键点是集中营。她将之描述

87

为极权主义的"激进的恶（radical evil）"的终极工具。集中营是"对人的完全主宰"这项纳粹总实验的试验场。集中营的恐怖成功地将每个人简化成"一些反应的集合"，一些可以互相取代的个体。阿伦特将这一点与很多人在某种程度上感到自己是"多余的"联系在了一起。这些人的生活和死亡都成了毫无意义的事，至少是不如政治的意识形态重要。

意识形态是阿伦特的另一个见解。她写道：极权主义非常依赖于意识形态提供的过分简单化的承诺，以及它能够让那些随波逐流的人相信过去和未来可以仅靠一套简单的法则就全部被解释清楚的功用。实际上，意识形态那过分简单化的，尤其是根本不可能实现的承诺，恰恰是让它如此强大的原因。在阿伦特的分析中，意识形态承诺的解决之道意味着集权主义政治将是一种持续不断的威胁：

> 即便是在极权主义政权垮台之后，极权主义的解决办法也可能幸存下来，每当人们似乎无法找到一种人道的方式摆脱政治、社会或经济困境时，那些解决方法就会以一种强烈诱惑的形式出现。[38]

1951 年，这本书终于出版后获得了评论界的热烈赞美。人们赞美的不仅是阿伦特的分析，还有她在传达自己想法时表现出的博学。[这本书的文字部分也经过了"英文化"，做这个工作的人是评论家艾尔弗雷德·卡津（Alfred Kazin）和阿伦特的另一位朋友罗丝·法伊特尔逊（Rose Feitelson）。[39]］很多评论将重点放在了阿伦特对纳粹极权主义策略和苏联方式所作的比较上。《洛杉矶时报》（*Los Angeles Times*）评论文章的副标题是"纳粹和布尔什维克派系被评价为'本质上完全相同的体系'（Nazi and Bolshevik Varieties Rated as

'Essentially Identical Systems'）"。实际上，阿伦特在《极权主义的起源》一书中从没使用过单引号中的这个说法，她只是强调了两种运动的领袖人物的策略之间存在的相似性。阿伦特嫁给了一位前共产党员，她在纽约的很多新朋友都是或曾经是共产党员。让她担忧的是斯大林主义和极权主义的苏联形式，而不是共产主义本身。

对于阿伦特的赞美声势浩大，以至于她成了一个家喻户晓的人物，《极权主义的起源》这本书的销量也非常好。就连《服饰与美容》这样通常不报道知识分子事物的杂志都将阿伦特列入了 1951 年年中的"人们在谈论（People Are Talking About）"名单：

> 《极权主义的起源》，汉娜·阿伦特著。阿伦特用一种新鲜的构想创作了一本意义重大，但可读性极强的作品。她在书中写道："极权主义组织令人震惊的地方在于它们可以直接利用众多秘密社团作为组织工具，他们甚至不屑于尝试隐藏自己的目标。"[40]

这篇文章的作者似乎只是随意引用了一段书中的文字，这段话绝对不能代表《极权主义的起源》中的论述的精华。不过这恰恰预示了阿伦特即将成为一个什么样的人物：她太有象征意义了，以至于对于她的仰慕者来说，她的思想其实并不如她展示给公众的这个形象重要。她给那些在她影响范围之内的女性带来的帮助是不可估量的。她不仅获得了那些把自己塑造成公共知识分子的男性们能够获得的地位，还用自己高屋建瓴的分析让那些人费尽心思写出的深奥的，论述他们对战争、对人类历史作用看法的文章都显得黯淡无光。就这样，阿伦特不仅成了那个时代在纽约定居的知识分子群体中的一员，还成了其中最闪耀的一颗明星，成了其他人追随的对象。直到这本书出版四十多年之后，一位名叫珍妮特·马尔科姆的记者还会写道，被"错认为……可能被邀请参加汉娜·阿伦特在五十年代举办的聚会的人……是种恭维"。[41]

不是所有人都喜欢阿伦特的新地位。最引人注意的是很多男性对此表现得极为糟糕。阿伦特属于所谓的纽约知识分子群体，不过这个名称是直到其中很多成员都去世之后才开始被使用的。纽约知识分子指的是二十世纪三四十年代集中在曼哈顿的一些作家和思想家们，这个群体中的人会相互结交、约会或结婚，但一个最根深蒂固的积习是他们会在其他成员的背后嚼舌根。他们相互通信，还在信里讲别人的八卦，纽约知识分子的传奇就是这么建立起来的。

即便如此，我们并没有找到这些人对于阿伦特的第一印象的确切记录。我们知道的是，经常和这些人来往的诗人德尔莫尔·施瓦茨（Delmore Schwartz）称阿伦特是"那个魏玛共和国的轻佻女子"。[42]据说批评家莱昂内尔·埃布尔（Lionel Abel）在她背后称她为"汉娜·自大狂（Hannah Arrogant）"①。[43]就连写过阿伦特"对我的人生至关重要"这样的话的艾尔弗雷德·卡津也补充说自己是"耐心地顺从了一种以傲慢为表现形式的知识分子的孤独"。[44]

这些男人都不是什么畏首畏尾的人，他们沉着冷静，喜欢发表高深的见解，所以他们究竟是在何种程度上把智慧误认为傲慢是一个几乎不可能弄清楚的问题，尤其是在这些人都已经去世的情况下。不过这样的处境确实给阿伦特造成了困扰。帕克从来没有这样的困扰是因为她几乎从不涉足战争、历史和政治这样严肃的题材，而且到二十世纪三十年代之后，她几乎已

---

① 英文中的"自大、傲慢（Arrogant）"与阿伦特的姓氏"Arendt"形似。

经不发表批评文章了。韦斯特也没遇到过类似的问题，可能是因为她与纽约知识分子热衷于进行的这种自恋竞争关系不那么紧密。不过这些脑子里满是绝顶聪明、关乎整个世界的大想法的男人们似乎从来不会被指责为过于自负。

起码是在这个最初的阶段，只有很少一些人会因为阿伦特的才华而讨厌她，敢于在公开发表的文章里表达这种想法的人就更少了。更引起人们注意的反而是那些完全可以被称为她的狂热崇拜者的男性。文学批评家德怀特·麦克唐纳（Dwight Macdonald）为一份名叫《新领袖》（*New Leader*）的小规模左派杂志撰写了一篇评论《极权主义的起源》的文章，字里行间充满了崇敬之情。他先是将阿伦特比作西蒙娜·韦伊（Simone Weil），后者是一位留下了很多关于宗教和政治的格言警句的哲学家和神秘主义者。接下来，可能是觉得阿伦特是一个比韦伊更贴近现实生活的人，所以麦克唐纳又提出了一个更具野心的对比：

> 书中对于极权主义的理论分析是继我在 1935 年第一次阅读马克思的著作后读到的最令我印象深刻的政治理论。它带给我的是与马克思对资本主义的描述带给我的类似的充满矛盾的熟悉感（"当然，这正是我已经思考好多年的问题"）和充满震惊的新发现（"这竟然有可能是真的？"）。[45]

这段评论并没有太过夸大其词。《极权主义的起源》确实已经成了一部经典著作，是历史学者和政治科学学者的必读内容。虽然这本书很厚、很难懂，但是阿伦特描述的法西斯主义在民众普遍不满的环境下崛起的发展方式如今已经被广泛接受为真理。她与马克思的不同在于她不认为存在什么能解决自己提出的问题的革命性的方式。晚年时变得更加理智、更加脚踏实地，也更疲劳厌倦的阿伦特看到那么多朋友已经被愚蠢和暴力的激流吞噬，所以她会回避过分简单化的解决办法，她已经学会只依靠自己和自己的朋友们。

因为《极权主义的起源》的出版，阿伦特会交到一个新朋友。一个在《党派评论》工作的人在这本书出版不久后给阿伦特写了一封信，用没什么新意的内容描述了这本书：

> 过去的两周里，我完全沉浸在你的书中，我在浴缸里读，坐车时读，在杂货店排队结账时也读。对我来说，这似乎是一本真正非同凡响的作品，其中的理念至少比其他人超前十年，而且这本书读起来像小说一样引人入胜，令人着迷。[46]

91

有趣的是，写这封信的人接下来可能是出于尊敬而提出了"一个重大的批评意见"，她认为阿伦特在对自己的观点充满热情的同时，没有充分考虑到机会、运气在塑造极权主义机构上发挥的作用。"我不认为我表达得很清楚，我手边也没有这本书可查阅，因为我已经把它借给别人了"，写信的人用一种聊天似的口吻继续着，先是突然批评了一个愚钝的评论者"蠢极了"，然后又在附言中邀请阿伦特和布吕歇尔共进午餐，还提出了在劳伦斯、埃兹拉·庞德（Ezra Pound）和陀思妥耶夫斯基的作品中的反犹主义的问题。

写出这封带着既紧张又自信的感觉的书信的人就是批评家玛丽·麦卡锡。阿伦特和麦卡锡是 1944 年认识的，《党派评论》的聚会无穷无尽，她们在其中某一次上遇见，并争吵起来。

第五章 麦卡锡

　　终其一生，麦卡锡始终被视为一位对话专家，她秉持的正是她给阿伦特写信时体现出的那种聊天似的风格。麦卡锡和帕克具有某种相同的天赋，这让她们尤其擅长与人谈天说地，还能在聚会中表现得轻松自如。每当人们回忆起麦卡锡，尤其是在很多女性的记忆中，她总是站在房间的远端，身边围绕着聚精会神地听她讲话的人们。比如诗人艾琳·辛普森（Eileen Simpson）就记得自己在大约和阿伦特结识麦卡锡相同的时间见到麦卡锡的情况：

　　　　后来我意识到，她那时站立的姿势是她的一种标志性站姿：右脚略向前伸出，重心放在另一只穿着高跟鞋的脚上。一手夹着香烟，一手举着一杯马天尼。[1]

　　不过麦卡锡并不是一直这样泰然自若的；她和阿伦特的友谊就经历了一个磕磕绊绊的开始。那次对话是关于战争的，麦卡锡在谈话过程中作出了一个评论，大意是她"觉得希特勒很可怜"，因为在她看来，这个独裁者渴望的正是受他折磨的人民的爱戴。阿伦特听到后马上就愤怒了。"你怎么可以对我这样一个受到希特勒的迫害，曾经被关在集中营里的人说这样的话？"[2]阿伦特惊呼，然后就拂袖而去。不过走之前她还不忘先找到《党派评论》的主编菲利普·拉夫，义愤填膺地质问对方怎么能允许"有人在你的家里，一个犹太人的家里，发表这样的言论"。通常情况下总是很讲究社交礼仪的麦卡锡就算不为自己的言论感到羞愧，至少也会因这个处境而无比尴尬。对于很快将成为这两个女人职业生涯和思想生活中至关重要的一段友谊来说，这样的开端可真算不上什么吉兆。

很长时间以来，人们都喜欢将麦卡锡归类为"美国文学的黑暗夫人"。这暗示了她属于蛇蝎美人的类型，是一个永远冷静自持，甚至有些麻木不仁的人。其实麦卡锡并不是这样的。就像帕克总是表现为一个爱说俏皮话的人一样，麦卡锡也会使用一些维持自己形象的把戏和花招。她的朋友伊丽莎白·哈德威克（Elizabeth Hardwick）在麦卡锡去世后曾暗示说：

> 她的那些轻率行为往往是公开的、坦诚的，所以很多时候，人们可以说她就是"一本打开的书"。然而，能不能找到有意思的事取决于你打开的是哪本书。[3]

这还取决于你从哪一页开始读。麦卡锡讲了又讲的一个故事就是她奇特的混合了狄更斯和霍雷肖·阿尔杰（Horatio Alger）① 风格的童年经历。麦卡锡 1912 年出生于西雅图，他的父母分别是两个富有且受人尊敬的家族的后代。麦卡锡在婴幼儿时期享受到了富人家孩子能享受到的一切舒适，不过这种田园诗般的生活仰仗的收入并不稳固，其来源主要是麦卡锡祖父对她家的慷慨解囊。麦卡锡的父亲罗伊·麦卡锡（Roy McCarthy）是一个间歇性的酒鬼，他身体总是不好，几乎找不到工作。最终，麦卡锡的祖父厌倦了给儿子开支票的生活，他要求儿子一家搬回明尼阿波利斯。

麦卡锡一家于 1918 年秋末登上了一列横跨美国的火车。当时西班牙流感正在全国肆虐。登上火车的麦卡锡一家无一人幸免，他们一个比一个病得严重，都到了说胡话的程度。一家人还能抵达明尼阿波利斯已经是个奇迹了。在疾病带来的恍惚中，染上流感的一家人隐约记得火车上的乘务员在火车行驶到

---

① 美国小说家，他的作品大都是穷孩子如何通过勤奋和诚实获得财富和成功的故事。

北达科他州的某个前不着村后不着店的地方时曾试图将他们赶下车。这段不是很清晰的记忆中包含了麦卡锡的父亲挥舞着一把枪的情节，但是没人确定那是否真的发生过。不管怎么说，罗伊作出的最后的抗争并没有多大意义：到达明尼阿波利斯之后没几天，麦卡锡的双亲就都病死了。

麦卡锡的祖父不喜欢孩子。所以照顾麦卡锡和她三个兄弟的日常生活的义务就落在了其他亲戚身上。不幸的是，那些能够照顾他们的人都不太情愿接受这个职责：最终一位上了年纪的姑奶奶和她苦行僧一般的丈夫成了孩子们的照管人，他们关于抚养孩子的观念似乎是从管理十九世纪孤儿院的公职人员那里学来的。在这二人的看护下，麦卡锡家四个年幼的孩子每天只能吃一些根茎类蔬菜和梅子干。他们晚上睡觉时还会被用胶带封住嘴巴，这么做的目的是防止他们"用嘴呼吸"。即便是隆冬时节，他们也会被赶到明尼苏达州寒冷刺骨的室外"玩耍"。他们的娱乐活动很有限，有时还很奇怪：

> 阅读是被禁止的，除非是读上课的课本，但是不知出于什么原因，我们可以看赫斯特集团在星期天出版的一些可笑的报纸和杂志（Sunday Hearst papers），那上面可能会讲到麻风病，博尼·德·卡斯特拉内伯爵（Count Boni de Castellane）的婚外情以及一种能够让人从双脚开始向上逐步石化的奇特的疾病等内容。[4]

受惩罚也是家常便饭，而且这些惩罚都很严厉。这种严厉既是身体上的，也是感情上的：受罚的孩子会被用梳子或磨刀的皮带抽打；而且这位姑奶奶和她的丈夫还尤其擅长把惩罚作为一种羞辱。有一次麦卡锡摔坏了自己的眼镜，结果她就被告知没有人会给她买新的。这样的忽视和虐待整整持续了五年，直到麦卡锡的外祖父介入，十一岁的玛丽·麦卡锡才被匆匆地接回了西雅图，而她的兄弟们则被送到了寄宿学校。

麦卡锡尤其喜欢表现出她对于精神病学和精神分析学方面的见解的怀疑。其第一本作品《她选择的伴侣》（*The Company She Keeps*）中有这样一个情节，主人公躺在一位精神分析学家的躺椅上突然想道："我排斥关于调换儿、孤儿和继子女相关问题引发的一切感伤。"[5] 但是她也知道，一个人 "不能把自己的一生当作一本劣质小说，然后用一句冷落的言语就将它从思想中摒除了"。[6] 事实是，当麦卡锡的父母去世时，麦卡锡的未来的另一种可能就整个随之蒸发了，麦卡锡自己也知道这一点："我可以想象自己嫁给一位爱尔兰律师，每天打打高尔夫和桥牌，偶尔去度假，还要参加某个天主教读书俱乐部的样子。我怀疑我会变得相当胖。"[7]

麦卡锡获得的取代这种已经不会实现的人生的东西，是后来成为她的写作特点的那种充满好奇的冷静超然。她所有回忆录中的风格都带着一点点黑色幽默的感觉，即便在她写到用胶带封住孩子们的嘴这种事时也是如此。经历过这些耸人听闻的苦难之后，麦卡锡反而不怎么愿意完全地表露自己的感受。也许一种认定过去那些事多么荒谬的意识能够让她自在一些。《她选择的伴侣》中的角色提到她同情那些 "像一个没完没了地给别人讲述自己的糟糕经历的傲慢妻子那样讲究做作的礼仪的人"。[8]

对其他孩子来说，麦卡锡的外祖父安排她就读的西雅图的新天主教学校可能会让他们感觉过于严苛。麦卡锡写道，这个地方有一套历史悠久的惯例，修女们 "通晓对权威的精准服从"。[9] 麦卡锡渴望成为受欢迎的学生，希望能像学校里的其他女孩儿一样自信，不过懂事听话似乎并不能帮助她交到很多朋友，所以麦卡锡改变了策略。

后来麦卡锡写道："如果美德不能让我名声大噪，那么我已经准备好了靠恶劣扬名立万。"[10] 她很快就通过假装自己失去了天主教信仰而让学校里所有人心绪不宁。麦卡锡之前有没有天然的宗教情感不是一个能够用是与否回答的简单问题。她的出身环境是一种淡漠的新教和一种主要关注形式的天主教的混合。实际上，她母亲是犹太人。如麦卡锡在自己的回忆录里讲述的那样，年轻的麦卡锡为信仰设计了精准的时间框架：

> 假设，我在星期天失去了信仰，那么在接下来的三天静修时间里，我还可以重拾信仰，并赶上周三的告解。这样的话，就算我碰巧突然死去，我的灵魂可能陷入危险的日子一周也不过才有四天。

麦卡锡发现自己很享受引发众怒的感觉，也享受通过假扮的叛逆收获他人的认可。这件事让她得到了修女们的特别关注，以及她渴望的在同学之间的重要地位——一种能够让她与众不同的识别标志："她就是那个连耶稣会会士也说服不了的姑娘。"[11]

这件事还让麦卡锡知道自己具有一种计算其他人的反应，并利用这种反应来实现自己目的的天赋。成年后的麦卡锡也知道自己在这个方面多么善于控制和操纵别人。在《回忆信仰天主教的少女时期》（*Memories of a Catholic Girlhood*）中，她描述了年轻时的自己如何策划了这次事件：她抱着"政治家和青少年经常有的那种冷静、空洞的赌徒心境"仔细观察了女修道院。[12] 她看到了这里的人如何作为，看到了她们渴望什么；她把了解这里的规则当成必须完成的工作，然后研究出了具体可以在何种程度上利用规则为自己服务。

在社交层面，这种天赋并不是总能给麦卡锡带来好处。她对别人作出的谨慎小心的赞美往往被当作尖刻的评判。伊丽莎白·哈德威克曾经写道：

> 玛丽在道德生活中总是带着一点神学院学生的感觉，对我来说，这是她独特性的一部分，也是她的风度中最令人说不清楚的一种魅力。她很少有漫不经心的时候，无论是什么习惯、偏见、重要时刻，哪怕只是转瞬即逝的一刻，都会被解释清楚、研究透彻，并记录在册。[13]

对于一位想要将评判伟大的戏剧作为自己最终的热情所在的批评家来说，这些评估和计算的习惯被证明是非常有益的。显然不是所有人都喜欢这个习惯。麦卡锡这种判断别人的能力往往会被别人当作傲慢无礼的表现。"她表现出一副全世界数她最可靠的样子，不过实际上她一点儿也不可靠。"[14] 黛安娜·特里林（Diana Trilling）这样告诉麦卡锡的传记作者之一。

特里林也是定期出席《党派评论》的诸多聚会的女性之一。她算是一个对麦卡锡抱有敌意的旁观者。麦卡锡也不喜欢特里林，很多人都知道这一点。特里林总是觉得自己被《党派评论》的那群人边缘化了，因为她在他们眼中只是莱昂内尔·特里林（Lionel Trilling）的"妻子"，而丈夫才是比妻子出名得多的批评家。虽然黛安娜·特里林反复强调她不介意自己作为图书评论家和记者的表现都被丈夫作为批评家的远胜过她的光辉掩盖了，但她却总是忍不住就此发表评论。她在一本回忆录中写道："人们只会赞美一个家庭中的一位成员，要赞美一个家庭里的第二位成员时，人们会变得双倍审慎。"[15] 她说的不算错，但是麦卡锡、伊丽莎白·哈德威克和汉娜·阿伦特也都是别人的"妻子"，但她们都成功地找到了进入这个圈子的办法。

不管怎么说，麦卡锡注意到了自己喜欢评判的倾向。在《她选择的伴侣》中，女主角的丈夫说："你总是用各种奇妙的顾虑作为你表现得像一个贱人的借口。"女主角则向丈夫保证自己已经努力不这样了。可丈夫并不相信她，还继续问道："你为什么就不能像别人一样呢？"[16]然而，从一开始，麦卡锡就注定不会像别人一样。

在西雅图度过的青少年时期，麦卡锡总是坚持结交一些与众不同的朋友。她离开女修道院，改为到公立高中学习，然后在那里遇见了让她开始了解文学人生是什么的朋友。这个黑头发的年轻姑娘名叫埃塞尔·罗森堡（Ethel Rosenberg，不是罗森堡间谍案中的同名人物），她喜欢穿背心和粗革皮鞋，还总是随身携带着一叠推荐书籍名单。埃塞尔给自己取了个简称叫"特德（Ted）"。麦卡锡在一本回忆录中说"据我所知，后来她成了公开的女同性恋者"。[17]当时的麦卡锡已经读过不少书，但绝大部分内容质量不高，都是些庸俗的小说或名为《真心忏悔》（*True Confessions*）的杂志之类的东西，那上面会刊登按照时间顺序发生的淫秽的谋杀或强奸事件。这些当然算不上卡夫卡级别的文学。

98　　　特德向麦卡锡展示了在更严肃的文学中也会有关于性的内容。特德的品味倾向于唯美主义和颓废主义作家，比如奥布里·比尔兹利（Aubrey Beardsley）和阿纳托尔·法朗士（Anatole France），他们会将感官描写融入自己的作品中，这让麦卡锡比较容易接受。至于另一位年轻男孩儿向她推荐的更为厚重的梅尔维尔（Melville）和德莱塞（Dreiser）的作品就不那么让人愉悦了。麦卡锡写道："我根本看不懂《白鲸记》（*Moby-Dick*），虽然我看过约翰·巴里莫尔（John Barrymore）主演的改编电影《海兽》（*The Sea Beast*），但是电影不但对读书没有帮助，还造成了障碍。"[18]特德还介绍麦卡锡进入了她的第一个真正的知识分子圈子，那个西雅图沙龙是由一个比她们年纪都大的女同性恋者组织的，后者的丈夫拥有一家书店。

过了不到一年，麦卡锡就被送回了更接近上流社会环境的寄宿学校。不过那些波希米亚主义者已经影响了她。麦卡锡保持了给特德写信的习惯。她也会为完成课业而创作关于妓女和自杀的短篇小说或散文。她还会就男人进行一系列实验，她交过很多男朋友，直到认识了一个名叫哈罗德·约翰萨德（Harold Johnsrud）的人之后才安定下来，这是一个让人意想不到的结果。哈罗德是一个秃顶的男演员，还比麦卡锡大好几岁，他肯定不是麦卡锡的第一个男人，另一个男朋友早已经夺走了麦卡锡的童贞（后来她在一本回忆录中描述这个经历时说那是"一种被填塞的轻微感觉"[19]）。不过哈罗德和麦卡锡的关系却一直持续着，直到她在1929年升入瓦萨学院（Vassar）之后也是如此。

出于某些明显的原因，写出一本畅销小说往往会留下一些深远的影响。这就是为什么人们一直倾向于夸大瓦萨学院如何"塑造了"麦卡锡的原因。有时候，麦卡锡甚至鼓励人们相信这种编造的神话。1951年，她在一篇为某杂志撰写的散文里写到了启发她去美国东北部上大学的那位老师。这位传说中的女老师确有其人，不过实际情况比她写的复杂得多。麦卡锡说她有"一副温柔、清晰、有穿透力的声音"，自己为她"批评学生在遣词造句时选择的某些自命不凡或自甘堕落的词语"的方式而着迷。[20] 她去瓦萨学院就是为了成为同样锐利的人。

不过，如果说朋友是能够启动思想生活的引擎的话，那么瓦萨学院的问题就在于：它无法给坦克加油。直白地讲就是，麦卡锡在瓦萨学院的同学都不怎么喜欢她。也许有一两个例外，但是麦卡锡在大学期间获得的绝大多数友谊都不长久。

尽管如此，麦卡锡仍然为在瓦萨学院上学而感到骄傲。她将女孩儿们的冷淡高傲视为一种应该被表现出来的气质。《她们》（*The Group*）中的一个角色就这样告诉自己："她知道，瓦萨学院的姑娘们总体来说不被大多数人喜欢。她们已经成了某种高人一等的象征。"[21]

即便是在这样的前提下，麦卡锡仍然会给其他同学一种很势利的感觉。她们想起麦卡锡时会提到她的聪颖过人，但也会以此抨击她。后来的一本传记中引用了某位同学的话："世界上最让人心灰意冷的事莫过于和玛丽·麦卡锡一起作为大学一年级新生上英语课。"[22]另一位同学说："我觉得她引人注目又令人惧怕，而且她绝对会毁掉一个人的自信。玛丽不会对你做出无礼的举动，但是她会让你觉得低她一等。"[23]鉴于麦卡锡后来获得的成功，人们出于嫉妒可能会忍不住把对她的记忆写得很尖刻。不过就连麦卡锡本人也注意到了自己并不合群。她在给特德的信中写道："关于瓦萨学院，我觉得这里还好，至少比［华盛顿大学（University of Washington）］好，但是这里有太多能说会道、虚伪狡猾的人，他们还总爱给事物贴标签。"[24]

这样的评论出自一个因为"能说会道"而闻名的人之口确实有些奇怪。这个问题可能与东北部严格的社会阶层划分有关。人们一提到二十世纪三十年代的上层阶级女性，就难免感情用事地认为她们不会受到大萧条的影响，因为她们绝大多数是注定要成家而非立业的。不过这样的想法往往低估了女性之间持续存在的社会竞争。在麦卡锡的时代，到瓦萨学院上学的女性都是精明能干的人；她们适应了地位的变化，看到被她们视为趋炎附势的行为就会大加指责。这里的学生出身背景各不相同，有豪门后裔，也有普通的资产阶级子女。她们当中的一些人会看着自己的父亲在大萧条中倾家荡产。而麦卡锡来自西

部，没有接受过如何在东北部社会中行为处事的严格训练，所 100
以注定要引起摩擦。她与教授们的关系就好得多了。其中有两
个甚至可以被称为《绿山墙的安妮》中的安妮定义的那种 "密
友"。这两个人分别是基切尔女士（Miss Kitchel）和桑迪森
女士（Miss Sandison）。后来她把自己的回忆录献给了这两
个人，而不是那些与自己同龄的朋友们。

实际上，这些教授们远比此时依然在与麦卡锡约会的约翰
萨德更深入地参与了她的思想和文学热情，约翰萨德在麦卡锡
到瓦萨求学的这段时间里依然会不时地出现在她的生活中。他
们在某一年的夏天里同居了一个月，那次经历很糟糕。在麦卡
锡读研究生期间，二人也总是分分合合。麦卡锡的感情生活与
帕克的很相似，在她们的剧本里，男人绝大部分都是无关紧要
的角色。

瓦萨学院在麦卡锡的一生中留下的真正持久的影响表现
为她与一本 "文学杂志" 的最初接触。麦卡锡和包括伊丽莎
白·毕晓普在内的几名爱好文学的年轻女性一起创办了这份杂
志。杂志最初的名字叫《女强人》（*Battleaxe*），后来被正式
定为《生气勃勃》（*Con Spirito*）。麦卡锡为这份报纸写了她
的第一篇书评，她在其中通过对比阿道司·赫胥黎（Aldous
Huxley）的《美丽新世界》（*Brave New World*）及如今早已
被人遗忘的哈罗德·尼克尔森（Harold Nicolson）的《公众
面目》（*Public Faces*）来贬低前者。麦卡锡在文章中拐弯抹
角地批判了现代主义者们：

> 二十世纪二十年代文学界的半神们一个接一个地倒
> 下了……弗吉尼亚·伍尔夫正在掩饰她的最新的缺乏深思
> 的事实，这一缺点会在她的《普通读者 II》（*The Second
> Common Reader*）中暴露无遗，那里面有的不过是简单

的、"漂亮的",被伪装成强烈情感和"一种新型实验"
的女性特质。[25]

后来,麦卡锡说这些恶毒攻击证明了她"特有的邪恶"。
不过她对此还是感到骄傲的,所以毕业之后,她把这篇文章
带到了纽约。在与《新共和》当时的文学编辑马尔科姆·考
利(Malcolm Cowley)见面时,麦卡锡就向对方提交了这篇
文章。考利算是一位郁郁不得志的艺术家:二十世纪二十年
代时,他曾经和海明威等人一起待在巴黎,却没能像他们一样
获得巨大的突破。当他显然已经无法仅仅依靠写作养活自己之
后,考利改行做了编辑。他把自己的后半段职业生涯都用来记
录其他人的成功了。

当时的考利对麦卡锡的文章没什么兴趣。他告诉麦卡锡说
只有在两种情况下,自己才会让她写评论:一是她是个天才,
二是她快要饿死了。

> 我很快回答说:"我还不至于挨饿。"我知道我不是个
> 天才,我也不喜欢这个我是在抢走他人口中的面包的暗
> 示。[26]

考利在这个问题上只作出了一点点让步。麦卡锡先是获
得了写一些非常短的评论的机会,之后才终于被安排去评论一
本如今已经被人遗忘的纪实性回忆录的机会。这本书的名字叫
《我上过煤坑大学》(*I Went to Pit College*),作者是一位毕
业于史密斯学院的研究生,他隐藏身份到宾夕法尼亚州的一个
矿场上工作了两年,之后创作了这本深受美国共产党偏爱的作
品。考利是一位公开的共产党员,实际上,他负责的版面被普
遍视为"共产党的扩音器"。[27] 所以麦卡锡觉得这份工作的一

部分就是喜欢这本书，并在文章中对其大加赞美。她后来回忆说："那是我第一次，也是最后一次奉命写作。"[28] 即便如此，当她把评论文章交给考利之后，后者还是戏弄了她。考利认为她的评论不够严厉，于是他又刊登了第二篇评论，作为对麦卡锡的文章的羞辱的纠正。第二篇评论的作者是《新共和》的电影批评家，文章称："这本书永远不应当被视为一段扣人心弦的社会纪实报道，甚至不应当被视为一个毫不做作的人道主义姿态。"[29] 那之后的好多年里，麦卡锡没有再在《新共和》上发表任何文章。

另一份杂志《国家》对于麦卡锡的风格则宽容得多。麦卡锡对于分配给自己的书籍基本都不喜欢，她为它们写的评论里也充满了简单粗暴的人身攻击。在评论一位当时很出名，如今已经被人遗忘的记者出版的短篇小说集时，麦卡锡写道："人们很难相信这些短篇小说能够代表伯内特先生（Mr. Burnett）的最高成就。说他是在一辆旧车的后备厢里发现这其中的大部分内容的反而是更给他留面子的想法。"[30] 在另一篇针对五本书的评论中，麦卡锡写道："它们的共同点有两条：第一是它们全都平庸得令人极其厌烦。"[31] 这些评论中总是蕴含着一种邪恶的口气，一种写评论的人知道自己其实是在挑战评论文章适当性的惯例的感觉。麦卡锡的傲慢无礼变成了她的某种招牌。这些文章的价值就在于它们整体上宣称的更高级别的诚实。不需要因为被评论作品既有的声望而说违心的话让麦卡锡的作品获得了独立的生命。就像多萝西·帕克的"永远的读书人"专栏一样，你不是非要读了某本书才能体会这种精神。

《国家》显然也很满意麦卡锡这种夹枪带棒的腔调。不到三年，这份杂志就决定派她出去执行一项更具野心的工作。这个项目计划对美国所有杂志和报纸上的书评做一次评审，就像是发布某种书评界的国情咨文。绝大部分工作是由麦卡锡一人完成的，但是《国家》的主编，一个名叫弗蕾达·柯奇韦（Freda Kirchwey）的女人坚持让麦卡锡和杂志的文学副主编共同署名，这位年纪略长的女性副主编名叫玛格丽特·马歇尔（Margaret Marshall）。柯奇韦认为年龄和经验可以让这个系列更为人所信服。很难说她的这个担忧是不是有必要。不管怎么说，这个项目获得了成功。系列文章的标题叫《我们的批评，无论对错》（*Our Critics, Right or Wrong*），系列中的所有文章被分成五期，每两周发表一期。这些文章的基调是好争辩的；它们号召这个国家的批评家解释自己的评论为何会"从整体上造成人们对文学和艺术作品的误解，还拉低了人们的品位"。[32]

在美国书评的历史中，这样的批评文集每隔一段时间就会出现一次。批评家们很喜欢互相评论，就算公众认为这样的辩论毫无意义，他们还是要坚持这样做。《我们的批评，无论对错》能从这个种类的众多作品中脱颖而出是因为它的综合性。这些文章并不是要提出什么连贯的理论，以用来给世上所有的批评文章打分及赞扬或羞辱当时撰写批评文章的所有批评家们。比如《星期六文学评论》（*Saturday Review of Literature*）的主编就因为其对被评论对象的老态龙钟的处理方式而遭到了嘲笑：

> 文学作品只是触动了他头脑中的一些模糊的，通常是没有依据的联想思维过程。他就像一位在一条陌生的街道上闲逛的老绅士，只能够在路人的脸上看到转瞬即逝的与某位过世的姐夫或很久不曾想起的表亲的相似之处。[33]

这样的评价方式自然也给麦卡锡提供了一些报复的机会，马尔科姆·考利在一份已经被人遗忘的名为《图书》（*Books*）

的期刊上发表的评论他好朋友的作品的书评就受到了直白地抨击。麦卡锡还通过将该系列的一整期专门用来批判《新群众》（*New Masses*）上的马克思主义批评家们的糟糕表现来间接打击了一些人。这篇文章嘲弄了"马克思主义和唯美主义之间的奇特的内战，让对糟糕的无产阶级图书的左翼评论有了一个混合的党派路线"。[34]

　　《我们的批评，无论对错》如愿引起了反响，这些反响并不一定是负面的，但是却都流露了对女性竟然可以如此锐利而感到的惊讶。一位《纽约时报》的评论家冒着自己被攻击的风险在专栏中用全部的篇幅谈论了麦卡锡和马歇尔。他甚至花时间写了一首居高临下的打油诗来描述这两个人：

　　　　哦，玛丽·麦卡锡和玛格丽特·马歇尔
　　　　两个聪慧又公正的女孩儿。[35]

　　尽管如此，他还是认为麦卡锡和马歇尔偏离了主旨，因为她们过分强调正式的学徒期，而且他每次提到这两位作者时都不忘用"女孩儿"这个词来指代她们。其他人表达自己不满的方式则更加直接。富兰克林·P. 亚当斯（Franklin P. Adams）曾经是帕克早期的崇拜者之一，他抱怨说："这两个女孩儿让我想起老斯特劳斯提到一个我们记不起名字的人时说的话：'他总是疯疯癫癫的，但已经是芝加哥脾气最温和的人了。'"[36]

　　也有一些批评家是受到麦卡锡喜爱的，而且她也不吝于表露自己的赞美之情，她说他们"有洞察力"，尽管"他们势单力薄的嘘声都被向出版商献殷勤的人们的喝彩掩盖了"。[37]受到麦卡锡赞美的批评家包括丽贝卡·韦斯特，其余则大多是男性。有一人获得了麦卡锡的特别青睐，她称赞这位批评家拥有"将当代文学中有价值的东西与过去的文学联系起来"的能

104

力。这位获赞者正是多萝西·帕克的老朋友埃德蒙·威尔逊，他为这样的评价感到满意。此时四十岁的威尔逊已经离开《名利场》，成了一位颇具声望的文人。他结过两次婚，第一任妻子和他离婚了，但他们育有一个女儿；第二任妻子和他结婚才两年就于 1932 年去世了。此时的威尔逊虽然已经成了一个胖子，头发也快掉光了，但他很快就会迎娶麦卡锡为自己的第三任妻子。

1933 年，麦卡锡从瓦萨学院毕业后嫁给了哈罗德·约翰萨德。麦卡锡总是将这段婚姻描述为一次不带感情的好奇之举，麦卡锡显然为此感到难堪，她曾经这样写道："我刚刚做的事就是嫁给了一个自己不爱的男人，未经深思熟虑就这样做是一种邪恶的行为。"[38] 她的丈夫认为自己是位剧作家，但是谁都看得出来在二人婚姻存续期间，约翰萨德始终沉浸在自己的世界里。麦卡锡很少提到他。两个人都有不忠行为，到了 1936 年，他们都觉得这段婚姻可以结束了。麦卡锡有过一系列婚外情，不过没有哪段关系是长期的。即使是名义上毁掉了她的婚姻的那次，似乎也在她离婚后就失去了吸引力。

麦卡锡在进入共产党人圈子的事上也充满矛盾。这正是造成她和马尔科姆·考利这样的人合不来的一半原因。麦卡锡在大学期间就见过左翼人士，她认为她们的活动是"高大、枯瘦、脾气不好的穿裤子的女孩儿们打的某种政治曲棍球"。[39] 麦卡锡绝对算是个漂亮姑娘，虽然穿着打扮还有点俗气，但她觉得自己和那些女孩儿不一样。她也没有一种想要通过参加某个政治党派来服务于什么更广泛的社会公益的冲动。然而在二十世纪三十年代中期，文学圈子和左派圈子的重叠程度非常高。参加鸡尾酒会意味着谈论卡夫卡，也意味着谈论共产党和党的艰苦奋斗。随着时间的推移，那些人针对这些话题的充满激情的演讲令麦卡锡印象深刻。她写道："他们让我觉得自己虚有其表、浅薄无知；我要说，他们日常生活中面对的丑陋让我生活中的光鲜亮丽显得廉价而俗气。"[40]

让麦卡锡写出这样的文字的是她性格中存在的好唱反调的特征。如果人们不喜欢什么她喜欢的东西，她总会想要弄清楚为什么。她的好奇最终会将她引向确信。麦卡锡在名为《我的告白》（*My Confession*）的散文中写道："历史性事件的标志就是一个个体被漫不经心地置于了某种潮流之中。"[41]在这篇文章里，麦卡锡解释了她没什么前途的身为共产主义者的历史。不是每个个体都会紧紧抓住潮流奋勇直前。平静和沉着从来不是麦卡锡的风格，至少不是她的文字体现出的风格。

麦卡锡会在斯大林主义者与托洛茨基主义者的论争中选边站队完全是个意外。一位小说家朋友在没有向她详细解释情况之前就把她的名字写在了一份为列夫·托洛茨基（Leon Trotsky）辩护的委员会成员名单中，结果就成了她被认定为一位持不同政见者。麦卡锡写到自己起初大吃一惊，然后就开始思考这个问题，并或多或少地尝试说服自己接受这种恰当的政治观点。这让她在社交圈子里获得了一定声望：

> 每当我走进一个晚间活动的场所，戴着首饰的作家女士们就会面无血色，还要愤怒地挥挥她们戴着手链的手臂；当我敦促在出版界和广告界发展的年轻男子们自己思考这个问题的时候，他们会充满怀疑地拉紧领带。如果我晚上到俱乐部跳舞，高个子的大学生年轻党员会把我拉进他们的怀中，对我说不要犯傻了，宝贝。[42]

这就是黛安娜·特里林说自己发现麦卡锡的政治路线"不可靠"的意思。所有批评麦卡锡的人都认定她这种摇摆不定是不严肃的表现。即便是以赛亚·伯林（Isaiah Berlin）这样宣称自己仰慕麦卡锡的人也对她的传记作者说"她不擅长解释抽象概念。她对生活的总体理解很好，比如对人，对社会，以及人的反应"。[43]

106　　然而对于人而不是对抽象概念的洞察也是获得政治见解的一部分。麦卡锡不是约翰·斯图尔特·穆勒（John Stuart Mill）或伯林那样的思想家，她不会把时间花在清晰地论述权利的完整体系，或详细说明公正的本质上。但理解人性仍然是进行政治分析的宝贵技能，后来麦卡锡称之为"对正统观念的有所怀疑和独立于大众意见的自主思考"。[44] 这种技能对分析二十世纪中期的政治非常有益，因为当时有很多庞大的抽象概念体系，比如纳粹主义、资本主义等，它们在大多数时候给人类带来的是灾难而非福音。不管怎么说，这让麦卡锡成了最能经受住发生在三十年代的两败俱伤的左派内部战争的人。当原本达成共识的集体内部有人争论不休时，不参与任何一派是一个不错的选择。

被卷入托洛茨基辩护委员会的那段时间里，麦卡锡正在和菲利普·拉夫同居。拉夫是《党派评论》的总编之一，麦卡锡也是这份杂志的领导层成员之一。拉夫不是传统意义上的英俊男子，但是他有一种深沉、激烈的魅力。他说的话"尖锐、严苛、有说服力，还带着很重的俄语口音"。[45] 拉夫对马克思主义的研究非常深入，他是在大萧条时期来到美国的，曾经靠排队领救济度日。麦卡锡并不太把"主义"当回事，而拉夫则正相反，而且他一点儿也不怕让别人知道自己的坚定信念，甚至可以为此对他人出言不逊。以赛亚·伯林描述拉夫时说"他不是一个特别和蔼可亲的人"。[46] 另一位《党派评论》圈子成员德怀特·麦克唐纳说，拉夫"在很多方面相当冷酷无情"。[47] 不过，麦卡锡对拉夫的看法与他们不同。当她在拉夫的葬礼上致悼词的时候，她说最开始让她受到拉夫吸引的原因是他在

《工人日报》（*Daily Worker*）上为《夜色温柔》（*Tender Is the Night*）写的一篇书评。虽然文章的大部分内容都是负面的，但麦卡锡被拉夫对菲茨杰拉德这位富人的编年史记录者抱有的"有同情心的见解"惊呆了。她说拉夫对这本书的评论中含有一种出乎她意料的"温柔"。[48]

麦卡锡后来写到，拉夫不得不"为［她］发布一份敕令（ukase）"，[49] 以此宣布麦卡锡加入《党派评论》的领导层。（"敕令"是苏俄成立之前由沙皇发布的一种公告。）要让一位女性介入杂志社的整体事务就必须这么做。1934 年初《党派评论》发表创刊号时，麦卡锡是发行人栏中唯一的女性，也是唯一在这期杂志上发表了文章的女性。多年后，她带着不无调侃的口吻回忆说，以这样的方式作为知识分子登场也曾让自己感到紧张。管理杂志运营的其他男性同事都比麦卡锡，或者是比他们眼中的麦卡锡更执着于政治问题的激烈争辩。共产党纪律的余韵没能让《党派评论》避免各种内部正统思想的束缚，对意识形态纯洁度的焦虑疯狂地蔓延开来。

> 赞助人是一位出身传统纽约家庭的年轻抽象派画家，他在政治上非常"糊涂"，以至于有一天他走进（支持斯大林主义的）工人书店买托洛茨基的《被背叛了的革命》（*The Revolution Betrayed*）。那天他还戴着一副鞋罩，拿着一根手杖，一想到他那副样子，我们其余人紧张得脸都白了。我们立即问道："有人认出你吗？你觉得他们知道你是谁吗？"

这个插曲暗示《党派评论》的编辑和作者相对年轻，大多是二三十岁。他们迫切想要证明他们的"文学杂志"可以在世上享有一席之地。他们的焦虑总会体现在版面上，但焦虑也总会被伪装成高傲，而且都不是经历过正式的学徒期后理所应当拥有的那种高傲。如麦卡锡后来说的那样，在二十世纪三十年代，"只有在美国，或者说只有在纽约的一小部分区域里，几乎没什么资历的人才敢表现得像某种至高权威一样"。

麦卡锡被安排评论戏剧是因为其他男同事对她还有质疑。根据他们年轻的正统观念，戏剧是一种不值得费太多心思关注的资产阶级艺术形式。"就算我说得不对，谁会在乎呢？这个想法最终胜出了。"事实证明麦卡锡很适合这个职位。她在很大程度上要靠自己来完成这些工作，这意味着她可以自己教自己写作。像帕克一样，麦卡锡倾向于讨厌其他所有评论家喜欢的东西，这一点对她不无帮助。

起初，麦卡锡过于迫切地想要对马克思主义者表达诚意，所以她根据他们的政治观念评论戏剧，这样得出的结果往往是些俗套的陈词滥调。麦卡锡写道："那是一个教条主义的时代，每个人都加入了某种'揭露'艺术作品中的潜在倾向的活动，就像联邦调查局的调查员在探案一样。"在评论奥逊·威尔斯（Orson Welles）制作的萧伯纳的《伤心之家》（*Heartbreak House*）时，麦卡锡注意到他作为演员有一种把"某种黏稠的圣油喷到自己塑造的角色的粗糙表面上"的倾向。[50] 与此同时，克利福德·奥德茨（Clifford Odets）和约翰·斯坦贝克（John Steinbeck）则患上了某种"自体中毒"，中毒的表现是他们"［的作品中］会不时出现停顿，为的是等待几不可闻的鼓掌声结束"。[51] 唯一的例外是桑顿·怀尔德（Thornton Wilder）的《我们的小镇》（*Our Town*）。麦卡锡真心喜欢这部戏，认为它"是一种纯粹而简单的意识行为；它证明了至少在艺术作品中，经历是可以被捕获、控制和观察的"。[52]

在某一篇评论中，麦卡锡需要评论的是一位前辈。女演员露芙·高顿（Ruth Gordon）参加了一部名为《超过二十一岁》

（*Over Twenty-One*）的戏剧，这又是剧作家们无数次想要在舞台上塑造出一个多萝西·帕克一样的角色的尝试之一。麦卡锡评论说："多萝西·帕克的角色像适合被画成漫画悬挂在萨蒂餐厅（Sardi's）① 一样适合于舞台。"[53] 她认为戏中对帕克的机智幽默的隐约效仿是观众可能会喜欢这部戏剧的唯一原因。

麦卡锡从来没见过帕克，或者说没有正式见过。她有过一次近距离看到帕克的经历，后者当时参加了一场在纽约举行的共产主义者活动。麦卡锡写道："她矮胖的身材让我很失望，如果她是出现在如今的谈话类电视节目里，我可能还会有点心理准备。"[54] 不过当麦卡锡上了年纪之后，也会有人粗鲁地评价她又矮又胖。

＊

麦卡锡第一次见到埃德蒙·威尔逊是1931年，他到瓦萨学院做演讲时。麦卡锡当时对此并不怎么热心："他身材臃肿、气喘吁吁的，还很紧张，真是一个糟糕的演讲者，那绝对是我听过的最糟糕的演讲，而我甚至听过一位口吃者做的演讲。那是几年后我在纽约主持一次会议时遇到的一位口吃者，他念了二十一个音节才念完'极权主义'② 这个单词——有人数来着。"[55] 到1937年，威尔逊已经成了受《党派评论》的编辑们追捧的人，他们都崇拜威尔逊和他尤其热衷于撰写的针对年轻男性知识分子的批评文章。当时威尔逊的作品几乎登上了纽约所有主要报纸杂志的版面，其中大部分是书评，也有一些是新闻报道。他的研究象征主义的长篇作品《阿克塞尔的城堡》让

109

---

① 纽约的一家餐厅，以展示数百幅名人漫画而闻名。

② "totalitarianism" 这个单词含有七个音节。

他成了一位真正的公共知识分子，这本书也是他去瓦萨学院演讲的原因。《党派评论》想获得文学上的认可，好以此提高杂志的文化地位。威尔逊正是可以带来这种认可的人。

麦卡锡一直是这个团体内部的对抗分子，所以她没有义务像她在《党派评论》的其他同事一样必须对威尔逊崇拜有加。即便如此，她还是被要求和另外五名编辑一起与威尔逊共进午餐。威尔逊还邀请了《我们的批评，无论对错》的合作者玛格丽特·马歇尔。感受到压力的麦卡锡非常紧张，于是她和领导层的另一位成员在饭前去喝了些鸡尾酒。后来在餐桌上，她又喝了很多曼哈顿鸡尾酒和红葡萄酒。酩酊大醉的麦卡锡和威尔逊、马歇尔一起在酒店的套房里睡着了，直到第二天早上才给菲利普·拉夫打电话告诉他自己去哪儿了。

这件事其实是有些不恰当的，但不知怎么的，几周后麦卡锡答应和威尔逊约会。结果她去了威尔逊在康涅狄格州的房子，并且没有拒绝后者的求爱，在沙发上和他发生了关系。没过多久，麦卡锡就离开拉夫，嫁给了威尔逊。她总是无法解释这个举动，她在自己的回忆录里写道："我很喜欢和他聊天，但是并不觉得他有性方面的吸引力。"[56]

人们在回看糟糕的婚姻时总会将它们神秘化。一个经常被引用的对威尔逊和麦卡锡的描述称他们的婚姻是"两个暴君"[57]的结合。这样的说法可能有些夸大其词。起码应该说，他们两人相处不愉快的原因并不是这么简单的。1938 年时，这对夫妇有了一个儿子，取名鲁埃尔（Reuel）。后来鲁埃尔写了一本关于父母的书，他是这样刻画这对夫妻的性格的：

110

    别的都不提，只说一点就够了：威尔逊受到内心恶魔的鼓动，能够做出粗鲁、残忍，甚至是暴力的行为。麦卡锡小小年纪就成了孤儿，还被监护人冷酷地利用，她一直带着童年悲剧留下的耻辱心，所以对于丈夫频繁的刺激和批评总会给出情绪强烈的反应。[58]

在遇到麦卡锡之前，威尔逊的感情生活和性生活都相当混乱。他喜欢特别聪明的女人——他第一次非常投入的恋爱对象是埃德娜·圣文森特·米莱，虽然最终是米莱提出分手的，但总体上说，威尔逊总是维持不好和他人的关系，包括与自己的孩子之间的。他的经济状况并不稳定，他的收入来源仅限于作为自由撰稿人获得的报酬。财务问题是他持续不断的压力来源之一，除此之外，他还酗酒。

麦卡锡和威尔逊结婚时，后者承诺要带她离开城市，让她过上宁静一些的生活。威尔逊夫妇在婚姻存续期间暂居过纽约州北部、韦尔弗利特（Wellfleet），还有芝加哥。但无论他们在哪儿生活，日子都过得捉襟见肘。麦卡锡觉得不幸福。这种感觉会表现为某种短暂的、歇斯底里的狂怒。威尔逊和前妻生的孩子当时已经十几岁了，她形容这样的麦卡锡是"癫痫发作了"。1938 年 6 月，麦卡锡再次情绪失控后被迅速送到了佩恩·惠特尼精神病院（Payne Whitney psychiatric ward），经医生诊断，她是患上了焦虑症。麦卡锡在回忆录《我如何成长》（*How I Grew*）的第二卷中宣称这次发病是因为醉酒的威尔逊打了她，而且她当时已经怀孕两个半月了。

这件事非常令人震惊，很多人在打探细节的过程中都被吓到了。威尔逊的一位和麦卡锡成了朋友的亲戚见识过他们之间最糟糕的情况。这个人告诉威尔逊的传记作者刘易斯·达布尼（Lewis Dabney）说，与这对夫妇谈论他们的婚姻就像是在听"《罗生门》（*Rashomon*）里的人物讲述各自版本的相互排斥的所谓现实一样"。在那部电影中，人们可能最终也无法得到一个一致的故事真相。在他们的离婚诉讼中，威尔逊宣称自己从没对妻子动过手——"只有一次除外"。他指的例外可能就是导致麦卡锡被送到佩恩·惠特尼精神病院的那次。不管怎么说，七年之后，当这对夫妻在1945年打起离婚官司时，朋友们都站在了麦卡锡一边。

不过，这次婚姻还是给麦卡锡带来了两件毋庸置疑的好事。第一是她有了一个儿子鲁埃尔，第二是她开始改行写小说。终其一生，麦卡锡一直都会说威尔逊就是那个坚持让她尝试写小说的人，因为他觉得她为《党派评论》和其他地方写的那些文章不足以施展她全部的天赋。此外威尔逊也为她提供了物质帮助，他雇用了家政人员，这样就算孩子还小的时候，麦卡锡也能有时间写作。

麦卡锡在与威尔逊结婚期间写的小说配得上威尔逊曾经对帕克作品的称赞：这些作品同样有一种是由具有"想要写作的迫切需求"的人写出来的感觉。麦卡锡发表的第一篇小说名叫《穿布鲁克斯兄弟牌西装的男人》（*The Man in the Brooks Brothers Suit*）。它讲述了关于这个像极了麦卡锡的主人公的第一个故事。这个名叫梅格·萨金特（Meg Sargent）的人物乘坐火车前往里诺（Reno）是为了去和自己的第一任丈夫离婚。她在火车上遇到一个无趣的已婚中西部生意人。最终他们发生了关系，但是她的态度犹豫不决，甚至带着些后悔。在整个相遇过程中，梅格·萨金特一直在审视自己，评价自己的一言一行。她从一开始就在沉思："没错，她总是希望遇到什么激动人心或罗曼蒂克的事情，不过成为那种'坐在车厢里钓男人的女孩儿'其实并不浪漫。"[59]梅格·萨金特恰恰就是这样做的，部分原因是她喜欢这样利用自己的性感魅力。梅格很漂亮，但她并没有为此特别虚荣。她知道只有一种特定的美国男人会认为她美：

在内心深处，她轻视那些认为她完美的男人，因为她知道如果她穿着泳衣走在南安普敦（Southampton），她根本没有任何出众之处。虽然她从来没有真的挑战过这个冷酷的测试，但这件事在她的脑海里一直是种威胁。无论是一本在美容院翻看的《服饰与美容》杂志，还是一顿超出她支付能力的大餐都足以让她意识到自己所处的险境。如果她和那些爱上她的各个男人在一起时曾经感觉到安全，那是因为从某些方面来说，那些人全都很糟糕，如今她终于看清楚这一点了……他们每个人的美国生活都存在某种缺陷，这让他们在恋爱中变得谦卑。而她自己真的就那么没有资格享受更好的东西吗？难道她真的只能属于缺陷者兄弟会？她不是一个生活在自我放逐之中的正常、普通的女人吗？她不是行走在山精中间的公主吗？[60]

拉夫大概就是麦卡锡所谓的"山精"之一，不过前者似乎没有为此感到受辱。他们都知道这篇小说恐怕会引起公众的愤怒。故事中的直言不讳在当时看来实在太不寻常了。不过这反而更激发了他们发表这篇文章的愿望，而且文章获得的反响证明一切都是值得的。乔治·普林顿（George Plimpton）对麦卡锡的传记作者之一说："当时我还是埃克塞特学院（Exeter）的学生，这篇小说给我带来的震撼几乎和珍珠港事件带来的一样大。"[61]男人总是抱怨麦卡锡在小说中对他们的描述过于严苛，不过碰巧是威尔逊朋友的弗拉基米尔·纳博科夫（Vladimir Nabokov）就非常喜欢麦卡锡最终的小说集："这些作品太精彩了，充满诗意，机智而新颖。"[62]当时还在哈佛大学读书的有抱负的年轻作家诺曼·梅勒（Norman Mailer）也对麦卡锡的这篇小说青睐有加。

女性普遍喜欢这篇小说，因为她们对于梅格的思想独立、自信，以及她犯的错误都能够感同身受。"这个女主人公是一个坚强，同时也愚蠢的女权主义者。"[63]宝琳·凯尔记得自己读到这篇小说时就是这么想的，当时她还是一位在西海岸为事业挣扎的剧作家。"她很蠢，但是她绝不软弱。"这样的细微差别是很难被捕捉到的。梅格很有主见，也很自信，但她并不一定总是对的，这样的混合特质在当时既有的对女性的刻画套路中还很少见。无论是在电影还是书籍中，女性很少被允许同时表现出自信和脆弱。

113　　因为这篇小说大获成功，所以麦卡锡在不到一年之后就出版了一整本关于梅格的短篇小说集，书名叫作《她选择的伴侣》。这是麦卡锡的第一本书，一经出版就收获了热烈的赞美。几乎所有评论都认定麦卡锡是某种能用文字置人于死地的谋杀者。一位《纽约时报》的评论家写道："她使用讽刺的方式就像猫捕食老鼠的方式一样既温柔又致命。"[64]《纽约先驱论坛报》的一位（男性）图书专栏作家宣称他相信麦卡锡拥有一种"精妙地表达恶意的天赋"，尽管他称梅格为"骄纵的甜心"。[65]《新共和》的马尔科姆·考利亲自写了一份书评，起初他似乎不喜欢书中前四个故事的腔调：

> 机智而邪恶，但还不是邪恶的机智；一种心理上的尖锐，但似乎并没有挖掘得很深……总是选择一些糟糕的伴侣的女主人公可能正是这些人中最糟糕的——最势利、最做作、最充满恶意，也是最不确定自己是否拥有任何属于自己的人格的人，她甚至不确定自己是否存在于自己不停重写的这本书之外。[66]

　　理智的人们可能会在梅格究竟是势利、做作、充满恶意，还是一切只因为她年纪尚轻的问题上持有异议。梅格去看了心理分析专家，结果发现自己绝大部分困惑和借口都与可怕的童年相关——这正是她不断给别人讲述的"糟糕经历"。[67] 她走出心理分析专家的办公室，打算"去调查自己的欺骗"。[68] 考利以一种其他评论家所不能的方式看出了这给整本书带来的翻天覆地的改变。

> 麦卡锡女士已经学会了不用讲述一个自我保护的谎言就按照事情可能发生的样子安排好一切情节的复杂技巧……《她选择的伴侣》不是一本讨人喜欢的书，也不是什么精妙地组织起来的内容，不过它具有一种亲身经历过的不寻常的特质。[69]

考利可能知道，也可能不知道，书里的内容确实是麦卡锡的亲身经历。这些短篇小说中的内容具有自传性质这一点并没有什么争议。细节也许是编造的，但核心内容不是。梅格和麦卡锡一样是来自西部的女孩儿。她失去了母亲，拥有一个缺衣少食的童年，她到纽约来是想成为一名作家。她的婚姻也像麦卡锡的第一段婚姻一样失败了：因为她的生活中出现了另一个男人。梅格还拥有和麦卡锡拥有的类似的第一份工作，同样的朋友圈子，连她选择的恋人也是年轻时的麦卡锡会选择的那种。虽然不是麦卡锡的仰慕者，但是批评家莱昂内尔·埃布尔曾经说过："除了像告解一样真实的内容之外，我不认为她写过别的什么。"[70]

麦卡锡无论如何想做一些与众不同的事情。她远没有帕克那么喜欢折磨自己，但她的小说依然是倾向于自我批评的。根据小说反映她的亲身经历的程度来看，麦卡锡显然已经跳脱了事件本身，她像个局外人一样审视这些经历，同时也审视她自己，然后根据自己作出的判断来把事件小说化。这种小说中的

114

自我意识和一般的一副忏悔口气的作品截然不同：它是淘气顽皮、疏远淡漠、坦白直率的，不过这些态度中都带着一种冷酷无情。

显然，这种技巧很适合麦卡锡，她甚至可以将其适用到发生在更近期的事情上。当她还和威尔逊在一起时，麦卡锡就在《纽约客》上发表了一篇名为《杂草》（*The Weeds*）的小说，内容涉及了她婚姻中的那些伤痛。故事开头，一位没有取名字的女性人物坐在花园里思考如何，以及何时离开丈夫。最后她逃到了纽约。同样没取名字的丈夫追到纽约来把妻子带回家。妻子大闹了一场，叙述者在描述这个场面时冷酷地分析了她的动机：

> 她已经意识到自己表现得既怪异又令人厌恶，她的丈夫都为她的样子和她发出的声音感到震惊，但是这种快要喘不上气的抽泣让她感到愉悦，因为她意识到这是自己能够对他施予的最后惩罚，她像巫婆一样丑陋的外形，以及显然已经衰败的精神就是她最终的复仇。[71]

115

这个故事中的自传性因素是作者有意识使用的。麦卡锡曾经把初稿拿给威尔逊看。后者没有就文中对自己的刻画提出不满。但是当这篇小说最终被发表在《纽约客》上之后，威尔逊又改变了看法。"他真的非常生气。我对他说：'可是我之前给你看过了。'他却说：'可是你又改进了！'"[72]

1944 年，经过了七年的吵闹和争论，并利用这些吵闹和争论为灵感创作了一系列精彩的小说之后，麦卡锡终于离开了威尔逊。他们的离婚大战同样火爆，最终还是闹到了法庭上。关于各自在婚姻期间具体受了多少伤害的争论无穷无尽。这场婚姻虽然糟糕，甚至可以被称为一场情感上的灾难，但它却促使麦卡锡创作出了她最精彩的那些作品。用现代流行的说辞是这并不能"弥补"任何损失，但是能够留存于世的正是这些作品，而不是她为很久之前就停演的戏剧或如今已经被人遗忘的小说所撰写的那些评论。

*

说到这儿，我们就可以回到1944年在菲利普·拉夫家举行的那场聚会了，也就是麦卡锡说了一些让汉娜·阿伦特无比气愤的评论的那次。考虑到她当时承受的压力，再加上婚姻的解体，我们大概就可以理解她为什么会对希特勒做出如此轻率的评价了。作为一位经验丰富的聚会女主人，麦卡锡几乎从来没有出现过这样的失误。在《杂草》那篇文章中，女主人公抵达纽约后才发现一切都变了，几乎没有哪个朋友回复她的电话。然而在现实生活中，麦卡锡却是强势回归纽约的。她广受好评的短篇小说集已经让她成了真正的作家，这样令人羡慕的地位远远超过了在左派杂志上发表几篇戏剧评论和书评文章能带给她的。当时和如今一样，小说被看作是文学成就的最高峰。麦卡锡突然变得受欢迎了，她还开始接到请她去教课的邀请，于是她接受了，先是在巴德学院（Bard），后来又在莎拉劳伦斯学院（Sarah Lawrence）。麦卡锡的生活也朝更好的方向发展了，她遇到了一个比威尔逊冷静，也远不像他那么专横的人。这个拥有头韵体名字的人叫鲍登·布罗德沃特（Bowden Broadwater），他身材苗条、衣冠楚楚，是《纽约客》的作家。他和麦卡锡是在1946年12月结婚的。

时至此时，麦卡锡已经成了一种家喻户晓的另类人物。那些喜欢看文学报纸和平庸杂志的人都知道她，但是她的书并不畅销，可人们突然开始注意她梳什么发型，穿什么衣服了。这

116

群观察者之一说："有一段时间……我觉得她看起来似乎是在坚持一种乔治·艾略特（George Eliot）类型的平凡外表。"[73]与此同时，她的名声还开始传播到更广泛的文化圈子里。《服饰与美容》的"人们在谈论"专栏就提到了《她选择的伴侣》。文章宣称麦卡锡的写作风格"就像一个手里拿着鱼叉的聪慧的鸟身女妖，她四处插刺只是为了自己高兴"。[74]

认为麦卡锡的风格就是纯粹的邪恶的观点随处可见。评论家们总是会承认她具有某种洞察力，有一种轮廓鲜明的风格。但是他们并不喜欢麦卡锡对这个世界的看法，或者至少可以说他们认为麦卡锡把她的看法用文字记录下来的做法有些无礼和粗鲁。他们选择的那些比喻暗示了他们认为麦卡锡的智慧是带着伤痕的、有破坏性的，甚至可能是阴险狡诈的。就连认识麦卡锡本人的人也会有和那些不认识她的人一样的想法。她的朋友艾尔弗雷德·卡津后来评价这本书"非常严肃"，但是"充满敌意，就像合唱团里的一个女孩儿说另一个女孩儿的坏话时一样恶毒"。[75]

从女性和恶意这些字词传统的本意上讲，麦卡锡的作品可能既不是女性的，也不是带有恶意的。麦卡锡的小说有一种挖苦讽刺的腔调，不过那些以她自己为原型的角色也和以其他人为原型的角色一样受到她的评判和嘲讽。换句话说，麦卡锡的作品很锐利，不过它们并不必然含着恶意，或令人反感。

有一个可能算是例外的存在是麦卡锡在嫁给布罗德沃特之后开始写的一部长篇小说，小说的题目叫《绿洲》（The Oasis），小说的主题是纽约的一个左翼知识分子圈子。小说的内容建立在一个荒诞的前提之下，一群倾向社会主义的知识分子被派到宾夕法尼亚州创建一个乌托邦。这场努力自然是要以失败告终的，其中一个很重要的原因就是生活在这个聚居地中的人们的虚荣自负。很难确定促使麦卡锡写《绿洲》的具体动力是什么，但是她写得很快，只用了几个月。因为奥威尔的《动物农场》（*Animal Farm*），政治讽刺题材在当时很流行，这可能也启发了麦卡锡。在现实生活中，麦卡锡当时正在费力地组织美国知识分子中的左派人士联合起来支持外国作家，不过这个活动简直就是灾难，因为内部争斗不断而分崩离析。《绿洲》可能是麦卡锡给出的一种报复手段。

尽管如此，麦卡锡还是在多年后辩解说："整个故事完全是虚构的。"[76] 不过她指的仅仅是情节，至于小说中的人物，她承认自己依照了现实生活中的原型："我努力尝试至少要尽可能地明确一个人的本质，要找到对无论是现实生活中的还是小说里的人物都至关重要的那个本质。"菲利普·拉夫的本质被体现在了一个名叫威尔·陶布（Will Taub）的角色身上。陶布是这个群体的领袖，不过他气势汹汹的咆哮只是他用来掩饰自己就身为犹太人和其他问题而感到的深刻的不安全感的手段。他的妻子是一个沉默寡言的角色，对他很体贴，但是"每当她想要思考社会问题时……（他总是）一副粗鲁无礼、心情不佳的样子"。[77]［拉夫此时已经娶了麦卡锡在瓦萨学院的同学纳萨莉·斯旺（Nathalie Swan），后者在某些方面也符合这样的描述。］

理论上说，这本小说挺有意思的。但是从社交角度上看，写这样一本书无异于自掘坟墓。麦卡锡是直接在拿自己的很多朋友开玩笑。由这部小说的明显的恶劣而引发的中伤在因为《党派评论》而被常年联系到一起的人们之间蔓延开来。据说黛安娜·特里林抱怨麦卡锡时称："这个女人就是个恶棍。"[78] 那些模仿角色依据的原型们感受到的背叛程度是无法被忽视的。拉夫尤其觉得很受伤。他开了个会讨论大家该怎么做，结果大家都劝他不要表现得这么高高在上。不过拉夫已经下定决心，他扬言要起诉麦卡锡，并让自己的律师给该书的美国出版

商发去一封律师函，宣称这本书"是对他隐私权的严重侵害，
因为其中包含了完全虚假的、有异议的和诽谤的内容"。[79] 最
终，拉夫还是放弃了，部分原因是他的朋友们提醒他，他必须
先证明麦卡锡小说中那个愚蠢的角色足以被认定为他才能就诽
谤索赔。这个前景对他来说实在没什么吸引力。

更糟糕的是，这本书也不怎受欢迎。书中谈论的是一个相
对与世隔绝的世界，一位普通的报纸读者肯定不能理解它其实
另有所指。《纽约时报》的评论家抱怨说：

> 麦卡锡女士特有的精确性在为以她为圆心的特定读者
> 群体写作时反而成了一个缺点，因为紧挨着圆心的核心圈
> 子太小了。一份文学杂志的主编毕竟不是英格兰的财政大
> 臣。在那个小圈子之外的读者除了觉得《绿洲》有一种模
> 糊的巧妙诽谤和不多的几个精彩情节之外，根本体会不到
> 别的什么。[80]

一个很了解核心圈子，且在读了这本书之后还觉得非常喜
欢的人正是汉娜·阿伦特。不久之前，阿伦特和麦卡锡已经在
一个地铁站台上讲和了。"我们的想法有很多相似之处，"[81] 在
聚会上的争吵发生五年之后，阿伦特显然是这样告诉麦卡锡
的。她还在一封信中赞美了这本别人都很讨厌的书：

> 我必须告诉你，这本书能带来纯粹的愉悦。你写出了
> 一本真正的佳作。恕我冒犯，但我想说这本书不仅仅是比
> 《她选择的伴侣》好，而是根本比它高出了一个层次。

这本书的贡献之一就是拉近了"以堕落为标志的"麦卡锡
和"有意识的贱民"阿伦特之间的距离。

事实证明，这两个人简直是知识分子世界里的天作之合。她们一直保持朋友关系直到阿伦特去世，中间没有过间断。两个脾气相投的女性之间的友谊本身并没有什么特别的。不过麦卡锡和阿伦特的友谊具有一种超乎寻常的坚韧。她们俩几乎没在同一个城市居住过，因此她们之间的友谊完全是靠书信维系的。信里的内容很是八卦，但八卦也是与她们讨论的知识问题缠绕在一起的。比如她们对朋友的书籍的看法，对彼此的作品的看法等等。观点是精妙有益的东西，但它们要立足于外面的世界，并与那些持这些观点的人的人性联系在一起。

在二十世纪五十年代的大部分时间里，麦卡锡带着儿子和鲍登·布罗德沃特一起在新英格兰地区的多个小镇上生活。她会给阿伦特写信描述拉夫的到访——他显然已经像被《绿洲》迅速地惹恼一样迅速地原谅了麦卡锡。麦卡锡在信中称"他身为马克思主义者的坚定信念让我觉得他仿佛是一个大洪水以前的人"。[82] 接着她继续谈论了拉夫如何"让我紧张得要命，我们好像是两个站在巴别塔上朝彼此大吼的人。不是那种充满敌意的吼叫，只是有一种疏远和相互警惕的感觉。这大概都是我的错"。麦卡锡还会抱怨所有在聚会和谈天中打断她讲话的人。与此同时，阿伦特则从她位于纽约上西区的公寓里给麦卡锡写长长的回信，内容是对于那些所谓的"滑稽哲学家"[83] 的富有同情心的滔滔不绝的论述。她会思考苏格拉底、笛卡儿、霍布斯、康德、帕斯卡尔等，当然，还有海德格尔。

她们还会漂洋过海去探望对方。麦卡锡创作关于佛罗伦萨和威尼斯的书时，阿伦特会和麦卡锡一起前往欧洲。阿伦特也请麦卡锡帮忙"英文化"她的作品，就像其他的朋友帮她做过的那样。在阿伦特大部分时间定居欧洲之后，麦卡锡还总是住在阿伦特在纽约的公寓中。从精神上说，她们两人是不可分割的。

与麦卡锡同时代的很多人都暗示，甚至是直白地表示自己不明白阿伦特看上麦卡锡哪一点。人们觉得她们的作品风格大相径庭：阿伦特充满了复杂的思考，而麦卡锡则直率而优雅。这已经是人们最委婉的表达了。很多人认为麦卡锡与阿伦特不是同一个级别的思想家。但阿伦特并不觉得自己的朋友在知识层面与自己有这么明显的差距。她把自己的手稿交给麦卡锡考虑和编辑，并且进行"英文化"。她们通信的内容也不是仅限于八卦消息和日常汇报，而是包含了对于小说的组成、法西斯主义的影响、个人道德和公共常识等内容的争论。

尽管如今的人们回看麦卡锡和阿伦特时会将她们归入解释事物的男性的圈子中（这两位女性在通信中称这些男性为"男孩儿"），但实际情况对于她们来说还要复杂得多。她们并没有作为"男孩儿中的一员"而被接受。尽管男性在某种程度上钦佩她们的作品，但在面对阿伦特或麦卡锡的批评时，他们也会充满敌意和防御性。公平地说，无论是麦卡锡还是阿伦特对自己圈子里的大多数男性都没有什么可恭维的。比如麦卡锡给阿伦特写信谈论索尔·贝娄（Saul Bellow）时就写道：

> 我听说索尔最近状况不太好，他在攻击被他称为美国机构的一群人，那其实就是指他的批评家们。他在伦敦作了一次演讲，演讲结束后，听众被要求在原位上坐十分钟（也可能是五分钟？）才可以走，这样在他坐上离开的车之前，就没人能去找他要签名了。[84]

关于写文章攻击麦卡锡的卡津，阿伦特这样写道：

> 这些人越老越糟糕，这一次他纯粹是出于嫉妒。嫉妒是魔鬼。[85]

　　这种简洁的侮辱当然不是仅仅出于女性之间的团结。无论是麦卡锡还是阿伦特都不会接受将她们的友谊定义为"女权主义"的做法。她们也不喜欢自己圈子中的其他女性。她们渴望以女性身份发表观点，但是她们从来不希望自己的性别成为一个定义她们的特征。这与她们生活的时代不无关系。另一部分原因是她们除了彼此之外，与其他人并不怎么合得来。她们之间的联系不是建立在传统含义的姐妹情上的。如阿伦特在这段友谊开始时评论的那样，她们是两个总是"想法非常一致"的盟友。每当整个世界似乎都在与她们为敌时，这种一致的思维方式就被加固成了一套她们可以共同穿戴的铠甲。

121

第六章　帕克和阿伦特

　　到二十世纪五十年代中期为止的过去二十年里，多萝西·帕克主要忙于撰写剧本，只断断续续地发表过文章。不过此刻她决定重新写一些严肃的东西。她总是出于同一个原因写作：那就是缺钱。可是当时的她突然发现，自己已经很难找到发表机会了。

　　麻烦的根源是政治性的：帕克的名字总是被和共产主义联系在一起。关于帕克是否具有共产党党员身份一直存在争议，不过她曾为共产党宣传机构执笔，还曾出现在共产党活动的现场。所以当美国的情绪转向反共时，帕克的名字就不停地出现在政府的调查中。1951年，联邦调查局探员第一次敲响了她的家门，她的狗一直围着探员们上蹿下跳。帕克似乎是这么告诉他们的："你看，我连让我的狗老实待着的本事都没有。你觉得我看起来像是能推翻政府的人吗？"[1]

　　要么是被帕克的魅力迷住了，要么是被帕克的名气吓住了，总之联邦调查局的探员们一次也没有逮捕过她。参议员麦卡锡扬言要传唤她到众议院非美活动调查委员会（House Un-American Activities Committee）接受问询。而纽约州的州委员会则真的传唤了帕克，她礼貌地提供了证词，在被问及她是否加入过共产党时，帕克使用了《宪法第五修正案》（Fifth Amendment to the United States Constitution）赋予自己的权利。[①] 最终没有任何法律依据支持对帕克进行正式处罚，但她的名声依然受到了损害。不过这种在公众面前的名声受损远

不如她在好莱坞遭受的实际损失严重。她突然间失去了过去近二十年里一直拥有的稳定且丰厚的收入。她的个人生活也陷入

---

　　① 《宪法第五修正案》赋予的权利指"不得在任何刑事案件中被迫自证其罪"。

了混乱。她开始酗酒。1947 年时她已经和艾伦·坎贝尔离婚，1950 年二人复婚，但是 1952 年他们又分居了，直到 1961 年才再次和好。

在这段时间里，心神不宁的帕克回到了纽约。她在一个被她称为沃尔尼（Volney）的酒店里住了下来。她与别人合著了一个名为《走廊中的女士们》（*The Ladies of the Corridor*）的剧本，内容就是关于那些像她自己一样孤身一人、年岁渐长的中老年女性的。同时，帕克还开始重新为《纽约客》写文章，不过没有哪一篇能接近她早期作品的水平。

有征兆暗示帕克连仅剩的一点才华也要耗尽了，还有征兆暗示她自己已经意识到了这一点。1955 年 8 月，帕克在《纽约客》上发表了一篇名为《洛丽塔》（*Lolita*）[2] 的短篇小说，其情节似乎是受到纳博科夫的同名小说的启发，尽管那本书是于帕克发表文章几周后才在法国首次出版的。帕克的《洛丽塔》也讲述了一位孤独的单身女性的女儿受到一位名叫约翰·马布尔（John Marble）的男房客色诱的故事。这个故事的内容怎么会与纳博科夫即将出版的小说如此相似的原因无人清楚，但研究这一问题的学者们能够得出的最好的理论是帕克是从埃德蒙·威尔逊那里听说了纳博科夫手稿的事，威尔逊已经读过了，但是并不喜欢。[3] 无论怎样解释这件事，说这是某种极端形式的健忘也好，说帕克想和一位冉冉升起的俄国小说家新星竞争也罢，总之它们都只能暗示帕克在写这个故事时的状态已经很糟糕了。

不管怎么说，帕克当时写的东西根本无法和她早期大受欢迎的那些作品相提并论了。她已经不想，也不能写出公众仍然希望从多萝西·帕克笔下看到的那种净是俏皮话的文章了。简而言之，帕克抑郁了。本奇利在 1945 年因心脏病去世，亚历山大·伍尔科特比本奇利还要早一两年，他是 1943 年去世的。此时的纽约和二三十年代的纽约已经不是同一个样子了。此时的帕克也不再是围绕在圆桌旁的熠熠生辉的新星之一，而是变成了某种更接近于幕后大佬的人，她显然并不适应这样的角色。

最终，帕克找到的唯一能带来稳定收入的工作是为一份刚刚重新恢复活力的名叫《时尚先生》（*Esquire*）的男性杂志写书评。帕克是这份杂志的执行主编哈罗德·海斯（Harold Hayes）最喜欢的作家之一。为履行与《时尚先生》签订的合同而撰写的作品是帕克一生中最后一批稳定而持续提交的作品，尽管偶尔还是会出现到交稿截止日期无法交稿的情况，但她至少保证了每年发表几篇文章。这些文章并没有她早期在"永远的读书人"专栏中发表的文章所具备的那种言简意赅。它们更像是一个飘忽不定、上了年纪的心灵进行的冥想，而非早期评论中发射的那种被抛光的子弹。不过她的幽默依然隐约可见，有时候帕克会把它们用在回忆老朋友上：

> 说到已故的罗伯特·本奇利，愿他的灵魂安息。他这个人最受不了进书店。很多人不进书店是由于遭受幽闭恐惧症的折磨，但本奇利不属于这种情况，他的烦恼源于一种巨大的、让人精神疲惫的怜悯之情。当他看到一排排、一层层闪耀的新书时，他感受不到任何喜悦，因为他仿佛能看到这些书像一个巨大无比的海浪一样朝他拍来，他似乎还能看到一种幻象，就是所有这些书的作者在完成作品那一刻的情景——他们都在对自己说："好了，我写完了！我写出了一本书。我和我的书从此以后就会流芳百世了。"[4]

帕克交稿的时间还是断断续续的，编辑有时候会抱怨让她

交稿得靠强迫。不过当帕克尽力写作时，她似乎还是能够享受
到乐趣的。她赞美自己的老朋友们，比如埃德蒙·威尔逊；她
也攻击自己的宿敌，比如埃德娜·费伯。当编辑要求她评论詹
姆斯·瑟伯在几年前出版的《与罗斯一起的年头》（*The Years
with Ross*）时，帕克写出了她已经多年没有写出过的精彩的
文章。在回忆她曾经的老板时，她这样描述道："他颀长的身
躯好像是用粗针长线草草缝起来的，他的头发像是豪猪身上
的棘刺，他的牙齿像巨石阵，他的衣服看起来像是给别人准备
的。"[5]

　　有时候，帕克似乎是想要和被她评论的非虚构类书籍的
作者一较高下；人们可以感受到帕克有一种渴望投身战场，弄
清一切不确定性的迫切需求。她对笔名为"不久前的托马斯
（Lately Thomas）"的作者创作的一本关于麦艾梅（Aimee
Semple McPherson）的书就表现出了这样的态度，她认为这
本书完全可以写得更生动：

　　　　（他的出版商承认"不久前的托马斯"是一位西海岸
　　的记者兼作家的笔名。这个名字把人们引入了一个充满奇
　　迹的精彩迷宫，所有人都在试图弄明白他怎么选了这样一
　　个笔名。）不管他的真名是什么，他用完全平铺直叙且严
　　肃无趣的方式描述了一个誉满全国，不，应该说是举世闻
　　名的事迹，对这个内容的描述本来是可以让他随时陷入难
　　以自制的大笑中的。[6]

　　帕克还不惜笔墨地嘲弄了沉醉于自我之中的凯鲁亚克和
垮掉的一代。不过帕克总算是在这个闪耀的新世界里重新找
到了明确的立足点。她受邀与诺曼·梅勒及杜鲁门·卡波特
（Truman Capote）一起在电视节目中谈论这些年轻的新诗人。

125

帕克抱怨说垮掉的一派的诗人们只是在"一遍一遍地重复一种毫无生气且千篇一律的日日夜夜"。[7] 她还断言自己不是一位批评家，她在《时尚先生》的工作是"写自己的想法，然后祈求上天不要让自己摊上诽谤官司"。《新共和》的一名年轻作家珍妮特·温（Janet Winn，即后来的珍妮特·马尔科姆）看到这个节目后不无讽刺地评价道：

> 帕克女士已经不再拥有（如果她真的曾经拥有的话）关于她的故事中提到的那种"尖锐的机智"，她在节目中说话不多，但给人的印象还不错，有时候会让人觉得她很像埃莉诺·罗斯福（Eleanor Roosevelt）。[8]

126　　　帕克为《时尚先生》撰写专栏文章的工作一直持续到1962年。她评论的最后一本书是雪莉·杰克逊（Shirley Jackson）的《我们一直住在城堡里》（*We Have Always Lived in the Castle*），她喜欢这本书，说它"恢复了我对于恐怖和死亡的所有信念。我甚至找不到更好的词来赞美这本书及其作者了"。[9] 这就是帕克作为评论家发表的最后一些内容。在她和丈夫艾伦·坎贝尔最后一次重归于好仅仅一年之后，坎贝尔就突然去世了。帕克的状况也开始严重恶化。她为《时尚先生》写的最后一篇文章是关于艺术家约翰·科克（John Koch）的作品的。

> 如今写关于艺术的文章会让我感到一种深刻的难堪，很久之前我也有这种感觉，但是当时我把它隐藏在一种"她又在经历艰难，女士——她吼叫、朝人吐口水，天知道她还会干什么"的表象背后。[10]

这以后，帕克又挣扎了三年，最终于 1967 年 6 月在纽约的一个酒店房间里去世。不论从任何角度衡量，她的职业生涯都应当算是非常成功的。她去世这么多年来，人们依然能够轻易地从某篇散文或一首诗歌中分辨出她的声音；她就是那种一直坚持发出自己的声音的作家。在她的遗嘱中，她把自己所有文学作品的版权都遗赠给了全国有色人种协进会（NAACP）。然而常常被视为她的遗产的其实是她"深刻的难堪"。

*

1957 年 9 月，有一张照片登上了大多数报纸的版面。照片中的内容是阿肯色州小石城（Little Rock，Arkansas）的一位十五岁黑人女孩儿走在上学路上。这个女孩儿穿着一条白裙子，戴着太阳镜，她把书本紧紧抱在胸前，脸上的表情很是决绝。她身后跟着一大群人，一个紧追着她的白人女孩儿脸上充满了愤怒和不屑，照片中的她大张着嘴，似乎正在高喊某个侮辱性的词语。

这个年轻的黑人女孩儿叫伊丽莎白·埃克福德（Elizabeth Eckford），是"小石城九人"之一，也就是在布朗诉教育局案（Brown v. Board of Education）的判决做出后被送到小石城中心高中上学，以废止种族隔离制度的九名黑人学生之一。当时的阿肯色州州长威胁要阻拦废止种族隔离制度的行动，从而引发了一场全国性的危机。因为埃克福德家没有电话，所以伊丽莎白没收到其他黑人同学计划先集合，然后一起由护卫队陪同进入学校的通知。相反，她就这么在暴民群体的跟随下，孤身一人走着去上学了。[11]

汉娜·阿伦特被这张照片触动了。她后来写道："我们不需要多少想象力就可以看出，无论是对黑人或白人孩子来说，让他们解决他们之前的几代人都承认自己无法解决的问题是过于沉重的负担。"[12] 但是出于对照片中的黑人女孩儿的关切，阿伦特逐渐发展出了某种反对学校普遍废除种族隔离的主张。诺曼·波德霍雷茨（Norman Podhoretz）是一份名为《评论》（*Commentary*）的倾向左派的犹太人新杂志的主编。他邀请阿伦特为杂志撰稿，于是阿伦特就在这篇文章里论述了对这起事件的观点。

然而在阿伦特提交稿件之后，她论述的令人不安的观点在编辑内部引发了不同意见，他们为该不该发表这样一篇文章而争论不休。起初，他们计划邀请历史学家悉尼·胡克（Sidney Hook）写一篇回应文章，然后将其与阿伦特的文章发表在一起，以此来弱化阿伦特充满争议的论述可能产生的冲击。但是在收到了胡克的文章之后，编辑们又开始犹豫不决，一直拖着不发。气愤的阿伦特于是收回了稿件。后来悉尼·胡克还宣称阿伦特是惧怕他的批评意见才收回稿件的。但是关于学校种族隔离的斗争在 1958 年全年一直没有平息，阿伦特又将文章发给了另一份名为《异议》（*Dissent*）的杂志，最终该文章于 1959 年初被发表了。

要理解阿伦特反对学校废止种族隔离制度的本质，你必须先理解到 1959 年时，阿伦特坚持的是一种三分世界的政治理论，最上层是政治领域，中间是社会领域，底层是私人领域。就政治领域而言，她承认通过立法禁止歧视不仅是可接受的，更是有必要的。但阿伦特同时坚信私人领域应当受到保护，要不惜一切代价防止政府入侵私人领域。阿伦特还确信政府也不应当过多参与社会领域，这样人们才可以掌控彼此之间的连接和关系。

鉴于此，阿伦特提出了歧视是正常运行的社会的固有本质，这在当代人看来多少有些难以置信。阿伦特认为，当人们在社会领域中歧视时，即当他们去购物、去上班或去上学时，他们是在"自己心里"歧视，他们只是在行使一种被调整之后的结盟自由。所以她在自己的文章中写道："不管怎么说，歧视是一种必不可少的社会权利，就像平等是一种政治权利一样。"13

无论这种想法听起来多可怕，阿伦特都是出于善意才提出此番言论的，尽管这种善意目光短浅。她没有在这篇文章中使用"有意识的贱民"这个名词，但你还是可以将阿伦特的想法与她的这个概念联系在一起。照片中孤身前行的女孩儿将要加入的是一个明确表示不欢迎她的群体，这个画面传达出的义无反顾的悲壮情绪显然让阿伦特很受困扰。她认为这是种错误的策略。拉埃尔·瓦恩哈根永远不会这样走着去上学，她会舒服自在地远离一个要求她必须被同化的社会下达的命令。阿伦特显然还表达了针对女孩儿父母的明显的愤怒，因为她认为就是他们强迫孩子走上这条注定艰难的上学之路的。

阿伦特表达的对于废止种族隔离制度问题的观点是毫无远见的。至少可以说，这种观点在当时就受到了其他人的挑战。实际上，因为阿伦特的观点必然会引起反对意见，所以在刊登她文章的版面顶部的一个方框里，编辑还写了这样一段话：

> 我们发表［这篇文章］不是因为我们同意其中的观点，我们的立场恰恰与之相反！但是我们相信所有人都有表达自己观点的权利，即便他们的观点在我们看来是完全错误的。因为阿伦特女士在知识界的崇高地位、她谈论的问题本身的重要性，以及她之前发表自己观点的机会被剥夺的事实，我们认为将她的观点，以及对她观点的反驳不受限制地发表出来是在造福公众。14

129

同时被刊登出的两篇反驳文章都是由如今已被人遗忘的学者撰写的。其一是一位政治科学教授，尽管他完全不同意阿伦特的论断，但是他对于阿伦特的批评还是比较温和的。另外一篇文章的作者是社会学家梅尔文·图明［Melvin Tumin，菲利普·罗斯（Philip Roth）曾经反复提到图明就是启发他后来的小说《人性的污秽》（*The Human Stain*）中科尔曼·西尔克（Coleman Silk）这一角色的原型］，他在文章开头就大声疾呼："起初，人们会以为这是个糟糕的玩笑。"[15] 接下来，图明一直延续了这种惊骇的口气，最让他诧异的莫过于一个像阿伦特这样杰出的思想家怎么会反对终止种族隔离制度。他的论述并没有给人留下深刻的印象，考虑到阿伦特遭受情绪化的谬论攻击次数之多，这篇文章竟然还能给她造成这么大的影响是值得注意的。她在《异议》给她安排的反驳这些批评的版面上开篇就指出："作为我的两位对手之一，图明先生在他那篇驳斥文章中采用的口气已经超出了探讨和对话的限度。"

也有一种可能是，尽管阿伦特鲜有道歉的时候，但她其实已经开始改变看法了。她最终会遇到一个连她也忍不住听从的对话者：散文家和批评家拉尔夫·艾里森（Ralph Ellison）。艾里森更著名的身份是《看不见的人》（*Invisible Man*）的作者。他对阿伦特观点的第一次挑战其实出现在他对《异议》当时的编辑，欧文·豪（Irving Howe）发表的一篇文章的反驳中。他评价说阿伦特与豪都表现出一种"至高无上的权威"，[16]但是他要说清楚的是，这两位白人作家都没有资格主张这种权威。后来艾里森在接受罗伯特·佩恩·沃伦（Robert Penn Warren）采访时详细阐述了自己为什么不同意阿伦特的观点：

> 我相信［美国黑人］经历的意义的重要线索之一存在于这样一个理念中，那就是牺牲的典范。汉娜·阿伦特无

法理解这个典范在南方黑人中的重要性，所以她在自己发表于《异议》杂志上的《回顾小石城事件》(*Reflections on Little Rock*) 中提出了一些非常古怪的观点，也就是指责黑人父母在废止学校的种族隔离制度的斗争中利用了自己的孩子。然而她根本不知道黑人父母让自己的孩子走过那些充满敌意的人群排成的长队时脑子里在想什么。他们明白这样的仪式中的暗示对于他们的孩子意味着什么，它意味着这些孩子要抛开一切传说和假设，直面社会生活中切实存在的恐怖。在很多黑人父母看来（尽管他们也希望现实不是如此），正因为他们是黑人，所以他们的孩子注定要面对这些恐惧，并学会控制自己的恐惧和怒火。一个黑人必须学会控制因为自己的种族而出现的内心情绪，如果他受到了伤害，那么他只不过是又一次牺牲。这是一个严苛的要求，但是如果他无法通过这个最基本的测试，他的人生只会更加艰难。[17]

贱民的典范是可以避开社会生存下去，但是对于生活在种族主义盛行的南方的黑人来说，这个选项根本不存在。和自己的同类团结在一起，从自己的不同中汲取力量的做法在非洲裔美国人的生活环境中几乎是不可能的。

这个论述令人信服，起码是足以让阿伦特亲自给拉尔夫·艾里森写信承认对方的观点："我认为你的评论完全是对的，现在我意识到自己根本不了解这个情况的复杂性。"[18]苏珊·桑塔格后来会在一个完全不同的上下文中讽刺地写到，阿伦特犯下的正是一个人在看到一张照片时会犯下的典型错误。她以为一张埃克福德的照片就足够让她理解民权斗争，就足够让她对别人的对策品头论足了。

在写了《回顾小石城事件》，以及随后一篇观点类似的

《教育的危机》(*Crisis in Education*)之后,阿伦特似乎意
131 识到自己起码应当作出一点让步了。不过她同时也在重新审视
这个问题。她不仅给艾里森写了那封信,还在詹姆斯·鲍德温
(James Baldwin)在《纽约客》上首次发表名为《下一次将
是烈火》(*The Fire Next Time*)的文章之后,写信给后者谈论
政治的本质。[19](她写到自己被他的"爱的福音吓到了",[20]尽管
她还说自己写这封信是带着"真诚的赞赏"。)至少有一位黑人
学者始终认为阿伦特的好奇带着一种"家长式作风"。[21]阿伦特
似乎并没有任何黑人朋友,她也没有特别专注于民权斗争。时
至此时,她作为知识分子的地位已经高到当她对什么事发表观
点时,她的观点总是带着"至高无上的权威"。在阿伦特的余
生中,人们会一直将她视为这样的权威。她一直都是那种居高
临下地发表观点的人。不过她的铠甲上已经出现了一条缝隙,
在亮光下细看的话,这条缝隙还将越变越宽。

第七章　阿伦特和麦卡锡

1960 年，阿伦特给自己曾经的导师卡尔·雅斯贝尔斯写信说，尽管她如今忙得分身乏术，总是到各处讲学，根本没有时间探望朋友，但她还是打算空出一大块时间，前往以色列旁听一场审判。阿伦特在信中写道："我要去亲眼看看这个行走的灾难，这个古怪的行尸走肉，我不想通过印在报纸上的文字了解这一切，否则我永远都不能原谅自己。不要忘记我多早就离开德国了，我直接经历的已经非常少了。"[1]

这个"行走的灾难"指的就是阿道夫·艾希曼（Adolf Eichmann）。当年 5 月，艾希曼在阿根廷被摩萨德（Mossad，即以色列情报及特别行动局）特工绑架并带回以色列接受问询和审判。艾希曼是一个极其重要的纳粹战犯，以至于时任以色列总理戴维·本－古里安（David Ben-Gurion）决定不依靠正规的引渡程序将其带回。艾希曼曾是一位高级别的党卫军军官，领导着执行最终解决方案（Final Solution）的部门。不过，艾希曼在战后消失得无影无踪了，他使用伪造的文件逃到了奥地利，然后又用这些文件从红十字会获得了护照。从 1950 年起，他一直使用假名生活在阿根廷。

艾希曼的被捕从一开始就是全世界媒体关注的轰动事件，绑架的戏剧性方式意味着充满戏剧性的新闻报道。不过当时也正是西方终于开始重视最终解决方案的时期。在纽伦堡审判 中，最终解决方案曾经被反复提及，艾希曼的名字也经常出现。但是有些人觉得纽伦堡审判对于纳粹分子针对犹太人犯下的罪行的处理并不够彻底，以色列人对此的体会尤其深刻。所以当艾希曼根据以色列 1950 年颁布的《纳粹与勾结纳粹（惩罚）法》[Nazis and Nazi Collaborators（Punishment）Law]被指控十五项罪名时，很多人将此视为一个纠正过去错误的机会。控方律师做足了文字工作，他在开庭陈述中宣称自己是在代表逝去之人提出控诉。他还承诺说："我将作为他们的代言人，以他们的名义，宣读这份令人敬畏的起诉状。"

毫无疑问，至少就以色列人指控他的那些罪名来说，艾希曼是难以推脱的。在审判之前，艾希曼已经接受了长达数月的审讯。以色列人有成百上千页的文件。但艾希曼仍然表示"对起诉书中的罪名不服罪"。他的辩护理由是自己协调谋杀数百万人的后勤工作只是在服从上级命令。实际上，当被传唤出庭作证时，艾希曼宣称"我从未杀过一个犹太人，也没杀过非犹太人——就这一点来说，我从未杀死过任何人"。[2] 简言之，他宣称因为自己的职衔很高，没有接触过切实的杀戮行为，所以也没有理由感到愧疚。

对艾希曼的审判会持续五个月。阿伦特从 1961 年 4 月开庭第一天就到场了。当时，帕克的老朋友哈罗德·罗斯已经去世，接替他成为《纽约客》总编的人是个子不高、矜持寡言的威廉·肖恩（William Shawn）。阿伦特问肖恩自己是不是可以写一些关于审判的东西。阿伦特对肖恩说的肯定不会像她对雅斯贝尔斯说的那么多，她只是说自己"非常想要"[3] 前往，以及她想知道肖恩是否有意愿接收一两篇文章之类的。阿伦特旁听审判时显然一直认为被告就是一个"古怪的行尸走肉"。她旁听了一部分审判，没能旁听的部分则依靠阅读庭审记录补全。结果是阿伦特越来越确信自己的观点。艾希曼的空洞让她着迷，就是这种空洞引发她提出了如今看来可能是她最著名的，但也最充满争议的论点：即"平庸的恶"的概念。

理解这个词的最好办法可能是先接受阿伦特对于艾希曼的看法，她对这个人的姿态和行为的解释在后来一直饱受争议。不过对她来说，艾希曼是一个谜，是傲慢和无知的致命组合。阿伦特对一份德国报纸上刊登的艾希曼回忆录节选非常着迷，

134

艾希曼在其中叙述自己的出身和地位时使用了一种只能被称作最没有自知之明的方式。在一个典型的段落中，他拘谨地宣称"我本身不仇恨犹太人，因为我从父母那里接受的教育一直是严格的基督教信条；我母亲的亲属中也有犹太人，所以她持有的观点与党卫军圈子中被普遍接受的那些是有区别的"。[4] 这些段落的腔调让阿伦特觉得既困惑又可笑。她抱怨说这些段落中的喜剧性已经远远超越了荒诞的界线，直接升级为令人惊骇了。阿伦特质问："这是选错信仰的教科书式案例吗？是典型的自欺欺人和愚蠢透顶的结合吗？还是说，这就是一个永远不知悔改的罪犯的样子？……一个因为自己的罪行已经成了现实的重要组成部分而无法面对现实的人。"[5]

尽管抱有困惑，但阿伦特还是明确表示她相信艾希曼是罪大恶极的。她把自己的观点写进了 1962 年发表于《纽约客》的《艾希曼在耶路撒冷》系列文章中，后来又将这些文章集合在一起出版了同名著作。但是阿伦特也相信在艾希曼心中形成的自我欺骗在纳粹德国是一种普遍的情况，群体妄想正是让极权主义如此强大的因素之一。巨大的邪恶与渺小的个人形成的对照让阿伦特深受触动：

> 鉴于此，人们必须认真地对待他，这是至关重要的，但也是非常困难的，除非有人选择最简单的办法来解释行为具有的无法形容的恐怖和实施这些行为的人表现出的无可否认的荒谬愚蠢这两个相互矛盾的特性之间的难题，即宣称他是一个聪明透顶，善于算计的骗子——但他显然不是。

就艾希曼的性格形成一个连贯清晰的理论是有困难的，阿伦特当然也提出了她认为的一些原因。《艾希曼在耶路撒冷》

135

出版后的半个世纪里，艾希曼的性格和人生经历引发了极大的争论，就阿伦特宣称的观点进行争论的著作足够摆满图书馆的一整个书架。很多人把通过引证史料来证明阿伦特对艾希曼的评价有误作为自己的毕生事业。事实证明这是一个成果丰富的研究领域，因为至今人们也没有得出明确的答案。愚蠢与否是观察者自己的判定。不过这些批判背后的动机往往是基于同一个问题，而这个问题与阿伦特竭力论证的那些观点一样让人无法忽视：从某种程度上说，阿伦特是不是在通过暗示艾希曼不够聪明，不善于算计来为他减轻大屠杀的罪责？

对此，主流评论给出的答案是肯定的，人们认为阿伦特确实减轻了艾希曼的罪责。《纽约时报》的编辑邀请艾希曼审判的见证者之一——法官迈克尔·马斯曼诺（Michael Musmanno）来评论这本书。马斯曼诺指责阿伦特"同情艾希曼"，[6] 称她是在为艾希曼的无辜做辩护："她说惩罚艾希曼完全是一个可怕的错误！"然而阿伦特没有同情艾希曼，也没说过惩罚他是个错误，绝大部分读过此书的人都会承认这一点。她的朋友们立即给读者来信版面写文章支持阿伦特，诗人罗伯特·洛厄尔（Robert Lowell）就是其中之一。他写到他肯定有人能写出更好的"逐字逐句的反驳"，但是他"只想说我对这本书的印象几乎与［马斯曼诺的］正相反"。[7]

知识分子对这本书发起攻击的理由各不相同。阿伦特在书中写过这样一句话，她认为"完整的真相其实是这样的，如果当时的犹太人真的没有组织、没有领导，局面可能会陷入混乱，也可能会发生很多不幸；但受害者的数目几乎肯定不会达到 450 万至 600 万"。[8] 阿伦特在这里指的是犹太居民委员会（Judenräte），即纳粹在强迫犹太人聚居的区域里建立的委员会。不同地方的犹太居民委员会具有不尽相同的结构和职责，但它们的众多职责之一是为纳粹提供犹太人名单。有时候，它们甚至会指导警察如何将犹太人集中起来，统一运送到集中营去。

二十世纪六十年代初，学者们才刚刚开始撰写关于大屠杀的恰当的历史。劳尔·希尔贝格（Raul Hilberg）的《欧洲犹太人的毁灭》（*The Destruction of European Jews*）直到1961年才得以出版，这本书至今仍被广泛当作教科书使用。希尔贝格将重点放在了协助执行最终解决方案的行政机构上；鉴于此，他的书中包含了对犹太居民委员会的详细叙述，还有一段关于艾希曼作为一个普通官僚的描写。阿伦特在报道审判期间读了希尔贝格的书，书中记录的史实显然对她产生了很大影响。[9]她在写那句受害者的数目"几乎肯定不会"那么多的论断时，脑子里肯定就在想着希尔贝格的书。

不过，并不是所有人都读过希尔贝格的书，而且阿伦特的论断让很多读者感到震惊，尤其是犹太人读者。他们认为阿伦特太随意、太冷酷无情，用今天的话说，她可能会被认为是在"责怪受害者"。阿伦特的观点当然比这一行文字能够表达的含义复杂得多。即便是在《艾希曼在耶路撒冷》一书中，她也是在反复论述这个问题。她确实提到"犹太人领袖在自己人民遭受毁灭的过程中扮演的角色无疑"是"整个黑暗故事中最黑暗的一章"。[10]但是她也写到就最终解决方案分摊责任的问题是"冷酷无情且愚蠢的"。[11]她想要寻找的是一个能够让这两种观点协调的立场，但是她并没有明确地将二者关联起来。

这导致了一些问题。阿伦特谈论这些归责问题是因为这些问题出现在了艾希曼的审判中，但是她对这个问题的看法变成了比法庭上说过的任何内容都更具爆炸性、更引发争议的东西。她的批评者们指责她在彻底重新校准天平，指责她对艾希曼过于友善，对犹太人则过于严格。已经成为《评论》杂志主编的诺曼·波德霍雷茨就写了一篇激烈批判的评论：

137

　　就这样，在谈论罪大恶极的纳粹的时候，她告诉我们那是"平庸的"纳粹；在谈论作为道德高尚的殉难者的犹太人时，她告诉我们那是邪恶的同谋者；在谈论罪孽深重与纯洁无辜的正面对决时，她告诉我们那是施害者与受害者的勾结。[12]

　　波德霍雷茨是在夸大其词。不过他认为阿伦特因为受犹太居民委员会问题影响而在道德层面上出现了偏差的观点获得了很多人的认同。另一位坚持不懈地批评阿伦特的人是莱昂内尔·埃布尔，他在《党派评论》上发表的文章也紧抓着这个论点不放。根据埃布尔的说法，问题在于阿伦特"从审美角度上"认为艾希曼很有意思，犹太居民委员会却远不及他。（实际上，阿伦特用了大量篇幅论述犹太居民委员会。）埃布尔写道："如果一个人用枪指着另一个人的头，并要求他去杀死自己的朋友，那么从审美角度上说，这个用枪威胁别人的人并不及那个因为担心自己有生命安全而杀死朋友，最终甚至也没保住自己性命的人丑恶。"[13] 埃布尔的论点是，阿伦特对艾希曼感兴趣归根结底不过是因为他能够成为她书中更有意思、更丰满的角色，这一点让她的论述的说服力打了折扣。

　　并不是只有阿伦特的宿敌们才这样想。埃布尔和波德霍雷茨提出的关于基调的问题，也是阿伦特的老朋友格肖姆·索罗姆直言不讳地指出的问题。索罗姆还在柏林时就认识阿伦特和本雅明了，但是他后来成了坚定的犹太复国主义者，并于1923年迁居以色列。他在那里成了一名犹太神秘主义方面的学者，尤其专注于卡巴拉（Kabbalah）① 的研究。他与阿伦特

---

① 卡巴拉是与犹太哲学观点有关的思想，用来解释永恒的造物主与有限的宇宙之间的关系，旨在界定宇宙和人类的本质、存在目的的本质，以及其他各种本体论问题。

之间一直维持着友好的通信，但是他在 1963 年给阿伦特的信中表达了极端的失望。他指出的最主要的问题正是基调问题。他觉得这本关于艾希曼的书表达的情绪太过轻率无礼。索罗姆在给阿伦特的信中写道："你表达这些观点的口气不恰当得令人难以置信。"[14] 本质上，索罗姆要求阿伦特能对犹太人有点感情，有点忠诚。这封原本是私人之间的书信后来还被公开发表了。

在给索罗姆的回信中，阿伦特丝毫没有放弃自己的立场。她不能接受批评者们认为她缺乏基本的同情心，也就是她在给索罗姆或其他人的信中提到的认为她没有"灵魂"[15] 的说法。她也不能接受索罗姆提出的因为她是犹太人，她就对犹太人负有索罗姆恳求她承担的责任的前提。阿伦特辩论说："我确实'只'爱我的朋友，我唯一了解的和信仰的爱就是对单个人的爱。我不能爱我自己，或任何我明知是让我成为我不可缺少的一部分的东西①。"[16]

索罗姆询问过阿伦特自己是否可以将他们之间的通信内容发表出来，阿伦特以为他是指在以色列发表，但令她意外的是，索罗姆把这些信交给了《文汇》月刊（*Encounter*）。这是一本在英美知识分子群体中广受欢迎的杂志。《文汇》拥有相当雄厚的资金实力，后来被证明它曾经与中央情报局的反共宣传有关。就这样，如阿伦特后来在给卡尔·雅斯贝尔斯的信中说的那样，索罗姆的信"让尚未受谎言的流行病波及的那部分人口也被感染了"。[17]

阿伦特并不是一个这么容易就受伤的人。她带着某种困惑，甚至是置身事外的超然看着如雪崩一样铺天盖地的批评。她在给玛丽·麦卡锡的信中提到埃布尔的评论时说："这篇文

---

① 指犹太人身份。

章只是政治动员的一部分，这根本不是文学批评，甚至根本不是关于我的书的。"[18]麦卡锡同意她的说法，但她同时也把这件事看成一个体现政治联盟的场合，于是她立即主动提出要写一篇忠于阿伦特的驳斥文章，尽管她其实还没怎么看阿伦特的这本书。

在这整件事中，个人因素是很难被抛开不谈的。阿伦特告诉麦卡锡："最让我意外和震惊的是，竟然有这么多憎恨和敌意潜伏在那里，只等待一个爆发的机会。"[19]阿伦特的信中确实没有什么内容暗示她此前知道自己圈子里的一些人认为她傲慢专横，她也不知道埃布尔，可能还有其他人在背后称她为汉娜·自大狂的事，她更不知道索尔·贝娄为了表达自己的厌恶之情，坚称阿伦特看起来像"乔治·阿利斯（George Arliss）扮演的迪斯雷利（Disraeli）①"。[20]但阿伦特是个精明的人。她的作品及她所有的理论阐述都不是建立在抽象的逻辑上，而是建立在个人观察上。没有什么能够影响到她，尤其是嫉妒、小气和冷酷之类的阴暗人性更不被她放在眼里。其他人会因为这些不安全感而对知识诚信发起猛攻这种事，对于一个写出了《极权主义的起源》的人来说根本不在意料之外。

*

对于麦卡锡来说，1963 年也是取得巨大成功的一年，但是这种成功很快就变味了。不过与固执的阿伦特不同，麦卡锡更易于在失败的打击下消沉。从二十世纪五十年代起，她一直在写一本长篇小说。这本书的创作过程总是被打断，但是到了 1962 年

---

① 《迪斯雷利》是一部 1929 年上映的电影，乔治·阿里斯在其中饰演外交手腕高超、为英国获得了苏伊士运河管理权的英国首相迪斯雷利。

末，出版商威廉·乔万维奇（William Jovanovich）变得无比执着于这本书，所以他向麦卡锡支付了一大笔预付款，要求她完成这部作品。麦卡锡利用了这个机会，到 1963 年 9 月，封面上印着几朵雏菊的成书终于上市，并立即成了出版商认定它会成为的那种畅销书。

这本名为《她们》的书讲述了贯穿二十世纪三十年代，八位女性到纽约打拼，以妻子和职业女性的身份经历对于她们这些受过良好教育，但还没有彻底自我解放的女性来说完全崭新的十年的故事。著名的巴尔比宗酒店（Barbizon Hotel）始建于 1927 年，在某种程度上它就是为了给突然涌入纽约，占据了城中的秘书职位的众多满怀雄心壮志的年轻女性提供住处的。对于这些女性而言，获得一份工作就像是进入一间女子精修学校，她们只是在这里等待婚姻的降临。麦卡锡对这八位女性生活的记述世俗但不世故，这本书是讲述同类故事的作品中最早的一本之一。《她们》中的角色都符合某一种特定的类型，比如平凡的多蒂·伦弗鲁（Dottie Renfrew），圆滑的莱基·伊斯特莱克（Lakey Eastlake）和"富有而懒散"的波基·普罗瑟罗（Pokey Prothero）。书中记述了她们的恋爱失败、生儿育女，还有狂喜和失去，直到她们之中的一个人，凯·斯特朗（Kay Strong）在四十年代自杀身亡为止。这个角色身上有一些与麦卡锡的人生相似的经历。其他角色则体现了麦卡锡在瓦萨学院的某些同学的特征。

《她们》作为一本小说并不成功。这本书的腔调是调皮的，但不带有批判；叙述者的清晰智慧和其对书中人物心理的相对简单的分析不怎么搭配。早期的《她选择的伴侣》中那种敏锐的自我审视已经不见了，那种让麦卡锡出名的挖苦的、尖锐的语气也不见了。麦卡锡在知识分子和文学圈子中的朋友几乎都不能忍受这本书的油腔滑调和偶尔出现的夸张情节，以及相对

140

的一本正经。罗伯特·洛厄尔给伊丽莎白·毕晓普写信时就预言道："看了这本书的人都不喜欢这本书，我很害怕看到《纽约书评》上会出现什么样的评论。"21

洛厄尔提到的不是《纽约时报书评》(*New York Times Book Review*)，而是当时刚刚兴起的一份名叫《纽约书评》(*New York Review of Books*)的杂志。1963 年 1 月，洛厄尔及妻子伊丽莎白·哈德威克联合洛厄尔的朋友，编辑贾森·爱泼斯坦(Jason Epstein)及其妻子芭芭拉(Barbara)共同创办了这份刊物。他们本来没有多少资金来启动一份文学杂志，但是因为诸如《纽约时报》、《纽约每日新闻》(*New York Daily News*)和《纽约邮报》(*New York Post*)等许多报社当时都在遭受工人罢工的困扰，其他一些出版机构也已经停工数月，连带着那些刊物上的书评也无处可寻了，《纽约书评》正好填补了这个空白。

纽约知识分子圈子中的人本来就不怎么喜欢《纽约时报》上的书评，和几年前的麦卡锡，以及更久之前的丽贝卡·韦斯特一样，伊丽莎白·哈德威克也曾经写过一篇关于书评状况的长篇批评文章。这篇 1959 年发表于《哈泼斯杂志》上的文章还经常被看作是创办《纽约书评》的公开宣言。哈德威克写道：

> 平淡无味的赞美和微弱模糊的异议，最有限的风格和最无足轻重的短小篇幅，缺乏参与、激情、性格、特别之处，最重要的是缺乏文学基调这一点已经让《纽约时报》变成一份偏狭的文学报刊，除了更长更厚之外，它和小城镇里的《星期天图书版》(*Sunday Book Pages*)没有什么区别。22

141

麦卡锡显然同意这个观点，二十多年前，她在《国家》上发表《我们的批评，无论对错》系列文章时就明确地表达过类似的态度。所以，当哈德威克和洛厄尔问她的时候，麦卡锡主动提出为这份1963年初刚起步的杂志的第一期免费供稿，内容是评论威廉·S.巴勒斯（William S. Burroughs）的《裸体午餐》（*Naked Lunch*）。麦卡锡喜欢这本书，尽管这似乎不太可能，但是她称之为"第一本严肃的科幻小说"。[23]

然而这也是随后几年中她为《纽约书评》贡献的最后一篇文章。因为《她们》出版后，《纽约书评》上刊登了两篇对该书的评论，其一是相对直接的评论，作者是诺曼·梅勒；其二是模仿原著创作的诙谐模仿文，作者的笔名是泽维尔·普林（Xavier Prynne）。

如今的人很难想象当时的诺曼·梅勒在他职业生涯中正处于一个什么样的位置。他仅仅获得过一次巨大的商业成功：他的第一部小说，1948年出版的《裸者与死者》（*The Naked and the Dead*）。然而他接下来出版的小说都被评论家和公众所厌恶。经过几年的落寞之后，他发表了一部论文集兼自传，题目不带一点讽刺地叫作《为我自己做广告》（*Advertisements for Myself*）。这本书详细阐述了梅勒本人对名声和更广大的读者群的渴望。戈尔·维达尔（Gore Vidal）在《国家》上发表评论称："如果梅勒的新书中有任何东西能让我感到惊慌的话，那就是他对取得公认的成功的痴迷。"[24]事实上，1963年的诺曼·梅勒可以算是有些名气了。不过他最为人知的可能是1960年秋天他在一个聚会上刺伤妻子，后来就殴打和侵犯人身罪认罪的事。

1962年秋天，梅勒还和麦卡锡发生了一次严重的争吵。理论上说，他曾经是麦卡锡的崇拜者，他在上大学时就读过《她选择的伴侣》，而且麦卡锡在文字上表现出来的样子与他

理想中的作家完全吻合。梅勒在晚年时告诉麦卡锡的一位传
记作者说:"她(在那本书中)展现自己的方式后来再没有出
现在她其他的作品中,她是在允许读者了解她。"[25] 不过梅勒
还说自己直到 1962 年 8 月和麦卡锡一起出席在爱丁堡举行的
作家集会之前都与她没有过什么交集。当年的集会气氛特别紧
张。麦卡锡给阿伦特写信说:"最显著的事实是,无论是在讲
台上还是在人群中都有不少疯子。老实说,我非常享受这次经
历。"[26] 在这场混乱中,好斗的梅勒向麦卡锡提出挑战,要她
和自己在英国广播公司的节目中辩论。麦卡锡拒绝了,梅勒为
此很生气。

鉴于此,当《纽约书评》的编辑邀请梅勒评论《她们》的
时候,他们肯定已经预料到对方会写些什么。

> 她根本就不是一个能写出一本重要小说的女人,至
> 少现在还不能;她失败了,从里到外彻底地失败了。她败
> 给了虚荣——因为多年来人们对于她的有限的才华的过度
> 赞美以及她为自己取得的可怜的成绩沾沾自喜而积累的虚
> 荣;她败给了根深蒂固的胆怯——像任何从小接受天主教
> 信仰的好女孩儿一样,她不敢释放出心中的恶魔;她还败
> 给了势利——就算她最终在作品里显露了一些对那些角色
> 的同情,她依然不能接受任何无法把小动作也做得很精致
> 的人;她的想象是失败的,毕竟,她脑子不太灵光,她的
> 愿景有些荒唐,她的诉求也显示出自鸣得意,这都是造成
> 她的风格失败的原因。[27]

麦卡锡对于梅勒不喜欢这本书并不意外。远比这更让她担
心的其实是伊丽莎白·哈德威克和《纽约书评》的执行编辑罗
伯特·西尔弗斯(Robert Silvers)在想什么,因为她知道正是

这两个人邀请梅勒来写书评的。实际上，在梅勒的评论被刊登出来的前一周，《纽约书评》上已经刊登了泽维尔·普林效仿《她们》创作的诙谐模仿文，其中提到了与梅勒指出的麦卡锡的罪过相似的问题。关于这篇诙谐模仿文的细节只有那些逐字逐句地研读过《她们》的人才能体会，普林显然就这样做了。值得记住的是麦卡锡最终的发现：原来泽维尔·普林就是伊丽莎白·哈德威克。

哈德威克只比麦卡锡年轻一点儿，她的家乡是肯塔基州的列克星敦（Lexington, Kentucky）。1939 年，她作为研究生来到纽约。与麦卡锡一样，哈德威克也因为在极度礼貌的表象下隐藏着毁灭性的恶意而出名。这还不是她和麦卡锡唯一的共同之处。与《党派评论》的那群人结交之后，哈德威克也成了菲利普·拉夫的情人。哈德威克做的很多事都有一个特点，那就是麦卡锡已经先于她做过同样的事了。不过至少在泽维尔·普林事件之前，麦卡锡似乎并没有把哈德威克视为对手。直到这次关系破裂前不久，她们还在给对方写长长的、友好的、令人愉快的书信。

作家们出于平常的友好关系相互评论彼此作品的事很常见。无数被公之于众的书信内容都显示，哪怕是在各方面都很友好的作家之间，也会存在关于某篇小说或某首诗歌的意见分歧。尽管如此，在二十世纪的文学史上，哈德威克的这个举动几乎是独一无二的。更奇怪的是，她之前还在给麦卡锡的私人信件里赞美过这本书，尽管言辞并不算热烈：

> 我想说恭喜你。我非常高兴你写完了这本精彩的作品，也很高兴这本书一定能为你赚很多钱，我们"都知道你一定能行！"……这样的成就太了不起了，玛丽。[28]

　　然而哈德威克在写这封信时肯定已经想好自己接下来要做什么了，因为她在不到两个月之后就发表了那篇诙谐模仿文。麦卡锡给阿伦特写信说："那些我以为是朋友的人竟然会邀请公然宣称是我的敌人的人写评论让我觉得奇怪。至于那篇诙谐模仿文，他们到今天也没跟我提及，可能是希望我不会发现。"[29]让麦卡锡感到特别受困扰的原因是在这整个期间，《纽约书评》的编辑们一直在反复向她约稿，如果她提供了稿件，那么她的散文就可能被和这篇批评她作品的文章刊登在一起。哈德威克试图道歉。她在自己的诙谐模仿文被发表几周后给麦卡锡写信："我为我的文章感到非常抱歉。我当时就想表达这些想法，我们回不到它被发表之前了，但是我本来只想搞一个简单的恶作剧，我没有别的意思。"[30]这样的道歉不足以让麦卡锡满意。在接下来的四年里，麦卡锡没有和哈德威克说过话，也没有为《纽约书评》提供过稿件。

　　所有这些事不禁让人想到一个明显的问题：是麦卡锡不能承受人们对她发表的作品的看法吗？另一个在她的传记中流传的故事是关于另一位《纽约书评》群体中的成员，如今已经基本被遗忘的批评家弗雷德·杜佩（Fred Dupee）的。麦卡锡曾经和杜佩一起参加某个聚会，当时麦卡锡对他说自己听说他不喜欢这本书。戈尔·维达尔这样讲述这个故事：

　　　　弗雷德以非常礼貌、优雅，而且一点不好斗的语气回答："是的，玛丽，我不喜欢。"接着麦卡锡又犯下了第二个错误，她问："你为什么不喜欢？"弗雷德回答说："嗯，那要说的可多了。不过，你这样一个以高得离谱的标准要求别人的批评家自然也应当准备好让别人以同样的标准衡量你。"麦卡锡听到这话后就哭了。[31]

麦卡锡对于其他一些批评家就她的书作出的批评还是能够泰然处之的。她告诉自己在《纽约客》的编辑说，一封写满了对《她们》的批评的书信其实会让她感到高兴："我喜欢你费这么大力气让我知道真相。"[32] 与此同时，《她们》依然是一本非常畅销的作品。几年之后，好莱坞的制片商就把小说改编成了电影，这也让麦卡锡成了真正有名气的作家，更挽救了她在过去很多年里一直相当糟糕的财务状况。

不过麦卡锡还是对朋友们说她确定这本书把她毁了，她甚至后悔写这本书。她早知道书卖得好会让她的圈子里那些还在挣扎求生的雄辩者和诗人们感到嫉妒。与她在自己作品中写到的那种强大的性格不同，麦卡锡容易感到受伤害。诗人伊丽莎白·毕晓普的一个观点很可能是正确的，那是她在读了《她们》的第一章，以及兰德尔·贾雷尔的讽刺校园小说《大学图景》（*Pictures from an Institution*，其中有一个角色以麦卡锡为原型）的摘录之后得出的：

> 哦，可怜的姑娘，真的。你知道吗，我觉得她一直给人一种不真实的感觉，这就是她的问题。她总是装成别的什么人，但是她无法让自己或他人相信她的表演。当我了解她之后，我总是在被她激怒和为她感动两种情绪之间纠结——因为那时她表现出来的虚荣自负既浪漫又哀伤。[33]

同样是在 1963 年秋天出版，另一本同样由女性作者创作的小说却获得了所有麦卡锡曾经习惯获得的真正的知识分子的荣耀。这部作品相当前卫，它对于传统的情节推进和角色发展的抵制使其刚好成了《她们》的对立面。这本书的书名是《恩主》（*The Benefactor*），这本书的作者在纽约还鲜为人知——她的名字叫苏珊·桑塔格。

145

第八章　桑塔格

非常年轻且非常严肃的苏珊·桑塔格作为作家的首秀不能更与众不同了。《纽约时报》的评论家称《恩主》是一本"以流浪汉冒险为内容的反小说"，[1] 尽管这句话的本意是种赞美，但是它对于提高作品的销量并无太大作用。整本书是靠一位六十岁的男性叙述者希波吕特（Hippolyte）的叙述推进的，他居住在巴黎，过着某种波希米亚风格的生活。他的叙述总是离题，完全沉浸在他自己的想法中。后来，桑塔格在自己的笔记本上写过，她是在尝试描绘"从美学角度审视生活的归谬法——也就是唯我论意识"，[2] 不过在描述唯我主义时，她可能过于沉浸在自己的思维中了。

不是所有读者都能够进入这样一种精神状态，这很可能就是《恩主》无法取得经济上的成功的原因。即便如此，当桑塔格的出版商将这本书送给阿伦特以征求她的意见时，阿伦特还是写下了很高的评价：

> 我刚刚读完桑塔格女士（Sonntag，阿伦特拼写桑塔格的名字时多写了一个"n"）的小说，我认为它精彩绝伦。请接受我诚恳的祝贺：你们可能发现了一位重要的作家。当然，她非常有独创性，她已经从法国文学那里学会了如何利用这种独创性。这很好。我尤其赞赏她严密的一贯性，不会让想象力不受控制地发散，但是又可以用梦境和想法写出一个真切的故事……我真的非常享受这本书！我很乐意参加出版庆祝会。[3]

我们不清楚至此时为止，桑塔格读过多少阿伦特的作品。她在笔记本上列出的打算阅读的书籍名单中没有《极权主义的起源》，实际上，这个名单中没有阿伦特的任何作品。不过，桑塔格捐献给加利福尼亚大学洛杉矶分校（UCLA）的档案中包括一本做了各种标记的《拉埃尔·瓦恩哈根》，在书页边缘的空白处有很多用铅笔标注的感叹："哈！"（桑塔格大概是历史上唯一一个觉得阿伦特在文字中的人格面具有趣的人。）到两人见面时，桑塔格已经成了阿伦特的崇拜者。实际上，玛丽·麦卡锡在 1967 年时还曾为桑塔格竭力想要获得阿伦特的友谊的事而调笑过阿伦特：

> 我上次在洛厄尔家看到她的时候，她显然是想要降伏你。要么就是她爱上你了——这两种可能是一码事。说真的，她是不是？ 4

这个说法当然是开玩笑的，不过麦卡锡和桑塔格注定是要被树立成竞争对手的。很多人都讲过的一个故事是麦卡锡在提到桑塔格时称她为"那个模仿我的人"。5 有一个最具戏剧性的版本说的是在六十年代初期的某次聚会中，麦卡锡走近桑塔格，对她说了一句大意如下的话："我听说你就是新版的我。"6 我们不清楚这件事是不是真的发生了。桑塔格写过自己听说这个故事的事，但她不记得麦卡锡亲口对她说过这样的话。她还告诉麦卡锡的传记作者自己一直不能确定人们认为麦卡锡是在什么时候或哪里说了这样的话。

桑塔格在 1964 年的一篇日记里用中立的态度简述了这位前辈，她的文字中没有暗示任何真正的敌对情绪，至少一开始没有：

> 麦卡锡的露出牙齿的笑容——灰白的头发——不时髦的红蓝印花套装。俱乐部女会员的八卦。她就是［她的小

说]《她们》。她对丈夫态度和善。[7]

148 桑塔格后来说这第一次见面肯定是在洛厄尔家。她对当时情况的记忆只包括一段简单的对话，既不恭维也无挑衅。麦卡锡认为桑塔格显然不是纽约人。

"对，实际上我不是。虽然我总是想在这里居住，但是我很清楚地感到我不来自这里。但你是怎么知道的？"桑塔格说自己当时这样回应。

麦卡锡说："因为你笑得太多了。"[8]

不难想象这样的回答等于给这个话题画上了句号。桑塔格写道："麦卡锡可以靠她的微笑做任何事，她真心笑时都在使用这种笑。"[9]不过麦卡锡对桑塔格还算友善，至少在开始时是这样的。1964 年，麦卡锡还给包括索尼娅·奥威尔（Sonia Orwell）在内的欧洲知识分子朋友们写信介绍桑塔格。她在纽约时经常邀请桑塔格一起吃饭，坚持履行只有麦卡锡才觉得理所应当的社交礼仪。尽管如此，在某次这样的聚餐之后，麦卡锡在给桑塔格的信中的一条附言无疑还是让后者略微感觉到，在纽约知识分子圈子这个她一直渴望加入的世界中，她依然只是个暴发户一样的存在：

附言：我意识到我在给索尼娅［·奥威尔］的信中把你的名字拼成了有两 "n"。所以你向美国运通查询的时候也试试 "Sonntag"。[10]

麦卡锡对于桑塔格是哪里人的判断实际上并不完全正确。桑塔格 1933 年出生于纽约，小时候和祖父母一起生活在长岛。她的母亲米尔德丽德·罗森布拉特（Mildred Rosenblatt）在生桑塔格的时候也和他们住在一起，因为她的丈夫杰克·罗森布拉特（Jack Rosenblatt）在中国工作，而她不想在中国生产。

与多萝西·帕克的父亲一样，杰克·罗森布拉特也是做皮毛生意的，他在上海与人合伙经营一家比较成功的加工厂。但是他年纪轻轻就染上了肺结核，在桑塔格不到五岁的时候就因病去世了。米尔德丽德·罗森布拉特过了一年才有勇气告诉桑塔格和朱迪丝（Judith）姐妹她们父亲已经去世的消息。从那以后，杰克在桑塔格心中就成了某种非常令人感伤的形象，以至于她在一篇短篇小说中承认："只要看到电影中有父亲在令人绝望的长期分离后终于返家的情节，我依然会在他拥抱自己的孩子（们）时被感动到流泪。"[11] 至于她的母亲，米尔德丽德则成了某种令人窒息的存在。后来她开始酗酒，变得非常依赖长女的认可和支持。桑塔格早期日记中的内容显示了十五岁的她关心母亲幸福的程度已经超出了合理范围："我脑子里能想到的只有母亲，她多么漂亮，她的皮肤多么光滑，她多么爱我。"[12]

这个时候桑塔格的母亲已经再婚了，她嫁给了一位立有战功的陆军飞行员内森·桑塔格（Nathan Sontag）。虽然苏珊和朱迪丝都改姓了桑塔格，但是内森·桑塔格并没有在法律上收养她们。桑塔格一家先是居住在图森（Tucson），后来搬到了洛杉矶，桑塔格就是在北好莱坞高中（North Hollywood High School）上学的。可以说即便是青少年时期的苏珊·桑塔格也并不适应西部这样广阔的空间和漫长的闲散时间。几乎在所有关于这段时间的传记片段中，无论是已出版还是未出版的，她都显露出了明显的躁动不安。她曾经写道："我感觉自己是在忍受生活。"[13] 桑塔格无法融入这样的环境。

在洛杉矶时，她找到了好莱坞大道上唯一一家公道的书店——匹克威克书店（Pickwick book shop）。阅读成了她逃避的首选方法。桑塔格总是在自己的文章中将读书比作旅行，她有时还会称书籍是"宇宙飞船"。她从阅读中获得的安慰很快转化成了骄傲，继而变成了一种对自己没有益处的优越感：阅读渐渐让她与日常生活中必须接触的人疏远起来，包括她的同学，甚至是她的家人。在她的直截了当的传记性散文《朝圣》（*Pilgrimage*）中，她提到内森·桑塔格曾经对她说"苏，如果你读这么多书，你永远也找不到丈夫。"

我那时想，"这个笨蛋不知道外面的世界里有多少聪明的男人。他以为他们都像他一样。"因为尽管我与世隔绝，但是我一直相信在外面的世界里，在某些地方，一定有很多像我一样的人存在。

150

不过外面那个广阔的世界也会让人失望。在《朝圣》中，即便是去拜访自己非常崇拜的托马斯·曼（Thomas Mann）的经历也让桑塔格体会到"一种遗憾的色彩"。托马斯·曼当时居住在太平洋帕利塞德（Pacific Palisades），他喜欢海明威，但是桑塔格并不怎么喜欢。他"说话就像在做书评"，而她在寻找可赞颂的更高境界，但总是找不到。对于桑塔格来说，这将成为她一生的主题。

为了寻找这个人们只谈论思想和高等艺术的麦加，桑塔格开始读《党派评论》。作为对这些主题从不感兴趣的家长的孩子，桑塔格不得不自己去学习这种不同的语言。桑塔格的一个朋友告诉桑塔格的传记作者说，在读自己买到的第一期《党派评论》时，桑塔格根本看不懂上面的任何一篇散文。[14] 在她的人生后期，桑塔格总被视为令人惧怕的，或者用某些人的话说是自命不凡的。［她的朋友，学者特丽·卡斯尔（Terry Castle）回忆说她喜欢吹嘘自己热爱"不那么为人熟知的亨德尔（Georg Friedrich Händel）[①]的歌剧"。[15]不过，桑塔格是靠勤奋努力才获得这种她后来拥有的对于前卫艺术的娴熟了解的。这种才能不是与生俱来的，这可能也是她如此看重这种才能的原因。她的经历证明无论是谁，只要读书足够多，就能变得有见识。

后来被问到是谁的作品让她成为她后来成为的这种作家时，她总会提到莱昂内尔·特里林。其他启蒙者的名字也会继续累积，包括瓦尔特·本雅明、埃利亚斯·卡内蒂（Elias Canetti）和罗兰·巴特（Roland Barthes）。所有桑塔格心中的英雄在写作时都会使用很多典故并引用丰富的参考文献，每篇散文中都满含着前人研究成果的证据。他们的风格是建立在深而广的学识基础上的。

考虑到所有这些，人们可能就不会为桑塔格总是坚称唯一对她没有一点儿影响的人是玛丽·麦卡锡感到惊讶了。桑塔格经常强调这个问题：她是"一个我从来不看重的作家"。[16]这其中的原因不难想象。麦卡锡的文章几乎不涉及精神愉悦，它们总是与社会现实牵连在一起，但社会现实似乎从来不是桑塔格能够惬意生活于其中或就其创作文章的东西。另外，尽管桑塔格没有直接说出来，但是在她渴望加入的这个属于男性知识分子的世界里，她显然并不特别担心自己作为女性的身份。实际上，在最初那些年里，她似乎也从没有担心过那些厉害的男性知识分子们是如何看待她的。她已经见识得足够多了。

大学是让桑塔格不用再"忍受生活"的第一个机会。她计划得非常仔细，打算提早高中毕业，好尽快离开那里。桑塔格还很小时就想去芝加哥大学，她认为那里的"伟大书籍项

151

---

① 巴洛克音乐作曲家，创作作品类型有歌剧、颂歌及管风琴协奏曲，著名作品为《弥赛亚》。

目（Great Books program）"符合她正在萌芽阶段的作为知识分子的自我认识。然而她的母亲可能还没有准备好放孩子出去闯荡，所以她坚持让桑塔格在加利福尼亚大学伯克利分校（Berkeley）先上一个学期作为过渡。于是，十六岁的桑塔格在 1949 年入学了。桑塔格在进行课本交换时认识了一个名叫哈丽雅特·索默斯（Harriet Sohmers）的高个子姑娘，这个人会在年轻的桑塔格的生活中扮演一个关键的角色。索莫斯的搭讪台词足以吸引任何自负的年轻姑娘："你读过《夜林》（*Nightwood*）① 吗？" 17

桑塔格从高中毕业前不久就开始担心自己会受到同性吸引这件事。她曾经努力压制这种冲动，尝试与男性约会，自称喜欢他们，尽管实际上她并没有这种感觉。她在伯克利分校的短短几个月里，索默斯会带她前往旧金山活跃的女同性恋活动场所，索莫斯也是第一个真正与桑塔格发生性关系的女性。桑塔格对这次经历的看法是，它不啻一次解放：

> 我关于性取向的概念被大大改变了——感谢上帝！——双性恋是对一个个体更丰满的表达——而且是对——没错——是对用等待"对的人"出现这种理想化的概念限制性行为、尝试去物化理解性行为的变态观念的抵制，是对全面禁止不建立在爱之上的纯粹的身体感受和全面禁止随意选择性交对象的抵制。18

对感官享受敞开怀抱的桑塔格与索默斯之间的情事维持了很长时间，之后她又与另一个女人发生了关系。桑塔格在日记

152

① 《夜林》是最早明确描绘了女性之间的同性恋情的著名小说之一。该书还以其强烈的哥特式散文风格而引人注意。小说采取了现代主义创作技巧，包括不同寻常的形式和叙述方法，因此也被视为超小说。

中潦草地记录着自己感受到的新生。她责怪自己在母亲建议她来伯克利分校时还曾犹豫过，如果她没有来旧金山，她就不会拥有这些经历了。

在桑塔格后来的人生中，她与女性和男性都约会过，虽然她人生中最重要的几次恋情都是与女性在一起的，但是有时候她还是不愿给自己的性取向贴上明确的标签。这是一种个人模式的解放，是一个私人问题。桑塔格一直是一个非常重视隐私的人，很少写回忆录。即便是她作品中的，代表她可辨识的声音的"我"都让人觉得不像丽贝卡·韦斯特的"我"一样能够被当成一个丰满鲜活的人。桑塔格的声音更像一种自然力，一种不表露任何具体的个人经历的声音。桑塔格始终没有公开承认自己是双性恋或同性恋这一点让很多人感到失望。不过她没有这么做的原因可能从来不全是为了隐藏自己的性取向，而是单纯地不愿在发表给公众的作品中分享过多信息。

最终，芝加哥大学的录取通知书寄到了在伯克利分校的桑塔格手中，其中还包括授予她奖学金的承诺。桑塔格仍然坚定地想要参加芝加哥大学的要求严格的教学项目，于是她在1949年秋来到了芝加哥大学。那里有许多她仰慕的教授。她被肯尼思·伯克（Kenneth Burke）深深吸引，伯克还是一名文学青年时，曾在巴黎和哈特·克莱恩（Hart Crane）及朱娜·巴恩斯（Djuna Barnes）合住同一间公寓。（桑塔格在接受采访时说："你能想象那对我意味着什么。"[19]）不过，后来桑塔格嫁给了菲利普·里夫（Philip Rieff），她是在大学二年级时认识里夫的，二人在第一次约会后没几天就结婚了。

在发生了旧金山的那些同性之间的情事之后，这场婚姻看起来像是一个令人意外的反转，但桑塔格试图宣称这是她出于爱情作出的自由选择。不过，发挥影响的其实还有其他更明显的原因。桑塔格到芝加哥后的第一个月，她读了一篇由弗洛伊德的学生撰写的论文，论文开篇就宣称：

> 我们到目前为止的调查一再表明，对于同性恋者来
> 说，异性恋的道路只是被堵住了，认为后一条道路完全不
> 存在是不正确的。[20]

桑塔格的日记中还夹着一封信，里面的内容包括她告诉一位高中同学说母亲从父亲那里得到的钱已经用完了，因为她的叔叔把生意搞砸了。"他需要把所有钱用来避免牢狱之灾，所以没有钱可以给我们了。"[21] 除非能找到其他办法在经济上满足自己继续上大学的需要，否则她很可能得去找份工作。

菲利普·里夫比自己的新妻子大十一岁。他是一位社会学家，当时正在撰写一篇关于弗洛伊德的博士论文。据说他是一位令人着迷的演讲者，但也是一个性格阴郁的人。桑塔格没怎么谈论过二人之间身体上的相互吸引到什么程度。不过他们在知识层面的联系是变革性的。桑塔格曾经告诉采访她的人说，里夫一开始请求她嫁给自己时，她的回复是"你一定是在开玩笑！"但他没有开玩笑。他的愿望之强烈让桑塔格最终接受了他的求婚。她在自己的笔记本上写道："我带着完全清醒的意识 + 对我倾向于自我毁灭的意志的恐惧嫁给里夫。"[22] 这样的话不是典型的年轻新娘会写的，不过在当时，这一整件事显然是一种折中和妥协。

起初，这种合伙关系进行得还算顺利，里夫夫妇就是"聊了七年的天"。[23] 他们的对话从白天延续到深夜，从卧室延续到浴室。他们一起写他那本关于弗洛伊德的书；桑塔格最终会宣称那本书的每一个字都是她写的。与此同时，她还完成了本科学业，并追随里夫来到波士顿，因为后者在布兰迪斯大学（Brandeis）工作。桑塔格起初在康涅狄格大学（University of

Connecticut）开始修读哲学硕士学位课程，后来到哈佛大学参 154
加了博士研究项目。1952 年，她生下了儿子戴维（David），
那时她还不满二十岁。

与丽贝卡·韦斯特和威尔斯的情况正相反——虽然丽贝卡
生下儿子的时候同样只有十九岁，同样是刚刚适应自己的生
活，但是嫁给里夫对于桑塔格来说却是有益的，至少在一开始
时是。她已经走上了成为学术明星的正轨，她的教授们都热烈
赞美她的智慧，她在哈佛大学的成绩名列前茅。过了几年表面
看来像知识分子的田园诗般宁静的生活之后，美国大学妇女联
合会（American Association of University Women）向她提
供了 1957~1958 学年到牛津大学参与研究的机会，桑塔格在
丈夫的祝福下接受了邀请——至少起初是这样。

到此时，与里夫在一起的稳定生活已经开始让桑塔格厌
烦。和里夫结婚期间，她几乎没有发表过任何东西，只除了
一篇为《新领袖》写的对埃兹拉·庞德作品的新翻译版本的
不太精彩的评论。后来，桑塔格在自己的小说《在美国》（*In
America*）中借旁白之口描述了自己十八岁时意识到的问题，
那就是她嫁给了一个爱德华·卡索邦（Edward Casaubon）。
卡索邦是乔治·艾略特的小说《米德尔马契》（*Middlemarch*）
中的角色，是小说女主人公多罗西娅·布鲁克（Dorothea
Brooke）的年长的丈夫，她的生活就是因为很早嫁给他而诸事
不顺。

"发明了婚姻的人真是一个折磨人的天才，这个制度就是
用来耗尽人们的感情的。"[24] 桑塔格在 1956 的日记中这样写道。
曾经看起来是真正的心灵相通的婚姻如今成了一个牢笼。里夫
是一个有占有欲的人，在桑塔格看来，他是一个"感情上的极
权主义者"。[25] 桑塔格觉得自己好像已经失去了自我。她给琼·
埃科塞拉讲过一段去电影院看《昼夜摇滚》（*Rock Around the*

Clock）的孤独回忆。这部劣质但令人愉快的商业电影是1956年的一部热门电影，完全是借同名歌曲的成功而走红的。桑塔格很喜欢这部电影，但是她突然发现自己连一个可以一起谈论它的人都找不到。[26]

《在美国》中的叙述者写道："我花了九年的时间才决定，我有权利，有道德权利与卡索邦先生离婚。"[27] 在牛津大学的一年也是里夫夫妇婚姻终结的一年。桑塔格是独自一人前往的，戴维被送到了外祖父母家。在牛津大学待了四个月之后，桑塔格放弃了学术追求，改到巴黎的索邦大学学习并体验法国文化。她在那里再次遇到哈丽雅特，不仅与其旧情复燃，还通过她认识了古巴裔剧作家玛丽亚·艾琳·福恩斯（María Irene Fornés）。1958年桑塔格返回波士顿之后，她的自我意识已经强化到有勇气在机场就向菲利普·里夫提出离婚。她从戴维的外祖父母家那里把他接回来之后就搬到纽约去了。

福恩斯也去了纽约。有一天，这对情侣坐在格林尼治村的费加罗咖啡馆（Le Figaro Café）谈到两人都有写作的愿望，但是不知道该如何开始。这个故事有好几个版本——根据桑塔格的讲述，是福恩斯对她说："那么，你为什么不现在就开始写你的小说？"

> 我回答说："是的，我会写的。"接着她说："不，我是说此时此刻。"[28]

这句话显然鼓励了桑塔格，她离开咖啡馆，回到家中，写下了后来将成为《恩主》这本书前三页的内容。后来她说，这就像是某种"空白支票"。她还说，在接下来的四年里，她经常是把戴维放在腿上打字的。小说的创作过程远比她和福恩斯在一起的时间长。桑塔格喜欢吹嘘说写到最后，每当她打字的时，已经十岁的戴维都能够站在旁边帮她点烟了。[29]

　　这本小说没有让她变得富有，甚至没有获得真正赞美它的评论——比较奇怪的赞美之一认为这本书展现了一种"精明、平静、属于家庭主妇的自信"[30]——但是，仅仅是出版一本小说也足以让桑塔格在纽约感到更加自信。在一个聚会上遇到《党派评论》的两位主编之一威廉·菲利普斯时，她问菲利普斯自己能否为杂志供稿。菲利普斯问桑塔格愿不愿意写戏剧评论专栏。他似乎还说了："你知道，玛丽曾经负责写这个。"[31]桑塔格虽然对戏剧没兴趣，但是她对于在《党派评论》上发表文章的兴趣太强烈了，所以她接受了这个提议。她写了两篇评论，结果都从最开始的主题偏离到她真正热爱的电影上，直到她发现自己不能继续写下去了为止。她告诉人们她真的很想做一位小说家，但是不可避免的结果就在眼前。德怀特·麦克唐纳告诉她说："苏珊，没有人对小说感兴趣。"[32]

156

　　然而，人们很快就开始对桑塔格的散文感兴趣了。她的第一次巨大成功是《关于"坎普"的札记》，该文章最初于1964年秋天被发表在《党派评论》上。文章的开头是这样的："世界上有很多事从来没有被命名，还有很多事虽然被命名了，但是从来没有被描述过。"[33]桑塔格辩论说，"坎普"是一种专注于技巧的辨识力，它巧妙地认定风格比内容更有价值一些。桑塔格的漫不经心、稳操胜券的口吻与她谈论的主题形成了完美的搭配，所以文章很快就大受欢迎。桑塔格成功地定义了一种趋势，这种趋势反过来也会定义桑塔格。

　　从《恩主》开始，桑塔格就已经开始迅速取得成功。她获得了《年轻女士》（*Mademoiselle*）授予的优秀奖，在《哈泼斯杂志》上发表了一篇短篇小说，还突然受邀为《纽约时报书评》写书评文章。不过没有什么比她的散文更能引发人们的关注。桑塔格被提升到了流行文化的预言家的位置。"坎普"的概念受到了如此广泛的讨论并引发了强烈的反应。到春天的时候，《纽约时报》的文章作者甚至设法找到了一位愿意谴责这种现象的匿名专业人士：

> "基本上讲，'坎普'是一种退化，是一种过分感性、不够成熟的与权威对着干的方式，"一位反"坎普"的精神分析学家最近这样告诉自己的朋友，"简而言之，'坎普'是一种逃避生活和生活中的真实责任的途径。因此，从某种意义上说，它不仅极度幼稚，还对社会具有潜在的危险性——它是病态和颓废的。"34

这种威胁的口气在如今看来会有些奇怪。"坎普"的定义如今已经变得非常主流和商业化，以至于人们无法理解在1964年时，如此直率地谈论它是多么激进的一件事。纽约知识分子已经有那么多共产主义政治观点了，所以他们接受严肃知识分子叛逆者的空间少之又少。他们不喜欢垮掉的一代，对艾伦·金斯堡（Allen Ginsberg）也不感兴趣，同志文化对他们来说更是可以被无视的东西。对所有这些内容的抵抗情绪的最好概括大概可见于菲利普·拉夫写给玛丽·麦卡锡的书信，这封信是在1965年4月写的，当时《时代》杂志（*Time*）对这篇关于"坎普"的散文作出了赞美的总结，从而让它获得了其他在小报上刊登的文章不曾拥有的接受程度：

> 苏珊·桑塔格的"坎普"风格现在非常时髦，每一种堕落都被视为先锋。同性恋者和色情文学作家们成了主导者，无论男女。不过苏珊这个人，她是谁？——在我看来，她只是下半身开放，脑子里同样迂腐保守。那些同性恋热爱她不过是因为她为他们的轻率浮躁提供了思想上的

合理性。如今她还反过来说我是一个保守的卫道士，反正我是这么听说的。[35]

《关于"坎普"的札记》是对流行文化的一种梳理，这样的梳理是此前从没出现过的。桑塔格列举的作为"'坎普'教义一部分"的所有现象都是高度流行的内容，比如《金刚》（*King Kong*）和《飞侠哥顿》（*Flash Gordon*）漫画。这篇文章的精神从本质上说是民主的，让人们摆脱了非要对自己的品味做非好即坏的划分的限制。"坎普"允许不好的品味成为好的，换句话说就是它允许人们享受乐趣。桑塔格写道："对于'坎普'进行一本正经的、写论文似的研究会令人困窘。这样做的人反而有可能会创造出一个非常低级的'坎普'。"[36]

如今看来，这里体现出的羞怯矜持显然是有意为之的。不过人们很容易忘记这个年纪尚轻的桑塔格还不是后来写出那些专横傲慢、好表现出权威的文章的作者。此时的她还在寻找自己独特的风格，实际上，与她后来创作的关于瓦尔特·本雅明或埃利亚斯·卡内蒂的文章，以及其他那些足可成书的长篇文化批评文章相比，《关于"坎普"的札记》一点都不像出自桑塔格笔下。这可能就是为什么她的朋友特丽·卡斯尔后来提到桑塔格变得不喜欢这篇文章的原因之一。卡斯尔还论述了更深层的原因：那就是桑塔格对"坎普"的酷爱太过清晰地显露了她的特立独行和性取向，这让后来的桑塔格感到不自在。[37]这种遮遮掩掩也是让1964年时读这篇文章的同性恋者们感到疑惑的东西，他们明白桑塔格是如何看待他们的群体的，因为她的遮掩并不能真的骗到任何人。

桑塔格另一篇重要的早期散文是几个月后被发表在《埃弗格林评论》（*Evergreen Review*）上的《反对阐释》（*Against Interpretation*）。起初，这篇文章读起来像是对桑塔格余生一

158

直致力于的工作的反驳。文章宣称："阐释是对艺术领悟力的报复。"这话听起来就像另一个古老观念的重新措辞，那就是批评家批评是因为他们自己创造不出优秀的艺术。不过她的措辞让这个观点变得更有诱惑力了，文章坚称最终"我们需要的不是一门艺术的阐释学，而是一门艺术的色情学"。[38]

很多人从这里得出了错误的结论，他们相信桑塔格就是要攻击所有关于艺术的文章。不过她显然没有这种想法，因为她自己就绝对没有放弃撰写关于艺术的文章，她也一直在尝试遵循自己提出的原则。桑塔格后来说自己想要论述的其实是关于艺术的形式和内容的互动问题，以及任何特定媒介的规则影响"它是什么意思"的方式的问题。更简单的解释可能是，对于苏珊·桑塔格来说，思考和写作这些行为本身就是色情、感性的体验。她试图通过使用有层层深意的句子来传达这种观点，通过愉快地使用"对比法""不可言喻"之类的高深词语，让它们变得更容易被接受，甚至是展现出美感。这就是她选择的取代了更适于传达个人腔调的"我"具有的亲密感的方式。

在《关于"坎普"的札记》和《反对阐释》都引发了反响之后，曾经出版了《恩主》的法勒、斯特劳斯和吉鲁出版公司（Farrar, Straus and Giroux）看到了商机，他们将这些批评散文集中在一起，于1966年出版成一本书，并选择了桑塔格最广为称颂的散文《反对阐释》的题目作为书名。这本书被评论的次数比她的小说被评论的次数多得多，主流媒体又获得了一个被她震惊的机会。《服饰与美容》刊登的一篇没有署名的文章称人们为她的作品"争论不休，要么认为那是创造历史，要么认为那是大胆欺骗"。[39]在主流媒体上，大部分评论者认为桑塔格是骗子。一位评论者在痛批这本书之前先宣称桑塔格是"一个锐利的姑娘，像是一个在当代文化中奋力向上攀登的本科没毕业的玛丽·麦卡锡"。[40]另一位评论者在《华盛顿邮报》

（*Washington Post*）上表达了如下观点：

> 作为这些散文的作者，苏珊·桑塔格实在不是一个讨人喜欢的人。她的声音沙哑、粗鲁、刺耳。这本书中没有任何内容暗示她在乎我们如何看待她的腔调和礼貌。[41]

也不是所有评论都这样；《洛杉矶时报》和《新领袖》上的批评家就很欣赏桑塔格。不过这些针对个人的评价往往不只是批评文章中的边角料。大多数时候，批评家们的整篇文章都是在写他们眼中的桑塔格是个什么样的人。就这样，从那之后，桑塔格的性格成了与她所写的内容一样重要的问题。这种模糊的特性，她所谓的"形象"将和她的作品一样成为她文学声望的一部分。她的出版商们总能精明地注意到这一点，他们会充分利用桑塔格深邃的双眼和毋庸置疑的魅力。《反对阐释》已经成了一本不同寻常的畅销书，它的大众市场简装版封底上就只有一张桑塔格的照片，照片是由摄影家哈利·赫斯（Harry Hess）拍摄的，照片中的桑塔格正低着头看向一边。

在关于桑塔格的文章中，谈论她外表的内容太多了，甚至多到你如何形容都不为过的程度。即便是关于她的最严肃的文章里通常也会出现对于她样貌的评论。这些不计其数的笔墨大概都可以被概括为如下一句话：她漂亮得非比寻常。不过我认为桑塔格与美的关系比旁观者兴高采烈的赞美和照片中表现的精致复杂得多。在她的笔记本中经常有劝告自己多洗澡的内容；据同时代人的观察，她总是很邋遢，她的头发通常被向后梳，再松散地扎起来，根本没有什么发型可言。桑塔格在媒体上出现时也是这副样子。在一次采访中，她不做发型不化妆的样子与导演阿涅丝·瓦尔达（Agnès Varda）一丝不乱的波波头形成了鲜明对比。[42]

桑塔格还只喜欢穿黑色的衣服，这是那些不愿意费心思考虑穿什么的人的标准策略。在人生晚期，她还会撩起衣服向人们展示手术留下的疤痕。尽管有魅力的人总是拥有不在乎自己外表的特权，但桑塔格对自己外表的漠不关心是真诚的、不做作的。她喜欢自己的样子能够对自己有所帮助，但也只是顺其自然而已。

另外，桑塔格从一开始就对她的公关经理想要让她投射出的形象感到担忧。她的照片开始遮盖了她这个人本身。一位英国出版商提议发行以劳森伯格（Rauschenberg）拍摄的照片的复制品为特色的限量版《反对阐释》，不过这个提议被桑塔格否决了：

> 这不就是那种极端时髦的情况——我和劳森伯格——《生活》+《时代》肯定会大肆报道，这等于确立了我就是那种"拥有一切的"女孩儿，是新版的玛丽·麦卡锡，是麦克卢汉主义（McLuhanism）①+"坎普"的女王，这些不都是我想要抹杀的东西吗？ 43

不知幸或不幸，桑塔格对成为"拥有一切的女孩儿（It Girl）"的抗拒最终没能成功。对她的采访总会提到有些人戏称她已经成了"美国先锋派的纳塔莉·伍德（Natalie Wood）②"。44 她后来出版了第二部小说《死亡匣子》（Death Kit），不过收到的反响始终无法超越她日益提高的作为散文家的声望。与《恩主》一样，《死亡匣子》也是一本情节简单

---

① 认为媒介的传播特征比其传播的信息内容更能影响和控制社会。

② 娜塔莉·伍德（1938 年 7 月 20 日~1981 年 11 月 29 日），美国女演员，出演过《西区故事》《天涯何处觅知音》《无因的反叛》等，曾三次获得奥斯卡提名。

的小说：一位宾夕法尼亚州商人在小说的大部分篇幅中都在设 161
法弄清楚自己关于杀死一名铁路工人的记忆究竟是真是假。桑
塔格在这本书里常常引经据典，遵循了一种在法国很流行的风
格。戈尔·维达尔在《芝加哥论坛报》上发表了一篇评论，直
截了当地指出了这本小说不成功的原因：

> 桑塔格女士作为一位小说家的成就被无视的原因很奇
> 怪，因为那也恰恰是让她在美国作家中成为与众不同和极
> 为重要的一员的原因：她广泛的阅读量，英语系称此为比
> 较文学……这种后天习得的文化将她与大多数无论是好的
> 还是坏的美国小说家区别开来。那些人几乎没有读过任何
> 东西，你如果肯接受他们作品中贫乏的文字和偶尔的评论
> 的随意性作为证据，就不难看出这一点。[45]

像桑塔格这样对先锋艺术感兴趣的批评家很少，出现的间
隔也很长。相反，媒体报道都喜欢抓着简单一些的题材不放。
一位《华盛顿邮报》的女性评论者这样写道："如果世上还有
公道的话，苏珊·桑塔格应该长得很丑，或者至少是相貌平
平。一个长得那么漂亮的姑娘没有权利再拥有那样的头脑。"[46]
女权主义者和学者卡罗琳·海尔布伦（Carolyn Heilbrun）受
《纽约时报》的委派去采访桑塔格，结果她完全不是桑塔格的
对手，以至于写出了一篇没有引用一句桑塔格原话的文章——
"我不该引用她的原话，因为那些词句太具体，把它们从说到
它们的上下文中硬抽出来会简化它们的深意，甚至让它们变成
错误"。理论上说这是一种赞美。这次采访最终促成了一篇关
于桑塔格是什么样的人的散文诗，其辞藻之华丽看起来更像某
位名人的传略，而非一本书的简介：

当我第一次阅读关于苏珊·桑塔格的内容时我想：上帝呀，她就是玛丽莲·梦露（Marilyn Monroe），又漂亮，又成功，但是受到了诅咒，[用阿瑟·米勒（Arthur Miller）最好的一句话说是]需要上帝的保佑。我们已经听说美国人的人生没有第二幕，是名副其实的"死亡匣子"。评论者们会在桑塔格女士的新小说中寻找她的影子。（但她不在那里。这已经不是她的书了，从某种意义上说，这现在是我的书，或者你的书了。她知道这已经不是她想读的那种书了。）[47]

在桑塔格名望最盛的时候，她同意由《时尚先生》的一位作家为她写一篇传略。她对这位作家说："传奇就像一条尾巴……它总是跟着你，无情、怪异、没有用处，本质上说与你本人没有什么关系。"[48]当然，谦虚里总是包含一点自吹自擂的成分的，毕竟唯一能够随意抛弃传奇的人只能是知道自己已经拥有传奇可抛弃的人。不过，人们也很容易发现她说得没错：到二十世纪六十年代晚期，苏珊·桑塔格的人格面具与她的作品的关系越来越淡了，这肯定不是她愿意看到的。

尽管如此，桑塔格的名气还是有它的作用的。当时的很多男性知识分子都对媒体上报道的桑塔格的形象感到惧怕。比如，1969 年初，她意外地收到了一封来自菲利普·罗斯的信。罗斯写了一本新小说叫《波特诺伊的怨诉》（*Portnoy's Complaint*）。《纽约》杂志（*New York*）刚刚发表了一篇他的传略。在那篇文章的开头几页中，他在提到桑塔格时用了"苏，苏茜·Q，苏茜·Q. 桑塔格"。[49]在看到自己的话被印在杂志上之后，深感懊悔的罗斯马上给桑塔格写了封信：

无论你知不知道，我一直为你的个人魅力所倾倒，我也钦佩你作品的尊严，这篇报道对我印象中我说的原话的误解和误报让我非常震惊，我说那些话时的态度也不是这样的。[50]

针对这样一个仅仅带有非常微小的不敬的提及作出的这次道歉可以说是非常善意的了。这可以让人们体会到尽管她的作品获得的评价一般，但桑塔格这个人物已经开始具有多么大的威力。她作为一位思想家和公共知识分子而受到了广泛的尊敬。她能够让菲利普·罗斯感到惧怕，通常情况下，后者可不是会轻易道歉的人。

163

随着桑塔格的迅速成功，她下定决心暂离文学批评和散文写作，转而开始创作自己的第三本小说。在接到一个来自瑞典的在那里拍摄小成本艺术电影的邀请后，她还开始尝试拍电影了。桑塔格抛弃了抽象的批评类作品，改写对眼下发生的事件的直接评论。1967年，《党派评论》主办了一场写作研讨会，会议主题是"美国正在发生什么？"桑塔格在调查问卷上写下了一段长长的回应，都是针对这个从来无法给她归属感的国家此时的状态的；她还直接用自己在加利福尼亚州的童年生活做比喻来批判这个国家：

> 今天的美国，有罗纳德·里根（Ronald Reagan）做加州的新州长，有约翰·韦恩（John Wayne）在白宫里嚼肉排骨，这简直和门肯（Mencken）描述的耶胡国（Yahooland）一个样了。[51]

桑塔格从来不会生搬硬套爱国主义价值口号，而是指出如果美国真的是"西方白人文明的顶点的话……那西方白人文明肯定是出问题了"。她写道白种人"是人类历史的毒瘤"。

就这样，在一份不重要的杂志上的一篇随笔突然成了新闻。创建了《国家评论》（*National Review*）的保守派作家威廉·F. 巴克利（William F. Buckley）从桑塔格的文章里挑出了这些或那些词语，然后写了一篇情绪激昂的社评文章。他充满讽刺地写道，桑塔格这个"甜美的年轻人"根本就是支持共产主义的。[52] 多伦多大学（University of Toronto）的一名无比惊骇的社会学教授甚至都不愿写下这个出于"自我毁灭"的冲动而写出这样的内容的"异化知识分子（Alienated Intellectual）"的名字。[53] "人类历史的毒瘤"这个评论会成为桑塔格余生躲不开的话题。

164 　　然而到这个时候，桑塔格的作品已经开始登上小规模杂志版面之外的地方了。1968 年末，桑塔格受《时尚先生》的委派到越南实地考察。《时尚先生》当时的主编是哈罗德·海斯，他迫切地想要将这份杂志从男性时尚杂志升格为一股强大的文学势力，桑塔格正好能够帮助他实现这个目的。

　　具体来说，桑塔格的越南之旅其实不是一趟完全自主的行程。她只能算是受北越邀请的客人之一。当时的北越政府有一个邀请杰出的反战作家和活动家来亲眼看看这里发生的一切的习惯做法，这也是它们的一种宣传手段。当桑塔格透露她不能脱离她的北越导游，真正独立自主地观察这个国家时，她并没有深思这可能导致她的报道陷入道德困境的问题。鉴于此，她小心翼翼地避免了将这篇文章写成对越南当前形势的权威性论述，而是将其作为对个人经历的记叙。这也是她少有的公开讲述自己对某件事的直接体会的情况：

　　　　在过去的四年里，知道越南人民正因为我国政府而遭受着极度的苦难让我感到难过和愤怒。此时我亲身来到这里，迎接我的却是礼物和鲜花，华丽的致辞和茶会，以及似乎有些夸张的善意，我的感受与在万里之外已经感受到的并没有什么不同。[54]

桑塔格为此次经历写的文章足有一部中篇小说的长度，所以后来被单独出版成书了。从前面这段话可以看出，文章的内容与其说是关于越南人的，不如说是关于桑塔格如何理解和回应越南人的。记者弗朗西丝·菲茨杰拉德（Frances FitzGerald）在为《纽约书评》评论这本书时将其比作病人在接受精神分析治疗。[55] 比起深入了解越南，桑塔格其实更希望弄明白自己生活于其中的那个帝国。即使是被她眼中的越南人民的善良正直围绕着的时候，她发现自己依然渴望自己的"不道德"的祖国拥有的"各种令人惊讶的知识和审美乐趣"。在结尾处她写道："到头来，美国人终究无法将越南融入自己的意识中。"[56]

桑塔格绝对不是唯一前往越南，却发现自己处处受阻的美国记者。实际上，在她抵达河内两年前，玛丽·麦卡锡就已完成了这趟旅程并在《纽约书评》上发表了就此撰写的文章。她对于时局的分析比桑塔格的更直接，最终完成的著作总体上也不像桑塔格的那么充满反思：

> 我承认去年 2 月初去越南时，我是去寻找对美国利益有实质损害的内容的，而且我确实找到了，尽管往往是偶然发现或是在听取官员介绍情况时发现的。[57]

可惜麦卡锡的直言不讳却产生了对她不利的效果，因为如此坦率的表述让她看起来过于轻信北越人员的说辞了。另外，麦卡锡还被认为在事实问题上出现了疏忽。菲茨杰拉德在《纽约书评》上的评论文章中微妙地提到了麦卡锡没能"像一位人种学家一样细致地观察自己的证据"。[58] 无论是麦卡锡的还是桑塔格的作品在出版之后都没有获得什么成功。桑塔格后来提到这本书时似乎觉得很丢脸。她说："我那时候真傻。"[59]

尽管如此，麦卡锡还是在桑塔格出版该作品时写信给她，有些迫切地想要强调她们在思想上存在某种相似性。她这样写道："你也感受到审视良心的需要这点很有趣，可能是女性的自负……"

> 你肯定会因为围绕苏珊·桑塔格下笔，而不是写那里的学校、医院等情况而受到责难。不过你是正确的，而且我认为，你比我更加正确的原因是你比我做得更彻底，你毫不掩饰"这本书就是关于我的"这件事。[60]

年长作家对于桑塔格逐渐成形的风格的评论可谓正中要害。十年前，年轻一些的桑塔格曾在笔记本中责备自己说："我的'我'弱小、谨慎、过于冷静。好的作家都是咆哮的自我中心主义者，甚至是自大到愚蠢的人。"[61]关于河内的散文对于一个几乎都没用过第一人称写文章的人来说是一次尝试。这篇文章体现了一种全新类型的自信。即便是不喜欢她的批评家们，比如在评论文章的开头称桑塔格是"去年文学界的海报女郎"[62]的《纽约时报》作家赫伯特·米特冈（Herbert Mitgang）也不得不承认，她写出了一篇充满思想的文章。

就麦卡锡而言，她似乎看出了这一点。她在给桑塔格的共三页的书信末尾一反常态地加了一段略显羞怯的附言："我自以为是地假设你读过我的书了，万一你没读过的话，关于解决方法的内容在最后一章。"[63]这不是一封不友好的书信，不过其中却有某种淡淡的怀疑的语气，隐藏着一个没有问出口的问题：我们为什么总是写出相似的观点？

与此同时，桑塔格越来越为自己作为一位散文家的名气感到懊恼。1970 年 10 月，她告诉自己的采访者说："我已经不写散文了。"

> 对我来说那是过去的事了。这两年来我一直在拍电影。仍然被认为是以写散文为主业对我来说在某些程度上是种负担。我相信诺曼·梅勒也不希望在《裸者与死者》出版二十年后，还只被人们看作这一本书的作者，毕竟他也做了许多别的事。这就好比如今还按照 1943 年的"弗兰基"（Frankie）的叫法来称呼法兰克·辛纳屈（Frank Sinatra）一样。[64]

但桑塔格也无法摆脱她已经树立的声望。她正在制作的那些电影遭到了批评家的狂轰滥炸。这些电影被描述为抽象的、无趣的。除此之外，更糟糕的是，这些电影让桑塔格陷入了财务困境。她本来就是在依靠有限的预算在海外工作，几乎没赚到任何钱。相反，她还欠了债。短短几年内，她就不得不放弃了。她在自己的笔记本中写到，因为这些电影引发的糟糕反响，她的自信遭受了严重打击。为了赚钱，她向法勒、斯特劳斯和吉鲁出版公司提交了出版计划，不过她计划的这些书最终并没有完成：比如其中一本关于中国的书，桑塔格告诉人们说它读起来就像汉娜·阿伦特和唐纳德·巴塞尔姆（Donald Barthelme）作品的混合。[65]

她还突然开始更自由地谈论女权主义和女权运动了。二十世纪六十年代晚期，当第二波女权运动开始兴起时，桑塔格的职业生涯也才刚开始不久。作为一项有组织的运动，女权主义在此前已经蛰伏了近四十年。历史学家们认为，妇女参政论者的能量已经被摩登女郎的鞋跟碾碎了。自从女性的投票权获得保障之后，年轻女性尤其难以再对她们的前辈进行的斗争产

167

生共鸣。[66] 这就意味着，当时的女性作家不会像如今的女性作家一样，几乎例行公事般地都要被问及她是否是"女权主义者"这个问题。帕克和韦斯特都曾对争取妇女参政权运动表达过同情，但女权主义对于她们来说并不是什么需要费心应对的问题。就麦卡锡和阿伦特而言，她们几乎没有以作家的身份加入任何有组织的女权运动。因为在她们职业生涯的大部分时间中，女权运动根本就不存在。

然而到了二十世纪七十年代初期，当桑塔格开始成为美国最不容忽视的女性知识分子时，女权运动正处于最激烈的高潮阶段，游行、集会和女子团体随处可见，纽约城中尤其如此。一个由批评家和记者埃伦·威利斯（Ellen Willis）等人组建的名为"纽约激进妇女（New York Radical Women）"的组织就在纽约发展壮大起来。激发自我意识的圈子非常盛行。渐渐地，随着关于这些情况的辩论成了媒体上的主要议题，人们自然希望桑塔格能够表露一下忠心。

纽约的大部分知识分子对于这项运动展现的能量和带来的混乱是感到不屑和厌烦的。他们无法理解这项运动，很可能还觉得这项运动很低俗。对此，桑塔格开始表现出一连串的逆向主义，这与那位她"从来不看重的作家"玛丽·麦卡锡不无相似之处。桑塔格比《党派评论》和《纽约书评》圈子中的几乎所有成员都更加完全和自由地接受了这项运动。

桑塔格第一次作为一名女权主义游行参与者公开发表讲话是在 1971 年。她参加了在市政厅举行的针对诺曼·梅勒在《哈泼斯杂志》上发表的一篇轻蔑地谈论女权运动的文章而进行的女权主义集体讨论会。已经四十八岁的梅勒仍然像个小学生一样，试图通过侮辱女性来引起女性的注意。梅勒在这篇题目为《性别的囚徒》（*The Prisoner of Sex*）的文章中提及了不少女权运动中的重要人物，他一边侮辱和轻视她们的想法，一边不忘贬低她们的个人魅力。他在行文中称著名女权主义评论家及充满辩论性的《性的政治》（*Sexual Politics*）一书的作者凯特·米利特（Kate Millett）为"愚蠢的女人"。还称后来成为国会议员的女律师贝拉·阿布朱格（Bella Abzug）是"母老虎（Battle-ax）"。[67]

当天晚上，桑塔格没有参加集体讨论，而是坐在了观众席中。她起身向梅勒提出了一个问题。"诺曼，即使是抱着最善良的初衷，女性依然会觉得你与她们交谈时表现得高高在上，"桑塔格带着清楚的权威，以一种平静的、让人无法不全神贯注地聆听的语气继续说道，"表现之一就是你会使用'女士'这个词，我不喜欢被称为'女士作家（lady writer）'，诺曼。我知道你可能觉得这样说很有绅士风度，但我们并不认为这个称呼是恰当的。被称为女性作家（woman writer）会稍好一点。我不知道为什么，但你知道词语的选择是有重要意义的，咱们都是作家，不会不明白这个道理。"[68]

后来，桑塔格接受了《服饰与美容》的长采访，她坚称在作为作家的职业生涯中，自己切身感受到了歧视的影响。采访桑塔格的人试图说明在她向梅勒提问的那晚之前，她给人的印象一直是"像梅勒一样轻视女性知识分子的"。

> 你为什么会这么想？我认识的聪明人中至少有一半是女性。我对女性面对的问题充满同情，对女性的处境无比气愤。但是这种愤怒存在已久，所以我已经不会天天感觉到它。在我看来，这就是世界上最古老的故事。[69]

好像是为了彻底表明观点，桑塔格立即在《党派评论》上发表了一篇文章。这篇文章原本是为当时刚刚创办的《女士》杂志（*Ms.*）写的，但是格洛丽亚·斯泰纳姆（Gloria

169

Steinem）的新杂志认为桑塔格的文章说教性太强，所以它被转发给了《党派评论》的"男孩儿们"。他们给这篇文章取名为《女性的第三世界》（*The Third World of Women*）。文章中提出的建议之一是女性应该彻底地反抗父权制："她们应该在街上对男人吹口哨，突袭美容院，围攻生产性玩具的玩具制造厂，大量转变为激进的女同性恋，提供女权主义者离婚咨询，建立化妆品回收中心，使用母亲的家族姓氏。"[70] 然而桑塔格似乎在这一篇文章中用尽了全部的热情；它成了桑塔格所有知性文章中唯一彻底、直接论述女权主义的一篇。

让桑塔格一直坚持创作的散文主题是 1972 年她在与芭芭拉·爱泼斯坦（Barbara Epstein）共进午餐时构思出来的一些东西。当时她刚刚在现代艺术博物馆（Museum of Modern Art）看过黛安·阿勃斯（Diane Arbus）的摄影展。那些照片让桑塔格心潮澎湃，于是爱泼斯坦建议她为《纽约书评》写一篇关于这个摄影展的文章。在接下来的五年中，桑塔格共写了六篇，这些文章最终被收录在一起，以《论摄影》（*On Photography*）的名字被出版成书。

一位评论家认为《论摄影》这本书其实应该取名为"反对摄影（*Against Photography*）"，因为有时桑塔格似乎是在质疑摄影这种实践本身。桑塔格在写到照片时说："它们是关于看的法则，更重要的是，它们是关于看的道德规范。"[71] 桑塔格在这些道德规范中往往找不到太多值得推荐的东西。她评论说照片经常被当作表现现实的东西，然而它们被呈现的方式中总是存在一些隐藏的动机。拍摄照片的普遍流行也受到了她的批评："拍照片是一种证明体验的方式，但它同时也是一种排除体验的方式——因为人们为了追求更好的照片效果而限制了体验本身，体验的经历被转化成了一张图片，一个纪念品。"[72]

为了确保稳定的收入，桑塔格还开始定期为《服饰与美容》撰写文章，不过这些文章都是她绝对不会收录到自己今后的文集中的。1975 年，她与当时二十三岁的戴维·里夫（David Rieff）合著了一篇文章，内容是为读者提供"如何成为一个乐观主义者"的建议，比如："假装我们活着就是为了死去，假装我们遭受的痛苦都是没有用处的，或者假装我们差不多总是心存恐惧。"[73] 另一篇文章，《女人的美貌：是被轻视的理由还是力量的源泉？》（*A Woman's Beauty: Put-Down or Power Source?*）竟然是在敦促美国最受欢迎的时尚杂志的读者们思考"女性被教导要注重外表的方式鼓励了自恋情节，强化了依赖性和不成熟"的问题。她继续说道：

> 被大多数女性接受的关于她们性别的讨人喜欢的理想状态其实是一种让女性对自己实际的样子，或她们通常会成为的样子感到自惭形秽的手段。因为美的理想被用作了一种自我压迫的方式。[74]

每当她的女权主义原则受到挑战时，桑塔格就会以十倍的热情反击敢于挑战它们的人，这成了她的一个习惯。诗人艾德丽安·里奇就是与她发生过论战的人之一。里奇与女权运动的牵涉很深，她在读 1975 年 2 月那期《纽约书评》上发表的桑塔格写的关于莱尼·里芬斯塔尔（Leni Riefenstahl）的文章《迷人的法西斯主义》（*Fascinating Fascism*）时注意到，桑塔格宣称里芬斯塔尔的电影能够参加很多电影节是因为"不得不牺牲一个能够拍出被所有人视为一流作品的电影的女人会让女权主义者感到极度痛苦"。[75] 于是里奇给杂志去信质疑为什么女权主义者成了被指责的对象。

桑塔格显然是将里奇的"浮夸的、吹毛求疵的来信"视为一种明白的侮辱，所以她在《纽约书评》上发表了一篇近两千

字的回应文章。她指出，自己的文章实际上并不是关于女权主
义，而是关于法西斯美学的。里奇非要单独挑出令自己困扰的
部分横加指责这件事恰恰代表了女权运动中存在的让桑塔格感
到憎恶的愚钝思想。"如所有最根本的道德真理一样，女权主
义也有一点头脑简单。"桑塔格如此争辩道。

这两个人之后会通过书信往来重归于好，她们都同意双方
具有一些值得探索的共同点。里奇在给桑塔格的书信中写道：
"多年来我一直对你的思想很感兴趣，尽管我们思考的出发点
往往截然不同。"不过桑塔格会发现，那以后她不得不在采访
中为自己与里奇的争论作出辩解。大多数人似乎都把那次争论
看作认定桑塔格反对女权主义的确凿证据。尽管她写过关于性
别政治和女权主义的文章，但人们的观点始终不曾动摇。忍无
可忍的桑塔格干脆开始对采访者发脾气了，她对其中之一说
道："鉴于我也是女权主义者，这次事件根本不应该被描述为
我和'她们'之间的不和。"[76]

但是到 1975 年秋天，当桑塔格被确诊患有乳腺癌之后，
其他事都被搁置了。她的医生告诉戴维·里夫说她活不了多久
了，因为她的肿瘤已经进入第四阶段。虽然没有人直接告诉桑
塔格她快死了，但她似乎知道自己面临的风险。她选择了激进
的乳房切除术，希望通过去除必要组织以外的其他部分来提高
她活下去的概率。这个方法奏效了。她的癌症进入了缓解阶
段。但是这种经历彻底改变了她。她写道，这种治疗方法让她
觉得无比震惊、疲惫不堪，就好像她打了一场一个人的越南
战争。

　　我的身体受到入侵，被殖民化了。他们在我身上使用
化学武器。我必须打起精神。[77]

当时她觉得自己被"抹平了"，她还注意到自己变得"弄不懂自己了"。[78]她还担心是她对自己的压制——比如对她对母亲的愤怒的压制，对自己的女同性恋倾向的压制，对艺术的绝望感觉的压制——实际上导致了她的癌症。她清楚地知道这种想法是不合理的，当她从疾病中走出来时，她感觉自己唯一要做的就是完全摆脱那些情绪。

净化心灵的过程就是创作《疾病的隐喻》(*Illness as Metaphor*) 的过程。这篇长散文于1975年以书的形式被出版，准确地说它并不是一本回忆录。桑塔格完全抽象地讨论了人性将结核病和癌症美学化的方式，关于她自己的治疗方法或任何来自医生的劝慰或残忍宣告等个人经历则没有被具体提及。但是如果有人问她，她会很清楚她表明她将这里的文字视为一种心灵的呼喊：

> 我没有丝毫超脱的感觉。这是一本我在心中充满狂怒、恐惧、痛苦、惊骇和义愤的时候写出的书——是在我病重的时候，在治疗效果没有什么进展的时候写出的书……但我没有因为患上癌症而变成白痴。[79]

《疾病的隐喻》成了桑塔格直抒胸臆的载体。桑塔格主要的不满在于小说家和作家们在用疾病做隐喻时往往倾向于指责病人本身，桑塔格卧病在床时也曾短暂地认为自己应该受到责备。但是最终她把自己的愤怒指向了诺曼·梅勒这样的"癌症恐惧症患者"[80]。后者最近解释说，如果他没有刺伤他的妻子（并表现出"一种凶残的感觉"），那么他可能就会患上癌症，"过不了几年就死了"。她还写到了小说家亨利·詹姆斯的妹妹艾丽斯·詹姆斯（Alice James）在很久以前因患乳腺癌而躺在病床上奄奄一息的事。在写这些内容的时候，虽然桑塔格

172

并没有使用第一人称，但她的文字显然是私人的，她的愤怒是显而易见的。

包括《纽约时报》的图书批评家约翰·伦纳德（John Leonard）在内的许多评论家批评桑塔格在这篇文章中使用癌症比喻美国的状况。（别忘了：桑塔格在 1967 年时就曾称白种人是"人类历史的毒瘤"。）但是他们都看到了她的愤怒让她的文字更加鲜活，就算对这本书的写作方式持保留意见，他们也都被它征服了。爱尔兰批评家丹尼斯·多诺霍（Denis Donoghue）在《纽约时报》上发文称：

> 我认为《疾病的隐喻》是一本令人不安的书。我已经读过三遍了，但我仍然认为她的指责是没有依据的。但是这本书对人们持有的态度的一些看法非常有洞察力：例如，我们是如何看待精神错乱或心脏病的。[81]

多诺霍还说，他认为桑塔格的风格很直率，对她来说"写作就是战斗"。人们可能认为这是一种批评。但考虑到桑塔格的出身，考虑到她的思维风格和超然的敏感，这应该说是一种进步了。在大多数情况下，她仍然不能用第一人称写作。但是她能够感到气愤了。而且人们听到了她对这种非常恐怖和危险的人生经历的记录，尽管她的声音是被隐藏在一层又一层的思考背后，也被隐藏在她对所有可能直到被她提及才为人们所知的艺术家和哲学家的引用背后。

《疾病的隐喻》的严肃风格与桑塔格一直想要如何看待自己的方式形成了一致：她认为自己是一个严肃的思想家。然而人们提到她时总会想起《关于"坎普"的札记》，而《关于"坎普"的札记》会将她的名字与流行文化结合在一起。她并不喜欢这个情况。桑塔格的朋友特丽·卡斯尔讲过一个故事：

二十世纪九十年代后期，她与桑塔格一起参加一个聚会时，一位客人不幸地告诉桑塔格他喜欢那篇文章。

> 桑塔格气得鼻翼翕动，她立即用蛇怪一般的目光盯着他。他怎么会说出这么蠢的话呢？她没有兴趣讨论那篇文章，而且以后也永远不会。他绝对不应该提起它。他太落伍了，他在知识层面上已经死了。他没有读过她的其他作品吗？他不懂得与时俱进吗？我们其余的人都吓得一动不动，眼看着桑塔格落入一个黑暗的愤怒隧道——在接下来的两个星期里，我们都深刻地感受到了她的情绪。[82]

174

因为与《关于"坎普"的札记》剪不断的联系而感到沮丧的部分原因是桑塔格想要摆脱她年轻时创作的作品。另外，她显然也对人们阅读那些文章的方式感到非常不安。在二十世纪八九十年代的时候，她目睹了人们对流行文化的知性趣味的激增，而高雅艺术则陷入了挣扎困境。她觉得自己应当负些责任，但这当然不全是她的错。她在倡导流行文化的旅途中曾经有过同行者，其中很重要的一位就是电影批评家宝琳·凯尔。

第九章　凯尔

1963 年 8 月，当《纽约书评》的编辑罗伯特·西尔弗斯联系上宝琳·凯尔时，后者已经等待一个突破的机会很久了。西尔弗斯在最后时刻才询问凯尔是否愿意为自己的杂志写一篇书评。[1] 她要评论的书正是玛丽·麦卡锡的《她们》。

凯尔只比麦卡锡小七岁，而且一直对麦卡锡崇拜有加。《她选择的伴侣》问世时，凯尔才二十三岁——正是理解书中那种性坦白的完美年龄。到《她们》出版时，凯尔早就是一位麦卡锡一样眼光敏锐的电影批评家了，但她一直没有获得什么广泛的成功和主流的认可。如今四十四岁的凯尔显然已经开始怀疑自己在东海岸知识分子圈子里到底还有没有可能获得一席之地。到此时为止，她似乎做什么都不能一帆风顺。

这就是为什么当西尔弗斯在 1963 年打电话来约稿的时候，凯尔立即就答应了。前者只想要一千五百字的内容，而且要得很急，不过凯尔认为自己可以完成任务。唯一的问题是她并不特别喜欢《她们》这本书。《她选择的伴侣》中拥有的那种深深吸引着她的智慧在这本书中荡然无存。凯尔在这份书评的草稿中写道：

> 这个群体里的姑娘们冷漠、好算计，同时又不理性、无防备心和笨拙无能，完全像是一个反对女权主义的男性
> 作者写出来的人物一样。那些想要相信用脑子对于一个女人来说真的不好，说这不适合她的"生活"，会让她混乱，或让她变得尖酸刻薄、脾气不好的人（过去玛丽·麦卡锡就经常被说成是这样），如今在玛丽·麦卡锡自己的文字中找到了证明他们观点的依据。[2]

凯尔到此时已经知道"用脑子"可以给一个女人带来什么结果了。她自己就总被指责为"尖酸刻薄、脾气不好"。实际上，1963 年新年当天，她在伯克利的 KPFA 电台做广播节目时还宣读了一份听众投诉信，信中的开头是这样的："凯尔女士，我认定你还未婚，因为当一个人学会关心他人时，她的声音里就不会带着那种难听的尖刻了。"凯尔像摆好完美进攻姿势、期待着冲向猎物的捕食者一样朗读了这封信，然后作出了猛烈的回击：

> 关于这位不知姓名的女士，我想知道，在你令人安心的、受人保护的已婚状态下，你是否考虑过关心他人也可能会让声音变得尖刻？我还想知道你是否考虑过一位女性生活在这个时代中有多艰难。这个所谓的弗洛伊德化的时代对待女性的态度与维多利亚时代没有任何不同。只要女性表现出任何智慧，她们就要被指责为显露了不正常的侵略性，具有充满仇恨的报复心理，或被认定为女同性恋者。最后一种指责通常是那些在辩论中处于下风的男人们提出来的；他们喜欢安慰自己说这个女人是半男性化的。[3]

这里表露的显而易见的挫败感源于凯尔的个人经历，而不是政治信念本身。凯尔并不像桑塔格那样，被每个读过她文章的人立即认定为奇才。相反，凯尔是一个想要什么都得靠奋斗的人。她好斗的性格并不总能获得旁观者的接受，虽然这让她感到愤怒，但她依然不愿意改变自己以满足旁人要求她变成"关心他人"的人或别的什么样子的期望。很明显，她希望她出色的工作就足够证明一切，就像一个处在她职位上的男人唯一需要做到的那样。

在她生命的前半段时间里，仅做到这一点并不足够。凯尔曾经出色到似乎足以让除了亲密朋友之外的所有人都对她敬而远之，这一点上她与阿伦特很相像。凯尔不擅长培养人际关系，而且一直在为成为一名真正的作家而苦苦挣扎。实际上，在经过多年的努力之后，她依然是靠比她年轻的桑塔格的帮助才终于引起了那些占满《纽约书评》版面的知识分子的注意。在《她们》出版几个月之前，桑塔格不知在哪里和凯尔见过面。年轻一些的桑塔格显然对这位比自己年长的女性印象深刻。所以得知哈德威克和西尔弗斯想要找人给《她们》写书评后，桑塔格就向他们推荐了凯尔。最初接到那个电话时，凯尔肯定非常感激桑塔格：就玛丽·麦卡锡的本行评价她是一个好机会，如果这篇文章被接受，那么凯尔就终于有机会进入她认为自己理应跻身的行列了。

　　凯尔的奋斗路程很漫长。1919 年，她出生在加利福尼亚州佩塔卢马（Petaluma）的一个家禽养殖场中。她的父母是纽约的犹太人，他们搬到这片区域，谋求加入某种进步的农业公社。到凯尔出生时，他们已经有四个孩子要养活了。她谈到在那个农场上的童年生活时总是把它说得像田园诗一般美好，或者至少是任何有干不完的家务和婚姻受不稳定财务状况和不忠行为困扰的父母的农民家的孩子能拥有的最美好的生活。不过凯尔一家在佩塔卢马只待到了 1927 年。当时艾萨克·凯尔（Isaac Kael）在股市崩盘中失去了所有的钱财，于是他们一家去了旧金山，他尝试寻找更稳定的工作，但大多数时候都以失败告终。

　　高中时的凯尔已经开始显露出天赋。她是一名好学生，在学校管弦乐队中演奏小提琴，还加入了辩论队。像桑塔格一样，她也在加利福尼亚大学伯克利分校学习哲学。但与桑塔格不同，凯尔没有立即离开加州。她热爱加州。在后来评论《赫德》（*Hud*，又译《原野铁汉》）这部电影时，她狂热地谈到了童年时期自己家中存在的不自觉的平等主义。她写道："与墨西哥人及印第安人农场雇工一起吃饭并不是出于某种纡尊降贵的歉疚感，那就是西部人的生活方式。"[4]再说旧金山也是个世界性大都市，足以满足她对艺术的偏好；这里有那么多电影院，那么多艺术家，那么多爵士乐俱乐部。大学毕业后，她和自己的朋友，诗人罗伯特·霍兰（Robert Horan）一起，在这个城市中的波希米亚圈子里逛了个遍，他们一起梦想，一起参加各种项目。霍兰是一位同性恋者，凯尔知道这一点。根据她的传记作者布赖恩·凯洛（Brian Kellow）的说法，尽管这两个人曾经一度是恋人关系，但霍兰会受男性吸引这件事根本不曾令凯尔感到困扰。

1941 年 11 月，霍兰和凯尔一起遵循有抱负的艺术家们长久坚持的传统前往纽约：这些身无分文的搭便车者都抱着等自己抵达目的地后就能够以某种方式养活自己的希望。然而现实却是他们食不果腹，不得不在大中央车站遮风避雨。霍兰去找工作时很快就被一对在街上被他迷住的同性恋伴侣收留了。但是凯尔并不被包括在他们的安排中，突然之间，她被丢在一边自谋生路了。霍兰的注意力很快就全部转移到他的新恩人身上了。在这件事之后，凯尔很难相信纽约愿意接受她也就不足为奇了。

在最初那些年里，她不得不依靠担任家庭教师和出版社文员来谋生，因为她发表自己作品的努力都遭遇了阻碍。她近距离地观察着纽约的知识分子们，尤其看重一份由麦卡锡和阿伦特的朋友，德怀特·麦克唐纳创办的名为《政治》（*Politics*）的报纸。不过凯尔一直无法取得突破。她指责纽约，指责这个氛围。她在给一位朋友的信中写道："这个地方充满了'有前途的'年轻诗人，他们现在已经三十五或四十岁了，但他们写出的东西还和他们十五年前写出的一样，甚至更糟。"[5]1945

年时，凯尔终于放弃纽约，回到了旧金山。

回到家乡的波希米亚风格的奇异环境中，凯尔遇到了一位名叫詹姆斯·布劳顿（James Broughton）的诗人兼实验电影制作人。他经常解释说因为自己一生都在从傲慢专横的母亲的影响中恢复，所以他更倾向于短暂的恋爱关系而不是承诺白头偕老。他拍摄过一些短小的实验电影项目，如 1948 年拍摄的《母亲节》（*Mother's Day*），影片内容是一个赤裸的金发小孩儿在到处乱跑，同时能听到一个女人的声音一会儿夸奖他，一会儿责骂他。凯尔搬到布劳顿的住处和他同居了不长的时间。在她怀孕之后，布劳顿把她赶了出去，且不承认孩子是自己的。1948 年 9 月吉娜·詹姆斯（Gina James）出生时，凯尔没有把布劳顿的名字写在她的出生证明上。

孩子总是会给人带来很多改变，吉娜也改变了凯尔的生活。这意味着凯尔迫切需要一个稳定的生活，但她很快就不得不改为从事自由职业，因为如果她出门上班，就没有人照看孩子了。于是凯尔写书评，尝试写舞台剧剧本。她还对一个电影剧本进行了润色，但并没有被采用。最终她谈妥了唯一一个适合的机会。她在一家咖啡馆约见了一位男士，后者想要在自己新创办的名为《城市之光》（*City Lights*）的小规模电影杂志上刊登一篇关于电影《舞台春秋》（*Limelight*）的评论。［这名男子就是劳伦斯·费林盖蒂（Lawrence Ferlinghetti），他后来会在旧金山创建城市之光书店。］这部 1952 年 10 月上映的电影是为已经上了年纪，需要使用替身的查理·卓别林量身打造的一部电影，不过凯尔从来没有特别关注过查理·卓别林任何作品。

尽管如此，凯尔还是写了评论，因为她想谈论的是这位演员本身。凯尔写道："《舞台春秋》中的卓别林不再是一个无礼的小丑；他对自己的想法的崇敬太令人震惊，就算这些想法真的值得考虑也略显过度，更何况它们并没有价值——电影的内容时时刻刻暴露着这样的现实。"[6]凯尔还称卓别林是"星期日思想家",他完全符合苏格拉底对艺术家的评价:"凭借他们的诗歌的力量,这些人相信自己在其他他们不了解的问题上也是最聪明的人。"

这就是宝琳·凯尔撰写的第一篇影评,它被刊登在《城市之光》1953 年冬季刊上。这篇影评揭示了凯尔的一些特点。其一,她把电影看作比单纯的美学体验更广大的东西。尽管在她后来的人生中,凯尔是作为电影流行品味和感性反应的捍卫者而为人所知的,但她也对这些东西提出了更深刻的问题:关于它们所代表的想法的质量如何,以及它们怎么融入美国文化和知性生活这个更复杂的谜题。其二,凯尔具有充沛的活力,这种活力最终将成为她的标志。她不是一个过多使用第一人称写作的批评家,偶尔会穿插一些"我"的趣闻,但大多数情况下,她的个性体现在分析、探究和寻找线索的活力中。其三,尽管她对普通观众很感兴趣,但她永远不会怯于痛批流行现象。当时的卓别林可能已经处于职业生涯的尾声,面容干瘪、头发灰白,但他毕竟是查理·卓别林,是整个美国的小流浪汉。不过凯尔相信,批评家的角色就是要严厉抵制名望的影响。这一点并没能让她受到欢迎。

在她第一次去纽约时,起初她对人们的穿衣打扮和严肃举止印象深刻。她曾经告诉一位采访者:"当我还是个孩子的时候,我认为有很多才华横溢的人是因为堕落了才写出那么沉闷的东西。直到很久以后我才意识到,他们中的大多数人就是写不出更好的东西了。"[7]可是关于《舞台春秋》的评论被发表之后,一直向凯尔关闭着的纽约的大门终于打开了,尽管只是开了一道小缝。突然之间,她收到了《党派评论》的编辑菲利普·拉夫的热烈回应,虽然他仍觉得她有些作品篇幅太长。身在伯克利的凯尔还从自己的朋友,诗人韦尔登·基斯(Weldon Kees)那里接过了 KPFA 电台的电影评论家职位。起初，基斯只是邀请凯尔做嘉宾。在广播开始之后，他有时会说："宝琳，让我们先说点儿积极的。"[8] 但是到了 1955 年，基斯自杀了，于是电台邀请凯尔接替他的位置。做这份工作挣不到什么钱，但她还是接受了，并发展出了一批忠实听众。凯尔总是迎着潮流逆势而行，也总是很有系统性。与她之前的韦斯特和麦卡锡一样，凯尔有时也喜欢直接瞄准其他批评家的关注点进行攻击：

181

> 我想谈谈这个国家的电影批评的崩塌，这就是为什么我们没有针对观众或电影制作人的充满智慧的指南，也没有人能解答为什么我们年轻的电影制作人制作出来的只是一团废纸，而不是电影。[9]

凯尔的听众中有一位名叫爱德华·兰德伯格（Edward Landberg）的男子，他在伯克利经营一家名为影院协会（Cinema-Guild）的小型电影院。他是一个略微有些古怪的男人，拥有还在心理健康范围之内的强烈的自尊心和对自己品味的固执坚持。他在电报大道（Telegraph Avenue）上的影院店面不大，能容纳观众数量不多，而且他只放映他个人喜欢的电影。他给电台打电话说自己喜欢凯尔的节目。之后他们开始约会，没过多久，两人就在 1955 年 12 月结婚了。很难说这段婚姻中有多少爱情的成分，但它显然是两个一心致力于电影的人的联盟。

在他们结婚之前，凯尔基本上就已经在和兰德伯格一起经营他的电影院了。她开始密切参与放映内容的排期工作，但她的一项重大创新还要算在影院沿街散发的宣传广告上增加对电影的批评内容，以此吸引更多顾客的做法。虽然这些传单本身是营销宣传材料，但凯尔从不惧怕用它们来向热门电影开炮。

在描述《公民凯恩》（*Citizen Kane*）时，她写道："威尔斯用
'让我们简单回顾一下所有事'的叙事方式戏弄了电影手段，
又用深刻的主题嘲笑了被回顾的内容。"[10] 这种对电影的有力
度的总结在电影票的销售上发挥了促进作用，哪怕是嘲讽这些
电影的评论也同样有帮助。在凯尔的努力下，影院协会变得非
常受欢迎，还增设了第二块银幕。

　　然而这段婚姻注定不会持久。兰德伯格讨厌妻子的固执。
毫无疑问，凯尔对丈夫也有同感。兰德伯格告诉一位纪录片制
作人说让他们最终走上离婚道路的原因是凯尔对电影宣传单上
的内容主张著作权。1960 年 10 月，兰德伯格解雇了凯尔，她
失去了自己拥有过的唯一一份成功的工作。凯尔对此的反应很
激烈。首先，她从影院协会的常规通信名单中收集了七千个收
信人，并在她制作的宣传广告版本中加入了一封辞职信：

　　　　五年半以来，我编写了这些传单，设计了版面，并
　　通过电话与你们之中的数千人交谈。我认为影院协会和工
　　作室（the Cinema Guild and Studio）是这个国家里唯
　　一一家以个人品味和判断为决定因素来选择放映影片的影
　　院——这个个人指的就是作者我本人。我很遗憾地宣布，
　　出于与影院所有者之间不可调和的分歧，我已无法继续我
　　的工作：这将是由我执笔的最后一期内容。[11]

　　兰德伯格在发出这一期宣传广告时将辞职信的内容涂黑
了。凯尔随后起诉兰德伯格，要求对方支付 59000 美元的欠付
工资和利润。[12] 她还指控兰德伯格挪用公款用于个人开支。最
终凯尔败诉，兰德伯格保住了影院协会的所有权，凯尔则再次
失去了收入来源。

　　不过此时的凯尔至少开始有途径发表批评文章了。在与兰

德伯格结婚后，凯尔写出了她最早的杰出作品之一。这篇名为《影院观众的幻想》（*Fantasies of the Art House Audience*）的散文是给《画面与音响》（*Sight and Sound*）写的。这是凯尔第一次将她作为批评家所拥有的最深刻的洞察力清晰地表达出来。简而言之，她相信那些对流行电影避而远之，坚持观看外国电影，认为自己这样是看到了更高级、更优秀的艺术的人都是满口胡言。而且她毫不畏惧地拿这些人的心头好开了刀，苏珊·桑塔格非常喜欢的外国电影《广岛之恋》（*Hiroshima Mon Amour*）就是其中之一。

凯尔对这个电影的意见主要是针对玛格丽特·杜拉斯（Marguerite Duras）撰写的台词的，她觉得其中有很多重复，而且太多都是关于电影中的女性角色的感受：

183 　　它越来越像精神和性的更高层次交融版本的《真情告白》（*True Confession*）；我觉得我们所有人从这里学到的最重要的一课就是闭嘴。电影中的这个女人［尽管埃玛努埃尔·里瓦（Emmanuelle Riva）对她的诠释非常优美］犯了智慧的现代女性最严重的错误之一：她把自己所有的情感都说了出来——好像床是展示感性的地方似的。不幸的是，人们认为关于自己的最重要的东西——我们内心最深处的真心话和秘密，或者说是我们在看起来很有同情心的人面前全盘托出的真实想法，其实很可能是我们平常足够理智的时候会将其忘个一干二净的废话。我们隐瞒真实的自己，因为我们认为人们不会接受那个邋遢的样子——怎么会有人想要看那些呢？ [13]

这是一个并非特意显露的观点。艺术中的情感表达曾经是，现在也是一个人们一直争论的问题，因为就像凯尔在这里指出的那样，这个问题似乎是依照性别区分的。在女性作家中，由此产生的分歧由来已久。有些人一直坚持认为对每一个缺陷和每一种情感的彻底坦白是唯一诚实的写作方式；与凯尔相似的另外一些人则认为，这样做会强化人们持有的对女性的糟糕刻板印象，还让她们最差的品质有了像智慧的人一样发声的机会。不过，就这段话最后的那句坚持认为一个人的内在自我是邋遢的，没有任何理智的人会想要了解的残酷评论来说，凯尔肯定不只是在谈论艺术或《广岛之恋》或玛格丽特·杜拉斯。这绝对是一个如此看待自己的人才会作出的陈述。

她所有猛烈的批评都清楚地表明，凯尔并不认为自己是一个特别多愁善感的人。她可不想在死后被某个只会坐在扶手椅里夸夸其谈的精神分析专家美化。她讨厌感伤。但是这种对自己冷酷无情的奇怪感觉有时也会出现在遇到令她沮丧的对手时。她希望与线性思维的思想家打交道，他们要清楚和直接；那些不这么思考的人会让她抓狂。她似乎是专挑那些她认为需要补充足够的常识的作家作对。

然而，凯尔也鄙视"高瞻远瞩"的理论家，因为他们不能像其他"短视"的人一样清楚地分析眼前的问题。这似乎形成了某种悖论。例如在一篇 1962 年为《画面与音响》创作的名为《电影批评有救吗？》（*Is There a Cure for Film Criticism?*）的文章中，她痛批了曾就电影的本质撰写过晦涩的长论文的德国理论家西格弗里德·克拉考尔（Siegfried Kracauer）。她无法忍受这种理论，甚至认为对这种理论的尊重会在整体上毒害电影写作：

> 在任何艺术中，都存在着将自己的偏好转变为一种偏执的理论的倾向；在电影批评中，一位理论家越是混乱，越是固执己见，越是执着（于站不住脚的命题），他反而

越有可能被认为是严肃的，重要的和"深刻的"——相比之下，有很好的辨识力的轻松的人们对电影的多元化理解则会被认定为不够根本。[14]

她把克拉考尔比作无趣的追求者，他的爱意对他爱的人并没有什么吸引力。她写道，如果克拉考尔对"电影"的理解是对的，那么她打算甩掉他。这样的批评还只是凯尔的热身运动，接下来她将对一位名叫安德鲁·萨里斯（Andrew Sarris）的批评家新人作出更猛烈的抨击。后者在《电影文化》（*Film Culture*）的 1962~1963 年冬季刊上发表了一篇名为《关于电影作者论的笔记》（*Notes on the Auteur Theory*）的文章。凯尔认为该文章荒谬至极，所以她立即写了一篇强力反驳的文章《古板的圈子与刻板的人》（*Circles and Squares*）。

这场著名的论争中的一个讽刺之处是，萨里斯并不是发明他的那篇不长的文章中提出理论的人。电影作者论是由法国人提出的，他们或多或少也是发明了电影批评的人。简而言之，该理论认为电影导演具有一种可被识别的风格，这种风格即使是在一部好莱坞商业片中也应当可以被确认和分析。从其最简单的形式上说，这个理论几乎是无法让人提出异议的，就连凯尔也不是完全不认可它。她也倾向于谈论导演对最终制作完成的电影拥有很高程度的控制，这是她对从查理·卓别林到布赖恩·德·帕尔马（Brian De Palma）的所有人的作品持有的一种假设。但让她觉得愚蠢和自负的地方是，萨里斯把这个理论发展成了一个系统，一种让她厌恶的单调乏味、过分坚决地评估艺术的方法。

萨里斯在很大程度上为凯尔打开了驳斥他的大门，因为他试图明确地界定电影作者分析的前提，这种抽象的概括听起来确实相当引人质疑："电影作者论的第二个前提是作为对价值的衡量标准的导演本人的与众不同的个性。"[15]凯尔抓住这个明显的薄弱论点不放，她带着一种直截了当的语气写道："臭鼬的臭味比玫瑰的香味更与众不同；所以臭味比香味更好吗？"[16]这将成为凯尔最喜欢的技巧，她总是让自己比她讨厌的那些自命不凡的批评家们表现得更合情理。如果一句尖锐的评论能够达到目的，她绝不会写一长段啰唆的废话。

凯尔也不害怕利用某些作家深藏不露的性别歧视思想来反击他们。萨里斯的散文中模糊地作出了一个与这里要论述的问题不怎么相关的使用"本质上女性化的叙事手法"的评价。凯尔在《古板的圈子与刻板的人》的结尾处利用一种修辞上的猛击将"女性化"和"男性化"技巧的理念回敬给了萨里斯：

> 电影作者批评家们如此着迷于他们自恋的男性幻想……以至于他们似乎无法放弃他们对人类经历的小学生一般的看法。（是不是有女性的电影作者批评家存在我不知道，反正我还没见过。）我们能否得出这样的结论，那就是在英国和美国，电影作者论是成年男性用来为停留在他们童年和青春期的小范围经验中提供正当理由的？那段时期中，男性气质看起来如此伟大和重要，而艺术则是装腔作势者、虚伪的人和像女性一样敏感的人才讨论的东西。他们把毫无价值的作品当作真正的电影艺术，这或许就是他们评价我们的文明的方式？我要问；我不知道。

萨里斯的反应就像一个受到训斥的孩子：他在余生中一直都在抱怨这些评论多么不公。他对她的传记作者说："宝琳表现得好像我是美国批评界的巨大威胁。"[17]但他当时的感觉是，人们很少读他的作品，他也没有获得什么报酬，所以他受到的攻击与他的影响力完全不相称。[他在《乡村之声》（*Village*

Voice）的批评家职位是后来才获得的。]让他更加困惑的是，尽管《古板的圈子与刻板的人》把萨里斯的观点批判得体无完肤，但凯尔对于萨里斯本人并没有什么怨恨。在后来的日子里，她会经常说自己发现萨里斯的某些作品很有见地。实际上，当凯尔在《古板的圈子与刻板的人》发表后的第二年来到纽约时，她还给萨里斯打了电话，并邀请他一起吃饭。

萨里斯讲这个故事时讲出了几个不同版本——他不止一次地写过这件事——但我们起码可以确定，他为接到这个电话而觉得惊讶。他抱怨凯尔认定他是同性恋［萨里斯后来娶了莫莉·哈斯克尔（Molly Haskell）］。一开始，居住在皇后区另一端的萨里斯支支吾吾地表示去曼哈顿太麻烦。凯尔回答说："有什么问题？是你的爱人不让你离开吗？" [18] 萨里斯还明确表示，自己觉得凯尔严厉粗野，咄咄逼人，按照他自己的标准衡量，她太过热衷谈论性爱的话题了。此后他们似乎没有再聚过。

关于二人之间这场小争执的有趣之处在于，尽管如今的人们普遍认为它曾引起电影界的注意长达数月之久，但实际上当时的情况并没有这么热闹。主流媒体肯定不会报道这次争论，就连各个电影期刊似乎也没有特别广泛地关注这件事。其他男性显然会觉得自己成了凯尔文章最后一段影射的目标——主要是英国杂志《电影》（Movie）的编辑们，凯尔曾嘲笑他们是糟糕电影的爱好者。这些人抱怨凯尔在某段话中的最后一击隐晦地污蔑他们是同性恋者，他们不屑地表示："我们是否可以（几乎没有任何理由地）因为凯尔女士狂热的女权主义观点就推断她是女同性恋者？同样，她持有什么观点与她作为批评家的能力大小几乎也是不相关的。" [19] 但根据这些编辑的说法，性别与一个人作为评论家的能力就是相关的了。《电影》的编辑写道："当凯尔女士说没有女性的电影作者批评家时，她是对的。她甚至可以进一步说，女性的批评家也是不存在的，唉。"

这是一个糟糕的战术举动。凯尔在她的回复中把对手杀了个片甲不留。她列举了一些女性批评家的名字，并提出一个问题："他们为什么要加上一个冒犯性的、虚情假意的'唉'——好像如果女性在智力上不够强大到足以承受他们批评中的那种严苛，《电影》的编辑们真的会感到遗憾似的。"20

在这些小规模刊物的页面上刊登的言辞激烈的争论永远不可能使这场辩论成为它最终成为的那种永恒的对峙。确保它一直持续的人其实正是萨里斯。多年来他不断重新炒热这个话题，尽职尽责地痛批凯尔后来的每一本书，还反复提及他们之间的不和，其间的高潮是他在 1980 年时写的一篇精彩文章。凯尔从未回应过他。1991 年，她告诉一位采访者："我一直为他非要把我的评论看成针对他个人的而感到有些惊讶。"21 凯尔至今为止唯一的传记作者布赖恩·凯洛认定她是为了实现事业上的野心才写了《古板的圈子与刻板的人》这篇文章。22 这样的指控似乎有些莫名其妙，因为当时的萨里斯在他自己的行业中也还默默无闻。凯尔不可能是为了超越萨里斯，因为根据他自己的说法，他作为一个电影批评家还不拥有值得别人超越的地位。

但是，《古板的圈子与刻板的人》的出版确实发生在凯尔职业生涯迎来变革的 1963 年。同年她还获得了古根海姆奖（Guggenheim fellowship）。推荐她获得该奖的人之一是德怀特·麦克唐纳。后者在回应这一请求时挖苦地说道："尽管你在报纸上永无休止地骚扰我，但作为一名像基督徒一样善良的无神论者，我把另一边脸也给你打，还写了一篇满是溢美之词的文章，向古根海姆基金会推荐你的项目。"23 这里说到的项目就是《电影让我很生气》（*I Lost It at the Movies*）的汇编工作。书中将

188

收录凯尔在《电影季刊》(*Film Quarterly*),《大西洋月刊》和《画面与音响》上发表的多篇散文。

但是,1963年也是西尔弗斯委托她给《她们》写书评的那一年。凯尔本希望这篇文章可以让她体面地加入纽约知识分子圈子。她很快就写完文章交了上去。她希望这可以成为她进入自己从二十多岁以来一直想要融入的知识分子环境的契机。可惜哈德威克拒绝了凯尔的稿件,只是说她觉得批判麦卡锡对待女性的方式是一个不相关的话题。[24] 凯尔被拒绝的原因可能是此时梅勒已经同意亲自为这本书写书评,但也有可能是哈德威克真心这么认为。

凯尔感到很受伤。她把自己被拒绝的消息告诉了桑塔格——因为后者没有再关注这件事的进展。凯尔还把自己写的评论发给了桑塔格。桑塔格回信说她厌恶梅勒对麦卡锡的评论:"他对她本人的攻击太过严厉,对书的批评则不合常理地轻描淡写。"[25] 但是桑塔格说她认为凯尔的作品也有需要改进的地方。她不认为关于女权主义的争论是对这本书最好的攻击角度。桑塔格补充说:"我觉得你说的关于这部小说,关于角色的发展方式,关于现实与虚构之间关系的内容比表达你对麦卡锡诽谤女性的愤慨更有意思,也更新颖——尽管我跟你有同感。"

也许就是由于这一点鼓励,凯尔把这篇书评保存了起来。但也正是从这个时候起,凯尔不再在她的作品中评论两性关系了。这些内容就是不再以曾经出现在她的批评文章中的方式继续出现了。人们开始提出并认定凯尔与女权主义不相干就是因为她的这种沉默。一位在二十世纪七十年代见过凯尔的女权主义者批评家告诉凯尔的传记作者说:"我认为宝琳完全不理会女权主义。她不是对女权主义怀有敌意,她只是听而不闻。"[26] 这样的评价可能是正确的,至少就她对二十世纪七十年代正式兴起的第二波女权运动的态度而言没有错。但同样有可能的

是，在听到她尊敬的人告诉她这些对于性别问题的评论不够严
肃之后，凯尔接受了这个假定，并决心在自己作为批评家的余
生中不再费力以女性的身份为女性辩护。凯尔无法放弃的是她
想要被视为严肃作家的渴望。

不过，她并没有彻底放过《她们》。当她听说这部小说被改
编成电影后，她立即为自己争取到了在《生活》杂志上发表关于
这部电影的评论文章的机会。她将自己对麦卡锡原著的看法，主
要是指责她诽谤知识女性的那一部分融入了对电影导演西德尼·
吕美特（Sidney Lumet）和制片人西德尼·布克曼（Sidney
Buchman）的质疑中。她写道他们不怎么在乎这部小说的主
题，尤其是在听到布克曼将本书主题概括为"高等教育不能让
女性更好地适应生活"之后，她变得担忧起来：

> 我不习惯只充当观察者的角色（我从来没有习惯过），
> 我反驳了这个说法："那什么能？高等教育让男性更好地
> 适应生活了吗？"[27]

制片人在一段时间之后才给了凯尔一个直白的答案。他显
然觉得教育腐化了所有人，但他补充道，"你知道，宝琳，我
不知道这本该死的书是关于什么的。"关于她看到的导演的显
而易见的缺点，凯尔一直礼貌地保持了沉默，直到电影拍摄结
束后的庆功会上，据导演西德尼·吕美特说，当关于批评家角
色的讨论越来越热烈时，凯尔突然说了一句："我的工作就是
告诉他［吕美特］应该走哪条路。"[28] 这篇文章显示了作者在
写它的时候感受到的沮丧之情。它的篇幅非常长，表述的观点
非常固执，以至于《生活》杂志拒绝发表，最后凯尔只好把它
收录到了自己的一本书中。[29]

1965 年，凯尔的《电影让我很生气》终于出版，没人认

为一本电影批评文章的汇编能有什么市场。但不知为何，它还就真成了畅销书。1964 年 12 月，《大西洋月刊》上刊登了一篇对这本书的介绍，题目是《电影要崩溃了吗？》（*Are the Movies Going to Pieces?*）这篇文章把凯尔描述为一名街头公告员，她大声抱怨电影的生命力正在消失。从某种程度上说，凯尔认为这是电影工作室主管们的错。她还如往常一样地指责了那些已经变得深奥难解、反对含义的批评家们，正是他们在捍卫那些只执迷于技术而完全没有含义的电影。凯尔特别批评了一位这样的作家：

> 苏珊·桑塔格在 1964 年 4 月 13 日的《国家》上发表了一篇关于杰克·史密斯（Jack Smith）的《火焰生物》（*Flaming Creatures*，又译《热血造物》）的非凡散文，题为《为开放的眼界提供的盛宴》（*A Feast for Open Eyes*）。桑塔格在文中阐明了一个新的批评原则："鉴于此，史密斯的粗糙的技巧美妙地符合了展现火焰生物的感性的需要——这种感性是基于无选择性、无理念、超越否定的基础上的。"我认为，通过将无选择性视为一种价值，桑塔格已经成了一个真正的潮流先锋。[30]

到此时，这两个女人已经互相认识了，所以这一切都很令人好奇。公平地说，桑塔格不是凯尔这样的批评家。她不会用通俗的语言写作，尽管她不完全算是一个喜欢长篇大论的人，但桑塔格从其他所有角度来看都可以被归入凯尔认定的势利眼的范围：比如桑塔格主要关注"电影艺术"，她对外国电影感兴趣，她注重形式和风格胜于注重内容。（值得记住的是，桑塔格此时尚未发表《关于"坎普"的札记》——她在那篇文章里至少显露了一点儿对流行文化的热爱。）此时，也就是在《纽约书评》那次奇怪的交集发生一年多之后，凯尔还在像用骨头逗狗一样不停地提及桑塔格："桑塔格女士正在研究某些东西，如果她继续研究，并且像牛仔竞技表演者斯利姆·皮肯斯（Slim Pickens）那样驾驭自如的话，那么批评的终结很可能就要到来了。"如批评家克雷格·塞利格曼（Craig Seligman）后来注意到的那样，凯尔的话可能已经让桑塔格意识到了问题：最终出现在《反对解释》中的文章版本在措辞上有所调整。桑塔格没有赞扬"无选择性"，而是赞扬了一种"放弃理念束缚"[31]的辨识力。就是这一微小的变动让桑塔格的论述避开了凯尔的批评大刀。

不管怎么说，反正凯尔的论述引起了各份报刊的注意，当整本书面世时，批评家们都非常喜欢它。《纽约时报》上，一位电影杂志的编辑盛赞这本书证明了"她是美国目前活跃着的最理智、最尖锐、最机智、最不装腔作势的电影批评家"。[32]这位编辑尤其钦佩她在《古板的圈子与刻板的人》中总结的她的方法：

> 我相信我们可以对任何形式的艺术作出最彻底的、最好的回应……只要我们在作出判断时是多元的、灵活的、相对的，只要我们是不拘一格的。折中主义不等于无所顾忌，而是要从各种系统中选择最佳标准和原则。成为一名多元论者比做一个适用单一理论的人需要更多心思和更多的秩序性。[33]

这或多或少就是宝琳·凯尔在余生中一直坚持的写作方法，她一直是矛盾的，喜欢充满激情的即兴发挥，还坚称唯一值得捍卫的原则是乐趣。有些人自然会认为这种理论"让人愤怒"，一位批评家在她经常发表文章的《画面与音响》上撰文抱怨"她好争论的文章中充满了会造成破坏的情绪性"。[34] 尽管如此,这本书无论如何都可以算是一次成功。凯尔靠这本书赚的钱搬回了纽约。

在她四十六年的生命中,凯尔第一次可以靠写作来维持生计了。她的女儿也来到纽约,和她一起住在上东区。凯尔全身心投入了工作,显然是确信在这次成功之后,必将有更多的成功接踵而至。她已经获得了一个看起来很稳定的工作:为《麦考尔》杂志(*McCall's*)撰写影评。多萝西·帕克早在大约四十年前曾为这份杂志供稿,此时它的订阅量为一千五百万。《麦考尔》的编辑聘请凯尔的原因是因为知道这份杂志的读者群正在发生改变,他希望凯尔的生气勃勃能够吸引年轻人群体。所以他与后者签订了为期六个月的合同。

192　　　可能这个人以前读过的凯尔的作品还不够多,所以他并不理解她的题材。他也许以为既然她曾经为没什么价值的电影辩护过,那她就可以为所有垃圾电影找到值得宽恕的理由。总之结果是,他说当他看到凯尔写的拉娜·特纳(Lana Turner)比较不受人关注的一部电影——《X 夫人》(*Madame X*)的影评时,简直觉得惊骇至极。凯尔在文中批评五十岁的拉娜·特纳不适合这个角色,因为她还太年轻了。凯尔会推荐戈达尔(Godard)的《男性,女性》(*Masculin Féminin*),也会痛批《日瓦戈医生》(*Doctor Zhivago*)。按照媒体上广泛报道的说法,压垮骆驼的最后一根稻草是题为《唱歌的修女》(*The Singing Nun*)的评论,凯尔把这篇文章当作了表达她对《音乐之声》(*The Sound of Music*)的不屑的机会。她提到现在电影行业里的大多数人都把这种音乐剧称为"金钱之声",她还说:

这个电影会冒犯谁?只有我们这些会提出异议,讨厌被以这种方式操纵，并且意识到我们被迫感受的情绪是多么自我放纵、廉价且现成的人。当我们听到自己哼唱那些令人作呕、炫耀卖弄、假仁假义的歌曲时，我们可能会更加意识到自己是如何被利用，并沦落成情感和审美的白痴的。[35]

这篇文章是凯尔在合同执行到第三个月时写出来的，编辑觉得自己已经忍无可忍。当他解雇凯尔时，媒体立即报道说她遭到解雇是因为电影工作室施加的压力。这是她的名字第一次，但绝不是最后一次出现在"宝琳的险境"的新闻标题下。她的编辑还到各个商业报刊去做了一圈道歉拜访，他接受《剧艺报》（*Variety*）采访时拘谨地表示："凯尔女士越来越多地质疑电影制作人的动机，而不是关注电影本身。"[36]

凯尔很快就从这次打击中恢复过来，并在《新共和》获得了一份工作。她将取代更有绅士风度的电影批评家斯坦利·考夫曼（Stanley Kauffman），因为后者已经被《纽约时报》聘为戏剧批评家。起初，这似乎是一个更好的搭配；《新共和》的读者群比《麦考尔》的更能够宽容思想上的不同观点。但是这里的报酬比《麦考尔》少得多，而且在发表了一两篇作品之后，凯尔就又开始与她的编辑产生分歧，因为后者经常随意修改她的稿件。在为一部名为《邦妮和克莱德》（*Bonnie and Clyde*，又译《雌雄大盗》）的新电影写的长文完全被该杂志拒绝之后，凯尔就辞职了。有那么一小段时间里，年近半百的她似乎又要做回自由职业者，只能赚取零碎的收入了。然而就在这时，她与《纽约客》的威廉·肖恩取得了联系。

二十世纪六十年代时，《纽约客》已经不再是哈罗德·罗斯掌管下的那种简单的幽默杂志。当威廉·肖恩在 1952 年接任编辑一职后，杂志的基调发生了很大变化。肖恩是一个矜持寡言、品味独特的人，但当他真心喜欢某位作家时，他会真的有所表现，比如为他们提供杂志社的职位，让他们尽情发挥自己的才华。许多人会终身在《纽约客》工作，他们对自己的定义有别于为杂志提供日常内容的记者。"肖恩先生"喜欢的那些作家都是终身任职的，他们随时可以回到这里来。

凯尔已经吸引了肖恩的注意。几个月前，她第一次在《纽约客》上发表了一篇题为《电影和电视》（*Movies and Television*）的文章。她在这篇长文中大谈自己对于电视的平庸风格感染了电影的不满。肖恩喜欢那篇文章，他也很喜欢此时收到的长达七千字的关于《邦妮和克莱德》的文章。肖恩把它刊登在了1967年10月的杂志上，尽管这部电影是8月份上映的，此时热度已经下降了。该电影取得了很好的票房成绩，但其获得的口碑却像一艘不断下沉的船，评论者们纷纷指责它是在美化暴力。但凯尔把这艘船拖上了岸。她写道："在这个国家里，如何才能制作一部好电影，而又不遭到别人的严苛批判？"[37] 这些负面的反应只能让她确信，大多数人对艺术是怀有敌意的。凯尔提出："《邦妮和克莱德》没有给观众提供一个简单、安全的认同依据，他们看这部电影时会有很多感受，但是没人限制他们必须如何感受。"人们可能会不喜欢《邦妮和克莱德》中把暴力表现得有趣的方式，但这并不自然让它成为一部糟糕的电影。那是观众的问题，而不是艺术的问题。不过凯尔仍然认为道德应当发挥一定作用。她说这部电影的"主旨"是"让我们直面（暴力），让我们为嘲笑付出代价"。

到此时为止，凯尔已经熟练掌握了她特有的电影批评方式。第一，她会关注其他批评家所写的内容，关注其中存在的逻辑缺陷和虚伪之处；第二，她会关注电影观众及其对大屏幕上呈现的内容的反应，因为凯尔认为去电影院看电影的体验与电影本身一样重要；第三，她会关注这一切之中的乐趣。乐趣可能是一种个人的主观感受，但凯尔与包括桑塔格在内的其他那些高傲的批评家们不同，她确信电影的最高价值在于它给人们带来的乐趣。正是这个理念让她一生都被指责粗俗愚钝、冷漠无情，甚至是头脑简单。但是，根据她自豪地坚持的"折中主义"风格，乐趣一直是凯尔最关注的事情之一。她把乐趣当成一种信条。

人们提起肖恩时，通常不会认为他是一个看重乐趣的人，但他非常喜欢凯尔在这篇《邦妮和克莱德》的影评中表现出的风格，所以他邀请凯尔担任《纽约客》的两位常规电影批评家之一，她将在这个位置上一直工作到退休为止。鉴于在最近几份工作合同中遭遇的问题，凯尔提出要有条件地接受雇用：她希望在合同中规定，未经她的许可，她的文章不会被实质性地修改。肖恩同意了，但是凯尔来到《纽约客》之后，肖恩就食言了，他做了他对本杂志其他所有作家都要做的事，那就是像用细齿梳子梳头一样仔细地审查凯尔的稿件。凯尔为此与肖恩争吵过。她的固执正是使她无法在《纽约客》办公室中成为受欢迎的人物的原因之一。肖恩为杂志设定了遵从资产阶级礼仪标准的基调，而凯尔喜欢咒骂和"刻意使用粗鲁言辞"[38]这个标志性特征就成了两人之间讨论的永恒主题。他们似乎在辩论中达成了一种休战状态，但这种休战仅限于他们两人之间。至于其他人则仍然难以认同凯尔：

> 我记得我收到过一位杰出的《纽约客》作家写给我的一封信，对方说我穿着沾满粪土的牛仔靴子践踏了这份杂志的页面，并建议我穿着我的牛仔靴子离开这里。[39]

肖恩一直支持凯尔，虽然他有时会在深夜打电话和她争论逗号的使用位置。但凯尔终于有了生活保障，而且她还会继续出版收录她批评文章的书籍。她的第二本作品《亲亲，砰砰》(*Kiss Kiss Bang Bang*)几乎和《电影让我很生气》一样成功，里面还收录了她当初为《生活》写的关于《她们》的影评。不过到此时，凯尔已经成了一位正规的电影评论家，她凭借文章中体现的丰富情感和一针见血的评论树立了自己的声望。通过她在《纽约客》的职位，凯尔对无论是偏左还是偏右的普遍观点都会提出争论，她还倾向于让自己的攻击带着一种戏剧性的独特风格。从获得这个职位之初，人们就很清楚地看到她必将成为一股不可忽视的力量。

有些人对于凯尔写作风格的形容比其他人的讨喜一些。例如凯尔送给默片影星路易丝·布鲁克斯（Louise Brooks）一本《亲亲，砰砰》，后者与她早就有通信往来。布鲁克斯在回信中说："你在封面上的照片让我想起多萝西·帕克，而且是她还年轻、幸福时的样子。"[40] 尖刻但欢快似乎就是凯尔追求的文字中的人格面具。但凯尔不断增长的敌人群体却一口咬定她在整个电影行业面前表现得过于傲慢无礼。1967 年 12 月 13日的《剧艺报》上刊登了这样一个大标题：

> 宝琳·凯尔：充满热情但缺乏教养；她把礼貌的男性都踩在脚下 [41]

这可能是夸大其词了。威廉·肖恩绝对是一个"礼貌的男性"，但他同时拥有钢铁般的意志，他并不想要那种谈论电影艺术或电影批评现状的全局性的散文，他已经对凯尔进行了足够的干涉，以确保不会有那样的文章出现在他这份文雅的杂志上。凯尔也很早就意识到自己需要成为一位普通一些的评论者。她在二十世纪六十年代只发表了一篇长文，这篇文章最后被刊登于 1969 年 2 月的《哈泼斯杂志》上，题目为《垃圾、艺术和电影》(*Trash, Art, and the Movies*)。

196

正如桑塔格的《关于"坎普"的札记》有时会被错误地描述为为"坎普"辩护一样，《垃圾、艺术和电影》有时也会被错误地描述为为垃圾一样无价值的艺术辩护。但凯尔其实花了大量笔墨来解释这两者之间存在的一个关键差别。她想要解释为什么在某种程度上，技术性问题是无关紧要的：

> 一个批评家不应该靠把一部作品拆开揉碎来说明自己知道它是如何被组合在一起的。真正重要的应该是传达电影中的新颖和美丽之处，而不是讲解它的制作方法。[42]

这个观点与桑塔格一直强调的形式与内容的互动不无共同之处。实际上，一个快速提炼《垃圾、艺术和电影》一文要旨的方法是借用桑塔格的《反对阐释》中的术语。在《垃圾、艺术和电影》中，凯尔极为详细地论述了应当用色情学取代阐释学的问题。凯尔一如既往地关注反应，而非美学。她说观众对于让他们感到愉悦的电影反应最多，即便这样的电影是没有价值的垃圾而非艺术。不过她也辩论说电影中的艺术：

> ……是我们一直认为好的东西，它出现在电影中时只是更美好了。它是进一步发展的颠覆性姿态，是持续时间更长的兴奋时刻，它还延伸出了新的含义。

凯尔担心，垃圾与艺术的相互作用带来的真正问题其实是，它意味着人们越来越愿意在完全没有必要的情况下称某些垃圾为艺术。可能没有什么人会反对她说这种一知半解的自以为是有害处的观点。让凯尔又与不少批评家，而且大多是男性批评家意见不合的地方其实是，她将希区柯克的作品归类为垃圾，但是她对那些坚持认为垃圾电影需要证明自己的正当性的人感到气愤。她问道："为什么快乐还需要正当性？"凯尔并不是看不出垃圾作品在某种程度上破坏了文化的整体基调："它肯定会减少和限制艺术家的机会。"但她认为垃圾作品就像一种诱导性毒品，在文章结尾处她写下了一句著名的结语："垃圾让我们渴望艺术。"

桑塔格关于"坎普"和阐释的想法与凯尔的观点并不是完全一致的。桑塔格曾写到分析的乐趣之一在于把事物拆开并重新组合起来，这一点是凯尔永远无法接受的。桑塔格相信的是一种不那么普及的快乐，而且她完全不关心普通电影观众如何体会更高的价值；认可垃圾电影的纯粹享受——而不是通过"坎普"的讽刺来体会——是桑塔格完全不能理解的。但奇怪的是，尽管她们二人都对艺术是由什么构成的问题感兴趣，桑塔格和凯尔再也没有就艺术发生过争论。除了1964年的那次简短的交流之外，她们都没有写过一句关于对方的内容。凯尔似乎对发表重大见解失去了兴趣。虽然她的评论仍然杰出和精彩，但这些文章已经改为采用相对传统的评论形式。实际上，在她的余生中，她再也没有写过像《垃圾，艺术和电影》这样的作品，大多数时候，她都会避免这种涵盖广阔的文章。

出现这样的情况是有原因的。凯尔说服威廉·肖恩在《纽约客》上发表的一个主要项目是关于奥逊·威尔斯的《公民凯恩》的长篇论文。起初，凯尔打算为以书的形式出版的剧本写一篇引言，但她写着写着就控制不住字数了，于是引言变成了一篇长达五万字的关于作家与制作电影全过程的关系的论文。1971年10月，《纽约客》分两期发表了这篇文章，毫无疑问是认定它将凸显凯尔已成为全国最著名的电影评论家之一，也是一个受到普遍欢迎的人物的地位。结果，它却成了凯尔职业生涯中的灾难。

这篇关于《公民凯恩》的文章几乎是从一开始就偏离了正

确轨道。凯尔宣称这部电影的价值只是一部"浅薄的杰作"，[43]根据她个人对价值的衡量尺度来看，她并没有认定这部电影是一部烂片。引起她关注的是一个与众不同的问题：她想知道究竟是谁让《公民凯恩》如此光辉夺目。她认为这部电影的大部分精彩之处不该被归功于广受好评的威尔斯，而应当被看作相对而言比较容易被遗忘的剧本作家赫尔曼·曼凯维奇（Herman Mankiewicz）的贡献。曼凯维奇曾经是圆桌会议中的追随者。和多萝西·帕克一样，他也是为了挣钱而接受了好莱坞的工作机会。在介绍他的职业生涯时，凯尔迅速进入了疯狂赞美二十世纪二三十年代编剧们的成就的模式：

> 尽管他们显然都出卖过自己的才华——在某些情况下这种出卖也可以是愉快的经历；尽管他们大多都爱上了电影——因此他们不仅要忍受个人的挫折，还要忍受这项伟大的，仍然新鲜的艺术本身的堕落；但是他们作为一个整体，为这种随心所欲的魔法的持续壮举作出了贡献，我们称这个壮举为"三十年代的喜剧"。我认为，《公民凯恩》正是其中的最高峰。

凯尔还明确地将多萝西·帕克包括在这群人之中。虽然她提到这些作家在好莱坞大多成了酒鬼，但她也承认他们设法拍出了一些好电影，他们的作品被迫变得"更加粗犷，更加强硬，更具反传统性，而不是像以前一样规整，一样风格化"。这似乎就是她对曼凯维奇具有如此强烈的信心的基础，以至于她确定后者就是某种被巨星奥逊·威尔斯的自我掩盖了光芒的悲剧人物。虽然凯尔并没有夸大威尔斯作为恶棍的形象，但他给人的感觉仍然很糟，俨然成了一个利用自己的巨大名气故意将编剧排挤到阴影之中的人。

199

起初，人们喜欢凯尔对《公民凯恩》的新颖评论方法。加拿大小说家莫迪凯·里奇勒（Mordecai Richler）在《纽约时报》上赞扬了她对这部电影制作过程的描述，他特别喜欢凯尔称《公民凯恩》是一部"浅薄的作品，一部浅薄的杰作"的说法。[44] 但他认为她夸大了阿冈昆圆桌会议成员的才能，还引用帕克本人的刻薄评价来反驳凯尔的观点，帕克曾称他们"只是一群讲讲笑话并互相吹捧的人"。[45]

但随后，那些心怀不满的批评家们，尤其是很多热爱《公民凯恩》这部影片，并将威尔斯视为无可争议的电影作者的批评家们就开始核查事实真相了。凯尔没有接受过做记者或研究员的专业训练。她也没有记者或研究员拥有的那种系统化的思想。所以她的文章中会存在漏洞。奥逊·威尔斯还活着，但凯尔没有采访过他。她后来解释说，她认为自己不采访也知道威尔斯对谁写的剧本的问题会如何回答，他当然要极力为自己辩护。相反，她对曼凯维奇参与剧本创作情况的大部分了解来自她与约翰·豪斯曼（John Houseman，一位与威尔斯合作过的制片人）和加利福尼亚大学洛杉矶分校的学者霍华德·苏伯（Howard Suber，凯尔付钱雇用苏伯为自己做调研）的谈话。这两个人都确信威尔斯根本没有参与剧本创作；而凯尔在没有对另一方说法进行检验的情况下就采纳了他们的观点。

这激怒了她的敌人。她再次被指责为过度追求名利。反对者声称她写这篇文章的真正目的是损害威尔斯的声望，批评家们纷纷站出来为被广泛认可为一位伟人的威尔斯辩护。安德鲁·萨里斯认为这是一次能够隐蔽在安全地带为自己和自己的电影作者论辩护的机会。于是他在《乡村之声》上轻蔑地回击道：

> 凯尔女士关于赫尔曼·J·曼凯维奇的惊人揭露并不

会严重削弱奥逊·威尔斯作为《公民凯恩》的电影作者的身份，就好像《伟大的安伯森家族》（*The Magnificent Ambersons*）中所有最好的台词和场面都是由布思·塔金顿（Booth Tarkington）写出来的这件事也不会削弱奥逊·威尔斯作为《伟大的安伯森家族》的电影作者的身份一样。[46]

200

　　萨里斯并不是唯一看到凯尔对"电影作者"这个概念进行代理攻击的人，她在这里说的内容比她在《古板的圈子与刻板的人》中已经说过的多一倍。即使在更高深的评论文章中，好斗的比喻也随处可见。有同情心的肯尼思·泰南（Kenneth Tynan）在伦敦的《观察家》上称凯尔正在发起一场正义的运动："我支持她的战争，但有时难免觉得她选错了战场。"[47]

　　据说奥逊·威尔斯为此在他律师的办公室里哭了一场，还考虑对凯尔提起诉讼（但他最终没有采取行动）。[48] 此后他在伦敦的《泰晤士报》上发表文章，坚称剧本是合著的成果。接下来，人们普遍认为是威尔斯雇用了一个人在《时尚先生》上发文为他辩护。这个人就是曾经的杂志撰稿人，此时已经成为电影导演的彼得·波格丹诺维奇（Peter Bogdanovich）。这篇题目为《凯恩叛乱》（*The Kane Mutiny*）的文章根本不是关于《公民凯恩》的：它完全是在一点一点地驳斥凯尔的文章，波格丹诺维奇能够这样做显然是得益于威尔斯的大力帮助。波格丹诺维奇抓住的把柄正是真正能够痛击凯尔的地方：他严厉地指责凯尔付钱购买加利福尼亚大学洛杉矶分校学者苏伯的研究成果，却没有明确提及苏伯对她文章作出的贡献的行为。更糟糕的是，苏伯本人显然也对凯尔感到气愤。他告诉波格丹诺维奇说，他甚至不确定自己是否同意凯尔提出的剧本是由曼凯维奇单独所写的观点。

　　波格丹诺维奇的文章还有另一个目的：它可以被看作为

他正在创作的一本关于威尔斯的作品的提前推广。他引用了自1969年以来他对这位导演进行的多次采访中的内容，威尔斯曾经相对大度地承认曼凯维奇对剧本作出的贡献。（波格丹诺维奇直到1992年才终于出版这本书。）波格丹诺维奇引用的威尔斯的原话是："曼凯维奇的贡献……是巨大的……我爱他，人们都爱他。你知道，他非常受人敬佩。"[49] 从这里开始，波格丹诺维奇开始逐句驳斥了凯尔文章中的几乎一半内容，他用的都是威尔斯的辩解，但也有引用自其他来源的内容。波格丹诺维奇在文章结尾强调了这场无端怀疑给威尔斯带来了多么大的伤害，他还引用了导演本人的原话：

> 我讨厌去想如果将来我有了后人，如果他们想到要看看这些书中的任何一本，那么他们会怎么想他们的祖先呢：她是狂妄自大的虱子中特别的一个……清洗凯尔女士留下的污迹要颇费一番力气。

在她对威尔斯作品的评论中，凯尔也称赞威尔斯是一位创造出了奇妙事物的有远见的人的事实已经毫无意义了。实际上，凯尔写过的所有涉及威尔斯作品的内容几乎都是非常值得称赞的文章。就因为这篇关于《公民凯恩》的评论，过往的那些就通通被抹杀，不再相关了。凯尔一方当然也有一些过错。她想讨论的合作作品的作者身份问题几乎是一个不可能获得确切答案的问题。即便是在萨里斯和波格丹诺维奇开始对她围攻之前，她就已经动摇了。凯尔告诉《星期六文学评论》的采访者说自己并不是要损害威尔斯的形象；她还承认他一直是这部电影的关键人物。

> 曼凯维奇的剧本很精妙，但是换成其他导演……或是

换成其他演员扮演凯恩，这个剧本也可能被拍成平淡无奇的影片。[50]

这样的认可并没有挽回什么，部分原因是从出现争议的早期开始，这件事就不再是关于凯尔实际上怎么看待这个问题了。她的错误暴露了她良好声誉的一个可攻击的弱点，而那些不喜欢她所坚持的一切的人都不会错过这个击倒她的机会。她喜欢用文章与人交战，也完全不会因为别人做同样的事而指责别人。凯尔一如既往地提出自己的论点，像正在行军的一个个连队一样，毫不停顿地继续向前。在她的整个职业生涯中，她早就知道想要写出有权威性的文章，就必须投射出极端的，甚至是超人一般的自信。

然而，这毕竟只是一种投射。凯尔很傲慢，但她也很精确。她的自我编辑能力是传奇性的。如她的朋友，有时也是门徒的詹姆斯·沃尔科特（James Wolcott）说的那样，凯尔"就像任何从 E. B. 怀特（E. B. White）的精灵学院里走出的大惊小怪的人一样，是一位狂热的修补匠"。[51] 她虽然会疯狂地关注细节，但是她对事实是否疏于查证了？答案无疑是肯定的。更奇怪的是，在读者来信版面上与人唇枪舌剑、机智反击在凯尔的职业生涯中是司空见惯的事，然而这一次她却没有继续发表回应文章。据凯洛说，凯尔在读了波格丹诺维奇的文章不久后曾与伍迪·艾伦（Woody Allen）一起吃饭，她问对方自己是否应当有所回应。艾伦似乎告诉她："不要回应。"[52] 凯尔这次明显受到了伤害，不过她似乎从中吸取了教训，那就是她不该再参与任何报道了。她也不再在版面上与那些不喜欢她作品的人争论了。

不过这件事始终纠缠着她。在这次争论过去几年后，凯尔参加一个奥斯卡聚会时遇到了一位名叫约翰·格雷戈里·邓恩

（John Gregory Dunne）的编剧。邓恩在写到这件事时，他立即把它视为这位著名的电影批评家最丢脸的经历。当《提升凯恩》（*Raising Kane*）最终被收录到书中之后，他拒绝了为该书写评论的机会。在他看来，这是一本"傲慢愚蠢的书，它比我读过的任何关于好莱坞的东西都更能让我忍不住傻笑出声"。[53] 但邓恩一直害怕与那些可以发文痛批他参与的电影的人交恶。鉴于此，他保留了自己的意见，并粉饰了自己对这本书的作者的真实看法。关于他们在聚会上的相遇，邓恩写道凯尔穿着"璞琪（Pucci）仿品和矫形鞋"来参加活动。当他做自我介绍时，凯尔已经知道他的名字，而且立刻要求见见他的妻子，琼·迪迪翁。

第十章　迪迪翁

迪迪翁和凯尔发现自己经常被与桑塔格混为一谈，因为她们都来自加利福尼亚州，而在纽约的知识分子圈子里，这被认为是一个非同寻常的巧合。但她们往往不喜欢让自己的名字被这样联系在一起。迪迪翁和凯尔肯定也从来没觉得自己和对方有什么相通的精神。约翰·格雷戈里·邓恩写道，当凯尔要求见迪迪翁时，他能想到的只有凯尔多么讨厌迪迪翁的一部小说，以及基于这部小说改编的电影，因为凯尔认为它们就是"公主的幻想"。[1]"我知道我对这类事情的耐受程度比许多人都低；但这是应该被容忍的东西吗？我觉得琼·迪迪翁的小说体现了一种荒谬的趾高气扬，我读它的时候经常因为难以置信而忍不住笑出声。"尽管如此，邓恩还是为两人作了介绍，他看出了她们拥有的连她们自己都看不到的共性："两个强硬、娇小的女人，拥有獴一样敏锐的本能和对对方作品的友好的不屑，但还是表现得像礼貌的好姑娘。"[2]

"强硬"并不总是一个能与迪迪翁联系起来的词。"优雅"和"迷人"是对她更常见的描述，而这些形容并不总是被用来表达恭维——她经常受到指责的地方就是凯尔抱怨的那种"荒谬的趾高气扬"的风格。但是，如迪迪翁深刻体会到的那样，外表是具有欺骗性的。虽然她的风格不像凯尔的那样通俗易懂或好争论，但她同样也是一位擅长打碎别人自我幻想的大师。她只是倾向于锋利钢刃的优雅利落，而不是钝器的拖泥带水。

迪迪翁 1931 年出生于萨克拉门托（Sacramento）的一个

中产阶级家庭。她的父亲弗兰克（Frank）不是凯尔的父亲那样在家禽养殖场工作的理想主义农民，也不是麦卡锡、韦斯特或桑塔格的父亲那样的梦想家。他是一个现实、稳重的男人。第二次世界大战之前，他的工作是卖保险。1939 年他加入国民警卫队，家人也要随他一起迁移到北卡罗来纳州的达勒姆（Durham）及科罗拉多斯普林斯（Colorado Springs）的各个基地。³从大多数角度来看，这是一种非常普通和平静的美国式童年。但迪迪翁后来会提到，正是这种不断迁移的经历最先让她产生了一种自己是局外人的感觉。她本身就是一个害羞的小孩儿，这也不利于她适应新环境。然而，即便是在她还很害羞的时候，迪迪翁已经开始梦想成为公众人物的生活。她最初的愿望是成为一名演员，而非作家。（这一点与麦卡锡相同。）① 她告诉希尔顿·阿尔斯（Hilton Als）："我当时没有意识到这是同一种冲动。都是虚构。都是表演。"⁴

　　但是有些关于父亲的事情是迪迪翁从来不写的。迪迪翁是一位以创作与个人经历相关的散文而为人所知的散文家，很多人认为她喜欢无情地自我揭露。然而，直到她将近七十岁时，她从来没有写过与她早年生活中另一个困扰她的事件相关的任何内容：她作为一名英文系学生在伯克利入学的第一年，她的父亲则作为病人住进了旧金山的一家精神病院。

　　迪迪翁的母亲不是同样阴郁的人，她更符合加利福尼亚州拓荒者的强硬精神，那也是迪迪翁用一生中大部分时间来尝试说明和捍卫的精神。但艾杜内·迪迪翁（Eduene Didion）也不是没有内心生活或梦想的。迪迪翁说正是她母亲发现了《服饰与美容》上刊登的竞争最佳散文奖，胜者可获得巴黎旅游机会的广告。她告诉女儿自己认为她可以赢得大奖，当女儿在1956年获胜后从伯克利开车回家向父母展示自己的成果时，母亲的回答是："真的吗？"⁵

　　这实际上已经是迪迪翁在二十岁出头时获得的第二个奖项了。1955年的整个夏天，她参加了在曼哈顿举行的《年轻女

---

　　① 此处疑有误，应为韦斯特。

士》客座编辑活动。[这个活动最著名的参与者是几年前的诗
人西尔维娅·普拉斯（Sylvia Plath），后来她还在自传体小
说《钟形罩》中描述和讽刺了这个活动。]迪迪翁为活动当期
的杂志写了一篇令人满意的关于小说家珍·斯塔福德的传略。
当时斯塔福德已经与诗人罗伯特·洛厄尔离婚。迪迪翁尽职尽
责地描述了斯塔福德关于长篇小说与短篇小说的适销性对比结
果的深思，她的文字体现了一个非常优秀的学生所有的控制力
和自信，但是没有一点儿人们后来会从她身上听到的那种声音
的苗头。

　　迪迪翁获奖时还是伯克利的一名大四学生，她没有去巴
黎，而是请求《服饰与美容》在曼哈顿为她提供一份工作。于
是《服饰与美容》把她安排到了文字编辑部，但是 1956 年
秋天她就离开了。她那篇名为《向那一切道别》（*Goodbye
to All That*）的著名的散文就是关于她最终再次离开纽约的
经历的。在文章开头处，迪迪翁将这两次来到纽约的经历简
化了。她提到自己第一次看到纽约是二十岁时来参加《年轻
女士》的活动。但她在文章中讨论的大部分内容都是她第
二次来这里之后的经历——从雇主告诉她要穿哈蒂·卡内基
（Hattie Carnegie）的衣服，到穷得不得不在布卢明代尔百货
店（Bloomingdale）的美食店赊账，年轻人总是这样，即便
已经破产了也还是忍不住放纵自己。

　　要说清楚的一点是，这篇文章中并没有什么实质性的谎
言。对这两次到纽约的经历的省略是种微妙的处理，毕竟，绝
大多数曾经来纽约工作的人都可以证明，她所描述的那种"没
有什么是不可改变的；一切都在触手可及范围内"[6]的感觉，
是一种可再生的情绪，是可以被反复体会的。但是迪迪翁在这
里使用的方法中有一点是我们要领悟的：实际上，她经常有意
识地用她的经历创造一些不再仅仅是无畏的自我揭露的东西。

在《服饰与美容》工作时，迪迪翁最初被随便地安排到了广告部，后来又承担了多萝西·帕克曾经负责的工作：给插图写说明文字。到此时，帕克的编辑埃德娜·伍尔曼·蔡斯领导下的那种拘谨呆板的时期已经结束，《服饰与美容》变得更加雄心勃勃，特别是涉及出现在它的版面上的服装时。不过，《服饰与美容》编辑部里的知性腔调并没有太大提升。在这里工作的仍然是那些毫无疑问比迪迪翁富有，但既不特别有文学素养，也不特别有智慧的人。不过他们能够紧追潮流趋势，而潮流和趋势有时会引导他们找到非常优秀的作家。

迪迪翁总是这样讲述那段经历：她为《服饰与美容》写的第一篇署名作品其实是一次意外。因为当期杂志要出版的其他内容没能被按时提交，所以她写了一篇规定字数的文章作为替代。她想到的主题是对嫉妒本质的思考，但文章的内容并不那么令人信服。它提出的老套的观点是认为嫉妒在人的生活中发挥了一些影响：

> 去与任何从事涉及投入自我的工作的人交谈吧：比如一位作家或一位建筑师。你听到 X 曾是一位多么出色的作家，直到《纽约客》毁掉了他的名声；或者，不管黛安娜·特里林说什么，作家 Y 的第二本小说只会让我们这些意识到 Y 真正潜力的人感到失望。[7]

如果这听起来像是一位为自己未来的辉煌职业生涯作准备的作家，那么我们有必要记住，此时的迪迪翁并不是在为一本在文学和思想方面受到尊重的杂志写作。《服饰与美容》在1961~1962 年间许可她撰写的一些散文的主题有时似乎反映了迪迪翁内心的沮丧。它们都是关于自尊，接受拒绝的能力和情感勒索的。

迪迪翁当时不仅为《服饰与美容》供稿，她也与《假日》（*Holiday*）和《年轻女士》有合作。她告诉自己的采访者说："我那时写的都是只为了发出去的文章，我对它们还没有真正的控制力。"[8] 那些作品在某种程度上确实像一个还在磨练文笔的作家的练习品。她没有把那些文章收录到后来的文集中，显然也是因为她不认为那是自己最好的作品。

迪迪翁偶尔也会为保守的《国家评论》撰稿，主要都是提供给书籍或文化专栏的。在这里，她能有机会针对一些容易被指责为用有文学性的语言撰写的自我安慰或肤浅的杂志娱乐以外的主题进行更充分的阐述。她可以写一些诸如评论 J. D. 塞林格（J. D. Salinger）的《弗兰妮和佐伊》（*Franny and Zooey*）之类的文章。她对这本书作出了一种高高在上的专横抨击。她在文章中回忆起在一次聚会上：

> 还有一位令人惊叹的名叫萨拉·劳伦斯（Sarah Lawrence）的女孩儿试图跟我讨论塞林格和禅的关系。当看到我似乎没有回应时，她纡尊降贵地用她认为我可以理解的语言宣称：塞林格是世界上唯一能够理解她的人。[9]

这一陈述在如今成了相当有戏剧性的讽刺，因为迪迪翁对于她之后的几代年轻女性的意义正在于，她们坚称迪迪翁在散文中阐述了她们内心最深处的想法。但是，当迪迪翁最初开始写作时，她并不打算以这种方式受到欢迎。她其实是在塞林格身上看到了推翻一个大人物的机会：她说《弗兰妮和佐伊》"是最终的欺骗"。她看到一个男人通过给予他的读者们一种他们好像属于一个知道如何比其他人活得更好的精英群体的感觉来取悦他们，而实际上他除了关注一些琐事之外什么也没做。他无非是肯定了其他人对于无足轻重的肤浅事物的迷恋，并通过这种方式向他们提供类似自助的东西而已。

　　同意她的观点的人之一就是在《哈泼斯杂志》上发文的玛丽·麦卡锡。此时距离应付将占据她全部精力的人们对《她们》的反应还有一年的时间，现在的她把最锋利的攻击都用在了这本书上。她也抱怨塞林格在琐事上浪费太多笔墨：比如用玻璃杯喝酒，或点燃香烟。然而，最让麦卡锡感到厌恶的还要数塞林格的世界观：即只有获得他信任的小圈子里的人才真实，其他人都在撒谎。她无法忍受在整个《弗兰妮和佐伊》的故事中挥之不去的西摩·格拉斯（Seymour Glass）的不明不白的自杀。她想知道格拉斯为什么会自杀，无论是因为他的婚姻太糟糕还是因为他太开心。她文章中的最后一句话令人十分难忘：

　　　　或者是因为他一直在撒谎，他的作者一直在撒谎，一切其实都很糟糕，他只是在假装吗？

　　当时正是塞林格最受欢迎，但是即将去隐居的那段时间。而麦卡锡和迪迪翁对他的同样的厌烦恰恰揭露了他的一些东西：那就是塞林格只显露自己的表面。有趣的是，这两个女人日后也都会被同一把刷子抹上相同的污迹，她们都被称赞为无可挑剔的拥有独特风格的作家，但她们的想法和观察从未完全配得上她们优美的文字。

　　比如，当凯尔抓住迪迪翁"趾高气扬"的形象问题不放时，她正是在沿着这个思路争论。但凯尔知道，迪迪翁有技巧，即使在贬低她的时候，凯尔也承认迪迪翁可以闪烁出天才的光芒："干冰般的句子里升起了创造性的烟雾。"[10] 凯尔只是希望迪迪翁能够表现得不那么受伤，不那么忧郁，概括地说，就是不那么像一位受害者。然而，这似乎只是她们在个人风格上的一种分歧：凯尔一生都在避免承认任何过错或弱点，特别是在她的文章中。

　　虽然现在的人很少这么想了，但这两个人也曾经为明确的理由成为工作上的对手。二十世纪六十年代，迪迪翁在《服饰与美容》担任过不长时间的电影批评家，凯尔差不多也是在那时加入《纽约客》的。迪迪翁拥有的空间比凯尔小得多，而且显然对电影批评界内部的战争不感兴趣。但她像凯尔一样，对流行禁忌持一种怀疑态度，并且对电影导演采用的某些情感许可缺乏信任。至少一次，在一部特定的电影中，凯尔呼应了迪迪翁的观点。1979 年，《纽约书评》请迪迪翁评论伍迪·艾伦的《曼哈顿》（*Manhattan*）。结果迪迪翁交出了一篇与凯尔曾经的突破之作，即对《舞台春秋》的尖刻评判很相似的作品。迪迪翁在文章开头说"自我沉醉是和自我怀疑一样普遍的情绪"：

　　　　"当谈到与女性的关系时，我都可以得奥古斯特·斯特林堡奖（August Strindberg Award）了，"由伍迪·艾伦饰演的角色在《曼哈顿》中这样告诉我们；后来他对黛安·基顿说的一段台词会成为被经常引用和赞美的经典："我从来没有和一个女人维持过长期的关系，反正不会长过希特勒和爱娃·布劳恩（Eva Braun）维持的时间。"这些台词毫无意义，也不好笑：它们只是"提及"，就像哈维（Harvey）、杰克（Jack）、安杰利卡（Anjelica）和《情感教育》（*Sentimental Education*）总会被人提及一样，聪明的谈话应该能体现说话者通晓文学和历史，更不用说娱乐行业了。[11]

　　讽刺的是，尽管她对迪迪翁有很多抱怨，尽管她本人往往是赞赏伍迪·艾伦的作品的，但凯尔却和迪迪翁一样对《曼哈顿》感到无比愤怒，她也认为其中看似有深度的谈话不过是

在掩盖其根本上的肤浅。一年之后，凯尔在评论《星辰往事》
（*Stardust Memories*）时旁敲侧击地提到了《曼哈顿》："除了
伍迪·艾伦，哪个四十多岁的男人能把对青少年的偏好说成是
对真正价值的追求呢？"[12]

＊

显然，迪迪翁在创作非虚构类作品时从来不会在使用
"我"上遇到任何问题。但到了 1964 年，也就是她开始为《服
饰与美容》撰写那些深入透彻的散文三年之后，她显然迫切
想要写一些不以自己为内容的文章。她的生活也正在发生变
化。她已经出版了一本不长的小说，名叫《河流奔涌》（*Run
River*）。但这本书在书店的表现非常令人失望。这个书名是出
版商选的，这本书的编辑完全改变了小说的形式，将其实验性
的结构改成了非常传统的样子。迪迪翁也是在此期间与约翰·
格雷戈里·邓恩结婚的。后者曾经是她的朋友，也是在她另一
段为期不短的恋爱关系的最后阶段一直支持着她的人。这对夫
妇决定放弃他们在杂志社的工作，搬到加利福尼亚州去。他们
已经设定了到那里的电视行业中发展的模糊计划。

210

《服饰与美容》似乎还不想彻底失去迪迪翁，于是邀请她
为该杂志撰写电影评论。1964 年，迪迪翁在距离她结婚还有
一个月时发表了专栏的第一篇文章，宣称自己的批评方法在某
种程度上将是民主的：

> 直白地讲：我喜欢电影，我会以宽容的态度看待它们，
> 哪怕这可能会让你觉得我头脑简单。一部电影也不是非
> 得成为某种经典才能引起我的注意，它不非得是《奇遇》
> （*L'Avventura*）、《红河》（*Red River*）、《卡萨布兰卡》

（*Casablanca*）或《公民凯恩》，我只要求它有自己的精彩之处。[13]

　　她随后对《费城故事》（*The Philadelphia Story*）、《圣路易斯精神号》（*The Spirit of St. Louis*，又译《壮志凌云》）和《谜中谜》（*Charade*）这几部电影都作出了积极的评价。此时凯尔还没能在主流电影评论界获得什么突破，《电影让我很生气》也尚未出版，但我们可以在迪迪翁的文字中看到一种相似的批评方法。而且迪迪翁也会用整个职业生涯来坚守一个观点——即使在毫无争议的垃圾影片中，也有出现精彩绝伦的时刻的可能。

　　除了迪迪翁之外，还有另一位作家在为《服饰与美容》评论电影，所以那些令人难忘的电影似乎总是轮不到她来写。尽管如此，她还是试着在有限的版面中写出有特质的文章，她的大部分评论都是明快活泼的，充满了俏皮话，看起来更像帕克而不是迪迪翁的文字。她讨厌《粉红豹》（*The Pink Panther*）：“可能是有史以来人们唯一一次带着真实事物的平庸拍摄出的色诱［戴维·尼文（David Niven）与公主］。”[14] 她喜欢《琼楼飞燕》（*The Unsinkable Molly Brown*，又译《翠谷奇谭》），但评论黛比·雷诺兹（Debbie Reynolds）“倾向于表演成西部是靠上蹿下跳和对它大喊大叫而得来的。”[15] 她承认自己对于青少年冲浪电影情有独钟，“也许我应该尝试把这种热情说成是出于社会学角度的”。[16] 像凯尔一样，迪迪翁也讨厌《音乐之声》，并称之为——

　　　　比大多数电影都令人难堪的作品，好像是在暗示朱莉·安德鲁斯（Julie Andrews）和克里斯托弗·普鲁默（Christopher Plummer）这样的人完全不会受到历史事件影响

211 似的。只要吹响曲调明快的口哨，把德奥合并（Anschluss）
抛到脑后就行了。[17]

然而，迪迪翁渐渐地对电影评论感到了厌倦。根据她的
说法，《服饰与美容》因为这篇对《音乐之声》的评论太尖刻
而解雇了她。（这成了她与凯尔的另一个联系，后者也是因为
痛批这部电影而被《麦考尔》解雇的。）总之，当她和邓恩在
《星期六晚邮报》（*Saturday Evening Post*）上开辟新专栏时，
她已经转向其他题材了。

为《星期六晚邮报》写文章时，迪迪翁的文字基调也会发
生重大的变化。迪迪翁的散文《论自尊》（*On Self-Respect*）
和另一篇她为《服饰与美容》写的关于美国的夏天的散文中已
经显露出迪迪翁早期具有的一种带着伤感情绪的独特腔调。但
是，鉴于《星期六晚邮报》愿意培养她参与实地报道，迪迪翁
正好发现了一条适合自己的路线。二十世纪六十年代的加利福
尼亚州是渴望曲折故事的优良市场，这有利于迪迪翁抓住机
会，写一些比一两篇专栏文章更长的内容。她开始为《星期六
晚邮报》撰写关于海伦·格利·布朗（Helen Gurley Brown，
她觉得她很傻）和约翰·韦恩（她觉得他不傻）的文章，但真
正符合读者胃口的是她的第一篇犯罪题材文章——这篇文章也
被认为是第一篇显示迪迪翁真正风格的文章。

文章的题目是《我怎么能告诉他们什么都没了？》（*How
Can I Tell Them There's Nothing Left?*）但是，当迪迪翁将
此文收录到自己的文集中时，她把题目改成了《一些做着美梦
的梦想家》，变动后的题目才是这篇文章更为人所知的题目。
名义上，这篇文章是对当地一起谋杀案的详细报道，一位妻子
被指控把丈夫烧死在了他们的私家车里。迪迪翁立即采用了一
种广泛地审视困扰加利福尼亚州，甚至是美国其余大部分地区

的一切事物的视角：

> 在加利福尼亚，人们打个电话就可以聆听一段祈
> 祷，但要买本书却很难。在美国，人们在不知不觉中从
> 相信《创世记》（*Genesis*）的字面解释变成了相信《双
> 重赔偿》（*Double Indemnity*）的字面解释；在美国，人
> 们梳着蓬蓬头，穿着七分裤，对于姑娘们来说，一辈子
> 的指望都被浓缩进了一条长度到小腿中部的白色婚纱中，
> 她们会生儿育女，也许取名金伯利（Kimberly）或谢里
> （Sherry）或黛比（Debbi），但最终还是要到墨西哥办理
> 一个又快又便宜的离婚手续，然后重返理发学校。[18]

212

这名女子最终被认定谋杀了丈夫，但生活在圣伯纳迪诺
山谷（San Bernardino valley）的居民对这样的概括描述很
不满意。这个山谷就是迪迪翁在文章开篇处用不少笔墨描述
过的加利福尼亚州的某片区域。一位名叫霍华德·B. 威克斯
（Howard B. Weeks）的人给杂志社写了一封信。他提到自己
是洛马琳达大学（Loma Linda University）公共关系和发展
部副主席，他在信中提到："我为琼·迪迪翁感到担心，据我
们观察，这些感受是纽约年轻作家在冒险进入哈得孙河以外的
广大未知世界时通常都会体验的症状。"[19]这封信表明，迪迪
翁此时尚未在主流文化中获得突破；不过霍华德·B. 威克斯
并不知道，此时被自己说教的这位女性今后会成为在关于自己家
乡的题材上最具代表性的来自加利福尼亚州的美国作家。

迪迪翁并不是立即就找到适合自己的路线的。接下来
她写的一篇文章似乎就绝不可能惹恼任何人。文章的标题是
《大岩石糖果无花果布丁陷阱》（*The Big Rock Candy Figgy
Pudding Pitfall*）。考虑到她曾经痛批海伦·格利·布朗和塞

林格本质上是浅薄的人，人们猜测这篇文章应该属于迪迪翁为了挣钱而写的那种作品。文中详细介绍了制作二十个无花果布丁和二十棵硬糖树的方法。不过它似乎还反映出了迪迪翁对于自己处理家务事的能力感到多么沮丧：

> 我是个娇弱、懒惰的人，不适合做任何事，只除了别人花钱雇我做的这件事之外——那就是一人坐在打字机前，用一个手指打文章。我喜欢把自己想象成一个"无所不能"的女人，能修补畜栏，能腌制足够所有人吃一冬天的桃子，还能在皮尔斯伯里烘焙大赛（Pillsbury Bake-Off）中赢得一次前往明尼阿波利斯的旅行。实际上，如果哪天我不再相信只要我付诸行动，我就可以赢得皮尔斯伯里烘焙大奖，那肯定意味着什么东西死了。[20]

邓恩在这篇文章中的形象是一个亲切和善，带有漫画风格的人物，他在看到这么多吃的时问道："本周我们要接受的到底是什么治疗方法？"不过迪迪翁没有在这篇文章中提到，就在当年早些时候，她和邓恩收养了一个孩子，并给她取名昆塔纳·鲁·邓恩（Quintana Roo Dunne）。然而，想要成为某种"能够制作树木形状的硬糖和无花果布丁的"家务女神的焦虑，确实很像被女性杂志称为"筑巢心理（nesting）"的东西。

迪迪翁为新一年最初几期专栏写的文章之一是《向魔法城市道别》（*Farewell to the Enchanted City*）。（后来的读者更熟悉的名字是改动后的《向那一切道别》。）她整个职业生涯一直痴迷于的"我们给自己讲的故事"的主题，就是在这篇文章中第一次明确显现征兆的。迪迪翁认为自己居住在纽约的整段时间里，她对纽约的想象影响了这个城市真正的样子：

213

　　我看过的所有关于纽约的电影和我听过的所有关于
纽约的歌曲被编织成了某种本能，它们告诉我它再也不会
是曾经的样子了。事实上它从来不是那个样子的。晚些时
候，上东区的自动点唱机里会出现一首歌，歌词是"曾经
那个还是女学生的我去哪儿了"，到了夜深人静真的很晚
的时候，我也会问我自己这样的问题。现在我知道，几乎
所有人，或早或晚，无论自己在做什么，都想过要问同样
的问题，但是当你还是二十岁、二十一岁，甚至二十三岁
的时候，既是好处又是坏处的一点是，尽管所有证据都证
明实际情况恰恰相反，但你还是相信，这样的事从不曾发
生在别人身上。[21]

　　这篇文章如此著名，据说它已经催生出一种以离开纽约　　214
为主题的小型散文派别。就像自动点唱机上的歌曲一样，它表
达了所有人对某种共同体验的感受。这篇文章的精彩之处就在
于，迪迪翁写作的这个行为本身就是在重新体验一种情感上的
陈词滥调，叙述者是在告诉过去的自己，相信一个所有人都信
以为真的故事是多么可怜和愚蠢。这种自我觉醒的风格，这种
置身事外地讲述个人经历的方式将成为迪迪翁的标志。即使是
在她写到关于离婚之类的私人问题时，她也会保持一定距离，
把问题放在手中翻来覆去，直到把它的外表打磨得闪闪发光，
至于那些粗糙的内心部分，它们都被仔细地隐藏起来。

　　邓恩和迪迪翁很快就在《星期六晚邮报》上拥有了一个固
定专栏，并共同署名。当时的人们会觉得这有些奇怪，尤其是
杂志还会改动每期专栏顶部的插图，插图的内容就是他们两人
的画像，如果专栏是邓恩写的，那他的画像就会出现在迪迪翁
的画像之前；如果专栏是迪迪翁写的，那么她的画像就会被换
到邓恩的前面。

迪迪翁写的那些文章通常是专栏中更值得一读的部分，她引起读者回应的技巧是一流的。她写的关于偏头痛的散文，以及她关于恶魔岛监狱（Alcatraz）被停用的报道和对当时还是加利福尼亚州州长夫人的南希·里根（Nancy Reagan）的糟糕描述都被发表在这个专栏中：

> 她告诉我说州长从来不化妆，即便是过去演电影的时候也不化妆，她还说政坛是比电影行业更艰辛的圈子，因为没有电影工作室来保护你了……"有一个漂亮的工作场所对男人很重要，"她这样建议我，还向我展示了她放在州长办公桌上的总是装满硬糖的药剂罐。[22]

近一个月之后，南希·里根仍然能够感受到这些文字带来的刺痛。她对《佛雷斯诺蜂新闻报》（*Fresno Bee*）说："我还以为我们挺合得来，要是我凶一点就好了。"[23]

215 这种似乎是放任被采访对象自由地暴露自己的愚蠢，而不是被她的评论或想法打断的写作方法成了迪迪翁的标准模式。她著名的探索海特－阿什伯里区（Haight-Ashbury）的文章就大量采取了这种方式。她会在文章开篇处大大地抱怨一番"核心难再支撑"的现状，然后向着不断加宽的深渊跋涉，以期在那里找到一些能够通过一两句话揭示自己的人。比如她遇到的两个感恩至死乐队（the Grateful Dead）的歌迷：

> 我问那些女孩是做什么的。
> "我只是经常来这里"，其中一人说。
> "我算得上和乐队的人认识"，另一个说。[24]

这些乏味的回答暴露了作出回答之人脑子里空空如也。

《星期六晚邮报》收到的读者来信中不同寻常地充满了对迪迪翁的赞美之词，大多数读者都同意她对当时流行的被称为嬉皮士群体的野蛮人的深度解析。也有一些反对者，比如绰号"雏菊（The Daisy）"的桑尼·布伦特伍德（Sunnie Brentwood）就继续坚称"大多数'花童（flower children）'都是好孩子，他们正在努力改善世界，让它成为一个更好的家园"。[25]

　　最终还是迪迪翁的观点胜出了，不仅因为这篇名为《向伯利恒跋涉》（*Slouching Towards Bethlehem*）的散文会成为她 1968 年出版的同名散文集的标题文章，还因为这本散文集为迪迪翁树立了声望。为《纽约时报》评论这本书时，迪迪翁的朋友丹·韦克菲尔德（Dan Wakefield）提出，迪迪翁是"我们这代人中受赞美最少，但最有才华的作家之一"。[26] 他指出，迪迪翁的作品比其他年轻女性作家，比如一位名叫苏珊·桑塔格的时髦人物的更容易理解。韦克菲尔德对这本书的全面赞美几乎得到了其他所有评论家的响应。他们中的一些人偶然发现了迪迪翁的智慧与她的性别的关系：《基督教科学箴言报》（*Christian Science Monitor*）的梅尔文·马多克斯（Melvin Maddocks）含义模糊的评价似乎是想要表达一种赞美：

　　　　女性做新闻报道是男人的世界为让她们失望而付出的代价。这里展现的正是她们最出色的，像被遮盖起来的帽针一样隐蔽的风格，她们对于看到和听到的一切从不宽容，也不会遗忘。[27]

　　这是看问题的一种方式，虽然用帽子别针做比喻显然是将问题平凡化了，但关于这种结果是"代价"而不是礼物的想法在某种程度上揭示了问题的本质。迪迪翁在文字中创造的人格面具对于如格利·布朗、乐队歌迷、南希·里根和会做无花果

216

布丁的家庭主妇之类的女性与对"男人的世界"同样失望，无论这个"男人的世界"具体指的是什么。这种观点并不是纯粹女性化的，而更是一种有感知力的、敏锐的判断。某些感知力的大门对女性更加开放，但这并不意味着男性无法看到女性指出来的一切，他们要做的只是安下心来，去听，去看。

在《向伯利恒跋涉》之后，此前对她不闻不问的文学传略作家们开始一窝蜂地前来采访迪迪翁，还把各种有娇小的迪迪翁的精美照片刊登在诸如《琼·迪迪翁：刀刃一样锋利的作家》（*Joan Didion: Writer with Razor's Edge*）[28] 和《向琼·迪迪翁跋涉》（*Slouching Towards Joan Didion*）[29] 之类的文章标题旁边。这时已经是二十世纪七十年代。汉娜·阿伦特的老朋友艾尔弗雷德·卡津立即申请前往加利福尼亚州。他兴高采烈地在迪迪翁和邓恩当时居住的位于马里布（Malibu）的房子里见到了这对夫妇，他们正在合作撰写基于迪迪翁在1970年出版的小说《顺其自然》（*Play It as It Lays*）改编的剧本，小说讲述的是一名不顺遂的女演员玛丽亚·韦思（Maria Wyeth）的故事，曾经为迪迪翁带来了热烈的赞美。卡津注意到迪迪翁真正的样子与她经常在文章中谈到的样子之间存在区别：在1969年的一篇著名的发表在《生活》上的专栏文章中，迪迪翁描写的自己娇贵、病弱，处于离婚的边缘，然而现实生活中的迪迪更像是由理智的钢铁而不是轻浮的丝绸组成的：

> 琼·迪迪翁是一个有很多优点的人，她还确信自己在金州（Golden State）开始发生这么多令人不安的事情之前在萨克拉门托出生和长大是明智的。[30]

217　　　卡津继续梳理了各种差异。他注意到埃德蒙·威尔逊已经发现迪迪翁表达的声音"比她本人的像小女孩一般的声音强势得多！"尽管住在马里布这样的地方似乎意味着轻松惬意，但卡津觉得下面的海浪声震耳欲聋："居住在海滨别墅里的人不知道这让他们变得多么机警。"他称迪迪翁为伦理学者，说她对严肃性有一种痴迷。他还指出，即便是在写小说时，她也会像文化批评家一样，想要诊断她所写的任何主题的弊端——玛丽·麦卡锡也有同样的癖好，尽管她们二人在小说中的腔调区别很大。卡津甚至将迪迪翁与阿伦特联系在一起，后者曾经告诉他，美国人似乎比她在欧洲见过的任何人都更绝望。

当卡津发表了他为迪迪翁写的传略时，迪迪翁已经是一位毋庸置疑的明星了。然而她遇到的问题是，能够允许她热情地谈论偏头痛，谈论返回家乡萨克拉门托，或是让她为了一篇文章飞往夏威夷的《星期六晚邮报》关门了。迪迪翁开始寻找新的雇主。《生活》杂志与她签订了撰写专栏的合同，但这种关系很快就恶化了；迪迪翁要求去西贡，因为包括桑塔格和麦卡锡在内的许多作家都去过了。可是她的编辑反对这个提议，告诉她说"某些男性作者会去"。[31]她对这次随意的回绝的愤怒最终转变成了一篇如今非常著名的专栏文章，文章的内容是在预测将有巨浪来袭的时候前往夏威夷的经历：

> 我丈夫关掉电视机，从窗口向外看。我避开他的视线，忙着给宝宝梳头。在没有自然灾害发生的情况下，我们又不得不面对自己的焦虑处境。我们正身处这个太平洋中部的小岛上，否则我们可能就去申请离婚了。[32]

这篇文章似乎是一种高度的自我揭露，但原本关于婚姻问题的框架会渐渐消失。迪迪翁开始告诉你，她如何感到自己与一切失去了联系，以及感受本身是一件多么困难的事。她承认，自己正如一个曾经的男友预测的那样变成一个感受不到任何东西的人。这篇作品中充满了彻底的黑暗和绝望，难怪《生活》的编辑似乎被它吓到了。他们给它取了一个反映了他们的困惑的标题：《创造联系的困难》（*A Problem of Making Connections*）。随后的那些非常私人化的专栏文章也都不怎么符合编辑们的口味。最终迪迪翁在合同到期之前就提出了解约，因为编辑们不肯刊登她的专栏文章。很多年后，她在《奇想之年》（*The Year of Magical Thinking*）中提到这件事时会对编辑的冷漠评论作出回击。

这暗示了有关迪迪翁作品的一些重要特征：即使在她描述无法忍受的绝望，在她感觉自己的生活正在随着这个国家一起分崩离析的时候，至少还有另一个运转的引擎在支撑着她。任何一个像迪迪翁描述的那么沮丧和失落的人都不可能写出如此精准的句子，不可能选择如此切中要害的用词。以承认她有可能离婚的文章为例，隐藏在那背后的引擎可能正是愤怒，她愤怒的原因是编辑认为她不是像那些正要去西贡的"男性"一样大胆的作家，这导致她没有机会发挥自己全部的能量。这是一个完全可以被收入"糟糕编辑决策博物馆"的错误。

迪迪翁重新开始写小说了。她偶尔会为《时尚先生》供稿，但是发现自己也很难融入那里的风格。从有男性注意到她的作品并希望发表她的文章的意义上说，她显然也已经是"男孩儿"中的一员了，然而她还是无法彻底适应他们的体系。

尽管如此，在女性解放运动正好达到顶峰时，转向女性的杂志对她来说仍然是不能接受的。就像桑塔格一样，她无疑也会被问到关于对这些突然无所不在的意识提升（consciousness-raising）①的圈子的忠诚度问题。不过迪迪翁一直没有直接作出

---

① 二十世纪六十年代女性主义运动的一种方式，以"个人的即政治的"口号为旗帜，由公民权利运动发展至妇女解放运动，将"政治"和"经济"延展至身体、情感、家庭等过去被视为私人的范畴，也常称为 awareness-raising。——编者注

评论，直到 1972 年，她才在《纽约时报》上发表了一篇名为
《女权运动》(*The Women's Movement*) 的文章，其中列出了
十六本激励人心的书籍。只不过她显然是因为被《纽约时报》
几个月前发行的"女性特刊"弄得厌烦了才这样做的。

迪迪翁不愿意为这个刚刚兴起的第二波女权运动赋予过多
根据或意义。她甚至向它作出了自己职业生涯中最直白的一些
攻击。她谈到舒拉米斯·费尔斯通 (Shulamith Firestone) 撰
写的激进的女权主义著作时说："这种头脑发热的激情似乎很有
新英格兰特色。"[33] 她将这项运动的某些方法与斯大林主义相提
并论，特别提到英国作家朱丽叶·米切尔 (Juliet Mitchell) 描
述的在意识提升会议 (conscious-raising session) 中运用毛泽
东思想的实践。她还在那些将《她选择的伴侣》和《她们》中
的女性人物拆解为无法辨识、过度政治化的漫画人物的女权主
义理论家面前为玛丽·麦卡锡辩护："她无法自由的原因是她总
是想从男人身上寻找自己的身份。"[34]

然而，迪迪翁的文章并不是对女权主义理念的完全排斥。
她只是表露了对于这个在她看来整体上已经陷入了争论琐碎问
题的泥潭的统一运动的担忧，因为它争论的都是诸如怎样分担
洗碗之类的家务活这样的问题。

> 当然，在运动初期，对这种琐事的滔滔不绝的陈述是
> 至关重要的，这是将女性政治化的一种关键技术，因为这
> 些女性可能已经习惯于遮掩自己的愤怒，哪怕是在自己面
> 前……但是，如果一个人拒绝理解更广泛意义上的问题，
> 不能实现从个人上升到政治的飞跃，那么这些发现就是没
> 有任何作用的。[35]

迪迪翁还认为，在一些女权主义者的书中，她们构建了一

种自我妄想，迪迪翁将之概括为"受自己的妇科医生迫害"、"每次约会都被强奸"的"每个女人（Everywoman）"。迪迪翁并不否认女性是被看低的对象，是性别角色限定的刻板印象的受害者。考虑到她这个时期的人是怎么描述她的，以及她无法顺利地融入男性主导的杂志圈子，我们无法想象她会否认这些观点。但是她认为这项运动的主要作家们表达的那些愿望是极端幼稚的。她认定"这些皈依者想要的不是革命，而是'罗曼史'"。

220　　　迪迪翁以前也谈过女性的状况，往往是在写多里斯·莱辛（Doris Lessing）的上下文中提到的。她写过两篇关于她的文章：一次是为《服饰与美容》，一次是为《纽约时报书评》。在《服饰与美容》上的文章中，因为版面有限，她只说了自己不赞同莱辛的身为女性本身存在一些"不公"的观点。当迪迪翁被邀请评论科幻小说《地狱之行简报》（*Briefing for a Descent into Hell*）时，她对莱辛的看法已经柔和了不少，部分原因是莱辛本人在此时对女权主义政治的看法也发生了变化。如莱辛形容的那样，《地狱之行简报》是一本"内心空间小说"，它更多是讲疯狂和精神错乱的，而不是要批判现代社会结构的。尽管迪迪翁并不特别喜欢这本书，但她仍然不遗余力地赞美了莱辛，在她看来，莱辛对所有政治思想和行动的直白形式有了彻悟，就如迪迪翁对女权主义的看法一样：

> 　　寻求解决方案的冲动不仅是她的困境，还是她的时代的指导性妄想。这不是一种我会尊崇的冲动，但莱辛夫人的坚韧不拔中存在着某种最终会让人感动的东西。[36]

迪迪翁和她对女权主义的排斥之间还是存在一些曙光的。她似乎是以一种隐蔽的方式表达了对于女权主义者的目标和希望的同情，尽管她仍然厌恶她们的策略和文章。这种曙光并不强烈，但也是有一定意义的。

　　不过另一方就未必这么看了。几位女权主义活动家写信到《纽约时报》投诉。其中之一就是苏珊·布朗米勒（Susan Brownmiller），她的作品《违背意愿》（*Against Our Will*）也是被迪迪翁列入自己那篇文章中的作品之一。布朗米勒指出迪迪翁从来没有把自己明确定位为左派，还曾经为《国家评论》撰稿，所以她隐晦地继续说道：

> 　　真正的硬汉总是站在对手一边，这不是很有趣吗？一周中的任何一天，我都宁愿选择穿着靴子和蓝色牛仔裤，而不是留着修剪整齐的长指甲。[37]

　　迪迪翁的这篇《女权运动》将她永远地排除在了女权运动之外。事实上，自此以后，人们普遍有了一个批评她的理由：她似乎在以她自己的方式表现某种符合刻板印象的女性气质。尽管她一直在为复杂性辩护，但她却不敢承认在她所描述的这个运动中也发生了许多意识形态的内部争斗：小说家阿利克斯·凯茨·舒尔曼（Alix Kates Shulman）是争斗中的一派，宣传册作家舒拉米斯·费尔斯通则是另一派。但是在迪迪翁看来，她们都是一样的，都是被她称为"每个女人"的那种人，都应该能够作出与她们已经作出的不同的选择。

　　在二十世纪七十年代的剩余时间里，迪迪翁把主要精力花在了电影制作和小说创作上。她和邓恩合作撰写了电影版《顺其自然》，以及重拍版《一个明星的诞生》。她本人则出版了小说《公祷书》（*A Book of Common Prayer*）。她偶尔会为《时尚先生》撰写文章，但她的能量似乎不如以前了。在这段时间里多次避免了离婚的迪迪翁和邓恩夫妇是出色的聚会主人，筹备这些活动也要占据他们很多时间。直到二十世纪七十

221

年代末，迪迪翁才出版了自己的第二部非虚构作品文集《白色专辑》（The White Album）。

文集同名文章《白色专辑》以那句著名的"我们为了活着而给自己讲故事"³⁸为开头，文章内容是碎片化的。虽然这第一句话经常被当作一种自助性的咒语而引用，但迪迪翁其实还在这篇散文中列举了各种虚妄的幻想，最后得出的结论是，作家尤其应当为把某种叙事秩序强加到存在之上，以至于"冻结了经验的千变万化"而深感歉疚。

这篇文章中的内容包括一些迪迪翁多年来曾尝试着去做但最终失败的项目。具体来说，她提到了自己与二十三岁的琳达·卡萨比安（Linda Kasabian）的会面，她是曼森家族（Manson family）的成员，1969 年 8 月，一群家族成员杀害了莎伦·泰特（Sharon Tate）和在她家过夜的客人，卡萨比安在这个过程中负责开车。

从表面上看，卡萨比安的故事看起来像一个完美的迪迪翁风格的题材。这就是一个被关于爱和快乐的承诺困住的人，这些东西正是嬉皮士运动的诱惑所在——迪迪翁曾经用大量笔墨论述这些承诺都是虚假的。然而卡萨比安已经走得太远了，甚至是亲身参与了美国历史上最臭名昭著的谋杀案。这些谋杀太过残忍野蛮，在一个将犯罪视为夜间娱乐节目的国家中都算得上超乎寻常。不过迪迪翁最终没能就这个题材进行创作。曼森谋杀案和琳达·卡萨比安成了二十世纪六十年代后期的政治和社会泥潭中另一个梦幻般的元素，迪迪翁写到那是一段连自己都不知道自己在想什么的时间：

> 我非常清楚地记得那时候的各种误传，我也记得这件事，尽管我宁愿忘掉。我还记得当时没有人感到惊讶。³⁹

在《白色专辑》这本书中，迪迪翁从来没有明确地说，在二十世纪六十年代的道德和哲学空虚的状态下，是什么让她从痛苦中清醒。有可能是她正在制作的电影，也可能是她作为一名优秀的小说家的身份终于获得承认，因为《公祷书》收获了良好的反馈。还可能是没有了二十世纪六十年代的暴力和反常之后，她发现自己突然开始享受生活了。昆塔纳也在一天天长大，她的婚姻已经熬过了艰难期，她的收入也很不错。

迪迪翁就是在二十世纪七十年代交上好运的。她遇到了一位和她在《星期六晚邮报》的那些老编辑们相似的新编辑，后者也准备让她尽情发挥她在创作非虚构类作品方面的才华。此时担任《纽约书评》的两位主编之一的西尔弗斯很乐意让迪迪翁在自己杂志的页面上畅所欲言。她的第一篇文章名义上是在评论斯坦利·考夫曼发表在《新共和》上的电影批评文章，而实际上，迪迪翁打算瞄准的目标另有其人：

> 我曾经想知道宝琳·凯尔是如何能够流畅自如地使用那些漫不经心的从属句的，比如"如今电影工作室正在崩塌"，或者她怎么会对行业晚宴的复杂特性作出如此偏颇的解读，以至于将"好莱坞妻子们"描述为"在聚会上滴酒不沾、面色冷凝，坐在一边等着将她们醉醺醺的天才丈夫带回家的"女人。[40]

迪迪翁还继续嘲笑了像凯尔和考夫曼这样在不知道电影是如何制作出来的情况下就在自己的文章中对电影指手画脚的人。她说他们顶多是希望自己能给电影行业带来某种特定的智慧，但这种智慧的"效果其实就像是在纸巾上刺绣，其结果经不住什么严格的审查"。

考夫曼在读了这篇评论后才发现自己其实并没有被多作提

及，其至连迪迪翁使用的四段引文也都来自他写的另一本书。于是他写信给《纽约书评》陈述自己的反对意见，并且对迪迪翁写评论的真实动机作出了推测：

> 一个可能的原因是：在 1972 年 12 月 9 日的那期《新共和》上，我评论迪迪翁女士的电影《顺其自然》时提到了她的同名小说，并表达了我对这两个作品都很厌恶的想法。（厌恶的依据主要是她在自己文章中证实的：这部电影表面上要探讨严肃的主题，其实明摆着就是一种行业产品。）如果我当初赞扬了她的作品，也许迪迪翁女士依然不会喜欢我的文章。我希望如此。但贵报的读者大概会想要知道这有可能是睚眦必报的结果。[41]

迪迪翁一如既往地作出了回应。她坚称就算考夫曼积极评价了她的作品，她依然不会喜欢他的文章，而且"我也会对自己的作品有所怀疑"。

"自我沉醉是和自我怀疑一样普遍的情绪"，[42] 她在评论伍迪·艾伦的作品文章开篇写下了这句令人难忘的话。她对艾伦的抱怨与她在十八年前就塞林格的作品发表的意见几乎相同。艾伦扮演的所有角色都是"聪明的孩子"，他们说出的那些带着小聪明的评论都是没有一个严肃的成年人能够轻易接受的。当他们列举让自己活下去的理由时，他们都痴迷于琐事，比如棒球明星威利·梅斯（Willie Mays）和爵士乐歌手路易斯·阿姆斯特朗（Louis Armstrong）：

> 伍迪·艾伦列出的清单就是一份最终的消费者报告，它被认可地引用的程度表明美国出现了一个新阶层，一个次世界，其中的人们僵化地理解一切，他们到

死都穿着不搭调的运动鞋，弄错交响乐的名字，偏爱
《包法利夫人》。

迪迪翁还特别质疑了《曼哈顿》中唯一还在上高中的角
色——玛丽埃尔·海明威（Mariel Hemingway）扮演的特蕾西
（Tracy）。迪迪翁称这个角色就是依据她所谓的"另一种青春
期幻想"塑造出来的。她觉得特蕾西太过完美了，而且缺少一
个会阻止她和艾伦扮演的四十多岁的神经质男人约会的真实的
家庭。一个男性读者给编辑写投诉信，过分详细地表达了反对
迪迪翁对显然是他最喜欢的电影制作人的不敬。对此迪迪翁是
如何回应的呢？她说："哦，哇。"43

凯尔和迪迪翁一直没有冰释前嫌、成为朋友。詹姆斯·
沃尔科特在一本回忆录中提到，凯尔特别喜欢因为迪迪翁对
艾尔弗雷德·卡津说的一句话而窃笑，那句话是："唐纳大队
（Donner Party）① 令我困扰。"44 这真是太可惜了。能让这两
个人产生同感的问题理应不仅限于伍迪·艾伦，因为到这个时
候，迪迪翁也开始遭受那种往往追随着成功而来的奇怪的人身
攻击。

攻击之一来自作家芭芭拉·格里祖蒂·哈里森（Barbara
Grizzuti Harrison），她曾经担任《国家》的评论家，她写了
一篇名为《只是失去联系》（*Only Disconnect*）的文章。虽然
哈里森在迪迪翁有时会投射出没完没了的困苦这个问题上提出
了一些不错的观点，但从她开始取笑昆塔纳的名字那一刻起，
她就立即毁掉了自己的文章。

---

① 又称作唐纳-瑞德大队，指的是一群在1846年春季由美国东部出发，预计前往加
州的移民队伍，他们是由数个家庭组成的大篷车车队。由于错误的资讯，他们的
旅程遭受延误，导致他们在1846年末到1847年初受困在内华达山区度过寒冬。
在恶劣的环境下，接近半数成员冻死或者饿死，部分生存者依靠食人活了下来。

225 　　另一次攻击出现得晚一些，但是来自一个她熟悉得多的人：玛丽·麦卡锡。迪迪翁算得上某种麦卡锡的崇拜者；她经常在关于女性题材的文章中引用麦卡锡的话，还在批判海伦·格利·布朗和关于女权运动的文章中明确提到过麦卡锡的小说。但麦卡锡终于提到迪迪翁是在她评论后者于 1984 年出版的小说《民主》（*Democracy*）时，而且她对于这本书的评价是令人失望和缺乏诚意 ①：

> 　　可能谜题中的所有元素都出于电影。也许琼·迪迪翁只是希望自己是一个老派的编剧而非小说家。如果这就是原因所在，那么我感到气愤。因为一个人若想表现得自命不凡的话，他（她）至少应该比这更深刻。[45]

　　在这一点上，西尔弗斯似乎已经决定，迪迪翁的杰出智慧需要被用到一些更好的目标上，也就是那些可以让她花费数小时的探索性手段去研究的题材。几个月以来，她和邓恩一直在谈论去拉丁美洲看看，她告诉一位采访者说，这是她提出来的想法。

　　1982 年，迪迪翁抵达了萨尔瓦多。这里的共产党政府毫无疑问是一个可怕的暴力政权。一位大主教就在讲坛上被射杀了；摄影记者们用镜头记录下了大屠杀的场面。阿尔玛·吉列尔莫普列托（Alma Guillermoprieto）在《华盛顿邮报》上撰文关注这里发生的一切。汤姆·布罗考（Tom Brokaw）告诉迪迪翁和邓恩夫妇说这是地球上唯一一个他无法感到安全的国家。就这样，迪迪翁决定像她之前的桑塔格和玛丽·麦卡锡一样，走进黑暗的中心，看看她能在那里发现什么。

---

　　① 原文此处为 "deathlessness"，疑为印刷错误，可能应为 "depthlessness"。

与在越南的桑塔格和麦卡锡不同，迪迪翁在萨尔瓦多几乎不需要什么检验自己良心的理由，因为有太多可怕的事情等待着她记录了。

前往萨尔瓦多的人会立即获得一种特殊的实用信息，就像前往其他地方的游客要了解货币汇率和博物馆开放时间等信息一样。在萨尔瓦多，人们会了解到秃鹫最先吃的是软组织，眼睛，暴露在外的生殖器，以及张开的嘴巴。人们还会了解到张开的嘴可以被用来表明某种特定的立场，可以被塞入一些有象征性的东西；比方说，阴茎，或者，如果是与土地权利相关的争议，还可以塞入争议地区的泥土。[46]

226

迪迪翁就是从在萨尔瓦多时开始质疑自己的技巧的。在一个"代表萨尔瓦多可能获得拯救后的未来的样子"的购物中心里，她想知道记录这里销售了什么商品是否真的是一个好主意，这与外面发生的谋杀和恐怖事件太不协调了。她本想在作品中列出这些商品以表现讽刺意味的想法似乎也不再有趣或尖锐了。她会在最终创作的散文中明确地写到这一点，她觉得与其说自己是在见证"故事"，不如说是在"观察黑夜（noche obscura）"。

这种将注意力放在简单的叙事上的观点显然是迪迪翁在她的作品《白色专辑》中已经提出过的。要讲述一个故事，就是要找到事件所谓的核心，但有时候，核心并不能恰当地代表整件事。这是她在写自己的生活时学会的第一件事。她会写一些让读者觉得是某种坦白的文章，比如关于离婚的，关于她喜欢随身携带笔记本的，关于自尊的。但是她知道她该选择公开什么，以及回避什么；她知道她的故事中的某些元素需要被隐藏。公众愿意接受她所投射的形象这件事显然教会了她一些东西。

整个二十世纪八十年代，迪迪翁会继续写大量关于政治的文章。那时的美国已经熬过了充满幻觉的、梦一般的二十世纪六十年代，逐渐稳定下来，并且已经开始进入保守的里根时代。这个国家正在给自己讲述"美国的早晨"①，二十世纪六七十年代刚刚开始影响总统选举的大众媒体机器已经变得更加深奥复杂。《纽约书评》的西尔弗斯对迪迪翁谈到这个想法之后，迪迪翁就开始写关于政治的文章。西尔弗斯似乎明白迪迪翁最擅长的题材莫过于故事，还有什么能比国家政治中的故事更离奇呢？——这是一个将会反复出现在她的文章中的观点。

美国政治好像没有从迪迪翁早期的作品中学到任何东西。她在《白色专辑》中写到的"我们为了活着而给自己讲故事"这个事实并不是很受赞美。它会造成某种伤害。毕竟，故事都是自我欺骗的。我们用它们来避免自己看到真相中的某个元素，因为全部的真相在某种程度上让我们无法承受，或者说，在政治问题中，真相是让人尤其无法控制的。

所以在迪迪翁看来，报道1988年迈克尔·杜卡基斯（Michael Dukakis）失败的总统竞选的记者们就太过轻信了，他们太愿意接受这个被提供给他们的故事，然后在没有经过多少独立审查的情况下就把这个故事报道给公众。在这个故事中，杜卡基斯被说成将"成为总统"，但要实现这种转变的要素却一直被模糊带过，政治作家们似乎希望读者接受他们提供的故事而不提出任何疑问。迪迪翁写道："这个故事是

① 1984年的里根竞选团队制作的电视广告，广告词的第一句话是"美国又迎来了新的早晨"。

由一些相互理解，和或大或小的心照不宣的协议组成的，大家一致对某些可以被观察到的内容视而不见，目的就是为了获得一个有戏剧性的故事线。"[47] 这种对"权限新闻（access journalism）"① 的批评在当时很少见，因为只有身处迪迪翁这样的立场的人才能提出这种批评。迪迪翁的观察不能阻止记者和政治竞选团队中的公关人员的勾结，但她确实让社会更加注意这个问题了。

迪迪翁对政治记者的奴隶状态的批判很精彩，但让这种批判更生动的也许是其他一些东西，一些对政治记者生活的个人角度的看法。很久以前，她在一次聚会上遇到了一位名叫诺拉·埃夫龙的年轻作家并与其成了朋友。埃夫龙后来嫁给了卡尔·伯恩斯坦（Carl Bernstein），也就是通过报道水门事件有效地弹劾了尼克松总统的两位记者之一。他们的关系并不美好，但这段婚姻在建立初期还是非常稳固的。身为水门事件中的丑闻揭露者足以证明，伯恩斯坦不是迪迪翁厌恶的那种白宫党派路线的忠实奴仆。他们两人也成了朋友；二十世纪八十年代后期，伯恩斯坦写了一本关于他的共产主义者父母的回忆录，迪迪翁是最先读到这部作品的人之一。

但是，埃夫龙和伯恩斯坦的关系可就没有这么和谐了。

228

---

① 指引用来源不明的论断并不对之作检验和判断的新闻行为，往往信息单一，措辞含糊，预避采访结果，回避争议，比之新闻客观性和全面性的价值理念更看重通过名人效应引起关注，与政界、文艺界、体育领域等名人关系密切，通过特殊的权限获得消息，亦反过来为维持这种权限服务于这些名人。

第十一章　埃夫龙

　　诺拉·埃夫龙出版的唯一一本小说讲的是卡尔·伯恩斯坦以及所谓他毁了她的生活的故事。这对夫妇是在充满活力、多姿多彩的二十世纪七十年代的纽约相遇的，他们能够一拍即合的原因可能是他们都有一种好斗的精神。伯恩斯坦仍然拥有他因为在水门事件中发挥的作用而获得的桂冠；埃夫龙则是一位畅销的女权主义作家，还经常出现在电视上，已经被普遍视为一个风趣幽默的公众人物。用八卦杂志的术语来说，两位才华横溢的人彼此钟情就是天作之合。他们很快就成了某种"拥有一切的情侣（It Couple）"，并于 1976 年正式完婚。那时的他们身处世界之巅——直到他对妻子不忠，他们也跌下了神坛。

　　这至少就是《心火》（Heartburn）这本书为你描绘的情景：一段原本可能很完美的婚姻的血淋淋的终结。埃夫龙设计的叙事者雷切尔·萨姆塔特（Rachel Samstat）写道："第一天我认为这不好笑，第三天我依然这么认为，不过我已经可以用它开个小玩笑了。"[1] 不过这个玩笑并不小，《心火》是一个长长的，以不得不带着两个还在学步的孩子离开花心的丈夫的绝望为对象，还穿插介绍了各种食谱的大玩笑。叙述者因为自己没能早点发现丈夫偷情而自责不已，不过她对丈夫的怒火当然比对自己的更盛。埃夫龙写道："这个男人对着威尼斯式百叶窗都能发情。"这本书甚至会为痛批这个丈夫的方式而觉得不自在：

　　　　每个人都总在问我，他会不会因为你写这本书而生气？我不得不说，会的，会的，他生气了。他到现在还在生气。对于我来说，这是整件事中最让我着迷的地方之一：他背叛了我，然后表现得好像他才是受了伤害的一方，就因为我把这件事写出来了！

《心火》这本书就是埃夫龙经常用来形容自己使命的那句口号的化身："任何内容都是借鉴来的。"她遭遇了一场可怕的经历，然后把它转化成了每个人都喜欢的小说。虽然有些媒体质疑了这部作品，但《心火》成了一本畅销书，它让埃夫龙富有了一段时间；还帮她离开了伯恩斯坦。所以，它担负的使命几乎都完成了，但这也留下了一个后遗症：它使得埃夫龙将永远被这次经历定义。而无论从哪个方面来看，诺拉·埃夫龙都不是一个喜欢纠结于糟糕的往事的人。在她人生的晚期，她曾对一群韦尔斯利学院（Wellesley）的毕业生说道："最重要的是，做生活的女主角，而不是受害者。"[2]

这句话听起来鼓舞人心，但也有些油腔滑调。不过埃夫龙会这么说是因为她对身为受害者有所体会。在本书中提到的所有人当中，她是唯一一个与多萝西·帕克有直接联系的人。埃夫龙的父母都是编剧，他们在好莱坞时与帕克成了朋友。虽然在埃夫龙的童年时代，帕克是她家的常客，但埃夫龙对于帕克的记忆已经模糊："她身体瘦弱、娇小玲珑，眼睛里闪烁着光彩。"[3]年轻时的埃夫龙把帕克视为偶像，或者至少是崇拜着她表现出来的样子。埃夫龙为帕克曾经是"圆桌旁唯一的女性"，是曼哈顿每一个文雅聚会上的风趣而有才华的重要人物这件事着迷不已。她也想成为那样的人。她将这个目标称为自己的"多萝西·帕克问题"。当然，帕克的传记最终会纠正她对帕克的生活抱有的幻想，也会让她了解关于酗酒和"受害者"情结的问题。埃夫龙宣称自己从那时起不情愿地放弃了这个梦想。"在人们过于认真地弄清楚一切之前，那原本是一个美好的神话，放弃它很难。"

其实埃夫龙自己家中也发生过幻想破灭的事，只是她不愿意

承认而已。诺拉 1941 年出生，是菲比和亨利·埃夫龙（Phoebe
and Henry Ephron）的四个女儿中的老大。因为一种性格和天赋
的神奇配比，这个家庭里的人创造了大量的文字作品。四个姐妹
最终都会成为作家，其中三个是回忆录作家。亨利·埃夫龙本人
也写了一本回忆录。据大家所知，这种自我展示的艺术是从埃夫
龙家的餐桌上就开始培养的。一家人每天晚上都会比赛谁是家中
最风趣的人。在这个家庭的历史中，特别是诺拉选择抛在脑后的
那段过往中，这样的时刻大多被描绘成了诙谐幽默的场景。她说
是他们让她体会到了幽默具有的让人自由的威力。

最有趣的人是埃夫龙的母亲菲比。她像丽贝卡·韦斯特
的母亲一样是位多才多艺的女性，而且可能也像她一样嫁错
了人。

菲比·埃夫龙在布朗克斯区（Bronx）长大，曾经在商店里
做店员。她在一个聚会上遇到亨利时，后者还只是一个有抱负的
剧作家。菲比受到了亨利的追求，但是在同意嫁给他之前，菲比
坚持要先读读他的作品，看这些作品是否足够好。[4] 这是一个全
家人都很喜欢的故事。菲比凭借自己的本事赢得了权威，她总能
吸引房间里所有人的注意。她告诉女儿们说，生命中没有比独
立更宝贵的价值。诺拉记得母亲从她们很小的时候就对她们说：
"如果我没能教会你们要自己作决定，那告诉你们我的想法也没
有用。"[5] 菲比的生活也是一种例外。她和帕克一样是好莱坞为数
不多的女性编剧之一，她坚持做只有男人能做的事情：

> 她不是空想家或教条主义者；虽然她用《玩偶之家》
> 的女主角的名字给我取名，但她无法忍受被称为女权主义
> 者。她只是我行我素，就因为有她为榜样，我们从小都是
> 带着对自己能力和命运的盲目自信长大的。[6]

其中的 231 位于页边左侧。

　　这样的勇气听起来值得尊敬，这就是一个讨厌女权主义这个名词的女权主义者的完美故事。（韦斯特和埃夫龙的名字都来自易卜生的戏剧是一个美丽的巧合。）但是后来埃夫龙透露，从她十五岁起，母亲开始大量饮酒。埃夫龙写道："前一天，她还不嗜酒，第二天她就成了彻头彻尾的酒鬼。"[7]随着酗酒一起出现的还有大量的叫喊和争吵。（亨利也喝酒，而且还是一个花花公子。）埃夫龙承认，她在菲比人生的最后几年甚至会惧怕母亲。当母亲到埃夫龙就读的韦尔斯利学院看望她时，埃夫龙发现自己一直紧张地等待着必然发生的事，整晚都在担心母亲会开始疯狂尖叫。不过对于埃夫龙的同学来说，那时的菲比是一个非常有魅力的人物，因为埃夫龙的父母写过一部在百老汇大获成功的剧本。菲比·埃弗龙的酗酒问题会一直持续十五年，几乎不曾间断，直到她五十七岁时死于肝硬化。

　　诺拉·埃夫龙在给母亲的悼词里并没有提及所有这些事，因为她要花很长时间才能消化这一切。菲比·埃夫龙就是那个创造了"任何内容都是借鉴来的"这句话的人。但在最初，并不是任何内容都可以被借鉴。埃夫龙直到七十多岁时才会在文章中承认，自己在很长一段时间里都希望母亲早点去世。在此之前，她讲到的自己家庭的故事都是简单清新，田园诗一般的，只有说俏皮话的天赋简单地从上一代传递给下一代而已。埃夫龙经常反复讲述一个特定的临终故事是这样的：

　　　　我想她那时已经知道自己快死了，她转向我说："你是记者，诺拉，要记笔记。"这让她听起来比实际上更坚强。她曾经很坚强——那很好——但她曾经也很温柔，有些神秘，并且非常骄傲。[8]

　　埃夫龙会一次又一次地重复"记笔记"的故事，但关于温

233 柔——关于她母亲的矛盾——则大部分未被提及，直到埃夫龙在 2011 年出版的最后一些散文集中写到母亲的酗酒问题时，这些内容才终于浮出水面。可见菲比·埃夫龙在坚强和风趣之外，还教会了女儿一些关于人性的东西。

*

埃夫龙从很小的时候起就不得不建立起一种人格面具。她的父母极度坚持"任何内容都是借鉴来的"的信念。当她还是个婴儿的时候，她的父母就把他们在布朗克斯与菲比的父母一起生活的经历写成了一部名为《三人是一家》（*Three Is a Family*）的戏剧。这部剧是一场轻松的闹剧，意在作为晚间的娱乐消遣，但却引来了不好的反响。当这部戏剧被改编成电影时，宝琳·凯尔特别讨厌的《纽约时报》的电影评论家，傲慢自大的博斯利·克劳瑟（Bosley Crowther）称该电影"特别幼稚"。[9] 后来埃夫龙到韦尔斯利学院上学时，她写的家信激发了父母创作另一个剧本的灵感，这部名为《抓住她，她是我的》（*Take Her, She's Mine*）的舞台剧实际上也是她父母最后一部真正受欢迎的作品。父母显然为女儿的风趣感到骄傲，他们忍不住在戏剧中直接引用了她的原话：

> 附言：我是班上唯一仍然戴着牙齿矫正器的人。我可不想在这种事上鹤立鸡群。请询问希克医生（Dr. Schick）这是否绝对必要。如果他说是，那么我很可能也还是要摘掉它。[10]

这部剧在百老汇首次登台时，埃夫龙还是马萨诸塞州韦尔斯利学院的一名大学生。批评家们立刻爱上了这部剧。《女装日报》(*Women's Wear Daily*)称其为"欢笑的暴风雨"。[11]
《剧艺报》也表示认可,说它"讲故事的方式很有趣,台词
中充满了会让人掩口轻笑或捧腹大笑的内容"。[12] 这部剧从
1961~1962 年一直上演了将近一年的时间。校园里的每个人都
知道它。

埃夫龙会以她标志性的冷淡描述这一切。但是她从很小的
时候就已经有机会了解成为别人作品的素材,让别人从她的生
活里挖掘可作为戏剧和电影剧本内容这件事带来的无奈了。正
如琼·迪迪翁的那句名言说的那样:"作家总是要出卖一些人
的。"[13] 埃夫龙比大多数人更早地了解了这个规则。她从不谈
论这件事给她造成的困扰,但这种困扰体现在了她所做的一切
事情上。

234

*

不管怎么说,埃夫龙显然不是一个喜欢沉迷于往事的人。
她总是说 1962 年离开韦尔斯利学院前往纽约时的自己反而觉
得像是要回到家乡一样。她童年的大部分时间都是在贝弗利
山庄度过的,但她坚持认为自己从未喜欢过那里。她没有写
过多少关于高中时代的文章,她青少年时期的照片看起来尴
尬笨拙,穿着打扮一点儿都不时髦。她似乎也没有任何明确的
职业抱负;她不像桑塔格一样整个青少年时期都在渴望想象
中的欧洲。她到达纽约之后直接去了一家职业介绍所,跟中介
人员说自己希望成为一名记者。职业介绍所知道《新闻周刊》
(*Newsweek*)有一些职位空缺,但中介人员告诉她,那里的女
性都不是作家。与我们印象中的总是抗拒性别规范的埃夫龙不
同,她说当时还年轻的自己轻易地接受了这些障碍。

　　我从没想过要提出异议或者说："你对我的看法将被证明是错的。"当时的人都认定，如果一个女人想要做某些事，她就必须成为能超越标准的特例。[14]

　　埃夫龙和一位朋友一起住在沙利文街（Sullivan Street），当时这里还被认为是格林尼治村的南部，她搬进来的时候正好赶上这一地区在庆祝圣安东尼节（Feast of St. Anthony）。

　　埃夫龙在《新闻周刊》的工作不是报道新闻的记者，而是一名调查员。所以从写作的角度说，这个职位让她失望；埃夫龙离署名文章最近的时候，是看到被放在自己的老板，报纸总编的办公桌上的别人的文章的时候。和本书中的其他许多人一样，埃夫龙实现突破的机会也不是来自某个有声望的杂志社的编辑，而是来自一个规模较小的杂志社的编辑。维克托·纳瓦斯基（Victor Navasky）是一份名为《单片眼镜》（Monocle）的幽默杂志的编辑，后来还会成为《国家》的编辑。埃夫龙在杂志举办的众多聚会之一上认识了纳瓦斯基。他觉得埃夫龙很风趣，所以当1962年末出现报社罢工时，纳瓦斯基邀请她写一篇诙谐模仿文，她要模仿的对象是当时的一个著名八卦专栏，叫"莱昂斯的小窝（Lyons'Den）"，专栏作者是伦纳德·莱昂斯（Leonard Lyons）。结果这篇文章引起了《纽约邮报》编辑的注意，他们立即向埃夫龙提供了一份记者的工作。

　　对埃夫龙的文章印象深刻，并作出抓住她这个人才的决定的人是《纽约邮报》的出版人，多萝西·希夫（Dorothy Schiff）。希夫是一位已婚的社交界名人，她展现了一种富有女性的独立性，这一点与后来的《华盛顿邮报》出版人凯瑟琳·格雷厄姆（Katharine Graham）相似。埃夫龙后来写了一篇言辞激烈的评论希夫的文章，因为内容太过严苛，以至于她觉得有必要在开篇处事先说明："我将要在这里做的事让我感觉糟糕。"[15] 但是，如果没有希夫，就不会有后来被美国人熟知的诺拉·埃夫龙。在那些年里，首先是名记者，其次才是作家这个概念是埃夫龙人格面具中的一个重要部分。她说到的激励她成为记者的人经常变。有些时候，她说这个人是二十世纪三十年代 ① 的喜剧《女友礼拜五》中的希尔迪·约翰逊（Hildy Johnson）。埃夫龙喜欢笑话，也喜欢喜剧。她将开玩笑视为必不可少的生存技能。这意味着埃夫龙从很早开始就知道，她想成为公共事务的观察者而不是参与者：

> 被新闻行业吸引的人通常是那些因为自己的玩世不恭，或情感疏离，或沉默寡言，或其他什么因素而只能作为事件的见证者的人。有什么东西阻止了他们参与或投入这些事件，让他们保持置身事外。把我与我所写的东西分隔开来的是怀疑，是一种认为事情很荒谬的感觉，这让我对很多事情都无法太当真。[16]

埃夫龙在《纽约邮报》时显然遇到过很多荒谬的事。尽管她总是赞美这个地方教会她如何报道和快速写作，但她其实并不喜欢这个地方。整个办公室都脏乱不堪；记者们没有属于自己的办公桌，他们每天都得争先恐后地抢占一个座位。但埃夫龙有一种与生俱来的坚强性格，这可能是从她母亲那里继承来的，甚至可能就是由她母亲培养的。在挑战之下她似乎发展得很好。她报道过各种题材：很多犯罪案件，不少对当地政客的介绍，甚至还写过一位名叫苏珊·桑塔格的迅速走红的新作家的传略。（那是一篇平淡无奇的文章；她们谈到了生活在聚光灯下的感受，还谈到了桑塔格的继父以及他对她说如果她读太多书，可能永远也嫁不出去的事。[17]）

236

---

① 此处疑有误，该电影应为 1940 年上映。

但是在这里的工作内容并不总是好的。希夫对她的报纸或她自己的声誉都不怎么在乎，她是一种反复出现的怪异和焦虑的源泉。她为人小气，不愿意慷慨对待她的员工。希夫是当时纽约唯一的女性出版人，但她绝不是一位女权主义者。她不喜欢贝蒂·弗里丹（Betty Friedan），因为她担心正是阅读《女性的奥秘》（*Feminine Mystique*）这类书鼓励了她女儿离开自己的丈夫并投身政治事业。有一次，多萝西·希夫试图让埃夫龙去调查住在自己隔壁的导演奥托·普雷明格（Otto Preminger）是否在他的公寓里安装了桑拿房。希夫认为有这种可能性的证据是她说自己在一天中的所有时间都能听到流水声。埃夫龙给她发了一份备忘录，耐心地解释了桑拿房不需要流水。于是希夫又将这个任务安排给了另一名调查记者。他当然也查不出任何东西。

值得一提的是，我们能知道这么多关于多萝西·希夫的荒谬故事，就是因为诺拉·埃夫龙把这些内容都记了下来，否则它们可能会随着时间的推移而被人遗忘。在离开《纽约邮报》很久之后，埃夫龙在为某杂志写的新闻专栏中不仅列举了希夫的所有糟糕品质，还总结了这份报纸的各种缺点。在这篇专栏文章中，埃夫龙说在广播节目中讲述普雷明格的故事之后，自己最近才刚刚与希夫讲和，但是此时又要对她进行攻击了。她这么做的主要原因是《纽约邮报》是一份"糟糕的报纸"，以及希夫就是掌舵的玛丽·安托瓦内特（Marie Antoinette）："她会说就让人们阅读糟糕的东西吧（let them read schlock）①。" [18]

---

① 此处将希夫比作玛丽·安托瓦内特是为了借用后者的那句（如果农民没有面包，）"就让他们吃蛋糕吧。（Then let them eat brioches.）"不过实际上并没有记录证明玛丽·安托瓦内特真的说过这句话。

使埃夫龙成为一名优秀记者的置身事外的特殊素质也让她非常愿意攻击自己的雇主。多年来，她不惜激怒她认识的人的意愿，以及用凯尔或韦斯特或任何前人使用过的方式作出的攻击成了她的一种职业资产。比如她对朱莉·尼克松·艾森豪威尔（Julie Nixon Eisenhower）的评价就极具攻击性："我认为她是一只蜘蛛。"[19] 正是这种猛烈凶狠让她登上电视节目，并建立起一名社会批评家的声望。此时距离她在二十世纪八十年代时因为自己创作的那些更温暖、更宽容的浪漫喜剧而为人所知还有很长时间，但从某种程度上说，她从来没有改掉置身事外这个习惯。女演员梅格·瑞恩（Meg Ryan）在接受采访时曾经说过："我认为她对语言比对人更忠诚。"[20]

埃夫龙离开《纽约邮报》后成了一名自由职业者。感觉到她可能会成为一位优秀的评论家的《纽约时报书评》是第一个真正开始让她发挥才能的地方。她就是在这里发表了一篇模仿安·兰德（Ayn Rand）的"头部遭受创伤性损伤的海明威"风格的诙谐模仿文：

> 二十五年前，霍华德·罗克（Howard Roark）笑了。他赤身裸体地站在悬崖的边缘，脸上涂着颜料，他的头发和鲜亮的橙子皮一个颜色，他的身体笔直，每个线条和角度都清晰流畅，每个弯曲的地方都变成了光滑，整齐的平面，霍华德·罗克笑了。[21]

对《纽约时报》安排的每一个主题，埃夫龙都会带着浓厚的兴趣深入探究。迪克·卡韦特（Dick Cavett）是一位脱口秀节目主持人，作家们会在这位梳着精心打理的发型的主持人面前争论一些他根本听不懂的问题。诺拉·埃夫龙早期为这位主持人写过一篇传略。卡韦特的经纪人管他叫电视先生（Mr.

Television），起初似乎是为了取笑他，但他写了长长的，充满琐碎小事的四段话来拒绝这个头衔及进行自我批评。埃夫龙连续引用了全部四段话，以此来说明卡韦特所谓的自我沉醉已经到了什么地步：

238
　　　　我还会收到问我为什么总是系同一条领带的来信。我没有总系同一条。我有两条。[22]

　　她还写过一篇赏析雷克斯·里德（Rex Reed）的文章，里德是一位记者，后来成了电影批评家。埃夫龙称他是"一个轻佻、好窥探，脾气不好的男人，他看待事物的眼光很敏锐，并成功地让我们所有人成了偷窥者"。[23]她明确表示，这些都是让她欣赏的作家的品质。

　　不过，埃夫龙并没有将多少早期的作品收录起来，比较这些文章和她其他的作品时，你很可能会怀疑问题通常是出在编辑给她指定了乏味的主题上。1969 年，她为《纽约时报》撰写了一篇名为《出版商约在哪里吃饭》（Where Bookmen Meet to Eat）的文章，其中记录了代理人、图书编辑和作家总喜欢花很长时间一起吃午餐这个易于被拿来取笑的主题。埃夫龙处理这个主题时很谨慎，不过在文章末尾她还是设法说服了一位经纪人承认"这样的两小时午餐时间还不如用来回电话"。[24]

　　当然，埃夫龙也必须小心地保护自己的谋生能力。在那段时间及后来的采访中，她说在 1974 年之前，她一年的收入不超过一万美元，堪堪满足生活需要。[25]埃夫龙和她之前的桑塔格一样，也靠为女性杂志写文章挣钱，特别是《世界主义者》（Cosmopolitan）。创作那些文章并不总是令人愉快的，因为用埃夫龙的话说，那些作品不能按照"最能让身为作家的我感到满意的知性水平"完成。我们有理由怀疑这些作品也是将她推向女权运动的原因，因为她对分配给自己的题材，尤其是海伦·格利·布朗安排给她的那些感到无比沮丧。不难想象，当时她能写的无非是关于形象改造、旅行、性和科帕卡瓦纳歌舞女郎（Copacabana showgirls）的文章。

但格利·布朗确实让埃夫龙创作了一个突破《世界主义者》通常的活泼风格的题材。可能是因为时尚小报《女装日报》总是用不友善的言辞来记录格利·布朗作为杂志编辑的职业生涯，而且这些内容让格利·布朗感觉受到了伤害，所以她同意让埃夫龙就此问题写一篇文章。埃夫龙痛批了《女装日报》编辑的自命不凡。她写道这份报纸不过是一个八卦小报，其受众只是一小群被称为"女士"的读者，埃夫龙无情地嘲笑了她们奢侈无度的虚荣生活："除了中间吃顿午饭，成天无事可做的日子让人觉得有点难为情。"[26] 她还说这份杂志就是一个"代理贱人"，它在找借口嘲笑名人外表的同时，硬把自己的行为称作新闻报道。

埃夫龙正是在借用这本杂志自身的风格来打击这本杂志的：据埃夫龙说，该杂志的习惯是表面上装出一副值得相信，随便开个玩笑的样子，借此来遮掩它对那些职业女性作出的，关于她们的穿着打扮、她们的约会方式，以及她们如何打理自己的工作事务的破坏性的评论。埃夫龙后来写道，《女装日报》根本没有注意到这种在语气和风格上的讽刺的模仿，还威胁说要起诉。

但是，海伦·格利·布朗也许早该想到，埃夫龙在为《世界主义者》写文章的时候，同样也在收集关于这本杂志的材料，更具体地说就是关于它的主编的材料。埃夫龙的文章也吸引了《时尚先生》的编辑的注意。她在那里发表的第一篇文章就是格利·布朗的传略，而且是一篇试图凸显她最糟糕的个性特征的作品。在这篇传略中，埃夫龙认为格利·布朗的问题不

239

是她受到批评时只会哭，也不是她的批评者们经常提到的一些道德败坏的倾向，比如她建议年轻女性与已婚男士约会。相反，她抓住自己曾经的主编不放的问题是一个可能只有在这份杂志中工作过的作家才能看得如此清晰的问题：那就是格利·布朗对全体女性的智慧的侮辱：

> 她非常努力地想要证明，有超过一百万的女性愿意花60美分买这份杂志，不是为了了解政治，也不是为了了解女性解放运动，更不是为了了解越南战争，她们只想了解如何找到如意郎君。27

240　　这一论点与迪迪翁对海伦·格利·布朗的看法不无相似之处。迪迪翁也在文章中抱怨过某位流行杂志编辑的低俗品味，说她希望成为"小公主，成为实现自己的书籍和所有广告中悄悄承诺的愿望的女人，成为遇到各种好事的女孩"。28 但是，埃夫龙并不是站在一个高人一等、鄙夷轻视的立场上写这篇文章的；因为她能够以迪迪翁所不能的方式理解这种轻浮具有的吸引力。所以，她才选择从一个更加民主的角度来批评格利·布朗。她承认自己也是《世界主义者》的读者和作家之一，她还问道："你怎么能对有你电话号码的人生气？"格利·布朗起初没有意识到埃夫龙的这种同情心。她讨厌这篇文章，更讨厌随文章一起刊登的配图，但是没过几天，她就原谅了埃夫龙。29

　　埃夫龙表达愤怒的下一个目标是耶鲁大学古典系教授，畅销小说《爱情故事》（*Love Story*）的作者埃里克·西格尔（Erich Segal），和诗人罗德·麦昆（Rod McKuen）。埃夫龙自称是一个通俗作品爱好者，尤其喜欢杰奎琳·苏珊（Jacqueline Susann）的小说。她断言道："我从不相信通俗套路会让人厌烦。"30 但她无法忍受西格尔和麦昆的多愁善感，也无法忍受他们给自己设定的在公众面前的人格面具，特别是西格尔的。菲利普·罗斯的《波特诺伊的怨诉》当时正与西格尔的书争夺畅销书排行榜上的位置，于是西格尔养成了一个公开谴责罗斯对性的露骨描绘的习惯。（对于一本情节俗套的爱情小说来说，《爱情故事》里完全没有性爱场面的描写倒是很不同寻常。）埃夫龙对此表示难以置信——

> 所有人都喜欢埃里克的演讲。所有人，或者说，除了电影批评家宝琳·凯尔之外的所有人。凯尔在弗吉尼亚州里士满（Richmond）的作者书籍午餐会上听过埃里克演讲的早期版本。之后凯尔对埃里克说他的演讲是在攻击言论自由，也是在拍听众的马屁。对此埃里克的回答是："我们到这儿来就是为了卖书，不是吗？"

这种能够站在一个广阔的现象之中，知道它是如何迎合和欺骗人格的最基本方面，然后又能够以一个内部人士的角度批评它的能力使埃夫龙成了几乎比其他人都出色的二十世纪七十年代事件的记录者——尤其是在对女权运动的记叙方面。她既能参与其中，又能置身事外，是一个总是被卷入所有事件，又能像局外人一样冷静旁观的存在。敏锐的感知力是种天赋，在那些年里，她很好地利用了自己的天赋。当然，埃夫龙后来作为电影制作人的声望几乎盖过了她作为一名作家取得的所有成就。但她的文字作品才是体现了她不可磨灭的印记的东西，这种印记来源于她的个性，她的识人能力，以及在这些人真正需要的时候，泰然自若地向他们发起攻击的能力。这让她成了那种人们会以她为荣，渴望取悦她，甚至有点怕她的朋友。这也是让她那一时期的作品都非常精彩的原因。

在埃夫龙职业生涯的大部分时间里，她都在以第一人称写

241

作。不过因为她早期接受的作为记者的训练，她始终觉得使用第一人称的方式有点儿不够公正。在《纽约邮报》时接受的训练让她学会了不要把文章写成自己的故事。所以最开始写散文的时候，她要在编辑的鼓动下才开始使用第一人称。但是到了1970年，当她把自己早期的作品收录到一本名为《疯狂聚会上的壁花》（*Wallflower at the Orgy*）中时，她承认她已经对这种限制感到有点儿不耐烦了。

> 某些时候，在采访进行过程中，我会感到一种几乎无法控制的想要张口大喊的渴望："我！我！我！说了太多你了。我呢？"[31]

多年以后，在作为一个真正著名的人物接受过各种采访之后，埃夫龙会为这种年轻时的虚荣心感到难为情。不过，没有任何一篇作品能够比她在1972年为《时尚先生》写的《浅谈乳房》（*A Few Words About Breasts*）更完整地展现埃夫龙本人，以及她的声音和她的视角。

写这个主题是需要观察结果做基础的：埃夫龙本人的胸部异常平坦。这显然是家族遗传的结果；她记得自己的毒舌母亲在女儿们要求购买第一件文胸时是这么回答的："为什么不用创可贴呢？"[32]

埃夫龙写道：女性加入了一场不曾停止过的"评论乳房大小"的游戏。她承认自己也曾执着于这个问题，甚至还购买过在二十世纪七八十年代随处可见的蛇油丰胸产品。一位大学时期的男友的母亲曾在谈话中向她暗示，由于这种缺陷，她永远无法在性方面获得满足。埃夫龙在文章结尾处写的一段话将成为她的一个标志性做法：她在这里考虑了所有与她的经验对立的论点，以及那些坚持认为乳房娇小的人穿衣服更合身，也更少被戏弄的人们。这是一种新闻行业的客观性的表现，但埃夫龙说自己从来不相信什么客观性，即便是在她害怕完全从"我"的角度写作之前也不相信。接下来，她就把这些东西全都戳破了——

> 我考虑过他们的观点了，试图设身处地地从他们的角度看待问题。我认为他们是在胡说八道。

这篇文章被刊登在 1972 年 5 月的《时尚先生》中，这是埃夫龙在她母亲去世后发表的第一篇文章。这可能有一些意义，而且这篇文章为杂志吸引了许多读者来信。

在写了关于她的乳房的这篇文章之后，《时尚先生》为埃夫龙安排了一个专栏。多年来，关于这个专栏应当关注女性问题的想法究竟是埃夫龙还是杂志编辑提出的说法不一。无论这个功劳应当归结于谁，这种安排确实是一个绝配。

在埃夫龙开始写这个问题时，她已经关注女权运动一段时间了，这意味着她已经收集了相当多的观察结果。她的第一篇专栏文章探讨的是一个几乎所有女权主义者都写过，但当时还很少有人愿意直白地论述自己观点的问题：女权主义革命是否会引发两性对对方性幻想的方式的变化？埃夫龙认为自己仍然足够正派到不愿太过明确地描述自己的幻想，但至少可以说其中涉及了支配地位的问题，而且她已经知道女权主义者不应当想要在性关系中处于被男性主导的角色。她没有在专栏文章中给出任何真正的答案，而是在最后写了一段充满自觉的话：

243

> 我意识到，在《时尚先生》上写一个关于女性的专栏有点像给一群爱尔兰天主教徒讲一个犹太人的笑话。我对这场运动的批评似乎是对男性和女性的双重背叛；在这样的上下文环境中，我想要带给这个主题的幽默感也可能会

被看作轻率无礼。[33]

埃夫龙确实是在敌人的领地中跋涉,至少在一定程度上是这样。当时的《时尚先生》还不像它现在这样依靠名人效应,而且它将自己视为一份文学杂志而不是时尚杂志。埃夫龙的专栏是独一无二的。她不像桑塔格和迪迪翁那样从远处观望女权运动,然后对它进行笼统的批评。但埃夫龙也不是那种一头扎进去的人,从这个角度来说,她并没有把自己的专栏当成支持任何政治纲领的阵地。

埃夫龙发动的第一次攻击是针对另一位作家的。阿利克斯·凯茨·舒尔曼(Alix Kates Shulman)是流行小说《前毕业舞会女王回忆录》(*Memoirs of an Ex-Prom Queen*)的作者。这本书在当时是畅销书,以主人公回忆自己被第一任丈夫强奸为开篇,之后就转向了该书真正的主题,即在男性主导的文化中,美丽正遭遇危险。"我曾经以为,如果我能确定我仍然美丽,离开就不是什么难事。"[34]舒尔曼接着宣称,实际上美丽的人和丑陋的人一样有很多困扰,只不过是不同的困扰。她还以玛丽莲·梦露等人为例来解释美丽带来的苦难。

埃夫龙从来没有被视为一个美女,她发现书中的这个论点让人难以接受。埃夫龙坚称,包括自己在内,"全国没有哪一个丑女孩不愿意用自己的困扰交换身为美女的困扰"。[35]

> 阿利克斯·凯茨·舒尔曼写道:"他们说长得丑更糟糕。"是的,人们确实这么说。而且人们说得很对。贫穷也会更糟糕,成为孤儿、成为胖子都会更糟糕。那不仅仅是与家财万贯、父母双全、身材苗条不同——而是更糟糕。

这篇作品因此戳穿了女权运动中非常流行的一句台词。舒尔曼是女权运动中的一位知名人物，她曾在《女士》杂志上刊登了自己和丈夫签订的婚姻契约，其中将人们可以想到的所有家务活都列举出来并分配给了婚姻双方。没有其他人以这种方式批评过她，尽管迪迪翁将舒尔曼的婚约作为女权运动正越来越纠结于琐事的证据。但埃夫龙不是把舒尔曼当作一个排斥整个运动的理由；实际上，她试图用一段更有同情心的评论来结束这篇具有杀伤力的文章。她说自己对舒尔曼的评价并不公平，对女权运动的也是如此："我正在努力，就像所有关于解放的事情一样，姐妹情也是一个难题。"

"姐妹情也是一个难题"也许可以被当作她的专栏文集的另一个标题。[埃夫龙在 1975 年时以《疯狂的沙拉》(*Crazy Salad*) 为名出版了这本文集。] 事实上，埃夫龙在其中的大部分文章里都在尽力用令人愉悦的说法描述女权运动，但她描述的不是女权主义强调的那些基本原则，而是现实中的女性对这些原则的诠释。有一篇专栏文章报道了格洛丽亚·斯泰纳姆 (Gloria Steinem) 和贝蒂·弗里丹 (Betty Friedan) 在迈阿密举办的 1972 年民主党全国代表大会上针锋相对的事。女权主义活动家在这次大会上的目标是在民主党的党纲中获得一些认可和承认，但是如埃夫龙看到的那样，她们除了内斗之外什么也没做成。那里发生的事情糟透了，但埃夫龙还是不得不对其进行描述，她特别写到了弗里丹对于年轻一代正在迫使她退居二线的方式感到的愤怒：

> 这 [个运动] 是她的孩子，该死的。她的运动。难道她应该静静地坐在那里，让一个漂亮、苗条的女人把她的孩子抢走吗？ [36]

当时的格洛丽亚·斯泰纳姆是女权主义者的一位实际领导，

245 其在媒体上的曝光度正处于顶峰时刻。虽然她比弗里丹更盛气凌人，还有朋友可以替她解决那些见不得光的问题。但是从埃夫龙的镜头中看到的斯泰纳姆并没有什么出众之处。乔治·麦戈文（George McGovern）对斯泰纳姆作出了某些关于党纲的承诺，后来却将她抛在一边，斯泰纳姆为此大哭一场。埃夫龙并没有像以前批评海伦·格利·布朗只会哭那样批评斯泰纳姆哭的问题，但是她为导致她大哭的理由感到困惑。"我从来没有因为生活中任何哪怕跟政治沾一点边儿的问题而哭过，我真的不知道该说些什么。"

埃夫龙告诉一位采访者说就因为她在报道中简单提到了斯泰纳姆的眼泪问题，她的许多朋友"对我大喊大叫"。他们中的一些人甚至为此而生了好多年的气。

然而大多数人还是很喜欢埃夫龙这种有同情心，但也保持怀疑的论调的。今天的我们有一种习惯，就是假设人们对女权运动只能有一种反应：要么全心投入，要么两不相干。但是，第二次浪潮并不是像迪迪翁这样的批评家们有时形容的那样，是一个完全统一的阵营。运动内部也充斥着派别分立，有对不同年龄、种族及其他各种女性内部的断层线如何反应"身为女性"这个问题的方式的争论。任何现实中的人在看到这一切时都无法不产生充满矛盾的观点。人们可能会同时感受到极端的、无法控制的满怀希望和失望透顶。

所有这些矛盾的感觉或许就是让埃夫龙成为一个强有力的发言人的原因：她在批评这项运动的荒谬和丑陋之处时毫不留情，但她是以一个运动参与者的身份作出这些批评的。而且一贯比较温和的埃夫龙偶尔也会对批评家的选择性省略提出更正。在一篇专栏文章中，她反对迪迪翁坚称的女人的生活包含"流血①，

---

① 指月经。

生育和死亡",她认为这种定义"离奇和令人费解"。[37]到这个时候,迪迪翁和埃夫龙对彼此已经变得友善,她们出入的都是相同的圈子。也许埃夫龙对迪迪翁产生了好的影响。当后者在二十世纪九十年代被问及对女权运动的立场时,迪迪翁似乎收回了她早先提出的批评观点。

246

> 我认为那篇文章是关于某个特定时刻的。我曾经认为女权运动陷入了纠结于琐事的困境中,它当时正朝着一个不理想的方向前进,它已经撞上了一堵墙,而且一直在谈论无关紧要的小事。然而,平凡化的趋势已经消退,这种运动设法存续了下来,它也不再仅仅表现为一场运动,而是成了一种改变了的生活方式。[38]

埃夫龙显然对于谈论女性的身体没有任何障碍;毕竟,她已经写过那篇关于乳房的文章了。1973年初,她还写了一篇名为《处理那个……问题》(*Dealing with the uh, Problem*)的调查性长文,她在文中勇敢地探讨了女性除味喷雾,即"外生殖器区域(或者更确切地说是会阴区外部)除臭剂"[39]的制造、使用和营销问题。她的置身事外的态度在这里依然很适合她,她几乎没有发表多少主观评论就足以让这个行业显得无比荒谬。

写男人对女人所说和所做的荒谬事情很容易,写女人对自己做的荒谬事则要困难一些。有一天,她发现自己在与苏珊·布朗米勒争论化妆的问题,这也是女权运动中存在明显分歧的一个问题。埃夫龙将这段经历写入了那篇关于舒尔曼的文章中,但没有提及姓名:

> 有一次我试图向另一位女权主义者解释我为什么喜欢

化妆；她也向我解释了她为什么不喜欢。我们俩都完全不能理解对方的想法。[40]

用一个专栏直接与这种运动中交替出现的狂热和矛盾斗争，这让埃夫龙发现自己很难既忠诚于运动又成为一名作家。"这场运动中反复出现的讽刺之一是，你没办法在说出关于运动的真相的同时避免在某些小问题上给它造成伤害。"[41] 她还说她发现评论女性作家写的关于第二波女权运动的书籍很难，因为虽然她认可她们的激情，但她并不喜欢这些女性的写作方式。她当然知道自己在批评这些作品时应当考虑到作者写作的良好初衷：

> 这就是女权运动中所谓的姐妹情，我猜这是好的政治，但并不是好的文学批评，也不是诚恳，更不是说真话。（此外，这还与如今男性在批评关于女性的书籍时采用的那种居高临下的腔调别无二致——那种无意识的以高人一等的身份自居，将关于女性或由女性创作的作品视为某种文学的子类型，认为它们是属于主流之外、并不完全相关，但挺有意思的东西的态度：这些女人是如何做的，我们一定得试着了解一下，无论那是什么。）

当然，这其中还有一些自我批评的东西，因为《时尚先生》将这个分析女性的专栏与杂志的其他内容分割开来这种做法本身就含有某种本质上的居高临下的感觉，更不用说这份杂志只将男性读者作为受众，在女性中的传播程度也远远低于在男性中的。一直让埃夫龙只写这些东西无疑是种根本性的浪费。后来她说是自己决定不再写这个专栏的，因为她已经厌倦了，她需要说的都已经说了。

然而在此之后，这个主题在一段时间之内还在继续为她提供着可借鉴的内容。被《纽约》杂志挖走后，埃夫龙会在那里继续写关于女性的文章。在最早的一些文章中，她攻击过一位朋友，作家萨莉·奎因（Sally Quinn），因为后者说自己一直把调情作为一种报道技巧。在分析自己对奎因的说法的愤怒时，埃夫龙提到一位最近接受了自己的采访，并逐渐与自己成为朋友的人对女性和职业竞争问题的看法：

> ［莉莲·］赫尔曼（Lillian Hellman）女士说："达希尔·哈米特（Dashiell Hammett）曾经说我具有一种最低劣的嫉妒心。我不嫉妒别人的工作，也不嫉妒别人的钱财。我只嫉妒那些能够利用男人的女性，因为我不知道她们是怎么做到的。"[42]

248

在《纽约》杂志工作的埃夫龙开始找回自己早些时候的出色状态，即简单直接地推翻声名显赫的媒体人物。《屋檐》杂志（*Penthouse*）的出版商鲍勃·古乔内（Bob Guccione）决定于1973年推出一本针对女性读者的杂志——《万岁》（*Viva*），该品牌的口号为："由问心无愧地享受女性的男性为你提供的杂志。"在埃夫龙的专栏中，你完全可以看出埃夫龙对于揭露古乔内的无知程度有多么兴奋，她像曾经批评迪克·卡韦特和海伦·格利·布朗时一样大段引用了古乔内的原话而不发表评论：

> 把所有事情都尽可能地考虑到的话，我不愿这么说但我认为这是真的，我比女性更了解女性。[43]

《万岁》在此之后持续出版了七年，但它不会成为女性之间互相引用其中内容的那种标志性出版物，这与古乔内的梦想和希望截然相反。

埃夫龙攻击的下一个目标是朱莉·尼克松·艾森豪威尔，因为埃夫龙发现她是一个骗子。在水门事件造成了灾难后果之后，一头金发、魅力出众的朱莉成了被尼克松家推到镜头前面的人。根据埃夫龙的记述，华盛顿的记者团几乎都爱上了她。

> 正如一位记者所说的那样，这并不是说有谁会相信她说的话，而是说人们相信她自己相信自己说的话。他们还会告诉你她很平易近人，这是真的，她还很开诚布公，这就不是真的了……这就好像在说，她是全美国唯一一个已经过了二十岁，却仍然认为此时的父亲和自己六岁时的父亲一个样的女性。[44]

249　　埃夫龙说这句话时可能掺杂了一些个人情绪，因为自从菲比·埃夫龙去世之后，亨利·埃夫龙就成了女儿们的负担。他开始写一本他取名为《我以为我们可以做任何事》（*We Thought We Could Do Anything*）的回忆录，这个题目直接来自他女儿给母亲写的悼词。埃夫龙后来坚称这本回忆录里全是没有意义的内容。[45]更糟糕的是，这似乎是一次赤裸裸的想要利用自己名气不断增长的大女儿赚钱的尝试，这一定让埃夫龙很受困扰。

此时的诺拉·埃夫龙已经很有名了。她会出现在多年前她曾经批判过的社会八卦刊物中，比如《女装日报》就经常提到她，甚至比过去提及海伦·格利·布朗的次数更频繁。她还经常出现在电视上。在一个节目中，主持人提到了她经常直击别人痛处的做法。

主持人：你有时候很恶毒，不是吗？

埃夫龙：哦，当然。

主持人：恶毒是一种乐趣，不是吗？

埃夫龙：不，你——

主持人：让我告诉你你怎么恶毒了。比如你那篇关于朱莉·尼克松的文章。

埃夫龙：你对朱莉·尼克松情有独钟。

主持人：我喜欢朱莉，是的。

埃夫龙：嗯，我不喜欢。我认为她是一个裹着巧克力的蜘蛛。[46]

埃夫龙的后续作品几乎都会采用这样的框架。后来某个时候，她会重新为《时尚先生》写文章，这一次她的目标从女性变成了媒体，还有很多她认识的媒体人：比如《人物》杂志（*People*），西奥多·怀特（Theodore White），还有某些《纽约客》作家的自命不凡。（她没有在这篇文章中提到凯尔。）埃夫龙甚至会对《时尚先生》发起攻击。有一次，她被卷入了《时尚先生》与作家理查德·古德温（Richard Goodwin）的争议中，最终《时尚先生》就由她为该杂志编辑的一篇古德温的传略引发的争议与古德温达成和解。而埃夫龙则撰写了一篇专栏文章批评这种做法。

有些人称埃夫龙生活的这个方面为刻薄的一面，然而在当时，读者似乎并没有觉得她很刻薄。甚至有些时候，连埃夫龙本人也不觉得自己刻薄。1975年《疯狂的沙拉》出版之后，埃夫龙接受了美联社的采访，她说：

250

你可以写一篇关于某个人的最充满溢美之词的文章，但是人们可能只会记住你说这个人"胖"……你很早就明

白了自己从事的这项工作并不是要让你与你所写的人成为朋友。如果你们是朋友，你就会缩手缩脚。⁴⁷

她在这里阐述的困境就是她在自己的写作过程中敏锐地感受到的。当埃夫龙成为一个家喻户晓的名字时，有些男人偶尔会在自己的专栏中诽谤她，或者说她有点小聪明、讨人喜欢，而不是赞美她的才华，他们还会说自己多想和她共度良宵。她看到了这种情况带来的影响，作为一位散文家，她被要求写哪些内容、思考哪些内容都受到了影响。她在 1974 年告诉一位采访者说"有些杂志不仅不会，甚至是根本不考虑给女性分配任何与经济或政治这类主题相关的题材"。⁴⁸

1974 年时刚离婚不久的诺拉·埃夫龙还对这位采访者说："单身让人分心。"［她在二十世纪七十年代早期刚刚嫁给了一位幽默作家丹·格林伯格（Dan Greenburg），这段婚姻维持的时间不长。］"我的意思是，婚姻对男女双方都有好处的一点是，它可以让你省掉为约会而付出的所有能量。那样你就可以把这些能量投入工作。你不必再担心明天找谁带你去参加晚宴。在我看来，单身需要占用很多时间。"伯恩斯坦帮她解决了这个问题。

无论出于何种原因，埃夫龙与伯恩斯坦的结合与她突然失去为杂志写文章的兴趣这两件事几乎是同时发生的。实际上，在二十世纪七十年代的后半段，埃夫龙几乎完全放弃了写文章，因为她把注意力转向了写剧本。她就是从这时起开始与艾丽斯·阿伦（Alice Arlen）合作撰写《西尔克伍德事件》（*Silkwood*），还在伯恩斯坦坚持不懈的追求下与他结为了夫妇。她对一位采访者说："我们决定在周日结婚，但是我们周三就结婚了，最完美的部分是，我们是在东方巴士公司的巴士上决定结婚的。"⁴⁹ 但是，她还告诉这位采访者说"考验婚姻是否成功不一定要看婚姻是否持续到最后"。

正如我们从《心火》中得知的那样，这段婚姻并没有持续到最后。"我在编故事方面非常差劲，"当采访者问她是否有写小说的意愿时，她会这样回答。但她还说，从她离开第二任丈夫的那一刻起，她就有一种确定自己会把这段经历写出来的感觉。与伯恩斯坦私通的女人的丈夫名叫彼得（Peter），他请埃夫龙吃了顿饭。当他们在街上碰面时，埃夫龙已经在观察和分析这个场景了，不过显然还没有意识到她会把这些也写出来：

> 我们约在康涅狄格大道（Connecticut Avenue）上的一家中餐馆门口，然后抱在一起哭了起来。"哦，彼得，"我对他说，"这太糟糕了，不是吗？"
>
> "这太糟糕了，"他说。"这个国家怎么变成这个样子了？"
>
> 我歇斯底里地哭着，但我想，总有一天这会变成一个有趣的故事。[50]

埃夫龙说，她最终意识到她母亲一生中重复的那句话，"任何内容都是借鉴来的"，其实讲的是一个控制的问题：

> 当你踩到香蕉皮滑倒时，人们会嘲笑你；但是当你给别人讲述你踩香蕉皮滑倒的故事时，它就成了你的笑料。所以你会成为笑话的英雄而非受害者。
>
> 我认为这就是她要表达的意思。[51]

《心火》成了一部非常畅销的作品，让埃夫龙赚了很多钱。她为电影版写了剧本，她的朋友迈克·尼克尔斯（Mike Nichols）指导了影片的拍摄。所有人都说伯恩斯坦非常愤怒。

252

他甚至在离婚协议中规定电影只能把他描绘成一个慈爱的父亲。她的一些朋友显然认为写这么一本书不是个好主意；在小说即将出版时，《纽约》杂志上刊登了一篇八卦文章，埃夫龙的第一任丈夫丹·格林伯格告诉文章作者说："诺拉本人是比书中人物优雅得多的人，也是一个更优秀的作家。"[52]

这本书如今已成为一种传奇，尽管电影版没能完全表现出小说的精妙之处，这可能是因为伯恩斯坦为了保护他和埃夫龙的两个孩子而给电影设定的条件造成的结果，也可能是因为电影不能像小说一样展现出一个有趣的叙述者的意识。影片成功与否太过依赖于雷切尔这个角色能否听起来像诺拉一样，能否拥有像她一样精准地审视世界和自身处境的方式，这样的内心活动复杂到无法在大银幕上被诠释出来，即便扮演者是梅里尔·斯特里普（Meryl Streep）也不行。然而，这是女权主义复仇的伟大流行作品之一，伟大到埃夫龙职业生涯后期拍摄的所有那些甜蜜蜜的电影作品都无法遮掩其光彩。

第十二章　阿伦特和麦卡锡和莉莲·赫尔曼

在汉娜·阿伦特生命的最后几年中，她一边教书，一边以令人羡慕的速度出版著作，这样的状态是只有那些已经达到人生中一个完全自在的境界的人才可能拥有的。但这种情况在1970年10月发生了变化。"海因里希于周日突发心脏病去世"，[1] 阿伦特在电报中这样告诉麦卡锡。当时，麦卡锡和她的最后一任丈夫，外交官吉姆·韦斯特（Jim West）一起住在巴黎。她立刻飞回纽约参加葬礼。

到此时为止，阿伦特和海因里希·布吕歇尔已经在一起生活了三十多年。没有他，她就成了孤家寡人。阿伦特在丈夫去世后不久写信给麦卡锡说："我现在坐在海因里希的房间里使用他的打字机，这让我有了一些能帮我坚持下去的东西。"[2] 实际上，失去了海因里希的阿伦特并没能坚持很久。1975年12月4日，她在与朋友共进晚餐时也因心脏病突发而去世。

麦卡锡被指定为阿伦特的遗稿保管人，她还自主承担起了葬礼的安排以及与家人协商的工作。在其他朋友之间，这样的行为可能会显得非同寻常的亲密，但就这两个人来说，最好的朋友会自然成为最主要的哀悼者。麦卡锡在纽约为阿伦特致悼词时，偶尔会用谈论情人的口吻谈论阿伦特，麦卡锡赞美她的外表，还有她躺在沙发上思考时的样子。她甚至以一种会导致她被嘲笑的方式谈论了阿伦特的腿和脚踝。但如果你考虑到麦卡锡把她的朋友直接形容为思想的化身，那么她做的一切就没有什么不合适了。

我第一次听到她在公共场合演讲——是在近三十年前

的一场辩论中。她让我想到伯恩哈特（Bernhardt）①一定就是这个样子，或者是普鲁斯特（Proust）笔下的贝尔玛（Berma），一个壮丽的第五幕，那意味着女神登场。也许是来自阴曹地府的女神，或者是烈焰般炽热的女神，反正不是无忧无虑的那种。与其他优秀的演讲者不同，她根本不是一个能言善辩的人。相反，她看起来更像一个哑剧演员，一个戏剧演员，她在演出一场心灵的戏剧，她在进行她经常在文字中召唤出的那种她和她自己的对话。3

　　之后，麦卡锡将自己的写作搁置了两年多的时间，转而致力于撰写和编辑阿伦特生前的最后一个项目。这是一篇名为《心智生命》（*The Life of the Mind*）的三卷论文。第一卷谈论的是思考行为，第二卷谈论的是意志行为，第三卷谈论的是判断行为。阿伦特只完成了前两卷的绝大部分初稿，关于第三卷则只在一张纸上写了两段引言。阿伦特去世时，这张纸还插在她的打字机上。虽然麦卡锡的德语并不好，而且从根本上说她也不是什么理论家，但她认为完成这本书是为了致敬她的朋友。她也确实完成了，尽管出版商只向她支付了预付款和版税的 1/4，其余的钱被付给了阿伦特的家庭成员。

　　这是一种非凡的慷慨行为。时间是艺术家最渴望的一件事；如桑塔格曾经说过的那样，时间是他们用钱来买的最主要的东西。但在她生命的最后二十年里，麦卡锡不像她曾经那样多产了。她只完成了一部小说《食人族和传教士》（*Cannibals and Missionaries*），这也是她的最后一部小说。阿伦特及罗

---

①　指莎拉·伯恩哈特（Sarah Bernhardt，1844 年 10 月 23 日~1923 年 3 月 26 日），法国舞台剧和电影女演员。她被认为是"世界上最著名的女演员"，以及圣女贞德之后最有名的法国女人。

伯特·洛厄尔的先后去世让麦卡锡感到沮丧。《食人族和传教士》算不上她最好的作品，不过这本书得到了很多积极的评价。麦卡锡此时还是一个具有相当影响力的人物，但她在寻找一个真正的角色的过程中也会犯些错误。

这也许可以解释后来发生的和莉莲·赫尔曼有关的事情。

赫尔曼起码可以被认为是一个复杂的人。她作为一名作家的第一次巨大成功是名为《双姝怨》（*The Children's Hour*）的剧本，内容是孩子们指控两位寄宿学校的女教师是同性恋者。这个剧本的成功，以及赫尔曼在此后获得的好莱坞合同让她变得富有。然而，她的财富和名望与她的政治立场却形成了一种奇怪的搭配。她在好莱坞与帕克成了朋友，而且和帕克一样，赫尔曼年轻时也是一位左翼活动家。与帕克不同的是，赫尔曼倾向于在这个问题上撒谎。人们普遍认为，赫尔曼二十世纪五十年代在众议院非美活动调查委员会面前宣称自己目前与共产党或"任何政治团体"都没有联系是在撒谎。她的证词让她避免了牢狱之灾，而那些比她诚实的证人就没有这么幸运了，比如她的搭档达希尔·哈米特。这整件事使赫尔曼在像麦卡锡和她的朋友这样的左翼知识分子中间非常不受欢迎。

说到个人敌意的话，麦卡锡其实只见过赫尔曼两次。第一次是 1948 年麦卡锡在莎拉劳伦斯学院教书的那段时间，她在吃午饭时无意中听到赫尔曼在一群学生面前抨击约翰·多斯帕索斯，说他在西班牙内战期间放弃了反法西斯主义斗争，就因为他讨厌西班牙的食物。麦卡锡从来不会放过任何一个纠正别人的机会，于是她指出实际上多斯帕索斯在自己的著作中提到过，他不再抱有幻想的原因是一位朋友遭到了谋杀。麦卡锡在 1980 年给一位朋友写信时说她当时看到了赫尔曼的愤怒：

> 我记得她裸露在外的干瘪的手臂上戴着很多手镯，有

255

金的也有银的，她的手臂开始颤抖——因为愤怒和惊讶，我猜这是因为她在给别人洗脑时被抓了个正着。[4]

赫尔曼和麦卡锡似乎都没有忘记过这个插曲。当麦卡锡为《食人族和传教士》作宣传时，她突然决定旧事重提。首先，她向法国采访者讲了这件事。然后，在受邀参加《迪克·卡韦特秀》（*The Dick Cavett Show*）时，她又命中注定般被问到她认为哪些作家"名不副实"：

> 麦卡锡：我能想到的唯一一个人就是莉莲·赫尔曼这个属于旧时代的人，我认为她被严重高估了，她是一个糟糕的作家，一个不诚实的作家，她真的属于过去，属于斯坦贝克那么遥远的过去，但不是说她是斯坦贝克那样的作家。
>
> 卡韦特：她有什么不诚实的地方？
>
> 麦卡锡：一切。但我曾在一些采访中说过，她写的每个字都是谎言，包括连词和冠词都不可信。[5]

后来，许多人告诉麦卡锡的传记作家说他们认为她在那里"带着她特有的微笑"[6]说出这么尖锐的侮辱是"鲁莽的"[7]。赫尔曼显然也看了这个节目。卡韦特后来讲了赫尔曼无比愤怒地给他打电话的事：

> "我想我从不认为你是没有抵抗能力的人，莉莲，"我勉强回答道。
>
> "那是胡说。我要起诉你们所有人。"至少在这一点上，她证明了她是一个说到做到的女人。[8]

麦卡锡认为她只是在说一件每个人都知道的事情，结果却发现她将面临一场自己无法承受的诉讼。该诉讼声称，麦卡锡明知自己的陈述是虚假的，而且她是带着恶意指责赫尔曼是一个骗子的。赫尔曼将麦卡锡、《迪克·卡韦特秀》和美国公共电视网（PBS）全部列为被告，并要求他们赔偿自己225万美元的损失。《纽约时报》给赫尔曼打电话，请她对此次诉讼作出评价时，她这样推测麦卡锡的理由：

> 我十年没有见过她了，我从未写过关于她的任何文章。我们有几个共同的朋友，但这不会成为她发表这些言论的原因。我想她一直不喜欢我。这可以追溯到西班牙内战时期，就是1937年11月或12月，我从西班牙回来之后。[9]

麦卡锡一方则对《纽约时报》说：

> 我几乎不认识她……我的观点都是基于她的著作，特别是《邪恶时代》（*Scoundrel Time*），我拒绝购买这本书，而是借了一本来看。我不喜欢她在那本书中给自己安排的角色。

从来不会错失宣传自己的机会的诺曼·梅勒自作主张地充当起了争议裁判员的角色。他表示："她们都是出色的作家，但是她们的天赋如此不同，她们会厌恶对方是很自然的事。作家们在这一点上与动物很相似。"[10]他还说麦卡锡的评论是"愚蠢的"和"不该说的"。就一个把诉诸武力视为基本美德的人来说，作出这样的表态真是不寻常。不过根本没有人听他的。

欧内斯特·海明威的前妻、先锋女记者玛莎·盖尔霍恩（Martha Gellhorn）也从退休状态中站出来，在《巴黎评论》

上发表了一篇长达十六页的文章抨击莉莲·赫尔曼，并指出后者创作的《没有完结的女人》(*An Unfinished Woman*) 中几乎每一个日期都是错的。盖尔霍恩特别了解海明威在西班牙内战期间的活动，她基本上摧毁了赫尔曼的说法。盖尔霍恩的结论是："在我对虚伪的非专业研究中，赫尔曼女士是其中一个登峰造极的人物。"[11]

258　　私下里，麦卡锡很担忧。但她担心的不是自己最终能否胜诉，因为她正在悄悄收集能证明赫尔曼谎言的材料。她也确实找到了一个当时还没有多少人知道的确凿的例子。赫尔曼的回忆录《旧时痕迹》(*Pentimento*) 中的一部分内容被改编成了由简·方达 (Jane Fonda) 主演的好莱坞电影《朱莉娅》(*Julia*)。根据赫尔曼的说法，这个"朱莉娅"是她童年时代的朋友，她像是某种生活在二十世纪初，接受过弗洛伊德的分析的西力 (Zelig) 般的人物，在西班牙内战的前线表现英勇，后来在第二次世界大战期间去世。

事实证明，朱莉娅是一个编造的人物，部分经历参考了一个名叫缪丽尔·加德纳 (Muriel Gardiner) 的女人的生活，这个人曾就自己和朱莉娅的生活之间的相似之处给赫尔曼写信，却没有得到任何回复。但是在麦卡锡参加卡韦特的电视节目时，公众还不了解这些情况。每个人都抱有怀疑，特别是玛莎·盖尔霍恩，她认为赫尔曼的说法大部分都是谎言。

无论有没有证据，诉讼的开销都足以令麦卡锡担忧。自1963 年的《她们》之后，麦卡锡再也没有出版过畅销书，而赫尔曼则拥有她不配拥有的财富，更不用说比谁都坚定的要确保取得她满意的诉讼结果的决心。在起初的几次小交锋中她都取得了胜利，一名法官驳回了麦卡锡最初的驳回起诉的请求。

1984 年 6 月下旬，赫尔曼在实现自己的复仇之前就去世了，这对于被告一方来说真是太幸运了。因为去世之人在法律上不构成遭受侮辱、诽谤等侵害的对象，所以谈论损害赔偿在很大程度上失去了实际意义。到了 8 月，这场诉讼就彻底结束了。不过这件事已经成为传奇；在今天，这往往是人们唯一记得的关于玛丽·麦卡锡的事情。在自己的人生晚期，仍然痴迷于这个主题的诺拉·埃夫龙还写了一部关于仇恨的戏剧，并取名为《想象出来的朋友》（*Imaginary Friends*）。曾经有一段时间，她和赫尔曼做过朋友，而且她觉得自己可以遵循自己一贯的冷酷的公正来提供一些对这场争议的想法：

> 过了很久之后，我才开始怀疑，她给她的朋友们讲的那些精彩绝伦的——姑且礼貌地称之为“故事”的东西真的都是编出来的。几年后，当她起诉麦卡锡时，我并不感到惊讶。那时她已经生病，几乎失明。愤怒成了她最喜欢的配饰，而她的愤怒让那些曾经忠于她的人也感到越来越厌倦。[12]

埃夫龙的这部戏剧于 2002 年在百老汇上演，但并没有获得成功，在三个月的时间里只上演了七十六场。但对于埃夫龙来说，这是一个让她充满激情的项目，一种解脱，一种重回顶峰。在经历了几部电影的连续失败之后，当时的埃夫龙称自己生活在一个电影监狱中。“自从我担任杂志记者以来，我终于可以写一篇关于我感兴趣的题材的文章了：女人以及她们对彼此做的那些事。”可惜她并没有成功地将自己的热情传达出去；到 2012 年她去世时，这部戏已经完全被人遗忘了。

259

第十三章　阿德勒

谁也没想到，1980 年是如此硝烟弥漫的一年，因为已经四十多岁的雷娜塔·阿德勒看到了向一个比她年长的人发动攻击的机会。宝琳·凯尔刚刚从好莱坞重返《纽约客》工作，她在那里待的时间很短，甚至不满一年。她是去和沃伦·贝蒂（Warren Beatty）一起担任制片人的，结果事情进展得很不顺利。她去洛杉矶就是为了参与詹姆斯·托贝克（James Toback）的《爱与金钱》（*Love and Money*）这部电影的制作，但几乎从她抵达洛杉矶的那一刻起，她的工作职位就不复存在了。当这件事没能成功之后，她决定留在电影公司担任执行制片。

可以说凯尔并不适合这个工作。后来她提到那些好莱坞的高管们都认为她是来做间谍的。当她打算回《纽约客》工作时，威廉·肖恩是好不容易才被说服重新接纳她的。如另一位编辑告诉《名利场》的那样："肖恩先生认为宝琳已经玷污了自己的名声。"[1]不过最终他还是同意让凯尔回来工作了。

当年夏天，凯尔出版了一本新的电影批评文集。《当灯光调暗后》（*When the Lights Go Down*）获得的绝大部分评价都是热烈的赞美。关于《公民凯恩》的争论已经过去十年了。因此，尽管遭遇了好莱坞的失败经历，但凯尔仍然被认为是她所处行业内的顶级人物。她还拥有很多崇拜者。

雷娜塔·阿德勒却是持反对意见的人之一。她在《纽约书评》上发表的评论极为严苛，她用即便是在著名批评家之中也非常罕见的凶狠力度向这本书发起了攻击：

现在，《当灯光调暗后》已经面世，这本书里收录了过去五年来她写的那些评论；我很惊讶，我不是像凯尔或约翰·西蒙（John Simon）那样在夸大其词，而是这本书真的让人不快，其中每一篇、每一行的内容都毫无例外地没有任何价值。[2]

　　这段评价出现在整篇评论的中间部分。阿德勒先是用大量笔墨谈论了自己喜欢的那些凯尔写的评论。阿德勒没有将凯尔风格的退步归因于凯尔个人的缺点——事实上，这篇文章几乎没怎么谈论凯尔本人，而是主要谈论了作为固定员工的批评家的文章内容重复的问题。他们需要写那么多影评，看那么多电影，所以他们写文章时自然会陷入无话可说或重复已经说过的内容的窘境。但是，无论阿德勒先给出了多少合理的解释，仅这一段毫不留情的评价就足以被看作向凯尔宣战的清楚证明。而且她的攻击完全有理有据。

　　阿德勒的如外科手术般精准的论述主要针对凯尔的散文风格，而不是她的批评的敏锐性。凯尔的作品给阿德勒带来困扰的原因在于这些文章的写作方式，她认为其中的内容几乎全是空洞的夸夸其谈，实际上没有提出任何想法：

　　　　她有大约九类最常用的基本字词，在这本近六百页的书中，这些词出现过几百次，往往一页上就能出现好几次：一是"妓女"（及由其衍生的"像妓女的""妓女一样的""妓女身份"），它们可能被用在各种语境中，但几乎没有一次是指实际的卖淫人员；二是"神话"、"象征"（以及形容词性的"神话般的""象征性的"），它们在被使用时带有明显的思想目的，但没有可确定的含义；三是"流行"、"连环漫画"、"垃圾"（"垃圾一样的"）、"八卦"（"八卦的"），这些词都被用来进行评价（通常是表达认可的态度），但在发挥其他作用时似乎可与"神话般的"

262
互换；四是"城市诗意"，它的含义比"八卦的"暴力一些；五是"软"（贬义）；六是"紧张"，这显然被用来指所有理想状态；七是"节奏"，它经常被用作动词，但意思是和谐或不拖沓；八是"出于本能"；九是"水平"。

阿德勒在她的职业生涯中会一次又一次地使用这种技巧，即计算某些字词的使用次数，然后利用它们来攻击某个主题，好让这些词语看起来很蠢。就凯尔来说，她有太多的作品可供阿德勒分析，所有这些作品都是依电影评论的结构创作的，所以得出的结果对她极具毁灭性。实际上，因为这种毁灭性太强了，以至于许多人都觉得有必要为凯尔挺身而出。《纽约书评》的版面上全是为凯尔鸣不平的内容，一位年仅十三岁的马修·怀尔德（Matthew Wilder）在为凯尔辩护时称阿德勒的文章是一篇"令人抑郁，充满仇恨，滔滔不绝的长篇大论"。[3]《纽约时报》的约翰·伦纳德也斥责阿德勒说："可以肯定的是，我认识的作为固定员工的批评家对待他们自己作品的态度和阿德勒女士对待凯尔女士的一样严苛。他们会精心挑选自己使用的形容词。他们是在用'八百字的文章谈论思想'。"[4]包括詹姆斯·沃尔科特在内，凯尔的其他朋友也都纷纷发表文章支持她。但阿德勒的文章已经给凯尔造成了损害。当凯尔于2001年去世时，阿德勒对她的评价会被每一篇讣告引用。

换作年轻一些的凯尔，比如那个写《古板的圈子与刻板的人》的时候的凯尔可能会写一篇同样锐利严苛的文章作回应。但此时的凯尔没有写任何东西，也没有就这一事件接受任何采访。她只对一位记者说道："很遗憾阿德勒女士不喜欢我写的东西。我还能说什么？"[5]还有报纸联系了威廉·肖恩，后者只是简单地说阿德勒一直这么写文章。这一点他应该是知道的。因为到此时为止，阿德勒已经断断续续地为《纽约客》撰

稿十七年了。这些年中的大部分时间里，她都在这样批评别
人。阿德勒是一位不留情面的分析作家，当她发现逻辑谬误
时，她可能会有点像叼着骨头不松嘴的狗一样绝不放过批评的
对象。任何了解她之前的职业生涯的人都知道两件事：一是她
比她周围的大多数人都聪明；二是她喜欢通过发表文章来炫耀
这一点。

*

作为一个在论述问题时秉持着非黑即白的原则的人来说，
阿德勒的传记中充满了奇怪的矛盾。被发表在《纽约》杂志上
的一篇阿德勒的传略称她"像伍迪·艾伦一样自信和公开地
'隐秘'（assertively and publicly 'private'）"。[6]这样的比
较在如今看起来很是奇怪，因为我们对伍迪·艾伦的了解明明
很多。但阿德勒过的的确是一种既在所有人目光之中，又在所
有人视线之外的生活。我们对她的童年知之甚少，只能确定她
是德国难民的女儿，1937 年出生于米兰，以及她的父母是在
第二次世界大战期间的某个时候带着她来到康涅狄格州的。

根据《纽约》杂志上的那篇传略的说法，从她还是孩子
的时候开始，焦虑情绪就主宰着阿德勒的生活。她告诉一位杂
志采访者说，起初她在学习英语方面遇到了困难。当她的父母
试图通过让她进入寄宿学校来帮助她时，阿德勒反而更加紧张
了。她的焦虑症跟随她进入了宾夕法尼亚州的布琳莫尔学院
（Bryn Mawr）。这是一家女子学院，阿德勒在那里成了那种
会举报自己做出的破坏荣誉守则的吸烟行为的人。她声称后来
情况甚至糟糕到她必须去看精神病医生，并让她的兄弟替她写
论文的地步。她本来打算毕业后考取法学院，但最终她去哈佛
大学读了研究生。像在她之前的桑塔格一样，阿德勒学的是哲

学，而且也没能获得学位，尽管在此期间她还获得过富布赖特项目（Fulbright）的资助，到巴黎跟随著名人类学家克洛德·列维－斯特劳斯（Claude Lévi-Strauss）学习了一年。

阿德勒不想搞学术研究，尽管她声称自己几乎是因为意外才脱离学术研究的既定路线的。在哈佛大学的时候，她遇到了如今已经被遗忘的《纽约客》作家 S. N. 贝尔曼（S. N. Behrman）并翻译了他的一部戏剧。贝尔曼正是建议她去《纽约客》面试的人，而阿德勒能够获得录用几乎确实是个意外。写作对于阿德勒来说仍然不是什么容易的事。后来她会说她最初的那些作品主要都是为了给她的未婚夫鲁埃尔·威尔逊留下好印象而写的。鲁埃尔就是此时已经成年的，埃德蒙·威尔逊和玛丽·麦卡锡的儿子。

某一年夏天，当麦卡锡在意大利遇到阿德勒时，她把她形容得像小说中的人物一样：鲁埃尔的"纤瘦，看起来像圣经中人物一样的犹太裔女朋友……在有些人眼中平凡无奇，在另一些人眼中则是大美女，这完全取决于个人的品味"。[7] 没有任何能够证明她们之间存在敌意，或像麦卡锡和桑塔格之间那种强大知识分子的竞争的记录留下来。阿德勒后来说她在见到麦卡锡之前没有读过她的作品："那时的我很害羞，她对我非常友善。后来，当我从她的作品中感受到她的那种令人畏惧的批判智慧时，我觉得很惊讶。"[8] 这种脱节后来会成为定义阿德勒的东西。很少有见过阿德勒本人的人能够把这个有些焦虑、说话细声细气的人与她在版面上表现出来的那种凶猛联系起来。

然而，她从一开始就具有一种能够无比确信地提出观点的天赋。阿德勒以自己的名字发表的第一篇文章是对《纽约客》作家、记者约翰·赫西（John Hersey）的著作的书评（在此之前她曾经用笔名写了一篇文章，结果被一位编辑批评得一无是处）：赫西最著名的作品是长篇研究报道《广岛》（*Hiroshima*）。这一次他把自己在杂志上发表过的文章收录在一起，出版了一本文集，并取了一个有些自大的题目《坚持：对人类韧性的研究》（*Here to Stay: Studies in Human Tenacity*）。可以确定的是，阿德勒不喜欢赫西的作品。

> 他在这本书开篇的地方提出了一个论断："爱与死是伟大的主题；活下去的意愿则是这二者的结合，这本书就是关于这个内容的"——这句话完美地说明了整本书的特征，即一种平凡的、无意义的辞藻堆砌。[9]

此时的阿德勒还是《纽约客》的一名全职员工。她的主要职责仅限于撰写不署名的"城中大事（Talk of the Towns）"版面。但即便是在这个版面中，她的主要话题也是关于书籍和出版行业的，而且她觉得这些主题蠢得让人无法形容。在一篇没有署名的文章中，她把畅销书名单当成了抨击对象，因为她注意到最近的上榜作品：

> 包括一本成人填色书，一本孩子写的日记，一本收录了带有幽默插图说明的报纸照片的小册子，一位棒球队经理的自传，一位在一场耸人听闻的好莱坞审判中为被告辩护的律师的回忆录，一本讨论节食的书和一本研究未婚女性性生活的书。[10]

265

阿德勒继续说道，显然，在这样的情况下，人们没有理由依赖这个榜单。因为它只是"对焦虑的、文化水平有限的人士才有帮助的指南"。她还建议《纽约时报》干脆不要再发布这个榜单了。最终，这些关于文学现象的评论为阿德勒赢得了在《纽约客》上发表一些真正的关于书籍的专栏文章的机会。

1964 年，27 岁的阿德勒谈论了书评的衰弱这个一再出现的顽疾。像她的女前辈们一样，阿德勒无法忍受当代书评人们糟糕的论证能力。但她也不怎么喜欢那些似乎要取代他们的"新评论（New Reviewing）"，她认为这种文学派别过分执着于辩论了。

> 在文学批评中，辩论是最短命的形式，没有什么文章比持批判态度的辩论文章更容易被人遗忘。如果受到攻击的作品是有价值的，那么它不会因为一些反对的评论而受影响。如果它没有价值，那么它会和攻击自己的辩论文章一起消亡。[11]

这是阿德勒写的第一篇反对辩论文章的辩论文章，这将成为她写作的主题之一。尽管她本人实际上经常被指责为风格太夸张，以及辩论过于严苛，但阿德勒恰恰一直在批评其他人采取这种做法。（她对凯尔职业生涯后期评论不满的原因之一也是认为它们过于好争辩。）阿德勒也没有太多地受限于传统评论的条条框框。在这篇文章中，阿德勒理论上是在评论欧文·豪和诺曼·波德霍雷茨的书籍，但逐渐地，她对他们的批评就扩大到涵盖了大多数突然开始活跃在《党派评论》上的年轻知识分子们。阿德勒认为，文学杂志的整个运动此时正在经历发展过程中的艰难时期："第二次世界大战之后，过去的问题开始变得不明朗，老派的门徒发展得很好，对复杂的事务容忍度低的说明文作家则陷入了困惑。"[12] 此时已经没有欧文·豪的一席之地了，因为他是属于过去时代的遗迹。即便是对待汉娜·阿伦特的宿敌，略微年轻一些的诺曼·波德霍雷茨，阿德勒也已经没有什么耐心。

阿伦特将成为阿德勒的导师。当《艾希曼在耶路撒冷》面世并引发了评论界的喧嚣时，阿德勒甚至尝试说服威廉·肖恩刊登一份回应文章。自从阅读了拉埃尔·瓦恩哈根的传记之后，阿德勒就成了阿伦特的追随者。起初，肖恩不想让阿德勒写任何东西，因为通常情况下，《纽约客》对于可能被与自己的文章联系到一起的争议会选择视而不见。但阿德勒坚持要写，直到《纽约时报》刊登了迈克尔·马斯曼诺写的对《艾希曼在耶路撒冷》相当不利的评论之后，肖恩妥协了。他们原本希望《纽约时报》会在读者来信版面上刊登阿德勒的回应，但这篇文章被对方拒绝了。于是《纽约客》自行发表了这篇口气强硬，目空一切的文章：

> 针对阿伦特女士低调、道德、理性的作品，［马斯曼诺］却用像"希姆莱（Himmler）！"、"希特勒！"这样的夸张的惊叹来提出反对，仿佛这样的呼喊是历史哲学中什么有启发性的陈述似的……拒绝倾听和令人恐惧的沟通失败都不是什么新鲜事；我们已经在生活和头条新闻中逐渐习惯了这些。但文学的本质就是沟通，在一份主要报纸的文学版面中发现这种失败是非常令人失望的。[13]

看到这篇文章后，阿伦特邀请阿德勒去喝茶。阿德勒后来带着深情写道："用莉莲·罗斯（Lillian Ross）的话说，如果有人充满仰慕之情地坐在她的脚边，那个人就是我。"[14] 阿德勒也很喜欢海因里希·布吕歇尔。这对夫妇和她说德语；他们把她当成了某种需要关怀提携的对象，而阿德勒则称阿伦特为"严格的家长"；[15] 也许是因为体会过布吕歇尔在没有学位的情况下教书养活自己多么困难，所以他们总是鼓励她重返学校，取得博士学位。

换句话说，阿德勒得到了这个苏珊·桑塔格似乎很渴望的

267

位置。阿德勒坚持说阿伦特"不怎么关心桑塔格女士"。[16]有一次被问及为什么的时候，她回答说："汉娜·阿伦特并不是讨厌桑塔格。她只是对桑塔格的作品不怎么感兴趣——我认为这是一个站得住脚的看法。"[17]这确实是，不过阿德勒和桑塔格可能也陷入了不自觉的竞争之中。阿德勒也获得了桑塔格获得过的《年轻女士》授予的优秀奖，只不过比她这位年轻的同行晚了三年。因为拥有在《纽约客》的职位，所以阿德勒在财务状况上比桑塔格更稳定。但她不是媒体上的明星，不是一个"拥有一切的女孩儿"，至少不像桑塔格那样能够引发大量关注。

因此，当阿德勒在 1964 年开始对波德霍雷茨发动攻击时，她看到的是一个完全不认同《艾希曼在耶路撒冷》这本书的人。当她把波德霍雷茨的作品撕成片，切成丁，打击得体无完肤时，她的口气中有一种非常享受的感觉。阿德勒的攻击方式是精准无情的。波德霍雷茨常常会重复某些短语，而且他选择的那些短语都像是滑稽演员的口头禅。阿德勒此时使用的技巧与后来她针对凯尔时使用的完全相同，这种技巧让她能够实现毁灭性的连续攻击，从而揭露作品中的怪异和伪善。就波德霍雷茨写的批评《纽约书评》的文章——《书评和我认识的所有人》（*Book Reviewing and Everyone I Know*）而言，阿德勒用一个观察就击破了波德霍雷茨的观点：

> 首先，"我认识的所有人"出现了十四次（不算在标题中出现的那次），"我认识的某个人"、"我认识的人里没有一个"、"我不认识的某个人"和"他们认识的所有人"各出现了一次。虽然我们必须承认，重复可以是一种修辞手段，且波德霍雷茨先生在任何情况下一直过分喜欢这种手段（在另一篇文章中，"三十年代真正发生的事情"

反复出现过九次；"没有告诉我们任何关于极权主义本质的内容"也曾连续出现过好几次），所以似乎可以肯定地说，《书评和我认识的所有人》里充满了同志之情和团结友爱；波德霍雷茨先生显然不认为自己是一位孤立的演讲者。[18]

阿德勒可以做的事情不仅仅是指责波德霍雷茨不恰当的词语重复。阿德勒还提出，这种浮夸做法的结果是，新评论家们只是组成了一个小俱乐部，里面的人互相交谈，互相恭维，互相侮辱，而付出代价的却是普遍的理智主义。这些人是在把自己变成名人，而不在乎他们评论的书籍本身。当然，这让阿德勒自己也暴露在被指责她做的是同样的事情的危险中——就像凯尔在写《古板的圈子与刻板的人》时被指责为追求名利一样。曾支持过社会主义的保守派作家欧文·克里斯托尔（Irving Kristol）在转投共和主义之前曾在《新领袖》上发表文章称：

> 虽然我之前可能已经读过阿德勒女士的文章，但我对它们没有什么印象。直到读了她遵循波德霍雷茨的指令认真撰写的这篇评论，我才真正开始将她视为一位"文学界的名人"。[19]

克里斯托尔说得没错，这篇散文就是最先清楚地展示了人们将会看到的雷娜塔·阿德勒在出版物上的风格的文章。这篇文章具有阿德勒风格的几个标志，其实这些标志在她职业生涯的初期就已经被完全呈现出来了。阿德勒在文章中从来不会逢迎讨好，不喜欢开玩笑，或表露出其他的个性。她的文章就是纯粹的分析，纯粹的推理，公事公办。她经常使用第一人称"我"，但这个"我"从来不是个人性的，而是像桑塔格的"我"一样更具分析性。阿德勒的文字就像一道激光束，比起用美丽让读者眼花缭乱，她更喜欢用一个观点来穿透他们的思想。她很少讲述任何类型的故事，但她会收集大量的证据，并以牛头㹴一样的坚决攻克自己分析的对象。阿德勒经常让人感觉她更像是一位检察官，而不是一个讲故事的人。

269　　　包括批判波德霍雷茨的文章在内的一些作品让威廉·肖恩认定阿德勒可以作更多尝试。她本人也想写一些被肖恩称为纪实报道的题材，即那种在二十世纪六十年代成为《纽约客》惯用招牌的雄心勃勃的长篇文章。阿德勒接受的第一个此类任务是被派去观察 1965 年发生在亚拉巴马州的从塞尔玛到蒙哥马利的游行（Selma-to-Montgomery marches）。也许是因为第一次以记者身份外出采访的紧张感，阿德勒在这篇文章里表达了比以往多得多的赞赏语气，她写了很多她观察到的景象，只作了很少的分析。文章中的句子也比较短，有些甚至可以算得上精简。她并不是容易为游行中的慷慨激昂的言论所影响的人。除了提到对游行者并没有明确表达自己的诉求这一点的疑虑之外，她的文章仅限于报道她看到的情况：

> 薇奥拉·刘易佐夫人（Mrs. Viola Liuzzo）被枪杀的消息传来。一些游行者立刻返回了塞尔玛。其他人也登上飞机回家了。蒙哥马利机场的出口处有一块固定的标志牌，上面写着："很高兴你能来。愿你尽早返回。"[20]

整篇文章给人一种奇特的置身事外、冷漠疏离的印象。

在写关于世代差异的问题时，她明显更有信心，也更具批判性了。二十世纪六十年代中期的阿德勒是一个充满激情、雄心勃勃的年轻人，但她对周围人的疏离感使她对他们产生了怀疑，她怀疑他们的政治运动，也怀疑他们对恋爱自由的信念，还怀疑他们对生活中的艰辛抱有的厌恶。有些人称她为"东海岸的琼·迪迪翁"[21]，但她的风格更直接，更强悍。迪迪翁倾向于在设置好的对话和场景中暴露嬉皮士和漂泊者的弱点，而且她的报道会涉及很多有关她本人或她的情绪的内容。而阿德勒的做法则一直是提出一个论点，但在这样做的时候，她通常会将内在的自我隐藏在他人的直接视线之外：

> 然而目前，这里出现了越来越多激进的流浪者，他们模糊地信奉从赌城大道的对抗和事件的整体风气中得出来的基本道德倾向。而这个倾向就是爱；加州的青少年们如今都在使用（还会出现在他们的歌词中）的这个词包含了性解放、甜蜜美好、世界和平、平等的梦想，奇怪的是，这个梦想里也包括毒品。[22]

最后一点关于毒品的说法能够揭示比阿德勒打算揭示的更多的东西，因为在 1967 年，毒品对于她这个年龄的人来说绝不是什么新鲜的东西。（她当时刚满三十岁。）作为一个难民的孩子，在二十世纪六十年代，阿德勒脑海中没有和别人一样的代表美国理想的形象可供她作为反抗的对象。即便如此，阿德勒也总是会脱离到事物之外，而不是亲身感觉它们。这恰恰让她成了一个强有力的观察者。阿德勒写的关于 1967 年爱之夏嬉皮士运动时期的作品中出现的细节描写往往令人惊叹，就像她能够客观地描述哪怕是最怪异的行为的能力一样非比寻常。"他开始唱起了约德尔调（yodel）"[23]，阿德勒这样写自己在日落大道延长线（Sunset Strip）上遇到的一个年轻人，好像这么做很寻常似的。不过阿德勒在想要更宏观地理解发生在她身边的事情时总是遇到困难。她做的几乎所有报道最终都会有一个充满矛盾的结尾。就这篇关于日落大道延长线的文章而言，结尾就是她对一个被称为"人类大聚会（Human Be-In）"的活动的评论："周围根本没有警察。"

阿德勒会返回密西西比州，目睹更多民权示威活动；她会前往以色列报道第三次中东战争（Six-Day War，以色列方面称"六日战争"）；她还会前往比夫拉（Biafra）①。但是无论她报道什么内容，她都会遇到同一个问题，就是她的矛盾。后来，当她将这些文章收录到书中时，她会将矛盾视为她所描写的那个年代的一个可识别的现象。但即便是在阐述这个观察结果时，她也不得不把自己限制在一个圈子里。她写道：

> 我想和我同龄的这一代人是被跳过的一代，是从未拥有属于代表我们的声音的一代人，我们被迫进入了最广泛的美国人的范围。即使是现在（我们都是三十多岁的时候），我们没有出版我们的刊物，没有共同经历放逐，没有斗殴，没有轶事，没有战争，没有团结，没有标志。我们上大学的时候正是艾森豪威尔当政时期，我们没有什么为人熟知的特征，如果有，那就是我们的无动于衷。我们心中的行动中枢似乎是崩溃的。24

需要再强调一次的是，写出这篇分析文章的女性才刚刚三十岁，而她已经脱离了这个国家中大部分的政治和社会潮流。她对六十年代美国社会混乱局面的某些评价听起来几乎像是一个保守派作出的。"我们的价值观是陈腐的价值观，比

---

① 尼日利亚东南部一个由分离主义者建立的历史上未被普遍承认的国家。这个国家于 1967 年 5 月 30 日成立，至 1970 年 1 月 15 日灭亡。其政权的军事首领于 1970 年 1 月 12 日正式宣布有条件投降。

如理性、正派、繁荣、人类尊严、接触，以及有可能实现的
最优秀、最广泛的美国。"阿德勒这样写道，但她没有明确界
定"我们"这个集体代名词中都包含了哪些人。即便如此，关
于这种分析的最奇怪的一点还要数阿德勒把自己与她所使用的
"我们"完全脱离开来这件事。她在美国的人生轨迹并不典型。
在二十世纪六十年代，只有大约一半的美国人上过大学；他们
当然也没有从二十二岁开始就为全国发行的主要出版物写文
章。阿德勒是多萝西·帕克级别的神童，从最开始就达到了如
后来一样的水平，从最初那些"城中大事"版面的文章到她在
二十世纪九十年代发表的最后一些文章中，阿德勒的声音保持
着始终如一的可辨识度。但她与人群的疏离意味着她无法伸出
手去触及二十世纪六十年代美国人广泛感受到的情绪。她只能
从旁观看。

　　这也许可以解释为什么在 1968 年，阿德勒突然离开了
《纽约客》。《纽约时报》找到她，想请她做电影批评家。他们
已经厌倦了守旧的博斯利·克劳瑟，也就是宝琳·凯尔的宿
敌。很难说《纽约时报》是否想过把凯尔本人从《纽约客》挖
过来。但是当凯尔和与她交替的另一位批评家佩内洛普·吉列
特（Penelope Gilliatt）都没空的时候，阿德勒偶尔也为《纽
约客》写过一些影评。再加上她很年轻，她在批评界已经有了
一些作为，她正在写那种时髦的旁观者角度的关于二十世纪
六十年代的文章。所以阿德勒看起来一定是这个职位的完美
人选。

　　如果《纽约时报》期待的是一个天真无邪的少女，那他们
就找错人了。阿德勒带着一种明确的使命感接受了这份工作。
她不会给任何人放水。她写的第一篇影评是关于一部如今已经
被完全遗忘的德国电影的，自文章一开头，阿德勒就像在她过
去的书评文章中一样严厉地批判了被评论的对象，这种方式与

272

她曾经批判约翰·赫西时的如出一辙：

> 即使观看一群中年德国人——他们其中有一些非常胖，所有人都面红耳赤，表情狰狞，不停出汗，还全都会为埃尔克·佐默（Elke Sommer）而神魂颠倒——就是你对美好时光的设想，我也不会推荐你去观看《极奔自由》（*The Wicked Dreams of Paula Schultz*），因为今年的这第一部电影会以各种无趣的方式让你觉得它糟糕透顶。[25]

因为这句评论太风趣了，它反而提升了人们对电影的期望。这篇文章标志着一位一针见血的年轻批评家的到来。阿德勒评论的下一部电影——诺曼·梅勒的《狂野90》（*Wild 90*）给了她一个更熟悉的主题。这一次，阿德勒又回到了对作家的人身攻击这个她感觉游刃有余的领域中。那些喜欢梅勒的观众，"那些最宠爱他、最宽容他的人，也是我们的时代中最自以为是、最具毁灭性的人"[26]，他们很可能会像满足于他的其他作品一样满足于这部电影。不过，这并不是一种恭维。阿德勒明确表示，她认为梅勒的拥护者群体并不是一个在智慧层面上让人印象深刻的群体。举例来说，她无法想象这个"纵容放任的群体，这个将梅勒视为经历彼得·潘式寻找自由和发现自我的不成熟挣扎的可爱主角的群体，能有接受一篇立场坚定、内容充实、不含歉意的作品的那天"。

如她后来在《宝琳的险境》（*The Perils of Pauline*）中表现出来的那样，一方面阿德勒似乎完全没有受到凯尔的影响——她最初的这些电影评论承袭了她在报道事实时的言简意赅的文风；而另一方面，阿德勒又似乎拥有与凯尔完全一致的好斗精神。在阿德勒的电影评论世界里充满了对自负和多愁善感的指责。"严肃的人"喜欢的电影，比如《毕业生》

（*The Graduate*）、《冷血》（*In Cold Blood*）和《猜猜谁来吃晚餐》（*Guess Who's Coming to Dinner*）这些非常符合资产阶级观众口味的电影也都是阿德勒批判的对象。她的局外人身份在这里成了一种有利条件，让她体会不到追随大众口味的压力。甚至在那个年代的绝大多数电影批评家都选边站队的情况下，阿德勒也没有就电影作者论和反电影作者论的战争确定一个立场。她只是单纯地表述自己的判断，将系统性的争论留给别人。

正如凯尔在《麦考尔》杂志的经历一样，阿德勒在《纽约时报》的十四个月里也一直受到电影工作室的挑战。其中最著名的是联美公司（United Artists）制作的一则广告，内容是指出既然阿德勒讨厌流行电影中的大部分，那么公众不应该听她的话：

> 《纽约时报》的雷娜塔·阿德勒不喜欢《冷血》。
>
> 她对《毕业生》、《猜猜谁来吃晚餐》和《人猿星球》（*Planet of the Apes*）持保留态度。
>
> 我们不太确定她对《邦妮和克莱德》持什么态度。
>
> 其他大多数批评家都喜欢这些电影。
>
> 最重要的是，公众喜欢这些电影。
>
> 现在她也不喜欢《爱情游戏谁来玩》（*Here We Go Round the Mulberry Bush*）。
>
> 这说明它值得推荐！ [27]

尽管人们总是说她从一开始就是让好莱坞制片商头疼的人，但实际上该行业对她的看法在最初的时候是中立的，起码在她开始这份工作两周之后，1月的那期《剧艺报》就是这样报道的。但是到 1968 年 3 月，该报刊登了一篇长文，称各方对她的态度出现了分歧：

> 她的支持者和批评者一致同意的一点是：她的批评立场更偏向文学性而非电影性。[28]

274　　接受《剧艺报》采访的人们还说，比起做评论家，他们认为她更算是一个出色的散文家，他们甚至常常很喜欢她为阐明电影的"死亡崇拜"或暴力的适当性所作的最大努力。然而，这些努力往往会从电影本身转向阿德勒关注的问题：

> 民主体系最不具备应对能力的对象之一就是作为一种审美行为的革命。任何历史哲学都没能真的预见到：一群属于中产阶级的年轻人，他们没有受到这个体系的任何错待，甚至应该说，他们将被这个体系培养成掌握权力的人；然而，就是这些人，竟然想要为了好玩而推翻这个体系。[29]

阿德勒的评论是严肃冷酷的，总体来说不会涉及垃圾电影。她想要贬低谁的时候就可以造成毁灭性的杀伤，但她还是试图在哪怕是一部糟糕的电影中找到值得赞美的精彩元素。她认为芭芭拉·史翠珊让《妙女郎》（*Funny Girl*）得到了升华；她喜欢佛朗哥·泽菲雷利（Franco Zeffirelli）的《罗密欧与朱丽叶》中优雅的舞会场景，尽管她认为电影整体的传达方式有点太像《西区故事》（*West Side Story*）了。当《芭芭丽娜》（*Barbarella*）上映时，阿德勒忍不住痛斥最近的电影是如何刻画女性的："也许这是厌母情结作祟，大屏幕上没有一个杰出的、体面的女性角色。"[30] 即便如此，她还是赞美了简·方达，因为她已经做了自己能做的一切。

电影行业应对这些评论带来的刺痛的方式是向他们自己的

行业媒体抱怨阿德勒的评论中存在很多事实错误。《剧艺报》报道说，福克斯电影公司的负责人达里尔·F. 扎纳克（Darryl F. Zanuck）曾被一位高管告知，阿德勒只看了一半的《星星星》（*Star*！）就去评价这部由朱莉·安德鲁斯出演的甜如蜜糖的电影。于是扎纳克向报社编辑提出了投诉。还有报道称《时尚先生》准备刊登一篇揭露阿德勒其人的文章——不过这个计划最终没有被付诸实践。总之，这些说法最多就是一些酸葡萄心理的表现，到 1972 年 2 月底，阿德勒干脆辞去了这份工作。她还写了几篇评论关于革命后的古巴的电影的文章，但之后她就重返《纽约客》工作了。在后来的采访中，她坚称自己没有被解雇，还有她后来指控宝琳·凯尔的那些罪责也暗示阿德勒只是厌倦了这种折磨。她说，学会赶在截稿日期前写完文章很好。[31]

275

　　阿德勒离开《纽约时报》之后也写了一些非虚构类作品。其中最好的一篇是发表在《大西洋月刊》上的长篇文章，内容是批评丘奇委员会（Church Committee）在针对尼克松的罪行进行弹劾调查时的糟糕表现。通过精心梳理委员会的记录，阿德勒发现了许多应当进一步调查的问题。她最终认定弹劾调查实际上成了掩盖尼克松罪行的工作的一部分。直到今天，网络上许多研究尼克松阴谋的理论家还在引用她这篇文章中的内容。

　　然而，撰写尼克松这样的题材的文章似乎也不再是她真正想做的事情了。雷娜塔·阿德勒决定，她真正想做的是写小说。

＊

　　二十世纪七十年代的大部分时间里，阿德勒抛弃了记者工作，专心创作她的两部小说《快艇》（*Speedboat*）和《漆黑》（*Pitch Dark*）。两部作品都采取了不连贯的、多讽刺警句的写作风格。作品中的主人公都可以被看作阿德勒本人的替身。在这两者中，《漆黑》是偶尔发出社会批判声音的那一本。阿德勒在小说中的风格与玛丽·麦卡锡的完全不同，但她也具有和前者类似的无法将自己的生活与作品分割开来的问题。事实上，莉莲·赫尔曼也出现在了《漆黑》中，她被伪装成了一个名叫薇奥拉·蒂加登（Viola Teagarden）的角色。

> 这个人提到她所谓的"我的愤怒"时总是带着某种敬畏的口气，好像它是一种有生命的，珍贵的财产，比如一头可以用来当种牛的良种公牛；也有点像一个娶了一位美丽的，还比自己年轻和富有得多，但令人意外地难以相处的女人的男人提到"我的妻子"时的口气。32

276 这些书虽然都写得很精彩，但它们有时会显露出阿德勒写作时经历的巨大艰辛的痕迹。1975 年，《快艇》首次以节选形式被刊登在《纽约客》上。1976 年它正式出版后，所有人都对它赞不绝口；阿德勒还获得了国际笔会美国分会颁发的声望卓著的海明威奖（PEN/Hemingway Award）。接着阿德勒又花了七年时间来创作《漆黑》，不过在那之后，她似乎完全放弃了写小说。

作为一个好像永远无法找到足够让自己完全痴迷的唯一的主题的人，阿德勒后来去了耶鲁大学法学院，并获得了法学博士学位。阿德勒的头脑几乎完全适合像个律师一样思维。在谈论"新评论"的那篇文章中，她像检察官一样论述了自己的理由，剖析了波德霍雷茨的证词，用一个字词或短语定了他的罪。法律论证的有序性最终还影响了《宝琳的险境》那篇文章，它读起来就好像一篇答辩摘要似的。也是从这时起，阿德勒的文字变得好斗，总是用尽全力要摧毁什么。

她的好斗也延伸到了法庭上。二十世纪八十年代初，《名利场》的复兴本是一个充满激情的项目，它最初的目的是要转型成为一份严肃的知识性出版物，要更接近于《党派评论》，而不是《人物》。主编理查德·洛克（Richard Locke）雇用雷娜塔·阿德勒负责这项工作。她保留了自己在《纽约客》的职位，但是只能被称为"顾问编辑"。

新版《名利场》领导层的工作并没有持续多久；理查德·洛克是在 1983 年 4 月被解雇的，随后阿德勒也很快离开了。但是，在一份名为《华盛顿新闻评论》（*Washington Journalism Review*）的没什么名气的行业杂志上刊登的文章却称阿德勒是被解雇了。文章还说她用化名在《名利场》上发表了一段《漆黑》中的内容，但没有如实向杂志说明自己的真实身份，以及她是因为能力不足而被解雇的。阿德勒决定起诉他们，最终她打赢了官司。

*

阿德勒职业生涯的法律阶段就此开始了，她写的关于法律的文章开始涉及法律中的真实事件。阿德勒开始着迷于两起针对媒体的法律案件。第一个是威斯特摩兰诉哥伦比亚广播公司案（Westmoreland v. CBS），引发争议的是一部关于越南战争的电视纪录片。这部纪录片基本上是在指责前陆军上将威廉·C. 威斯特摩兰（William C. Westmoreland）通过操纵情报使美国更深地陷入了这场战争。第二个是沙伦诉《时代》杂志案（*Sharon v. Time*），阿里尔·沙伦（Ariel Sharon）是一位以色列军人和政治家，他起诉《时代》杂志刊登了一篇暗示他应当为 1982 年 9 月发生在黎巴嫩的大屠杀负责的文章。

在这两个案件中，人们完全可以肯定是记者一方犯了错误。报道中的内容被证明与事实不符。但是这两个案子中争议的焦点都在于，记者是否是出于"实际恶意"而犯下错误的，根据美国法律，"实际恶意"是证明诽谤罪名成立的条件。要满足这个条件非常难。实际上，无论是哥伦比亚广播公司还是《时代》杂志都被认定在公开内容时不具有"实际恶意"或"鲁莽漠视"。（威斯特摩兰诉哥伦比亚广播公司案的结果是双方在判决被作出前达成和解；沙伦诉《时代》杂志案的结果是原告败诉。）阿德勒认为这个定罪条件最终成了为媒体报道虚假新闻提供全面保护的保护伞。从这方面来说，她似乎总是同情原告的处境：

> 无论他们的其他动机是什么（骄傲、愤怒、荣誉或国内政治），原告显然是依据原则提起诉讼的，至少在每一个普通人的思维中，这个原则就是真相：不是正义，而是朴素的、切实的真相……然而实际情况却是，美国的法院不是根据宪法从理论上被设计来解决这类问题的，它甚至不被允许解决这类问题，不能为历史断定什么是真，什么是假。[33]

在对这个难题进行哲学思考的过程中，阿德勒对这些涉案的记者提出了非常严厉的批判，以至于激起了他们的愤怒。她最初于 1986 年夏天在《纽约客》上发表了自己对审判的看法。（在威廉·肖恩担任主编期间，作家们通常会被允许为某一篇文章花费多年的时间，这是其他任何地方都没有的安排。）这些文章将被收录在一本名为《鲁莽漠视》（*Reckless Disregard*）的书中。然而，在预定于 9 月份的出版日期到

来之前,《时代》杂志和哥伦比亚广播公司都以诽谤为理由将
《纽约客》和雷娜塔·阿德勒的出版商告上了法庭。这本书的
发行也因此被推迟了几个月。

与此同时,对《鲁莽漠视》的恶评比比皆是。因为阿德勒
提出了一些记者对待他们要报道的事实并不确定,或者至少是
存在错误认识的可能,所以其他记者就将自己的注意力全都集
中在检查阿德勒是否会犯错误上。据他们说,她也犯错了。就
连对阿德勒有预先倾向性和同情心的法学家罗纳德·德沃金
(Ronald Dworkin)这样的批评家在《纽约书评》上发表文章
时,也会在赞美阿德勒总体上的洞察力之后指出,

> 她也经常会向她严厉谴责的那些新闻恶习投降。《鲁莽
> 漠视》这本书被片面的报道毁掉了,特别是对威斯特摩兰
> 案的描述部分,以及结尾部分显示的在面对相反证据时同
> 样的不妥协态度,我们正当地谴责的不正是机构报刊的这
> 种做法吗。[34]

最终,阿德勒的声誉因为这件事受到了损伤。《纽约客》
的事实核查员声称阿德勒用花言巧语把他们唬住了。[35]

然而,《鲁莽漠视》引发的愤怒并没能显著降低阿德勒对
争论的胃口。不过对她来说,情况突然变得更加糟糕了,在她
遇到的诸多争议中一直支持她,直到《鲁莽漠视》引发喧嚣时
也与她同一战线的威廉·肖恩被解雇了。1985年,康泰纳仕
(Condé Nast company)收购了《纽约客》,该公司的所有者
S. I. 纽豪斯(S. I. Newhouse)决定是时候作出改变了。他认
为只要更换了主编,《纽约客》上就不会再有那么多冗长而且
可能毫无价值的文章了。

出乎纽豪斯预料的是,肖恩被解雇后爆发了员工抗议。

纽豪斯没有遵守肖恩提出的由他自己选择继任者的条件，而是聘请了一位外人，长期担任艾尔弗雷德·A. 克诺夫出版社（Alfred A. Knopf）总编的罗伯特·戈特利布（Robert Gottlieb）负责领导杂志社的复兴大计。员工们提交了请愿书，召开了员工会议，有一段时间，《纽约客》看起来似乎会因为转型期间的压力而从内部崩溃。但最终，杂志社并没有失去多少作家。他们当中的许多人其实也找不到其他肯发表他们作品的地方。

阿德勒对这次改组的态度极为负面。她为纽豪斯的傲慢而愤怒，更为肖恩遭到这种恶劣对待而难过。她也不认为戈特利布是一个足够好的接班人。她觉得他"对一切漠不关心"。[36]他想改变艺术版面，于是他请来了亚当·高普尼克（Adam Gopnik），阿德勒无法忍受后者的"卑劣"性格：

> 我在与高普尼克先生的谈话过程中了解到他提的问题不是问题，甚至不是试探。它们的真正作用是设计你，好让你主动建议他做他无论如何也要做的事。

1999 年，在所有这些事件已经过去十多年后，阿德勒写了一本关于这段内容的书，书名是《消失：〈纽约客〉的最后时光》（*Gone: The Last Days of the "New Yorker"*）。这本书可以算作一本知识分子的回忆录，其中有对《纽约客》的某些员工的令人生厌的描绘，也有对其他一些的明显过度的赞美。这本书的开头就是一篇长长的对另外两本关于《纽约客》的回忆录的批评。那两本书的作者分别是莉莲·罗斯和韦德·梅塔（Ved Mehta）。阿德勒读了这些回忆录后认为它们并不能充分地代表她感受到的那种由肖恩先生培养起来的严肃对待写作的氛围。

询问那个时代的任何一个《纽约客》员工，他们一定会对这本书提出这样或那样的异议。阿德勒再一次犯了些错误，主要是拼错别人名字之类的问题。一位编辑告诉我说，她觉得阿德勒在她所描述的那段时间内在办公室的时间不多，根本不足以了解《纽约客》里究竟发生了什么。不过，看待这本《消失:〈纽约客〉的最后时光》的最佳方式也许并不是将它严格当作威廉·肖恩的《纽约客》是如何解体的历史重现，而是应该将它当作一本知识分子的私人传记，它记录了一个假如为另一本杂志工作，就永远不会成为她成为的这种作家，也不可能成为她成为的这种力量的人的一段经历。《消失:〈纽约客〉的最后时光》是一部充满愤怒的作品，这种愤怒是因为感觉遭到背叛而产生的。包括罗伯特·戈特利布本人在内的一些评论了这本书的批评家们有时似乎也不忍心完全无视阿德勒这种遭到背叛的感受：

> 在很大程度上，这本书是一种痛苦和愤怒的爆发，就好像家里的女儿深深地眷恋着这个完全失调的大家庭——最让她受伤的莫过于发现家中再没有自己的容身之地了。[37]

《消失:〈纽约客〉的最后时光》是阿德勒职业生涯中的一个转折点。在她的整个写作生涯中，她一直是发起攻击的一方，而且她总是相当自信地认定即使她失败了，也能找到某种稳妥的解决方式。突然间，她攻击了美国最负盛名的杂志。即使那些仍然喜欢她的人也不认同她的观点。而那些显然是希望能够获得新《纽约客》编辑们青睐的人则决定，彻底地、真正地攻击阿德勒的时候到了。

如阿德勒后来指出的那样，仅在 2000 年 1 月这一个月的时间里，《纽约时报》就刊登了至少八篇各自独立的评论她这本书的文章。其中前四篇是关于《纽约客》的。后四篇则围绕着书中的一句关于约翰·西里卡法官（Judge John Sirica）的漫不经心的评价。西里卡是主持水门事件审判的法官。阿德勒写道："与他作为英雄的名声相反，西里卡实际上是一个腐败、无能和不诚实的人，他与参议员约瑟夫·麦卡锡关系密切，还与有组织犯罪明显相关。"[38]

西里卡给阿德勒的出版商写信就此提出异议。他似乎还给记者打了电话，因为他们开始给阿德勒打电话。其中之一是当时《纽约时报》的媒体记者费莉西蒂·巴林杰（Felicity Barringer），她开始强烈要求阿德勒公布她对西里卡作出指控依据的消息来源。阿德勒拒绝了，但巴林杰依然紧追不舍。如阿德勒宣称的那样，巴林杰的行为促使她作出了自己标志性的讽刺回复：

> 巴林杰问我，如果我不想在采访中向她"透露"我的"消息来源"，"那你为什么不把它发布在互联网上？""你会在互联网上发布很多你的文章吗，费莉西蒂？"[39]

于是这位记者就发表了一篇指责阿德勒隐藏她的消息来源的文章。该报委托尼克松信赖的顾问之一，约翰·迪安（John Dean）① 亲自撰写了一篇关于这句神秘评价的社论文章，并暗示阿德勒的消息来源是心怀怨恨的 G. 戈登·利迪（G. Gordon Liddy）②。阿德勒觉得这很搞笑：

---

① 迪安曾深深卷入水门事件和随后的丑闻掩盖过程。他被联邦调查局称为"掩盖的主要操纵者"。

② 前联邦调查局探员，帮助策划了水门大厦闯入事件。被判犯有阴谋、入室盗窃和非法窃听罪，狱中服刑四年多。后来成为演员、作家、电台脱口秀主持人。

然而，值得注意的不是作品的内容，而是《纽约时报》对这篇文章作者的介绍文字。该段说明全文如下：

约翰·W.迪安，投资银行家，曾任理查德·M.尼克松总统的顾问，《盲目的野心》（*Blind Ambition*）一书的作者。

如果迪安仅以这些头衔被载入史册，那么《纽约时报》就这一特定事件发表的全部文章都有价值了。[40]

当阿德勒最终亲自写了关于"这一特定事件"的文章时，人们才知道，西里卡与麦卡锡关系的消息来源正是西里卡本人的自传。阿德勒揭露他与有组织犯罪之间的联系的途径是找到了西里卡父亲的一位商业伙伴的儿子。当她于 2000 年 8 月在《哈泼斯杂志》上发表她的调查结果后，《纽约时报》没有作出任何回应。他们不愿意纠正它的原因是阿德勒在自己文章的结尾处已经无情地批判了他们的那些策略：

《纽约时报》在经济上也许是成功的，不过此时的它是一个强大的，但并不十分健康的机构。它的问题不在于一本书，或八篇评论文章。问题在于整个社会的文化矿井状态，而矿井中的巨型感应器——这份在某些方面仍可以算作世界上最伟大的报纸的出版物——却在散发最具爆炸性的气体，还要切断空气的来源。[41]

282

这整个事件几乎消耗掉了阿德勒的大部分职业地位。在《纽约客》，她已经不再是对编辑来说至关重要的撰稿人了。她就调查比尔·克林顿丑闻的《斯塔尔报告》（*Starr Report*）写了一篇评论，但是当她打电话询问《纽约客》是否愿意发表时，当时的总编戴维·雷姆尼克（David Remnick）说自己已经有足够的关于莫妮卡·莱温斯基（Monica Lewinsky）的文章了。最终阿德勒设法在《名利场》上发表了自己的作品。

这是一篇精彩的评论，她着迷地细读了上千页的报告，像律师一样剖析这份文件自身的逻辑，自从她放弃创作小说后，这种能力成了她最强大的武器。

> 肯尼思·W. 斯塔尔（Kenneth W. Starr）向美国众议院提交的六卷本《斯塔尔报告》从很多方面来说，是一份完全荒谬可笑的文件。可以说这份文件就是由一卷的参考文献和五卷的附录及补充材料组成的。它不准确，很愚蠢，存在偏见，杂乱无章，不专业，而且不诚实。从文本上来说，这是一部精神错乱、连篇累牍的色情作品，其中有许多迷人的角色和几条大部分被隐藏起来的故事线。从政治角度来看，通过对性相关材料的无限关注，这份报告试图抛弃，甚至抹杀相对枯燥的对真实证据和宪法程序的要求。[42]

这篇文章获得了杂志社颁发的评论奖。但同年晚些时候，《纽约客》断绝了与阿德勒的长期合同关系，也不再为她支付健康保险。之后她又写了两篇文章，一是在 9·11 事件之前不久，她为《新共和》写了一篇批评最高法院的文章；二是就《纽约时报》犯的另一个错误进行的争论。但她总是感到自己被排斥了，在长达数年的时间里她一直感觉很茫然，因为此时她的身后不再像肖恩时代那样有一个她可以依靠的机构了。

"我一直在用比较平和的方式指出：如果你为康泰纳仕撰稿，但他们把你的文章撕得粉碎，那你也要坚持下去。用你的私人时间写你想写的文章，但不要辞职，因为那样你就不再属于那里了，你会变得易受攻击。当我离开《纽约客》时，我就

283

成了狩猎目标。"[43]2013 年，阿德勒这样告诉一位采访者，当时她的小说都被重新发行了，她正在享受某种复兴。批评界对于她的小说的卓越性的共识使她获得了新的显赫声望。但是那种分析视角，那种激烈批判别人观点的能力却没有再找到适合的用武之地。自 1999 年以后，阿德勒再也没有发表过新的散文。

第十四章　马尔科姆

　　珍妮特·马尔科姆的职业生涯与雷娜塔·阿德勒的一样离不开《纽约客》。不过比起阿德勒的傲慢冲动，马尔科姆是安静低调的；比起阿德勒的年少有为，马尔科姆则是大器晚成。和汉娜·阿伦特一样，马尔科姆也是在过了不惑之年后才终于开始发表重要的作品。至于真正成名，则要一直等到她在1983年发表了一篇一位几乎还没什么人听说过的学者的传略之后。这个原本是梵文学者，后来成了精神分析学家的男人名叫杰弗里·穆萨耶夫·马森（Jeffrey Moussaieff Masson），那时的他刚刚被从西格蒙德·弗洛伊德档案馆（Sigmund Freud Archives）负责人的职位上解雇。

　　马尔科姆采访他时，马森刚过四十岁，那时的他头发浓密，自信的程度也还在心理健康范围内。根据马尔科姆的叙述，他们第一次见面时，马森就对她说：

> 　　分析领域中的几乎所有人都愿意做任何事情来摆脱我。他们嫉妒我，但我认为他们也真心觉得我是一个错误，一个麻烦和一个精神分析界的潜在威胁——一个真正有决定性的威胁。他们感觉到我可以一手摧毁整个精神分析行业——现实地说，这项事业让他们挣了很多钱。他们感到害怕是对的，因为我发现的东西是可以引发爆炸性后果的炸药。[1]

　　马尔科姆对马森用这种炸药引发的争吵很感兴趣。具体来
说，他提出的是一个针对"性诱惑论"的论点，"性诱惑论"是一种关于亲子关系本质的理论，认为从原始意义上讲，亲子关系是由性吸引力定义的，这个理论后来被弗洛伊德排斥和修

正过。然而随着对这场知识论争的深入调查，用马尔科姆的话说，她发现自己遇到了一个显然永远无法停止自我赞美的男人。

马尔科姆倾向于通过暗示而不是直白的陈述来传达想法。她向马森发起攻击时从来不使用直白的侮辱。她会像前文中那样不断引用马森的原话，那些内容自然会让他听起来像个傻瓜。例如，她会让他解释他通过精神分析治愈了自己的"完全滥交"的事。他告诉马尔科姆说，当他还是一名研究生时，他就已经和一千名女性发生过关系了，于是马尔科姆就引用了他的原话。或者，马尔科姆会引用弗洛伊德在十九世纪时写的一封谈论其他人的书信中的内容，借此来让自己对马森活动的描述更富有变化："他所说和所想的一切都具有一种可塑性，一种温暖的感觉和一种至关重要的特征，这些东西都是用来掩盖缺乏更深层实质的事实的。"[2]

这个特征需要被考虑在内是因为马尔科姆正在调查马森被解雇一事的情况。如果他多变、浮夸，而且以自我为中心，那么这些就都成了相关的事实。不过最确信无疑的是，他还好打官司。马森最终会起诉马尔科姆，而且这场官司持续了多年，一直打到最高法院。马森起诉的理由是马尔科姆错误地引用了他的话，在下级法院进行的两次审理中，双方就报告文学的本质进行了辩论，但马森最终输掉了控告马尔科姆诽谤的官司。

珍妮特·马尔科姆这种微妙但极具毁灭性的间接攻击是人生经历和性格的产物。马尔科姆1934年出生于捷克斯洛伐克的布拉格，原名珍娜·温诺韦拉（Jana Wienovera），她从小接受的教育是要文雅、顺从。战争爆发后他们一家逃离祖国，定居布鲁克林，珍妮特和妹妹玛丽（Marie）就是在那里学会英语的。这个过程并不轻松。她还记得"幼儿园老师在每天放学时会说'再见，孩子们（Good-bye, children）'，那时我以

为'children'是个人名，所以我很羡慕叫这个名字的孩子。我偷偷地盼望着某一天，老师能够说'再见，珍妮特'。"³

286 马尔科姆的父亲是一名精神病医生（这无疑是让马尔科姆最终对该学科产生兴趣的影响因素之一），她的母亲是一名律师。他们都设法在美国找到了工作。为了方便美国人发音，马尔科姆的父亲将家族姓氏简化为温（Winn）。学习英语变得越来越容易，而且珍妮特是个好学生，最终被密歇根大学录取。她的思想并不是很激进。像五十年代的其他很多人一样，她从小受到的教育也是讨好男人，然后结婚，组建一个家庭。她告诉《巴黎评论》的采访者说："大学四年的时间里，我没有上过一位女教授的课。据我所知，学校里根本没有女教授。"在这一点上，她有时似乎会把自己看作一个艾丽丝·芒罗（Alice Munro）一样的人物：聪明，书卷气，但不是特别雄心勃勃，随随便便就结婚了，只因为别人都说这是你应该做的。

她开始自己的事业的过程也很缓慢，而不是像阿德勒或帕克那样，带着已经完全成形的声音脱颖而出。在大学时，她认识了一位名叫唐纳德·马尔科姆（Donald Malcolm）的年轻人，唐纳德的理想是成为一名作家，珍妮特也有同样的理想，但是她的尝试总是被她的创意写作老师一次又一次地否定。当毕业后的唐纳德·马尔科姆前往《新共和》工作时，珍妮特·温追随了他的脚步，也开始为这本杂志撰稿。她在1956年发表的第一篇作品是一篇诙谐模仿风格的影评，模仿的对象是激动的青少年：

> 昨晚我去看了《铁血柔情》（*Love Me Tender*），我太喜欢了。埃尔维斯·普雷斯利（Elvis Presley，即猫王）没有一点淫秽或下流的感觉；他只是与众不同。故事发生在内战时期，那时几乎还没有摇滚乐，但他确实比电

影中的其他人都出色，这不仅仅是因为他的歌声和男子气概，更是因为他精彩的演技。[4]

这篇文章绝对不是什么严肃作品，在它的结尾，作者表达了希望玛丽莲·梦露和猫王一起拍摄《卡拉马佐夫兄弟》（*The Brothers Karamazov*）的愿望，因为那样就"太好了"。现代读者也许体会不到这其中的幽默，因为诙谐模仿文往往有时代局限性。但是年轻的珍妮特·温这种天真的讽刺一定给什么人留下了深刻的印象，因为就在这篇文章发表后不到六个月，她就开始不定期地为《新共和》撰写更严肃的电影评论了。她一般不喜欢好莱坞拍出来的东西。她贬低了奥托·普雷明格的《圣女贞德》（*Saint Joan*），认为他削弱了萧伯纳最初给予贞德的故事的道德复杂性。她也不喜欢亚历山大·麦肯德里克（Alexander Mackendrick）的《成功的美妙滋味》（*Sweet Smell of Success*），因为她觉得剧情太容易被看穿了。但是当写到对当时重新放映的《一个国家的诞生》（*The Birth of a Nation*）的感受时，她的观点引发了一些读者的不满。马尔科姆认为这部电影不仅宣扬种族主义，而且过分专注于善恶之间的硬性划分：

> 就在影院之外，距此几个街区的地方，一项民权法案正在获得通过，尽管它还不尽善尽美；朝另一个方向走，也是距此几个街区的地方，一部名为《我曾是少年狼人》（*I Was a Teenage Werewolf*）的电影正在上映。我不禁感到愉悦和舒畅，因为无论是在电影方面还是其他方面，我们已经取得了很大的进步。[5]

读者就这些坚定的观点给出了强烈的反应。一个人给杂志社写信说他怀疑温女士可能知道得很多，并且有很好的判断力，但他补充说"这一点并不容易确定，因为温女士非常坚定地展露了慈悲，她的散文带着满满的正义感评判我们。她的标准看起来如此之高"。[6]另一封读者来信的作者名叫哈尔·考夫曼（Hal Kaufman），自称是"电影专业学生"，他来信也是为了纠正温女士的错误。他对她产生疑虑的范围就更广泛了，并且举了一大堆例子来说明自大浮夸的人经常被误认为是有智慧的人。这封信的作者希望提醒温女士，"各地的领袖权威都对格里菲思（Griffith）①的电影给出了最高的赞赏"。[7]他不仅提到列宁也非常喜欢这部电影，还敦促珍妮特在评判老电影时应表现出更多的"慈悲"。对此，马尔科姆的回答非常简单：

> 考夫曼先生是一位"电影专业学生"，而我不是。我们怎么可能观点一致呢？

此时，马尔科姆已经将自己的批评才能转向书籍和戏剧领域了。她评论过劳伦斯的书信集，但没有什么比其中的引言更能激发她评判的欲望了。这篇引言正是由麦卡锡和阿伦特的老对手，黛安娜·特里林写的，后者当时是《国家》的首席批评家。马尔科姆指出，对一部文学批评作品而言，作者的妻子是不是一个糟糕的人是毫不相干的问题，她以此嘲笑了特里林夫人称弗丽达·劳伦斯（Frieda Lawrence）为"特别讨厌的人"[8]是出于嫉妒，还评价特里林"老得厉害"及"没有真才实学"。

这些评论本身虽然并没有什么特别值得铭记的地方，但是它们体现了一名年轻作家不断积累自信的过程。除了那些讽刺信之外，她也开始获得一些赞美，诺曼·梅勒就是赞美她的人

---

① 《一个国家的诞生》的导演和编剧。

之一。梅勒、多萝西·帕克和杜鲁门·卡波特一起上电视的内容是由马尔科姆为杂志写文章报道的。梅勒认为她对于自己与卡波特讨论的内容的引用有错误。但是他写的投诉信却似乎有一些调情的口气：

> 我不得不补充一点，温女士的文章写得非常精彩，只有一点微不足道的瑕疵，那就是她说是我说的大部分内容都并非出自我口。[9]

当时，珍妮特·温已经与唐纳德·马尔科姆订婚。1957年，唐纳德在《纽约客》获得了一份工作，珍妮特也搬回了布鲁克林居住。此后的七年里，珍妮特一直忙着照顾他们唯一的女儿安妮·奥利维娅（Anne Olivia），她本人没有发表过一个字。

如果你让她自己说她成为作家的故事，珍妮特·马尔科姆通常会从《纽约客》开始讲起。在她女儿还很小的时候，她不得不给她读很多儿童书。最终，她通过丈夫认识的肖恩先生建议她为1966年12月的《纽约客》写写自己最喜欢的儿童文学作品。马尔科姆的表现可能比肖恩预期的更加热切。她向后者提供了一篇上万字的长散文，总结并分析了她最喜欢的那些书。文章开头的口气比她年轻时在《新共和》使用的口气少了一些顽皮：

> 我们的孩子是信仰的反光镜，也是哲学的试验场。如果我们想要养育一个快乐的孩子，而不关心他的行为方式，那么我们显然是相信人性本善，以及生活中存在无穷的幸福的可能。[10]

有了这第一篇文章之后，肖恩又在 1967 年和 1968 年继续邀请马尔科姆撰写类似的作品。1967 年的评论与 1966 年的评论一样刻板，但是到了 1968 年，某些原因让马尔科姆选择涉足理性论证的领域。在文章的中间部分，马尔科姆加入了一段与医生的争论，后者坚持认为，给孩子看的现实应当被粉饰得"不那么丑陋"。

> 我不知道拉萨尼亚医生（Dr. Lasagna）要如何让现实变得"不那么丑陋"，我甚至不确定今天的现实是否比曾经任何时候的更丑陋了。今天的人们对社会问题有更多的了解和关注，这并不意味着今天存在的社会问题更多或更糟。有人会认为，如果今天的孩子也会因为偷一根面包而被绞死，那么要面对现实将更加艰难。（今天的人应该把给我们做面包的人绞死。）[11]

接下来，她开始建议让孩子阅读关于麻醉药物的"科普读物"，目的就是防止他们沾染毒品。她也推荐了一些关于性的书籍，不过她说这些书"比之前出版的任何书籍都直白得多，不是每个家庭都能接受这样介绍此类问题的方式"。马尔科姆还评论了一些适合儿童阅读的关于黑人历史的书籍，并发现其中大部分甚至也让她学到了以前不了解的事。

肖恩先生显然注意到了这个开始显露天赋的人才，于是他安排马尔科姆负责一个名叫"关于房子（About the House）"的专栏，写一些关于艺术和设计的文章。马尔科姆认为这是学习如何写作的良好训练。此外，这也是她第一次进入批评之外的领域。她开始慢慢撰写这些文章，谈论各个经营家具和室内设计的商人。到 1970 年，她也写了一些关于其他人正在谈论的新兴的女性解放运动的文章。

那篇文章是被发表在《新共和》上的。文章的作者署名被杂志社错写成了"Janet Malcom"（应为 Malcolm），但马尔科姆曾经的那种俏皮口气又出现了。她取笑了女权运动中普遍存在的，认为唯一能够获得满足感的地方只能是在家庭以外的地方的观念。

> 在任何情况下，选择将自己的孩子交给别人照顾，好让自己可以继续工作的女性不应该虚伪地宣称自己的决定是为了孩子好。她这么做是为了自己。她决定这么做可能是对的——自私的决定往往是最好的决定——但是她应当看清自己在做的这件事，并甘愿承担情感淡薄的结果，那往往是没时间管孩子的父母不得不付出的代价。[12]

这些文字中隐含的愤怒可不只是一点点，它提出的"新的女权主义可能是一种更易招人怨恨的导致不幸福和不满足的原因"的主张在当时是一个普遍的论点。迪迪翁在担忧女权运动纠结于"琐事"时就经常提到这个问题。但是马尔科姆的论述也显示了某种不确定，因为它并不符合一个正在逐渐建立独立性的作家的观点，而是符合一个认为做母亲是一种愉快的经历的人的观点，这样的人既不想放弃由此产生的任何益处，又不想失去主张某种程度的选择权的机会。不过，她在这里的文风和她在《纽约客》发表的散文中的活泼完全不同。《纽约客》上的马尔科姆更加优雅，是完全的意识流风格。而在应《新共和》编辑的要求回应充满愤怒的读者来信时，她则写了一个典型的充满讽刺意味的答复：

> 至于那些提出关于主旨的问题的人们，我需要比烘焙点心和把食物装罐的家务活允许我的更长的思考时间。如

果运气好的话，我希望能再给你写一篇散文来探讨这些有争议的问题。[13]

也许这种不确定是因情境而生的。马尔科姆写这篇文章的时候，她的丈夫唐纳德正身患重病。医生们都查不出他哪里出了问题；后来马尔科姆认定丈夫得了克罗恩病（Crohn's disease）。没过多久，唐纳德就无法工作了，虽然当时的《纽约客》对作家还很慷慨，但这个家庭依然承受了相当大的财务压力。而且谁都看得出来，唐纳德·马尔科姆已经时日无多。

马尔科姆依然在每月按时发表她关于家具的专栏文章。其中大多数内容都是在简单地列举和描述她喜欢的那些商品。但是在 1972 年 3 月，她第一次跳出了自己的固定模式。为了写这篇关于现代家具的专栏文章，她去拜访了艺术家吉村二三夫（Fumio Yoshimura），"至今为止，他更为人所知的还是他的妻子凯特·米利特，而非他的作品"。[14] 米利特在 1972 年已经是名人当然是因为她写了那本畅销书《性的政治》。这本书是一种把女权主义引入文学批评的颠覆性方法。在马尔科姆继续描述与吉村的接触过程时，她总是会被米利特分散注意力，而谈话最终也确实转向了女性的解放。

> 我提到这里的父母担心那些不喜欢运动的男孩长大后会成为同性恋者。"这种命运比死亡还糟糕。"凯特·米利特并没有把目光从她的信件上抬起来，她只是小声这样说道。后来我意识到，凯特·米利特退出这场谈话其实是一种圆滑，而非不懂礼貌。

时至此时，马尔科姆似乎已经无法控制自己；她的文章最终变成了对米利特的采访，而且她在提到米利特时一直在使用她的全名。

> 与凯特·米利特谈话时完全听不到《性的政治》中
> 表现出来的那种暗示、讽刺和学术性的腔调……凯特·米
> 利特的雕塑看起来都很相似，而且都很像凯特·米利特本
> 人。它们都有一种棱角分明、坚实、强大和乐观的特性。

这就是会让珍妮特·马尔科姆受人尊敬但也会引发争议的
那种报道文学的第一次出现。她在这次简短的采访中扮演了一
个角色，开始建立一个"我"，后来她会告诉大家这个"我"
不值得信任，只是一种必要的伎俩。例如：读者当时可能并不
知道，他们读到的这篇文章记录的是一个对女权主义持极大怀
疑态度的人采访一位伟大的女权主义者的内容，但这个怀疑者
显然已经读过米利特的书了。

唐纳德·马尔科姆于 1975 年 9 月去世。也许是想到自己
不得不打造一个更加稳固的职业生涯，所以在丈夫生命的最后
一年里，珍妮特·马尔科姆开始将事业范围扩展到摄影这种令
她感兴趣的新艺术上。那时她还没有读过苏珊·桑塔格的那些
在《纽约书评》上慢慢发表的作品。她直到二十世纪八十年代
才终于读了那些文章。

但是在所有这些发生之前，她为《纽约客》评论了一本关
于艾尔弗雷德·施蒂格利茨（Alfred Stieglitz）的书，接着又为
《纽约时报》回顾了爱德华·韦斯顿（Edward Weston）的作品。
在关于韦斯顿的评论中，她非常仔细，而且倾向于使用专业术
语。这最终成了《纽约时报》对她能否担任摄影批评家的一种考
察，然后他们就向马尔科姆提供了这个职位。但威廉·肖恩告诉
她，她也可以选择担任《纽约客》的摄影批评家。

1980 年，马尔科姆出版了她关于摄影的散文作品集《黛

293

安娜和尼康》（*Diana and Nikon*）。马尔科姆在书中承认，她花了一些时间才找到适合自己的方向。她写道："重读这些文章让我联想到一个试图砍倒一棵树的人，她以前从未砍过树，她也不是很强壮，她的斧子也不好用，但是她非常固执。"[15]她认为自己是从1978年才开始找到窍门的。当时她写了一篇名为《两条路》（*Two Roads*）的文章，内容是探索摄影的快照属性。她开始从道德角度谈论摄影，这个方法一直被桑塔格运用得很好。通过这种看待事物的方式，她可以更容易地传达她为什么觉得很多照片令人不安：

> ［沃克·］埃文斯（Walker Evans）的书并不是一本它本应成为的表现优雅和秩序的选集。相反，这本书里充满了混乱和无序，有难看的肮脏凌乱的场面和眼神空洞的人物，还有被冷漠的资本主义机器压垮的受害者和失败者，他们居住的国家的精神与他们脚下的土地一样受到了侵蚀，已经枯竭。[16]

你还可以看到马尔科姆在处理某些主题时的轻松状态，她的文字读起来也更令人愉快：

294

> 不了解内容的人如果翻开大都会博物馆在展出这些摄影作品时出版的《乔治娅·奥基夫：一幅肖像》（*Georgia O'Keeffe: A Portrait*）这本书，会觉得自己就像开着车在乡下转转，然后突然就来到了巨石阵。[17]

对于摄影题材驾轻就熟之后，马尔科姆又开始对撰写被《纽约客》称为"纪实报道"的那种文章越来越感兴趣。这个名字是杂志社内部对于那种长篇报道文章的称呼，这种文章也是《纽约客》的标志性作品。此时的马尔科姆已经再婚，她的丈夫是《纽约客》的编辑加德纳·博茨福德（Gardner Botsford）。当时她正在戒烟，她曾经认为抽烟和写作是两件密不可分的事。但是做报道能让她深入社会，她总不能一边抽烟一边采访。所以她告诉肖恩先生她认为自己应当写一篇"纪实报道"，她选择的主题是家庭治疗法。也许因为父亲是一名精神病医生，所以马尔科姆也有一种弗洛伊德式的洞察力。反正身为作家的马尔科姆选择精神分析这个主题绝对是一种完美且令人难忘的搭配。

当马尔科姆开始撰写关于精神分析学的文章时，这个事物已经存在近一个世纪了。但是在二十世纪七十年代，也就是她开始写关于精神病治疗法的文章时，她选择的并不是一个受欢迎的题材。精神病药理学当时正处在兴起阶段；很多杂志在反复提及一种被称为"母亲的小助手"的地西泮类药物（Valium，即安定）。女权运动对精神分析大多持厌恶态度，将弗洛伊德思想（比如"阴茎嫉妒理论"）视为对女性的根本性压迫的基础。然而，具体到治疗方法本身，尽管其在美国的鼎盛时期要到二十世纪八十年代末和九十年代才来临，但从此时开始，它们已经越来越受欢迎了。存在主义精神治疗师罗洛·梅（Rollo May）将存在主义哲学家的观点与临床实践联系起来，创作了一些非常受欢迎的著作，他的作品在那些可能会订阅《纽约客》的文化精英中间很流行。以上所有原因都足以激发人们对这个题材的好奇心。

马尔科姆就现代精神病治疗实践展开探索的第一篇文章名叫《单向镜》（*The One-Way Mirror*），内容是关于家庭治疗法的。文章指出，这些实践实际上推翻了大部分已经存在的精神分析学思想。随着接受治疗一端的人数越来越多，等式另一端的治疗师也变得更具对抗性和战略性，而且他们几乎不可能

295

坚持保密义务。马尔科姆怀疑地看待这一切，但她也给了家庭治疗师为自己辩解的机会。结果却是，他听起来有点像穿着廉价套装的推销员：

> 家庭治疗法将在此后的一二十年内取代精神病治疗法，因为它是关于特定环境中的人的。这是一种属于我们这个世纪的治疗方法，而个人治疗法是属于十九世纪的。这并不是贬义的说法。只是事物都在发展和变化，在任何历史时期，都会有某些特定的看待和回应生活的方式在各个地方出现。家庭治疗法对于精神病治疗法而言就像品特（Pinter）① 之于戏剧，或生态学之于自然科学。[18]

这篇文章并不完全是被写来对精神分析学这个整体进行批判的。遭到批判是马尔科姆的下一个报道对象面临的命运。这位典型的治疗师被她取名为"阿伦·格林（Aaron Green，这不是他的真名）"。马尔科姆从自己对格林广泛深入的采访中找到了对精神分析学家和一般的精神分析学提出批判的理由。简而言之，她分析了阿伦·格林。连格林的治疗师的躺椅都成了被评论的对象：

> 被摆在房间里的空荡荡的躺椅带着一种饱含深意的气势。它似乎是在说："我可不是什么破旧的泡沫橡胶包裹的沙发，我是躺椅。" [19]

---

① 哈罗德·品特（Harold Pinter），英国剧作家、导演和演员。他是英国最具影响力的现代剧作家之一，2005 年诺贝尔文学奖得主，代表作有《生日聚会》（*The Birthday Party*）、《归家》（*The Homecoming*）、《背叛》（*Betrayal*）等。

这种微妙的笔触（还有对报道对象的室内装饰的幽默潜质的标志性兴趣）揭示了马尔科姆写作技巧中的一些重要特征。虽然文章立足于一个批判的角度，但它的批判并不是冷酷无情的。马尔科姆是在阐明一个问题，并对解决这个问题的方案作出某种评判，但正如一位评论家解释的那样，她总是更"顽皮"。[20]虽然阿伦·格林有时显得愚蠢和焦虑，但他也非常有同情心。在马尔科姆的质疑之下，他逐渐认识到就连这个职业对自己的吸引力也具有一种心理上的缺陷：

> 我被精神分析工作吸引的原因就是它能在我和接受我治疗的人之间创造一种距离。这是一种非常舒适的禁绝状态。[21]

马尔科姆继续给这个"不可能的职业"中存在的模糊和虚伪进行编目：比如持续时间越来越长的治疗方式；还比如病人从精神分析治疗中得到的很可能不是治愈，而是"移情"的事实。这种现实指的是病人将他们最初来接受治疗时想要处理的，从童年时期保留的情感和渴望投射到了他们与治疗师的关系上。马尔科姆认为，这些问题中有绝大部分被精神分析培训机构制度化了，治疗师们本身也将自己视为一种代理父母。马尔科姆温和地指出，这种培训坚称好的精神分析学家必须先接受广泛的心理分析。

但她并没有把格林本人描绘成一幅讽刺画。他似乎是个运气不佳，困惑烦恼，很可能需要换一份工作，但并没有什么恶意的人。

为阿伦·格林写的传略被整合成了一本名为《心理分析：不可能的职业》（*Psychoanalysis: The Impossible Profession*）的书，它获得了来自各方的狂热赞美。差不多每个美国人在二十世纪七十年代的某个时间里都尝试过精神分析治疗，然后就厌恶地放弃了它，因为他们对这种治疗在病人身上应该产生什么效果感到困惑。马尔科姆的作品无比精妙地论述了这个悖论，以至于每个评论家，甚至是精神分析学家们都被这本书迷住了。

大受鼓舞的马尔科姆于是展开了与精神分析学家相关的第二个项目。这篇文章依然是为一位精神分析学家写的长篇传略。但这一次，马尔科姆没有在曼哈顿丰富的治疗师资源中寻找对象，而是选中了杰弗里·穆萨耶夫·马森。马森所谓的"炸药"出现在弗洛伊德与其门徒之一，威廉·弗利斯（Wilhelm Fliess）之间的未被公开的书信中。马森立即告诉各个报社说他从这些书信中发现弗洛伊德并没有真正放弃所谓的"性诱惑论"。最初的性诱惑论认为童年的性经历，通常是受到父母之一的性诱惑的经历是大多数病人患上神经官能症的原因。弗洛伊德在1925年放弃了这个理论，他解释说他已经明白，当病人描述这种经历时，他们描述的往往不是一种真实发生的，而是某种超自然的情况。如果马森是正确的，那就意味着弗洛伊德最初怀疑儿童时期的性经历（当代人普遍称之为性侵犯）是大多数心理障碍的核心的想法就是正确的。

马尔科姆对马森产生兴趣就是因为他提出的这个主张，所以她决定打电话给马森。马森非常健谈，而且喜欢在言语中透露许多信息。在为期几天的采访过程中，马尔科姆对部分内容进行了录音，另一些则记在了笔记本上。马森给她讲了他的婚姻，他的婚外情。他还告诉她安娜·弗洛伊德（Anna Freud）和他的其他导师都对他有所怀疑。马尔科姆根据自己的笔记引用了她认为是马森的原话的内容，但马森后来否认自己说过这样的话："我就像一个知识分子中的小白脸，人们从你那里获得快乐，但是他们绝不会把你带到公共场合。"[22] 显然，马森已经准备好要出现在公众的视线中了，因为他正准备写一本关于他宣称自己在弗洛伊德与弗利斯的书信中找到的真相的书。安娜·弗洛伊德和最初帮助马森获得西格蒙德·弗洛伊德档案馆工作的库尔特·艾斯勒（Kurt Eissler）都告诉马尔科姆，他们认为马森对这些书信的理解有误。

　　大概正是因为受到了曾经志同道合的朋友们的围攻，所以马森才认定马尔科姆可以成为他的某种新朋友。在他们接触的整个过程中，他一直知道马尔科姆是打算将他告诉她的内容写成文章的，然而他仍然会连续好几个小时，事无巨细地给她讲述他的性生活，他与同行的宿怨，以及他强烈的自我价值感中的各种因素。马尔科姆最终发表的文章中的很多内容都是对马森原话的大段引用，不是关于马森对弗洛伊德观点的理解，就是关于与他发生过关系的大量女性的长篇大论。一个典型的段落是这样的：

> 你知道安娜·弗洛伊德曾对我说过什么吗？她说，"如果我父亲现在还活着，他不会想要成为一名分析师。"我发誓，这些都是她的原话。不对，等等。这个很重要。这话是我对她说的。我说："弗洛伊德女士，我觉得如果你父亲现在还活着，他不会成为分析师。"然后她说："你说得对。"[23]

　　尽管这些长长的引用看起来像是不曾被打断的独白，但实际上，它们往往是由马尔科姆用采访中的各个地方的内容拼凑出来的——马森后来在法庭上就是针对这种做法提出了异议。

　　几乎所有读了这篇《档案馆中的麻烦》（*Trouble in the Archives*）的读者都会认定马尔科姆是故意将马森描述成一个小丑，并破坏他的可信度的。即便是像批评家克雷格·塞利格曼这样充满智慧、有辨识力的粉丝也把马尔科姆的这篇关于马

298

森的作品称为"诋毁人格的杰作"。[24] 这些文章后来被克诺夫出版社出版成了一本名为《在弗洛伊德档案馆》（*In the Freud Archives*）的书。毫无疑问，没有人在读了这本书之后还会认为杰弗里·穆萨耶夫·马森是一位正直的公民。最终，就连马尔科姆也对马森产生了不好的看法，她在与一位被卷入这场事件的分析师交谈时说："我不知道他是否在乎过任何事情。"[25]

然而，在我看来，这似乎是对马尔科姆本意的轻微误读。我们很快会讲到关于这本书的后续争议，在那些过程中马尔科姆已经证明除少数例外，她几乎完全是在引用被记录在录音带和笔记本上的马森说的内容。从这一角度来说，她只是传达了马森提供给她的内容。在接下来的诉讼中，马森坚称有些引文是编造的，另一些则是断章取义，但不是全部引文都存在这些问题。将这篇文章简单地认定为"诋毁人格"，就等于是在暗示采访者与受访者之间不存在这种合作。

马尔科姆是否有义务阻止马森本人的自我毁灭行为这个问题将成为一个占据她人生接下来十年的问题。

这本书出版之后，马森果然火冒三丈。他给《纽约时报书评》写了一封投诉信，说自己受到了诽谤。马尔科姆对此的回复也很尖锐：

> 事实上，对马森先生的描述是基于四十多个小时的录音对话得出的。这些采访开始于 1982 年 11 月，地点是加利福尼亚州伯克利市，最初的采访为期一周，在接下来的八个月中，我们还通过电话进行了后续采访……我引用的马森先生说的所有内容都是他说的，而且几乎是一字不差地引用的。（说"几乎"是因为存在为语法规则而进行的更正。）[26]

　　最终，马森向法院提起了要求被告赔偿 1020 万美元的诽谤诉讼。其中 1000 万美元是惩罚性赔偿。这是一个荒谬的数额。对马尔科姆来说不幸的是，这场诉讼一直延续了十多年。如无数评论员在整个诉讼过程中指出的那样，马森总是不得不改变他指控的具体内容。[27] 他在最初的原告陈述中列出了他确定他对着录音说过的内容。马尔科姆都能够播放出来。

　　但是有几个问题确实很突出。一个是"知识分子中的小白脸"这个说法在录音带上无法找到。另一个是如马尔科姆在给《纽约时报书评》回信为自己辩解时说到的那样，她确实对引文作了一些改动，但这主要是为了删除某些马森提出的更夸张的观点。就这样，这场诉讼成了法院的一个棘手案件。正如赫尔曼诉麦卡锡案（Hellman v. McCarthy）一样，问题的关键不在于马尔科姆最终是否能够胜诉（她最终胜诉了），而在于这场纷争在持续过程中可能给她造成多大伤害。

　　1987 年，马森的首次起诉被驳回。马尔科姆后来懊恼地说："我早应该想到，写完描述他的文章后，马森不会轻易罢休。"[28] 不过她已经决定将精力投入到一个新项目中了。

　　《新闻记者与谋杀犯》（*The Journalist and the Murderer*）于 1989 年分三期被刊登在《纽约客》上。这本书的第一句话很有名，马尔科姆是这么写的："任何不是太过愚蠢或太过自满的记者都知道，他所做的事情在道德上是站不住脚的。"[29] 这句话就像是点燃了一条导火索。许多人似乎根本不在乎这句话之后写的是什么了。我第一次见到马尔科姆是在这句话被发表二十年后，当时她站在《纽约客》节（New Yorker Festival）的高讲台上谈论她的作品。人群中有一个年轻男子站起来，愤怒地就这句话向她提出质疑。在回答之前，马尔科姆先是沉默了一会儿，然后说："嗯，你明白，那其实是一种修辞手法。"[30] 然而这个年轻人显然没有真正明白。

这样的情况不过是马尔科姆出版她深入研究记者乔·麦金尼斯（Joe McGinniss）和杀人犯杰弗里·麦克唐纳（Jeffrey MacDonald）之间纠纷的成果之后发生的事情的一个缩影。1979 年，麦金尼斯与麦克唐纳签订合同，商定在麦克唐纳因为谋杀自己的家人而接受审判期间，麦金尼斯享有独家采访他和他的辩护律师的权利。麦克唐纳同意了，显然认为自己可以成为某种大新闻。麦金尼斯因为写过一本《1968 年总统的推销》（*The Selling of the President 1968*）而很有名气，该书毫不粉饰地描述了尼克松的竞选活动是如何让他们的候选人看起来更加……怎么说呢……风度翩翩的。凭借这本书，麦金尼斯收获了相当多的尊重。

对于麦克唐纳来说不幸的是，到审判结束时，麦金尼斯认定他确实犯下了他被指控的罪行。根据他们的协议写出来的这本名为《致命幻象》（*Fatal Vision*）的非虚构作品是一本粗制滥造，但是非常畅销的书。该书声称麦克唐纳是一个精神变态者，他冷血地杀死了自己的全家。被塑造成受人鄙夷的凶手的麦克唐纳随后起诉麦金尼斯，称后者有意地误导了自己对于这个项目性质的理解。根据大多数新闻行业的标准来看，麦金尼斯的行为确实越界了。比如，麦克唐纳可以拿出两人之间的通信作为证据，其中有麦金尼斯似乎是为了消除麦克唐纳的疑虑而向这个能给自己提供新闻的人表示，他认为判定麦克唐纳有罪是严重的不公的内容。

马尔科姆继续介绍了她知道的事——

他是一个自信满满的骗子，靠捕捉人们的虚荣、无知或寂寞生存，先获得他们的信任，再毫无愧疚地背叛他们。好比一个容易轻信别人的寡妇，一觉醒来，发现那个迷人的年轻男子和自己所有的积蓄都消失得无影无踪了。

这就是当文章或书籍面世后，一位同意成为非虚构作品描述对象的受访者得到的惨痛教训。[31]

鉴于这段话是从被出卖的受访者角度说的，所以许多读了这篇文章的人便立刻认定马尔科姆是在控诉新闻行业。记者们最喜欢的事莫过于谈论新闻业。到 1989 年，也就是马尔科姆的文章被发表时，新闻界充斥着想要成为伍德沃德和伯恩斯坦的人，他们都自认为可以凭借新闻工作与真正的权力对抗。结果就是，许多人觉得马尔科姆伤害了他们的尊严。随之而来的就是一场持续时间特别长的批评风暴。

"马尔科姆女士似乎创造出了一条吞下自己尾巴的蛇：她攻击所有记者的职业道德，也包括她自己的，然而她并没有透露她自己在扮演'自信满满的骗子'时干过哪些勾当，"[32]《纽约时报》的一位专栏作家激烈地斥责马尔科姆，还诬告她曾经承认"捏造事实"。算得上重要图书批评家之一的克里斯托弗·莱曼-豪普特（Christopher Lehmann-Haupt）指责她用给麦金尼斯定罪来为麦克唐纳免罪。一位很受伤的《芝加哥论坛报》的专栏作家在环视报社的办公室时看到"同事们在记录政客的行为，报道医学界的突破……谁能告诉我这些常规的新闻工作何错之有？"[33]

马尔科姆也有一些支持者。戴维·里夫就在《洛杉矶时报》上为她辩护。他指出，就马尔科姆的立场而言，她说的这句话与琼·迪迪翁那句大受赞美的"作家总是要出卖一些人的"并没有什么本质上的区别。[34]诺拉·埃夫龙在此之前就与马尔科姆成了朋友，她在接受《哥伦比亚新闻学评论》（*Columbia Journalism Review*）采访时说："珍妮特·马尔科姆说的话合情合理，竟然有人对此大做文章令我感到非常震惊。"[35]她还说："我相信要成为一名优秀的记者，你必须愿意完成被珍妮特描述为背叛的那种交易。"这句话与菲比·埃夫龙的"任何内容都是借鉴来的"要表达的态度也很相近。与之对立的问题是有些时候，其他人并不愿意成为被借鉴的内容。

    另一位广为人知的丑闻探听者是曾在1963年曝光了殡葬行业内幕的杰茜卡·米特福德（Jessica Mitford）。她也来自一个有多位可以被形容为"锐利"的姐妹的家庭。她呼应了诺拉·埃夫龙的观点："我认为马尔科姆的文章非常精彩。"[36]

相关报道的另一个主题是鉴别马森与马尔科姆之间刚刚发生的事情与马尔科姆在《新闻记者和杀人犯》中所分析的情况之间的相似性。马森感觉他有机会重新谈论自己的故事了，于是他告诉《纽约》杂志的一位记者说，他读这篇文章的第一部分时觉得那就是写给他的公开信，是马尔科姆对自己罪过的一种坦白。[37]他一直在对驳回自己起诉的判决提出上诉，最后一路诉至最高法院。最高法院大法官安东尼·肯尼迪（Justice Anthony Kennedy）判定他可以重新提起诉讼，但最终，马森于1994年败诉，陪审团认定马尔科姆虽然不够严谨，但她的行为不带有"鲁莽漠视"的主观恶意。一位陪审团成员告诉《纽约时报》的记者说"马森有点太诚实了。他说出了一切，表露了自己的本质。她据此给他画了幅画像，而他并不喜欢。"[38]
    后来，马尔科姆说，她有点理解为什么人们向她扔了这么多石头：

    当自封的神明倒下时，谁不为此感到愉悦呢？被在泥泞中拖着走的人是一位《纽约客》作家这个事实只会增添邪恶的欣喜。当时的《纽约客》还是一个用高高在上的道德感把自己包裹起来的毛茸茸的虫茧，这一点真的让为其他出版物工作的人很恼怒。在有媒体来采访我时，我像所有《纽约客》作家认为他们应该做的那样对采访者唯恐避之不及，简直就是恐惧宣传的威廉·肖恩的翻版。这种方式对我没有任何帮助。当马森在一个接一个的采访中对我提出错误的指控时，我没有站出来为自己辩护，而是一直保持着荒谬的沉默。[39]

不过马尔科姆也不是完全沉默的。就在马森提出上诉的过程中，《新闻记者和杀人犯》以书的形式正式出版了。马尔科姆为该书写了一篇新的后记。在这篇后记中，她否认麦金尼斯与麦克唐纳的争议折射了她与马森之间的麻烦。她还说实际上自己开始觉得马森可怜，因为他再一次被记者们利用了，那些人打电话给他，为的是借用他的话来攻击她，之后他就会再次被抛弃。[40]

她在这篇后记中做的另一件事是为编辑引用内容的理念作出辩护。这一点正是马森在诉讼中提出指控的争议点：他宣称马尔科姆拼凑句子和改变句子顺序的行为已经超出了她作为记者而享有的权利的范围。她为这种做法进行辩护的理论是她在作为一名作家的生涯中还会多次提到的，那就是用"我"写出的文字并不总是值得信任的：

> 新闻中的"我"与自传中的"我"不同，后一个"我"代表着传记作者本人，而前一个"我"与文章作者之间只存在一种很薄弱的关联——就像超人与克拉克·肯特之间的关联。新闻报道中的"我"是一个被过分信赖的叙述者，一个被赋予了叙述、辩论和定基调的重要任务的人，它是为文章而专门创造出来的，就像希腊悲剧中的合唱一样。这个"我"是一位具有象征意义的人物，是不带

感情地观察生活的理念的化身。[41]

这种号召人们连作者本人也不要相信的理念不仅是解锁马尔科姆作品的万能钥匙，也几乎是解锁本书中所有人物作品的万能钥匙。从丽贝卡·韦斯特到迪迪翁和埃夫龙，一种强健的第一人称体系已经在这个世纪中被建立起来，而马尔科姆的理念为这个体系增加了一些东西，即某种程度的不确定性。阅读马尔科姆的文章时，人们总会体验到一种挥之不去的不确定感，这种感觉既与名义上的主题相关——麦金尼斯真的那么差劲吗？马森真的是个白痴吗？——又与叙述者本身相关——她究竟又要使出什么新花招戏弄我们？

在马尔科姆身上总会出现这种更深一层的意义，这是她的一种技巧。正如精神分析师引导她的病人检查和分析自己的习惯反应和感受一样，马尔科姆也激发了一种饱含情绪的反应，这种反应让许多记者重新思考了他们对自己职业的了解。

总之，对《新闻记者和杀人犯》的愤怒除了证明马尔科姆试图提出的论点的正确之外，并没有带来其他效果。很明显，这本书的主题是新闻。它的论点是被撰写的主题总会为别人写出的关于它的内容而感到受了背叛。新闻界也确实因为马尔科姆对它的评价而感到受了背叛。幸运的是，人们最终改变了想法，如今，《新闻记者与杀人犯》成了大多数新闻专业学生的必修课。如果你问马尔科姆本人，她也会这样告诉你，最终，事实证明她是正确的。

*

马尔科姆随后的所有作品都受到了《新闻记者与杀人犯》的先入为主的影响。无论看什么问题，她都会发现其中存在的说不通的地方。她写了谋杀案的审判［见于《密林山坡中的伊菲革涅亚》（*Iphigenia in Forest Hills*）］和企业的不正当行为［见于《希拉·麦高夫之罪》（*The Crimes of Sheila McGough*）］，她会着眼于决斗故事双方的说法，以及他们看似不可调和的不一致性。她还写了一篇关于艺术家戴维·萨尔（David Salle）的文章，其中包含了如其标题所示的《四十一种虚假开头》（*Forty-One False Starts*）。[42] 因此，这篇文章似乎是在质疑写新闻是否有用。作家、艺术家、思想家，在审视这些我们依靠其来给我们讲故事的人的过程中，马尔科姆表达了对叙述的怀疑态度——一种与迪迪翁的怀疑我们告诉自己的故事的真假很相似的怀疑者的态度。

305

　　但最好的例子大概还要数《沉默的女人》（*The Silent Woman*），这是马尔科姆在《纽约客》发表的一篇足够一本书长度的关于西尔维娅·普拉斯、她的丈夫特德·休斯（Ted Hughes），以及一个想要理解他们二人在一起时的生活的传记作者的文章。普拉斯是一位早熟的诗人和散文家，二十多岁时发表了大量作品，但从未特别出名。最终她移居英格兰，嫁给了诗人特德·休斯，并生了两个孩子。她出版了一本诗集，但对自己的职业前景感到沮丧。1963 年，休斯为另一个女人而离开她之后，普拉斯选择了自杀。她去世几年后，她创作的所谓的忏悔诗歌集《阿里尔》（*Ariel*）得以出版并广受赞美和追捧。同样在她去世后出版的小说《钟形罩》也成了经典之作。而麻烦就是从这时开始的。

　　那些在普拉斯去世后成为她的崇拜者的人们相信自己对导致她自杀的苦难有独特的见解，他们责备特德·休斯是罪魁祸首。休斯的名声糟糕不是没有道理的。在普拉斯生命的最后几个月里，休斯为了另一个女人而离开，留她独自在异国生存，除了两个还很年幼的孩子，没有其他亲人在身边。作为情感激烈的诗歌《阿里尔》的作者，普拉斯后来成了女权主义者中的幽灵明星，这意味着大量的愤怒指向了休斯。鉴于此，休斯和他的姐姐奥尔文（Olwyn）在决定为普拉斯写传记的人选时非常谨慎小心，他们会通过控制传记作者从普拉斯尚未发表的作品中引用哪些内容来控制传记的写作。

306

马尔科姆对整个案件的兴趣源于他们选择了安妮·史蒂文森（Anne Stevenson）为传记作者。马尔科姆说她在密歇根大学时就认识史蒂文森了。上过同一所大学激起了她的好奇心，而且在史蒂文森身上，她似乎不仅看到了与自己的一些相似之处，还看到了一个自己曾经想要成为的人的样子。

> 有一次我在街上走着，有人指着她让我看：一个苗条、漂亮，看起来有点笨拙紧张，但是充满激情的姑娘，她正打着手势，周围都是些表情专注的男孩。那时候我非常倾慕艺术气息，而安妮·史蒂文森就是我想象中闪耀着特别的夺目光彩的人物之一。43

然而，史蒂文森写的普拉斯传记《苦涩的名声》（Bitter Fame）遭到了严重的批判。史蒂文森在一篇显眼的作者序言中再三表达了对奥尔文·休斯的感激之情，还暗示休斯在手稿发表之前已经读过、评价过，甚至是要求修改过书中的内容。这被视为对史蒂文森身为传记作者的正直和诚实的攻击，因为人们普遍认为，避免让委托人在手稿出版前看到其中内容能保证传记更加客观。马尔科姆对这本书也有疑虑，但她的疑虑属于一个完全不同的类别。她发现自己对身为传记作者的史蒂文森似乎是被命令采取的明智姿态感到厌恶。包括一位真的很讨厌普拉斯的人在内的一些受访者在书中根据自己与普拉斯相处的经历发表了意见，与他们提供的内容相比，史蒂文森遵从仔细权衡证据的必要性而写出的东西显得很乏味。

这种对基于个人经历的更坚定的声音的偏好让马尔科姆开始同情休斯和他的姐姐。她发现了休斯写给这段传奇中的一些主要人物的书信，休斯在信中愤怒地抱怨他们将他的个人经历转变为某种"官方历史——好像我是一张墙上的照片，或西伯利亚的某个囚犯一样"。[44] 马尔科姆觉得这很有说服力，尽管她还认为这个故事中的许多人物在描述自己体会过的普拉斯的性格时都带着值得怀疑的动机，但她依然表示认可休斯的说法。这本书在结尾处完全推翻了可以被称为普拉斯故事中一位关键证人的观点。我不会告诉你这个人是谁；你应该自己去读这本书。对此，马尔科姆的观点依然是你不需要相信任何人，不需要带着她曾在两个不同的上下文环境中提到的"单调的平静"接受任何人对事实的断言。

但是在这篇文章中，马尔科姆对自己作了一个小小的披露。她去拜访了批评家阿尔·阿尔瓦雷斯（Al Alvarez），他是普拉斯最后的朋友之一。阿尔瓦雷斯先是和蔼可亲地与她谈论了五十年代在汉娜·阿伦特家举办的聚会，然后解释了自己不觉得普拉斯有吸引力的原因是，作为一个女人来说，她太"高大"了：

> 我明白他想说的什么，这让我感到不舒服。阿尔瓦雷斯认为我是那些可能被邀请参加汉娜·阿伦特在五十年代举办的聚会的人，这是种恭维，但并不正确（我怀疑那时我是否知道汉娜·阿伦特是谁），所以他现在令人苦恼地将我误认为是一个能够毫无痛苦地听他讨论他认为没有吸引力的女性的人。我觉得自己像一个因为没有人知道她是犹太人而被默默地包含到一段反犹谈话中的犹太人一样。[45]

　　这里体现了一丝明显的女权主义思想，明确表达了对男性之间，甚至是男性与其他女性谈论女性的方式的不满。这是一个花了很长时间才终于出现在马尔科姆作品中的主题。在二十世纪七十年代写了那篇长篇批评文章之后，她对女权主义的态度已经渐渐改变了。她还结交了一些女性作家朋友。马尔科姆甚至和桑塔格有点接触，但交情不深。1998年桑塔格再次患病时，马尔科姆给桑塔格写了一封短笺："午饭的时候我没有表达清楚，在这里我还是要尽力尝试说明白，我为你不得不经历的一切深感难过，我非常钦佩你，我也非常感谢你写出《疾病的隐喻》。"[46]

308

　　像迪迪翁一样，马尔科姆也会成为诺拉·埃夫龙的朋友，并逐渐对她的作品，特别是散文感到一种深深的共鸣。女权主义是她们常年谈论的主题之一。在埃夫龙人生的晚期，她们两个人都会成为一个读书俱乐部的成员，她们会重读《金色笔记本》（*The Golden Notebook*），只是为了看看它到底是关于什么的。

　　在作为记者和批评家的人生经历中，马尔科姆似乎注意到了这个世界是如何对待聪明、有能力、有见识的女性的。1986年，她发表了一篇英格利德·西奇（Ingrid Sischy）的传略，题为《时代精神的女孩儿》（*A Girl of the Zeitgeist*）。这篇文章是在马森最初提起诉讼的那段时间里完成的。文章的主题之一就是一个严肃的女人如何一直努力在一群严肃的男人的否定中开辟自己的道路。有一次，西奇告诉马尔科姆说她曾经在午餐时遇到过一个男人，这个男人对西奇不太感兴趣，因为他不喜欢她的样子。马尔科姆立刻把自己想象成了那个男人：

　　　　在看到《艺术论坛》（*Artforum*）从一本没有生命、暧昧不明的杂志变成一本属于疯狂、自信的当代人的杂志之后，人们只能想象它的编辑一定属于某种惊人的现代风格，具有某种被释放到世界中的令人诧异的新女性的感知力。这让我已经想好了如何写这篇关于她的文章。然而此时走进我家中的，是一个讨人喜欢、聪明、谦逊、有责任心、有职业道德的年轻女性，她身上没有一丝我确信将会看到的夸张做作的感觉，所以就像午餐时的那位政客一样，我明显失望地转过身去。[47]

女人对彼此的期望，我们把对方设想成什么样子的方式，让我们充满希望，也给我们带来很多希望破灭的时刻：这似乎是成为一个会思考，并公开谈论思考的女人的本质。

后　记

在写这本书的过程中，我用了很多时间来思考一个问题： 当人们用锐利来形容这些女性时，他们究竟想表达什么。很多人将它用作一种褒奖，但同时又显露出一种隐隐的惧怕。毕竟，锐利的东西是可以伤人的。对这个问题思考越多，我越觉得当人们给这些女性贴上诸如锐利、刻薄或黑暗夫人之类隐含不祥之意的标签时，他们往往是对这些女性具有一种幻想的。这种幻想让他们认定这些女性都是具有毁灭性、充满危险、善于狡辩的，好像知识分子生活是某种哥特小说似的。

然而这些女性根本不是这样的。她们不总是对的，但也不会犯比她们应该犯的更多的错误，而且有些时候，她们恰恰是非常、非常正确的。困难就在于，人们对不"和善"的女性总是感觉难以接受，因为她们不会屈服，因为她们敢于在公众面前偶尔犯错。

这些女性还都倾向于不去追求那个可能是唯一认清了这种困境的运动对她们的认可。玛丽·麦卡锡去世几年前曾经在旧金山对一群人说"我不是一名女权主义者"。不过后来她改变了说法。

我认为，我这一代人中的那些杰出女性确实因为女性作为一个整体被轻视这个事实而获利了——尽管她们并不这么看待这个问题。如果［男性］发现了一个不该被轻视的女性，他们就会把她捧到可能比她实际应得的更高一 些的高度。我的女权主义意识至少强烈到足以让我不喜欢"她拥有男性一样的思维"这种所谓的赞美。我一直非常厌恶这种说法。[1]

认为某一个人比其他人都强并不是一种有姐妹情的想法。我在为这本书做研究的过程中总是在思考这个问题。我不可避免地会遇到数量还不少的一种人。他们之所以想要将这些女性从历史中抹去正是因为她们虽然利用了自己的天赋，却没有利用这样的天赋为女权运动提供支持。这些人将这一点视为不可原谅的背弃信仰。

最著名的此类指责出自桑塔格的老对手，艾德丽安·里奇之口。当里奇读了阿伦特完成的最后几部著作之一的《人的境况》（*The Human Condition*）时，她感到既着迷又失望。

> 读到一位心灵广阔、知识渊博的女性写出的这样一本书让人感到痛心，因为它体现了一个受男性意识形态滋养的女性思维。实际上，这是我们的损失，因为阿伦特渴望解析的深层道德问题正是我们需要关切的问题……男性意识形态控制这样一个女性思维，以及将这个女性思维从包含它，同时也被它包含的女性身体中割离的能力在阿伦特这本高傲但残破的作品中表现得比在其他任何地方都更令人触目惊心。[2]

鉴于阿伦特直到去世都没有改变过反对女权主义的立场，这种说法还是比较公平的。阿伦特几乎没有就性别问题发表过任何意见，起码比本书中其他女性人物就此发表的都少得多。她对同时期的女权主义者的轻视甚至是非常尖刻的。我的一位教授，珍妮弗·内德尔斯基（Jennifer Nedelsky）是阿伦特的最后一批学生之一，她讲过一个和阿伦特一起坐电梯的故事。当时珍妮弗·内德尔斯基佩戴了一个芝加哥妇女解放联盟（Chicago Women's Liberation Union）的小徽章。阿伦特看看她，又看看小徽章，然后指着徽章，带着浓重的德语口音说道："这个不严肃。"

帕克、韦斯特、桑塔格、凯尔、埃夫龙和马尔科姆虽然也曾犹豫过，但是她们对于女权主义者的标签并没有那么抵触。帕克不是一个严格的妇女参政论者。桑塔格和里奇就女权主义"头脑简单"[3]的缺点展开过争论。凯尔试图就《她们》提出一种女权主义者的论点，但当这篇文章被拒绝之后，她似乎也完全抛弃了关于女性解放的话题。迪迪翁后来会在一次采访中否定自己曾经在散文中提到的反对女性解放的观点，称"那篇文章是关于某个特定时刻的"。[4]马尔科姆如今把自己描述为一名女权主义者，虽然她曾经在《新共和》上发表的批评文章并不是这么说的。

在这本书中，我一直在尝试指出，尽管她们看待女权主义的态度非常矛盾，甚至对它怀有敌对情绪，但我们依然能够从某些地方看出一个女权主义者的信息。没错，女权主义被认为是与姐妹情紧密相关的，但是姐妹之间也会争论，有时甚至会疏远失和。定义我们的不仅仅是共通性。如果我们从关于交叉性的辩论中学到了什么，那就是"身为女性"的经历会受到种族、阶级和其他社会标记的深刻影响。

这种经历同时还会受到个体性格的影响。我们之中有些人并不会自然而然地服从一项社会运动对其参与者提出的服从的要求。我们之中还有些人习惯于置身事外，她们总是忍不住要问："但是事情为什么一定要是这个样子？"

阿伦特在写到拉埃尔·瓦恩哈根时曾经说："当你孑然一身时，你会发现判定与众不同应该被算作瑕疵还是卓越是一件很难的事。当你找不到任何事来支撑你时，你最终会选择抓紧那些让你与其他人不同的东西。"[5]阿伦特的论点是与众不同是一种卓越，她的结论是正确的。

你只能用你获得的声音说话，而且你获得的这种声音的音

质和音调是由你所有的经历决定的。有些经历不可避免的是关
于身为女性这件事的。我们不得不接触彼此，不得不接受我们
之前已经存在的历史。你可以开辟你自己的人生航线，但是你
永远要受制于其他人形成的水流和漩涡，不管你对他们有多喜
欢或多讨厌、有多认可或多反对，也不管你有多么希望自己能
够逆转整个潮流。

　　这绝对是这本书中的那些女性不得不接受的教训。

参考资料说明

我在创作本书的过程中参考了大量书籍。直接引用的内容已在注释中列明出处。如果没有之前其他传记作者的作品，我就不可能创作出这本书。那些作品是整理本书的年表所必需的参考，我是在之前作品的成果基础上撰写此书的。我在参考书目列表中列明了我构建本书年表的过程中参考的传记和二手资料来源，无论我是否在本书中直接引用了其中的内容。

鉴于本书研究的是这些女性在她们的作品中的人格面具，所以我依据的绝大部分内容是她们公开发表的内容，但我也参考了书信集，并偶尔查阅过档案，尝试为其他传记作者没有彻底探明的个别问题寻找一些答案。

虽然我并没有将本书创作成此处涉及的任何女性人物的完整传记，但是我有幸在2014年简短采访了珍妮特·马尔科姆，并于2015年在就自己的研究成果做报告时遇到了雷娜塔·阿德勒。她们当时表述的内容也被写入了本书。

参考资料

Valerie Boyd, *Wrapped in Rainbows: The Life of Zora Neale Hurston* (Simon and Schuster, 2004).

Carol Brightman, *Writing Dangerously: Mary McCarthy & Her World* (Clarkson Potter, 1992).

Richard Cohen, *She Made Me Laugh: My Friend Nora Ephron* (Simon & Schuster, 2016).

Tracy Daugherty, *The Last Love Song: A Biography of Joan Didion* (St. Martin's, 2015).

Lorna Gibb, *The Extraordinary Life of Rebecca West* (Counterpoint, 2014).

Victoria Glendinning, *Rebecca West: A Life* (Knopf, 1987).

Robert Gottlieb, *Avid Reader: A Life* (Farrar, Straus and Giroux, 2016).

Anne Heller, *Hannah Arendt: A Life in Dark Times* (New Harvest, 2015).

Dorothy Herrmann, *With Malice Toward All: The Quips, Lives and Loves of Some Celebrated 20th-Century American Wits* (Putnam, 1982).

John Keats, *You Might As Well Live: The Life and Times of Dorothy Parker.* (Simon & Schuster, 1970).

Brian Kellow, *Pauline Kael: A Life in the Dark* (Penguin, 2011).

Frances Kiernan, *Seeing Mary Plain: A Life of Mary McCarthy* (Norton, 2000).

David Laskin, *Partisans: Marriage, Politics, and Betrayal Among the New York Intellectuals* (University of Chicago Press, 2000).

Marion Meade, *Dorothy Parker: What Fresh Hell Is This?* (Penguin, 1989).

Nancy Milford, *Zelda: A Biography* (Harper Perennial, 2001).

Virginia Lynn Moylan, *Zora Neale Hurston's Final Decade* (University Press of Florida, 2012).

Carl Rollyson, *Rebecca West: A Life* (Scribner, 1996).

Carl Rollyson and Lisa Paddock, *Susan Sontag: The Making of an Icon* (Norton, 2000).

Daniel Schreiber, *Susan Sontag: A Biography* (Northwestern University Press, 2014).

Reuel K. Wilson, *To the Life of the Silver Harbor* (University Press of New England, 2008).

Ben Yagoda, *About Town: The "New Yorker" and the World It Made* (Da Capo, 2001).

Elisabeth Young-Bruehl, *Hannah Arendt: For the Love of the World*, 2nd ed. (Yale University Press, 2004).

注 释

（限于原版注释体例较为特殊，中文版中注码均为译者所加；译者修正之处用楷体表示。）

第一章　帕克

1　Frank Crowninshield, "Crowninshield in the Cubs' Den," *Vogue*, September 15, 1944.

2　"The Wonderful Old Gentleman," in *Collected Stories* (Penguin Classics, 2002).

3　"The Art of Fiction No. 13: Dorothy Parker," 帕克接受 Marion Capron 采访, *Paris Review*, Summer 1956。

4　Ibid.

5　见于 Marion Meade 在哥伦比亚大学的论文中的照片，照片内容是帕克童年时写的一些短笺。

6　参见 Larry Tye, *The Father of Spin: Edward L. Bernays and the Birth of Public Relations* (Picador, 1998)。

7　"In Vanity Fair," *Vanity Fair*, March 1914.

8　"Any Porch," *Vanity Fair*, September 1915.

9　"The Art of Fiction No. 13: Dorothy Parker."

10　From a section on *Vogue* patterns, October 1, 1916, 101.《服饰与美容》中的插图说明从来不署名，但这里引用的例子已经被许多学者认定是出自帕克笔下。

11　"The Younger Generation," *Vogue*, June 1, 1916.

12　Alexander Woollcott, *While Rome Burns* (Grosset and Dunlap, 1934), 144.

13　"Why I Haven't Married," *Vanity Fair*, October 1916（署名是多萝西·罗斯柴尔德）。

14　"Interior Desecration," *Vogue*, April 15, 1917（署名是多萝西·罗斯柴尔德）。

15　"Here Comes the Groom," *Vogue*, June 15, 1917.

16　"A Succession of Musical Comedies," *Vanity Fair*, April 1918.

17　"Mortality in the Drama: The Increasing Tendency of Our New Plays to Die in Their Earliest Infancy," *Vanity Fair*, July 1918.

18　"The Star-Spangled Drama: Our Summer Entertainments Have Become an Orgy of Scenic Patriotism," *Vanity Fair*, August 1918.

19　"The Dramas That Gloom in the Spring: The Difficulties of Being a Dramatic Critic and a Sunny Little Pollyanna at the Same Time," *Vanity Fair*, June 1918.

20　"The Art of Fiction No. 13: Dorothy Parker."

21 参见 "Inside Stuff," *Variety*, April 5, 12, 1923。

22 "The Art of Fiction No. 13: Dorothy Parker."

23 转引自 Dorothy Herrmann, *With Malice Toward All: The Quips, Lives and Loves of Some Celebrated 20th-Century American Wits*（Putnam, 1982）。

24 O. O. McIntyre, "Bits of New York Life," *Atlanta Constitution*, October 29, 1924.

25 "The Oriental Drama: Our Playwrights Are Looking to the Far-East for Inspiration and Royalties," *Vanity Fair*, January 1920.

26 "The Art of Fiction No. 13: Dorothy Parker."

27 参见 Edmund Wilson, *The Twenties*（Douglas and McIntyre, 1984）, 32–34。

28 Ibid., 44–45.

29 Ibid., 47–48.

30 "The Flapper," *Life*, January 26, 1922.

31 "Hymn of Hate," *Life*, March 30, 1922.

32 Heywood Braun, "Paradise and Princeton," *New York Herald Tribune*, April 11, 1920.

33 "Once More Mother Hubbard," *Life*, July 7, 1921.

34 Nancy Milford, *Zelda: A Biography* (Harper Perennial, 2001), 66.

35 参见 Scott Donaldson, "Scott and Dottie," *Sewanee Review*, Winter 2016。

36 "What a 'Flapper Novelist' Thinks of His Wife," *Baltimore Sun*, October 7, 1923.

37 参见，例如：Maureen Corrigan, *So We Read On: How the Great Gatsby Came to Be and Why It Endures*（Little, Brown, 2014）。

38 Sterling North, "More than Enough Rope," *Poetry*, December 1928.

39 Edmund Wilson, "Dorothy Parker's Poems," *New Republic*, January 19, 1927.

40 "The Art of Fiction No. 13: Dorothy Parker."

41 Wilson, "Dorothy Parker's Poems."

42 "Résumé," *Enough Rope* (Boni and Liveright, 1926).

43 "Constant Reader," *New Yorker*, October 29, 1927.

44 Ernest Hemingway, "To a Tragic Poetess," in *Complete Poems* (University of Nebraska Press, 1983).

45 "Reading and Writing," *New Yorker*, October 29, 1927.

46 Ben Yagoda, *About Town: The "New Yorker" and the World It Made* (Da Capo, 2001), 77.

47 James Thurber, *The Years with Ross* (Harper Perennial, 2000), 4–5.

48 "Constant Reader," *New Yorker*, October 22, 1927.

49 Joan Acocella, "After the Laughs," *New Yorker*, August 16, 1993.

50 "Constant Reader," *New Yorker*, February 8, 1928.

51　"The Art of Fiction No. 13: Dorothy Parker."

52　La Mar Warrick, "Farewell to Sophistication," *Harper's*, October 1, 1930.

53　"Big Blonde," *Bookman*, February 1929.

54　这封电报的时间是 1945 年 6 月 28 日，电报的图片在网上很容易找到，参见，例如："I can't look you in the voice," *Letters of Note*（June 17, 2011）可见于 http://www.lettersofnote.com/2011/06/i-cant-look-you-in-voice.html。

55　"NY Pickets Parade Boston Streets in Bus," *New York Herald Tribune*, August 12, 1927.

56　"Incredible, Fantastic...and True," *New Masses*, November 25, 1937.

57　*New Masses*, June 27, 1939.

58　"The Art of Fiction No. 13: Dorothy Parker."

59　Rebecca West, "What Books Have Done to Russia," *New York Herald Tribune*, October 28, 1928.

第二章　韦斯特

1　"Marriage," *Freewoman*, September 19, 1912.

2　Ibid.

3　1910 年 4 月 18 日，写给 Letitia Fairfield 的书信，转引自 *Selected Letters of Rebecca West*, ed. Bonnie Kime Scott（Yale University Press, 2000）。

4　*The Fountain Overflows* (New York Review Books, 2003), 85.

5　参见 Lorna Gibb, *The Extraordinary Life of Rebecca West*（Counterpoint, 2014）, 36。

6　"I Regard Marriage with Fear and Horror," *Hearst's International*, November 1925, 收录于 *Woman as Artist and Thinker*（iUniverse, 2005）。

7　这段提要被刊登在了 1906 年 12 月 2 日的 *Los Angeles Times* 上。

8　"A Reed of Steel," in *The Post-Victorians*, ed. W. R. Inge (Ivor Nicholson and Watson, 1933).

9　1972 年 12 月 21 日，接受英国广播公司电台 Anthony Curtiss 采访，转引自 Gibb, *Rebecca West*, 41。

10　V. S. Pritchett, "One of Nature's Balkans," *New Yorker*, December 21, 1987.

11　丽贝卡·韦斯特写给编辑的信，*Freewoman*, March 14, 1912.

12　Rebecca West on Wells, 1CDR 0019053, at Yale's Beinecke Library, 参见 Gibb, *Rebecca West*, 48。

13　H. G. Wells, *H. G. Wells in Love: Postscript to an Experiment in Autobiography* (Faber and Faber, 1984), 94–95.

14　丽贝卡·韦斯特写给威尔斯的书信，时间大约是 1913 年 3 月，in *Selected Letters of*

Rebecca West。

15 "At Valladolid," *New Freewoman*, August 1913.

16 "The Fool and the Wise Man," *New Freewoman*, October 1913.

17 丽贝卡·韦斯特写给 Sylvia Lynd 的书信，时间大约是 1916 年，in *Selected Letters of Rebecca West*。

18 "The Duty of Harsh Criticism," *New Republic*, November 7, 1914.

19 这份广告被刊登在 1914 年 11 月 7 日的《纽约时报》上。

20 "The Duty of Harsh Criticism."

21 "Reading Henry James in Wartime" *New Republic*, February 27, 1915.

22 *Henry James* (Nisbet and Co, 1916).

23 *Observer*, July 23, 1916.

24 Fanny Butcher, "Rebecca West's Insulting Sketch of Henry James," *Chicago Tribune*, December 2, 1916.

25 Lawrence Gilman, "The Book of the Month," *North American Review*, May 1918.

26 转引自 *Living Age*, August 18, 1922。

27 "Fantasy, Reality, History," *Spectator*, September 21, 1929.

28 "Mr. Shaw's Diverted Genius," *New Republic*, December 5, 1914.

29 "Redemption and Dostoevsky," *New Republic*, June 5, 1915.

30 "The Dickens Circle," *Living Age*, January 18, 1919.

31 "Notes on Novels," *New Statesman*, April 10, 1920.

32 "Women of England," *Atlantic*, January 1, 1916.

33 *Westminster Gazette*, June 23, 1923.

34 1923 年 8 月 24 日，丽贝卡·韦斯特写给 Winifred Macleod 的书信，转引自 Gibb, *Rebecca West*, 85。

35 1923 年 11 月 2 日，丽贝卡·韦斯特写给 Winifred Macleod 的书信，Lilly Library，转引自 Gibb, *Rebecca West*, 85。

36 "Rebecca West Explains It All," *New York Times*, November 11, 1923.

37 Ibid.

38 "Impressions of America," *New Republic*, December 10, 1924.

39 1923 年 11 月 2 日，丽贝卡·韦斯特写给 Winifred Macleod 的书信，转引自 Gibb, *Selected Letters of Rebecca West*。

40 丽贝卡·韦斯特写给 Gordon Ray 的书信，日期不详，Pierpont Morgan，转引自 Gibb, *Rebecca West*, 88。

41 "Rebecca West: The Art of Fiction No. 65," 接受 Marina Warner 采访, *Paris Review*, Spring 1981.

42　*The Diary of Virginia Woolf, Volume Four (1931–1935)* (Mariner Books, 1983), 131.

43　*Black Lamb and Grey Falcon: A Journey Through Yugoslavia* (Penguin Classics, 2007), 403.

44　*A Train of Powder* (Viking, 1955), 78.

45　"Rebecca West: The Art of Fiction No. 65."

46　出自被收藏在 Tulsa archive 的一个笔记本中的内容，转引自 Gibb, *Rebecca West*, 116。

47　"A Letter from Abroad," *Bookman*, April 1930.

48　Anaïs Nin, *Incest, From "A Journal of Love": The Unexpurgated Diary of Anaïs Nin, 1932–1934*（Harvest, 1992），1934 年 4 月 27 日的内容，323。

49　Anaïs Nin, *Fire, From "A Journal of Love": The Unexpurgated Diary of Anaïs Nin*（Harvest, 1995），1935 年 8 月 12 日的内容，130。

50　Gibb, *Rebecca West*, 183.

51　*Black Lamb and Grey Falcon*, 37.

52　Ibid., 124.

53　Ibid., 59.

54　Katharine Woods, "Rebecca West's Brilliant Mosaic of Yugoslavian Travel," *New York Times*, October 26, 1941.

55　Joseph Barnes, "Rebecca West in the Great Tradition," *New York Herald Tribune*, October 26, 1941.

56　"Housewife's Nightmare," *New Yorker*, December 14, 1941.

57　"A Day in Town," *New Yorker*, January 25, 1941.

58　"The Crown Versus William Joyce," *New Yorker*, September 22, 1945.

59　"William Joyce: Conclusion," *New Yorker*, January 26, 1946.

60　*A Train of Powder*, 83.

61　*The Meaning of Treason* (McMillan and Company, 1952), 305.

62　"'Shoulder to Shoulder,'" *New York Times*, October 21, 1975.

63　1952 年 3 月 11 日，丽贝卡·韦斯特写给 Emanie Arling 的书信，转引自 Gibb, *Rebecca West*, 198。

第三章　韦斯特和赫斯顿

1　"So. Carolina Man Lynched in Cruel Mob Orgy," *Los Angeles Sentinel*, February 20, 1947.

2　"Lynch Mob Rips Victim's Heart," *New York Amsterdam News*, February 27, 1947.

3　"Opera in Greenville," in *A Train of Powder*, 88.

4　Ibid., 82.

5　Ibid., 109.

6　Ibid., 99.

7　Ibid., 112.

8　赫斯顿人生经历的细节出自 Valerie Boyd, *Wrapped in Rainbows: The Life of Zora Neale Hurston*（Simon and Schuster, 2004）。

9　*Pittsburgh Courier*, May 12, 1938.

10　"What White Publishers Won't Print," *Negro Digest*, April 1950.

11　"Ruby McCollum Fights for Life," *Pittsburgh Courier*, November 22, 1952.

12　参见 Virginia Lynn Moylan, *Zora Neale Hurston's Final Decade*（University Press of Florida, 2012）。

第四章　阿伦特

1　"Shadows," in *Letters, 1925–1975: Martin Heidegger and Hannah Arendt*, ed. Ursula Lutz, trans. Andrew Shields (Harcourt, 2004).

2　Elisabeth Young-Bruehl, *Hannah Arendt: For the Love of the World*, 2nd ed. (Yale University Press, 2004), 50.

3　"Shadows," in *Letters*, 1925–1975.

4　转引自 Young-Bruehl, *Hannah Arendt*, 40。

5　Daniel Maier-Katkin, *Stranger from Abroad: Hannah Arendt, Martin Heidegger, Friendship and Forgiveness* (Norton, 2010), 27.

6　"Heidegger at 80," *New York Review of Books*, October 21, 1971.

7　1925 年 2 月 10 日，马丁·海德格尔写给汉娜·阿伦特的书信, in *Letters*: 1925–1975。

8　1925 年 2 月 27 日，马丁·海德格尔写给汉娜·阿伦特的书信, in *Letters*: 1925–1975。

9　1946 年 7 月 9 日，汉娜·阿伦特写给卡尔·雅斯贝尔斯的书信, in *Correspondence: 1926–1969, ed. Lotte Kohler and Hans Saner*, trans. Robert and Rita Kimber（Harvest, 1992）。

10　"What Remains? The Language Remains: A Conversation with Günter Gaus," in *Hannah Arendt: The Last Interview and Other Conversations*, trans. Joan Stumbaugh (Melville House, 2013), 18.

11　Young-Bruehl, *Hannah Arendt*, 77.

12　阿伦特中心（Arendt Center）翻译的 Gunther Anders, *Die Kirschenschlacht*, 可见于 http://hac.bard.edu/news/?item=4302。

13　汉娜·阿伦特写给马丁·海德格尔的书信，时间大约是 1929 年, in *Letters*, 1925–

1975, 51。

14 Rachel Varnhagen: *The Life of a Jewish Woman* (Harvest, 1974), 3.

15 *Varnhagen*, xv.

16 Seyla Benhabib, "The Pariah and Her Shadow: Hannah Arendt's Biography of Rahel Varnhagen," *Political Theory*, February 1995.

17 *Varnhagen*, 214.

18 Ibid., xviii.

19 "What Remains?," 5.

20 Ibid., 8–9.

21 马丁·海德格尔写给汉娜·阿伦特的书信，时间大约是 1932 年末至 1933 年初的那个冬天，in *Letters*, 1925–1975。

22 "What Remains?," 10.

23 Ibid., 19.

24 1948 年 7 月 29 日，海因里希·布吕歇尔写给汉娜·阿伦特的书信，in *Within Four Walls: The Correspondence between Hannah Arendt and Heinrich Blücher, 1936–1968*, ed. Lotte Kohler, trans. Peter Constantine (Harcourt, 1996), 93–95。

25 Young-Bruehl, *Hannah Arendt*, xi.

26 "Walter Benjamin," in *Men in Dark Times* (Houghton Mifflin Harcourt, 1995), 176.

27 1939 年 2 月 20 日，瓦尔特·本雅明写给格肖姆·索罗姆的书信，in *The Correspondence of Walter Benjamin, 1910–1941*, ed. Gershom Scholem and Theodor W. Adorno, trans. Manfred R. Jacobson and Evelyn M. Jacobson (University of Chicago Press, 1994), 596。

28 转引自 Howard Eiland, *Walter Benjamin: A Critical Life* (Harvard University Press, 2014)。

29 "Walter Benjamin," 181.

30 Ibid., 192.

31 转引自 Gershom Scholem, *Walter Benjamin: The Story of a Friendship* (New York Review Books, 2003), 283。

32 "Theses on the Philosophy of History," in *Illuminations: Essays and Reflections* (Schocken Books, 1969), 254.

33 "We Refugees," in *The Jewish Writings*, ed. Jerome Kohn and Ron Feldman (Schocken, 2007), 265.

34 "We Refugees," 268.

35 1941 年 7 月 26 日，海因里希·布吕歇尔写给汉娜·阿伦特的书信，in *Within Four Walls*, 65。

36 "French Existentialism," *Nation*, February 23, 1946.

37 *The Origins of Totalitarianism* (Harvest, 1973), viii.

38 Ibid., 459.

39 Young-Bruehl, *Hannah Arendt*, 250.

40 "People Are Talking About, " *Vogue*, May 1951.

41 Janet Malcolm, *The Silent Woman* (Vintage, 1995), 50.

42 William Barrett, *The Truants: Adventures Among the Intellectuals* (Doubleday, 1983), 103.

43 参见 Anne Heller, *Hannah Arendt: A Life in Dark Times* (New Harvest, 2015), 25。

44 Alfred Kazin, *New York Jew* (Knopf, 1978), 195.

45 Dwight Macdonald, "A New Theory of Totalitarianism," *New Leader*, May 14, 1951.

46 1951 年 4 月 26 日，玛丽·麦卡锡写给汉娜·阿伦特的书信，in *Between Friends: The Correspondence of Hannah Arendt and Mary McCarthy, 1949–1975*（Harcourt Brace, 1995）。

第五章　麦卡锡

1 Eileen Simpson, "Ode to a Woman Well at Ease," *Lear's*, April 1990, 转引自 Frances Kiernan, Seeing Mary Plain: A Life of Mary McCarthy (Norton, 2000), 223。

2 Young-Bruehl, *Hannah Arendt*, 197.

3 Elizabeth Hardwick, "Mary McCarthy in New York," *New York Review of Books*, March 26, 1992.

4 *Memories of a Catholic Girlhood* (Harcourt, Brace & Company, 1957), 61.

5 *The Company She Keeps* (Harcourt, Brace & Company, 1942), 263.

6 Ibid., 194.

7 *Memories of a Catholic Girlhood*, 16.

8 *The Company She Keeps*, 264.

9 *Memories of a Catholic Girlhood*, 102.

10 Ibid., 111.

11 Ibid., 121.

12 Ibid., 111.

13 "Mary McCarthy in New York."

14 转引自 Kiernan, *Seeing Mary Plain*, 119。

15 Diana Trilling, *The Beginning of the Journey* (Harcourt Brace, 1993), 350–51.

16 *The Company She Keeps*, 276.

17　*How I Grew* (Harvest Books, 1987), 56.

18　Ibid., 61.

19　Ibid., 78.

20　"The Vassar Girl," *Holiday*, 1951, reprinted in On the Contrary (Noonday, 1961), 196.

21　*The Group* (Harcourt Brace, 1963), 30.

22　Elinor Coleman Guggenheimer, 转引自 Kiernan, *Seeing Mary Plain*, 67。

23　Lucille Fletcher Wallop, 转引自 Kiernan, *Seeing Mary Plain*, 67。

24　1929 年 11 月 1 日，玛丽·麦卡锡写给特德·罗森堡的书信，转引自 Kiernan, *Seeing Mary Plain*, 69。

25　"Two Crystal-Gazing Novelists," *Con Spirito*, February 1933, 转引自 Kiernan, Seeing Mary Plain, 81。

26　"My Confession," in *On the Contrary*, 80.

27　Adam Kirsch, "What's Left of Malcolm Cowley," *City Journal*, Spring 2014.

28　*Intellectual Memoirs 1936–1938* (Harcourt Brace Jovanovich, 1992), 9.

29　"Coalpit College," *New Republic*, May 2, 1934.

30　"Mr. Burnett's Short Stories," *Nation*, October 10, 1934.

31　"Pass the Salt," *Nation*, January 30, 1935.

32　"Our Critics, Right or Wrong, Part I," *Nation*, October 23, 1935.

33　"Our Critics, Right or Wrong, Part III," *Nation*, November 20, 1935.

34　"Our Critics, Right or Wrong, Part IV," *Nation*, December 4, 1935.

35　John Chamberlin, "Books of the Times," *New York Times*, December 12, 1935.

36　F. P. Adams, "The Conning Tower," *New York Herald Tribune*, December 13, 1935.

37　"Our Critics, Right or Wrong, Part V," *Nation*, December 18, 1935.

38　*How I Grew*, 267.

39　"My Confession," in *On the Contrary*, 78.

40　Ibid., 86.

41　Ibid., 77.

42　Ibid., 100.

43　Isaiah Berlin, 转引自 Kiernan, *Seeing Mary Plain*。

44　"My Confession," in *On the Contrary*, 102.

45　"Philip Rahv (1908–1973)" in *Occasional Prose* (Harcourt, 1985), 4.

46　Isaiah Berlin, 转引自 Kiernan, *Seeing Mary Plain*, 121。

47　德怀特·麦克唐纳接受黛安娜·特里林采访, *Partisan Review*, 1984, in *Interviews with Dwight Macdonald*, ed. Michael Wreszin（University Press of Mississippi, 2003）。

48　"Philip Rahv (1908–1973)" in *Occasional Prose*, 4.

49 *Theatre Chronicles, 1937–1962* (Farrar, Straus and Giroux, 1963), ix.

50 "Theatre Chronicle," *Partisan Review*, June 1938.

51 "Theatre Chronicle," *Partisan Review*, March-April 1940.

52 "Theatre Chronicle," *Partisan Review*, April 1938.

53 "Wartime Omnibus," *Partisan Review*, Spring 1944.

54 *How I Grew*, 16.

55 Ibid., 260.

56 *Intellectual Memoirs*, 97.

57 David Laskin, *Partisans: Marriage, Politics, and Betrayal Among the New York Intellectuals* (University of Chicago Press, 2000), 88.

58 Reuel K. Wilson, *To the Life of the Silver Harbor* (University Press of New England, 2008), 53.

59 *The Company She Keeps* (Harcourt Brace & Company, 1942), 84.

60 Ibid., 112.

61 George Plimpton, 转引自 Kiernan, *Seeing Mary Plain*, 181。

62 1942 年 5 月 6 日，弗拉基米尔·纳博科夫写给埃德蒙·威尔逊的书信，收录于 *Dear Bunny, Dear Volodya: The Nabokov-Wilson Letters, 1940–1971*, ed. Simon Karlinsky（University of California Press, 2001）。

63 Pauline Kael, 转引自 Kiernan, *Seeing Mary Plain*, 181。

64 William Abrahams, "Books of the Times," *New York Times*, May 16, 1942.

65 Review by Lewis Gannett, *New York Herald Tribune*, May 15, 1942.

66 Malcolm Cowley, "Bad Company," *New Republic*, May 25, 1942.

67 *The Company She Keeps*, 194.

68 Ibid., 223.

69 Cowley, "Bad Company."

70 Lionel Abel, 转引自 Kiernan, *Seeing Mary Plain*, 180。

71 "The Weeds," in *Cast a Cold Eye* (Harcourt Brace & Company, 1950), 35.

72 Mary McCarthy in *Contemporary Authors*, New Revision Series, vol. 16 (Gale, 1984), 转引自 Kiernan, *Seeing Mary Plain*, 208。

73 Margaret Shafer, 转引自 Kiernan, *Seeing Mary Plain*, 267。

74 "People Are Talking About," *Vogue*, July 1947.

75 Alfred Kazin, "How to Plan Your Reading," *Vogue*, July 1947.

76 "The Art of Fiction, No. 27: Mary McCarthy," *Paris Review* (Winter-Spring 1962).

77 *The Oasis* (Harcourt Brace, 1949), 39.

78 William Barrett, *The Truants: Adventures Among the Intellectuals* (Doubleday, 1982), 67.

79 1949 年 5 月 3 日，H. William Fitelson 写给 Robert N. Linscott 的书信，in the Mary McCarthy Papers at Vassar。

80 Donald Barr, "Failure in Utopia," *New York Times*, August 14, 1949.

81 1949 年 3 月 10 日，汉娜·阿伦特写给玛丽·麦卡锡的书信，reprinted in *Between Friends*。

82 1954 年 8 月 10 日，玛丽·麦卡锡写给汉娜·阿伦特的书信，reprinted in *Between Friends*。

83 1954 年 8 月 20 日，玛丽·麦卡锡写给汉娜·阿伦特的书信，reprinted in *Between Friends*。

84 1966 年 10 月 11 日，玛丽·麦卡锡写给汉娜·阿伦特的书信，reprinted in *Between Friends*。

85 1965 年 10 月 20 日，汉娜·阿伦特写给玛丽·麦卡锡的书信，reprinted in *Between Friends*。

第六章　帕克和阿伦特

1 Marion Meade, *Dorothy Parker: What Fresh Hell Is This?* (Penguin, 1988), 699.

2 "Lolita," *New Yorker*, August 27, 1955.

3 参见 Galya Diment, "Two 1955 Lolitas: Vladimir Nabokov's and Dorothy Parker's," *Modernism/Modernity*, April 2014。

4 "Book Reviews," *Esquire*, May 1958.

5 "Book Reviews," *Esquire*, September 1959.

6 "Book Reviews," *Esquire*, June 1959.

7 Harry Hansen, "The 'Beat' Generation Is Scuttled by Capote," *Chicago Tribune*, February 1, 1959.

8 Janet Winn, "Capote, Miller, and Miss Parker," *New Republic*, February 9, 1959.

9 "Book Reviews," *Esquire*, December 1962.

10 "New York at 6:30 p.m." *Esquire*, November 1964.

11 此处的细节参考 Christine Firer Hinze, "Reconsidering Little Rock: Hannah Arendt, Martin Luther King Jr., and Catholic Social Thought on Children and Families in the Struggle for Justice," *Journal of the Society of Christian Ethics*, Spring/Summer 2009。

12 "Reflections on Little Rock," *Dissent*, Winter 1959, 50.

13 Ibid., 51.

14 Ibid., 46.

15 Melvin Tumin, "Pie in the Sky…" *Dissent*, January 1959.

16 "The World and the Jug," in *Ralph Ellison, Shadow and Act* (Random House, 1964), 108.

17 Ralph Ellison, 转引自 Robert Penn Warren, *Who Speaks for the Negro?* (Random House, 1965), 343。

18 1965 年 7 月 29 日，汉娜·阿伦特写给拉尔夫·艾里森的书信，出自 Young-Bruehl, *Hannah Arendt*, 316。

19 "Letter from a Region in My Mind," *New Yorker*, November 17, 1962.

20 1962 年 11 月 21 日，汉娜·阿伦特写给詹姆斯·鲍德温的书信，可见于 http://www. hannaharendt.net/index.php/han/article/view/95/156。

21 Kathryn T. Gines, *Hannah Arendt and the Negro Question* (Indiana University Press, 2014), 5.

第七章　阿伦特和麦卡锡

1 1960 年 12 月 2 日，汉娜·阿伦特写给卡尔·雅斯贝尔斯的书信，in *Correspondence: 1926-1969*。

2 *Eichmann in Jerusalem* (Penguin, 1963), 22.

3 1960 年 8 月 11 日，汉娜·阿伦特写给威廉·肖恩的书信，转引自 http://www. glennhorowitz. com/dobkin/letters_hannah_arendt-william_shawn_correspondence 1960-1972。

4 *Eichmann in Jerusalem*, 30.

5 Ibid., 51-52.

6 Michael A. Musmanno, "Man with an Unspotted Conscience," *New York Times*, May 19, 1963.

7 罗伯特·洛厄尔写给编辑的来信，*New York Times*, June 23, 1963。

8 *Eichmann in Jerusalem*, 125.

9 希尔贝格宣称阿伦特欠他一个大大的致谢，他确信后者剽窃了他的作品。参见 Nathaniel Popper, "A Conscious Pariah," *Nation*, March 31, 2010。

10 *Eichmann in Jerusalem*, 117.

11 Ibid., 12.

12 Norman Podhoretz, "Hannah Arendt on Eichmann: A Study in the Perversity of Brilliance," *Commentary*, September 1, 1963.

13 Lionel Abel, "The Aesthetics of Evil: Hannah Arendt on Eichmann and the Jews," *Partisan Review*, Summer 1963.

14 1963 年 6 月 22 日，格肖姆·索罗姆写给汉娜·阿伦特的书信，reprinted in "Eichmann in Jerusalem: An Exchange of Letters Between Gershom Scholem and Hannah Arendt,"

Encounter, January 1964。

15 参见，例如："Don't tell anybody, is it not proof positive that I have no 'soul'?"出自 1964 年 6 月 23 日，汉娜·阿伦特写给玛丽·麦卡锡的书信，in *Between Friends*。

16 1963 年 7 月 24 日，汉娜·阿伦特给格肖姆·索罗姆的书信，in *"An Exchange of Letters"*。

17 1963 年 10 月 20 日，汉娜·阿伦特写给卡尔·雅斯贝尔斯的书信，in *Correspondence: 1926–1969*（Harcourt Brace, 1992），523。

18 1963 年 9 月 20 日，汉娜·阿伦特写给玛丽·麦卡锡的书信，in *Between Friends*。

19 Ibid.

20 Saul Bellow，转引自 Kiernan, *Seeing Mary Plain*, 354。

21 1963 年 8 月 12 日，罗伯特·洛厄尔写给伊丽莎白·毕晓普的书信，in *Words in Air: The Complete Correspondence between Elizabeth Bishop and Robert Lowell*, ed. Thomas Travasino and Saskia Hamilton（Farrar Straus and Giroux, 2008），489。

22 Elizabeth Hardwick, "The Decline of Book Reviewing," *Harper's*, October 1959.

23 Mary McCarthy, "Déjeuner sur l'herbe," *New York Review of Books*, February 1, 1963.

24 Gore Vidal, "The Norman Mailer Syndrome," *Nation*, October 2, 1960.

25 Norman Mailer，转引自 Kiernan, *Seeing Mary Plain*, 189。

26 1962 年 9 月 28 日，玛丽·麦卡锡写给汉娜·阿伦特的书信，in *Between Friends*。

27 Norman Mailer, "The Mary McCarthy Case," *New York Review of Books*, October 12, 1963.

28 1963 年 8 月 3 日，伊丽莎白·哈德威克写给玛丽·麦卡锡的书信，in the Mary McCarthy Papers at Vassar。

29 1963 年 10 月 24 日，玛丽·麦卡锡写给汉娜·阿伦特的书信，in *Between Friends*。

30 1963 年 11 月 20 日，伊丽莎白·哈德威克写给玛丽·麦卡锡的书信，in the Mary McCarthy Papers at Vassar。

31 Gore Vidal，转引自 Kiernan, *Seeing Mary Plain*, 525。

32 玛丽·麦卡锡写给 Katharine White 的书信，转引自 Kiernan, 524。

33 1954 年 2 月 22 日，伊丽莎白·毕晓普写给 Pearl Kazin 的书信，in *One Art: Letters Selected and Edited by Robert Giroux*（Farrar Straus and Giroux, 1994），288–89。

第八章　桑塔格

1 Daniel Stern, "Life Becomes a Dream," *New York Times*, September 8, 1963.

2 *As Consciousness Is Harnessed to Flesh*, ed. David Rieff (Farrar, Straus and Giroux, 2012), 237.

3　1963 年 8 月 20 日，汉娜·阿伦特写给法勒、斯特劳斯和吉鲁出版公司的书信，转引自 Carl Rollyson and Lisa Paddock, *Susan Sontag: The Making of an Icon*（Norton, 2000），73。

4　1967 年 12 月 19 日，玛丽·麦卡锡写给汉娜·阿伦特的书信，in *Between Friends*。

5　Susan Sontag, 转引自 Kiernan, *Seeing Mary Plain*, 537。

6　Morris Dickstein, 转引自 Sheelah Kolhatkar, "Notes on Camp Sontag," *New York Observer*, January 10, 2005。

7　As Consciousness, 8.

8　关于这件轶事可见于 Kiernan, *Seeing Mary Plain*, 538。

9　As Consciousness, 10.

10　1964 年 8 月 11 日，玛丽·麦卡锡写给苏珊·桑塔格的书信，in the Mary McCarthy Papers at Vassar。

11　"Project for a Trip to China," *Atlantic Monthly*, April 1973.

12　*Reborn: Journals and Notebooks 1947–1963* (Farrar, Straus and Giroux, 2008), 5.

13　"Pilgrimage," *New Yorker*, December 21, 1987.

14　参见 Daniel Schreiber, *Susan Sontag: A Biography* (Northwestern University Press, 2014), 22。

15　Terry Castle, "Desperately Seeking Susan," *London Review of Books*, March 17, 2005.

16　"Susan Sontag, The Art of Fiction No. 143," 接受 Edward Hirsch 采访, *Paris Review*, Winter 1995。

17　2015 年 11 月 30 日，哈丽雅特·索默斯·兹韦林（Harriet Sohmers Zwerling）接受采访，可见于 http://lastbohemians.blogspot.com/2015/11/harriet-sohmers-zwerling-ex-nude-model.html。

18　*Reborn*, 28.

19　"Susan Sontag, The Art of Fiction No. 143."

20　Wilhelm Stekel, *The Homosexual Neurosis* (Gotham Press, 1922), 11.

21　苏珊·桑塔格写给 "Merrill" 的书信，日期不详，不过这封信被发现时夹在记录 1950 年 3 月 23 日内容的那一页，转引自 Alice Kaplan, *Dreaming in French: The Paris Years of Jacqueline Bouvier Kennedy, Susan Sontag, and Angela Davis*（University of Chicago Press, 2014）。

22　*Reborn*, 60.

23　*As Consciousness*, 362.

24　*Reborn*, 79.

25　Ibid., 138.

26　Joan Acocella, "The Hunger Artist," *New Yorker*, March 6, 2000.

27 *In America* (Picador, 1991), 24.

28 Interview with Marithelma Costa and Adelaide López, in *Conversations with Susan Sontag*, ed. Leland A. Pogue (University of Mississippi Press, 1995), 227.

29 Sigrid Nunez, *Sempre Susan: A Memoir* (Atlas, 2011), 87.

30 Donald Phelps, "Form as Hero," *New Leader*, October 28, 1963.

31 "The Art of Fiction No. 143: Susan Sontag."

32 Ellen Hopkins, "Susan Sontag Lightens Up," *Los Angeles Times*, August 16, 1992.

33 "Notes on 'Camp,'" *Partisan Review*, September 1964.

34 "Not Good Taste, Not Bad Taste—It's 'Camp,'" *New York Times*, March 21, 1965.

35 1965 年 4 月 9 日，菲利普·拉夫写给玛丽·麦卡锡的书信，in Mary McCarthy Papers at Vassar。

36 "Notes on 'Camp.'"

37 参见 Terry Castle, *"Some Notes on Notes on Camp,"* in *The Scandal of Susan Sontag*, ed. Barbara Ching and Jennifer A. Wagner-Lawlor (Columbia University Press, 1999), 21。

38 "Against Interpretation," *Evergreen Review*, December 1964.

39 "Sontag and Son," *Vogue*, June 1966.

40 Kevin Kelly, "'A' for Promise, 'F' for Practice," *Boston Globe*, January 30, 1966.

41 Geoffrey A. Wolff, "Hooray for What Is There and Never Mind Reality," *Washington Post*, February 5, 1966.

42 大约 1969 年秋季接受 Camera Three 节目采访，可见于 https://vimeo.com/111098095。

43 1966 年 11 月 22 日，Lila Karpf 写给苏珊·桑塔格的书信，（此处疑有误，应为苏珊·桑塔格写给 Lila Karpf 的书信。）转引自 Schreiber, *Susan Sontag*, 133。

44 Robert Phelps, "Self-Education of a Brilliant Highbrow," *Life*, January 1, 1966.

45 Gore Vidal, "The Writer as Cannibal," *Chicago Tribune*, August 10, 1967.

46 Beatrice Berg, "Susan Sontag, Intellectuals' Darling," *Washington Post*, January 8, 1967.

47 Carolyn Heilbrun, "Speaking of Susan Sontag," *New York Times*, August 27, 1967.

48 James Toback, "Whatever You'd Like Susan Sontag to Think, She Doesn't," *Esquire*, July 1968.

49 Howard Junker, "Will This Finally Be Philip Roth's Year?" *New York*, January 13, 1969.

50 1969 年 1 月 10 日，菲利普·罗斯写给苏珊·桑塔格的书信，见于 Susan Sontag Archive at UCLA。

51 "What's Happening in America: A Symposium," *Partisan Review*, Winter 1967.

52 William F. Buckley, "Don't Forget—'Hate America' Seems to Be the New Liberal Slogan," *Los Angeles*, March 20, 1967.

53 Lewis S. Feuer, "The Elite of the Alienated," *New York Times*, March 26, 1967.

54 "Trip to Hanoi," *Esquire*, February 1978. (此处疑有误, 应为 1968 年)

55 Frances FitzGerald, "A Nice Place to Visit," *New York Review of Books*, March 13, 1969.

56 *Trip to Hanoi* (Farrar, Straus and Giroux, 1969), 87.

57 Mary McCarthy, "Report from Vietnam I: The Home Program," *New York Review of Books*, April 20, 1967.

58 FitzGerald, "A Nice Place to Visit."

59 Susan Sontag, 转引自 Kiernan, *Seeing Mary Plain*, 594。

60 1968 年 12 月 16 日, 玛丽·麦卡锡写给苏珊·桑塔格的书信, in Susan Sontag Archives at UCLA。

61 *Reborn*, 168.

62 Herbert Mitgang, "Victory in the Ashes of Vietnam," *New York Times*, February 4, 1969.

63 1968 年 12 月 16 日, 玛丽·麦卡锡写给苏珊·桑塔格的书信, in Susan Sontag Archives at UCLA。

64 Leticia Kent, "What Makes Susan Sontag Make Movies?" *New York Times*, October 11, 1970.

65 *As Consciousness*, 340.

66 关于这种情况及其在女权主义中作为一种周期性现象反复发生的全面的叙述, 参见, 例如: Susan Faludi, "American Electra," *Harper's*, October 2010。

67 Norman Mailer, "The Prisoner of Sex," *Harper's*, March 1971.

68 参见 *Town Bloody Hall* (1979) dir. D. A. Pennebaker and Chris Hegedus。

69 Leticia Kent, "Susan Sontag Speaks Up," *Vogue*, August 1971.

70 "The Third World of Women," *Partisan Review*, Spring 1973.

71 *On Photography* (Dell, 1978), 3.

72 Ibid., 9.

73 "How to Be an Optimist," *Vogue*, January 1975.

74 "A Woman's Beauty: Put-Down or Power Source?," *Vogue*, April 1975.

75 "Fascinating Fascism," *New York Review of Books*, February 6, 1975.

76 1977 年接受 Performing Arts Journal 采访, in *Conversations with Susan Sontag*, ed. Leland Pogue (University Press of Mississippi, 1995), 84。

77 出自 David Rieff, *Swimming in a Sea of Death* (Simon and Schuster, 2008), 35。里夫没有将这篇日记的内容收录到 *As Consciousness* 中。

78 Ibid.

79 1980 年接受 Wendy Lesser 采访, in *Conversations with Susan Sontag*, 197。

80 *Illness as Metaphor* (Vintage, 1979), 22.

81 Denis Donoghue, "Disease Should Be Itself," *New York Times*, July 16, 1978.

82　Castle, "Desperately Seeking Susan."

第九章　凯尔

1　参见 1963 年 8 月 28 日，罗伯特·西尔弗斯写给宝琳·凯尔的书信，in the Pauline Kael Papers at Lilly Library, Indiana University at Bloomington。

2　为《她们》所写的书评的初稿，出自 Pauline Kael Papers, 转引自 Brian Kellow, *Pauline Kael: A Life in the Dark* (Penguin, 2011)。

3　加利福尼亚州伯克利 KPFA 电台广播节目，日期不详（大约是 1962 年至 1963 年间），可见于 https://www.youtube.com/watch?v=sRhs-jKei3g。

4　Pauline Kael, "'Hud': Deep in the Divided Heart of Hollywood," *Film Quarterly*, Summer 1964.

5　1942 年 2 月 28 日，宝琳·凯尔写给 Rosenberg 的书信，转引自 Kellow, *Pauline Kael*, 29。

6　*City Lights*, Winter 1953, reprinted in *Artforum*, March 2002, 122.

7　1982 年接受 Los Angeles Reader 采访，in *Conversations with Pauline Kael*, ed. Will Brantley (University Press of Mississippi, 1996), 76。

8　参见 *Ed and Pauline*, dir. Christian Brando (2014)。

9　Ibid.

10　Ibid.

11　"Owner and Employe [sic] feud over 'Art'; Guess Who Has to Take Powder?" *Variety*, November 16, 1960.

12　"Wife Wants Artie Operators 'Wages,'" *Variety*, May 31, 1961.

13　"Fantasies of the Art House Audience," *Sight and Sound*, Winter 1961.

14　"Is There a Cure for Film Criticism?" *Monthly Film Bulletin*, （此处疑有误，正文里说的是 *Sight and Sound*），Spring 1962。

15　Andrew Sarris, "Notes on the Auteur Theory in 1962," *Film Culture*, Winter 1962–63.

16　"Circles and Squares," *Film Quarterly*, Spring 1963.

17　转引自 Kellow, *Pauline Kael*, 78。

18　Ibid. 这整个故事出自 Kellow, *Pauline Kael*, 78。

19　"Movie vs. Kael," *Film Quarterly*, Autumn 1963.

20　Ibid.

21　1991 年 8 月 28 日，接受 San Francisco Bay Guardian 的 Allen Barra 采访，in *Conversations with Pauline Kael*, 135。

22　参见 Kellow, *Pauline Kael*, 78。

23　1963 年 11 月 27 日，德怀特·麦克唐纳写给宝琳·凯尔的书信，in Pauline Kael Papers, Lilly Library, 转引自 Kellow, Pauline Kael, 70。

24　1963 年 9 月 14 日，伊丽莎白·哈德威克写给宝琳·凯尔的书信，in the Pauline Kael Papers, Lilly Library。

25　1963 年 10 月 25 日，苏珊·桑塔格写给宝琳·凯尔的书信，in the Pauline Kael Papers, Lilly Library。

26　Karen Durbin, 转引自 Kellow, *Pauline Kael*, 174。

27　"The Making of The Group," in *Kiss Kiss Bang Bang* (Little Brown, 1968), 97.

28　Kellow, *Pauline Kael*, 91.

29　这本书是《亲亲，砰砰》。

30　Pauline Kael, *I Lost It at the Movies* (Dell, 1965), 17.

31　参见 Sontag, *Against Interpretation*, 229。

32　Richard Schickel, "A Way of Seeing a Picture," *New York Times*, March 14, 1965.

33　"Circles and Squares."

34　Geoffrey Nowell-Smith, Review of *I Lost It at the Movies*, *Sight and Sound*, Summer 1965.

35　"The Sound of..." in *Kiss Kiss Bang Bang*, 177.

36　"Sez McCall's Stein: Kael Pans Cinema Profit Motives," *Variety*, July 20, 1966.

37　"Bonnie and Clyde," *New Yorker*, October 21, 1967.

38　接受 Marc Smirnoff 采访，Oxford American, Spring 1992 in *Conversations with Pauline Kael*, 155。

39　Ibid., 156.

40　1962 年 5 月 26 日，路易丝·布鲁克斯写给宝琳·凯尔的书信，转引自 Kellow, *Pauline Kael*。

41　参见 *Variety*, December 13, 1967。

42　"Trash, Art, and the Movies," *Harper's*, February 1969.

43　"Raising Kane," *New Yorker*, February 20, 1971.

44　Mordecai Richler, "The Citizen Kane Book," *New York Times*, October 31, 1971.

45　"The Art of Fiction No. 13: Dorothy Parker."

46　Andrew Sarris, "Films in Focus," *Village Voice*, April 1, 1971.

47　Kenneth Tynan, "The Road to Xanadu," *Observer*, January 16, 1972.

48　参见 Barbara Leaming, *Orson Welles: A Biography*（Limelight Editions, 2004），476。

49　Peter Bogdanovich, "The Kane Mutiny," *Esquire*, October 1972.

50　"Raising Kael," 1971 年 4 月 24 日接受《星期六文学评论》的 Hollis Alpert 采访，in *Conversations with Pauline Kael*, 13。

51　James Wolcott, *Lucking Out: My Life Getting Down and Semi-Dirty in Seventies New York* (Anchor, 2011), 67.

52　Kellow, *Pauline Kael*,167.

53　John Gregory Dunne, "Pauline" in *Quintana and Friends* (Penguin, 2012).

第十章　迪迪翁

1　Pauline Kael, "The Current Cinema," *New Yorker*, November 11, 1972.

2　Dunne, "Pauline."

3　此处关于迪迪翁的家庭的细节出自 Tracy Daugherty, *The Last Love Song: A Biography of Joan Didion*（St. Martin's, 2015）。

4　"Joan Didion, The Art of Nonfiction No. 1," *Paris Review*, Spring 2006.

5　*Where I Was From* (Vintage, 2003), 211.

6　"Farewell to the Enchanted City," *Saturday Evening Post*, January 14, 1967, republished as "Goodbye to All That" in *Slouching Towards Bethlehem* (Farrar, Straus and Giroux, 1968).

7　"Jealousy: Is It a Curable Illness?" *Vogue*, June 1961.

8　"Telling Stories in Order to Live," 2006 年 6 月 3 日参见国家图书奖活动时接受的采访，之前可在网上观看，此处依据的是从作者处复制的文件。

9　"Finally (Fashionably) Spurious," *National Review*, November 18, 1961.

10　"The Current Cinema," *New Yorker*, November 11, 1972.

11　"Letter from 'Manhattan,'" *New York Review of Books*, August 16, 1979.

12　Pauline Kael, "The Current Cinema," *New Yorker*, October 27, 1980.

13　"Movies," *Vogue*, February 1, 1964.

14　"Movies," *Vogue*, March 1, 1964.

15　"Movies," *Vogue*, June 1, 1964.

16　"Movies," *Vogue*, November 1, 1964.

17　"Movies," *Vogue*, May 1, 1965.

18　"How Can I Tell Them There's Nothing Left," *Saturday Evening Post*, May 7, 1966, republished as "Some Dreamers of the Golden Dream" in *Slouching Towards Bethlehem*.

19　霍华德·威克斯写给编辑的信, *Saturday Evening Post*, June 18, 1966。

20　"The Big Rock Candy Figgy Pudding Pitfall," *Saturday Evening Post*, December 3, 1966.

21　"Farewell to the Enchanted City."

22 "Pretty Nancy," *Saturday Evening Post*, June 1, 1968.

23 Nancy Skelton, "Nancy Reagan: Does She Run the State Or the Home?" *Fresno Bee*, June 12, 1968.

24 "Slouching Towards Bethlehem," *Saturday Evening Post*, September 23, 1967.

25 桑尼·布伦特伍德写给编辑的信, *Saturday Evening Post*, November 4, 1967。

26 "Places, People and Personalities," *New York Times*, July 21, 1968.

27 "Her Heart's with the Wagon Trains," *Christian Science Monitor*, May 16, 1968.

28 参见 *Los Angeles Times*, August 2, 1970 上这个标题的文章。

29 参见 *Newsday*, October 2, 1971 上这个标题的文章。

30 Alfred Kazin, "Joan Didion, Portrait of a Professional," *Harper's*, December 1971.

31 *The Year of Magical Thinking* (Vintage, 2006), 111.

32 "A Problem of Making Connections," *Life*, December 9, 1969.

33 "The Women's Movement," *New York Times*, July 30, 1972.

34 迪迪翁引用了 Wendy Martin, ed. *The American Sisterhood: Writings of the Feminist Movement from Colonial Times to the Present*（Harper and Row, 1972）。

35 "The Women's Movement."

36 "African Stories," *Vogue*, October 1, 1965.

37 苏珊·布朗米勒写给编辑的信, *New York Times*, August 27, 1972。

38 "The White Album," in *The White Album* (Farrar, Straus and Giroux, 1979), 11.

39 Ibid., 142.

40 "Hollywood: Having Fun," *New York Review of Books*, March 22, 1973.

41 写给编辑的信, *New York Review of Books*, April 19, 1973。

42 "Letter from 'Manhattan.'"

43 "They'll Take Manhattan," *New York Review of Books*, October 11, 1979.

44 Wolcott, *Lucking Out*, 61.

45 "Love and Death in the Pacific," *New York Times Book Review*, April 22, 1984.

46 *Salvador* (Vintage, 2011), 17.

47 "Insider Baseball," *New York Review of Books*, October 27, 1988.

第十一章　埃夫龙

1 *Heartburn* (Knopf, 1983), 3.

2 1996 年在韦尔斯利学院的学位颁授典礼上的演讲, 可见于 http://www.wellesley.edu/events/commencement/archives/1996commencement。

3 "Dorothy Parker" in *Crazy Salad and Scribble Scribble* (Vintage, 1972), 168.

4　参见 Henry Ephron, *We Thought We Could Do Anything*（Norton, 1977），12–13。

5　菲比·埃夫龙的悼词，printed as "Epilogue," in *We Thought We Could Do Anything*, 209。

6　Ibid., 211.

7　"The Legend," from *I Remember Nothing* (Random House, 2010), 37.

8　"Epilogue," in *We Thought*, 210.

9　Bosley Crowther, "The Screen," *New York Times*, December 20, 1944.

10　Henry and Phoebe Ephron, *Take Her, She's Mine* (Samuel French, 2011), 18.

11　Thomas R. Dash, "Bringing Up Father Theme Yields Tempest of Mirth," *Women's Wear Daily*, December 26, 1961.

12　"Take Her, She's Mine," *Variety*, November 29, 1961.

13　出自《向伯利恒跋涉》前言，xiv。

14　"Journalism: A Love Story," in *I Remember Nothing*.

15　"Dorothy Schiff and the New York Post," *Esquire*, April 1, 1975.

16　出自《疯狂聚会上的壁花》序言，（Bantam, 2007），18。

17　*New York Post*, September 23, 1967.

18　"Dorothy Schiff and the New York Post."

19　此次采访的这个片段出自 *Everything Is Copy*, dir. Jacob Bernstein（2016）。

20　采访梅格·瑞恩，出自 *Everything Is Copy*, dir. Jacob Bernstein（2016）。

21　"A Strange Kind of Simplicity," *New York Times*, May 5, 1968.

22　"Dick Cavett Reads Books," *New York Times*, June 2, 1968.

23　Review of *Do You Sleep in the Nude? New York Times*, July 21, 1968.

24　"Where Bookmen Meet to Eat," *New York Times*, June 22, 1969.

25　接受 Michael Lasky 采访, *Writer's Digest*, April 1974, reprinted in *Nora Ephron: The Last Interview and Other Conversations*（Melville House, 2015）。

26　"Women's Wear Daily Unclothed," *Cosmopolitan*, January 1968, reprinted in *Wallflower at the Orgy*.

27　"Helen Gurley Brown Only Wants to Help," *Esquire*, February 1970, reprinted as "If You're a Little Mooseburger, Come with Me. I Was a Mooseburger and I Will Help You," in *Wallflower at the Orgy*.

28　Joan Didion, "Bosses Make Lousy Lovers," *Saturday Evening Post*, January 30, 1965.

29　*Nora Ephron: The Last Interview*.

30　"Mush," *Esquire*, June 1971.

31　出自《疯狂聚会上的壁花》序言。

32　"Some Words About My Breasts," *Esquire*, May 1972.

33 "Women," *Esquire*, July 1972.

34 Alix Kates Shulman, *Memoirs of an Ex-Prom Queen* (Knopf, 1972), 17.

35 "On Never Having Been a Prom Queen," *Esquire*, August 1972.

36 "Miami," *Esquire*, November 1972.

37 "Vaginal Politics" in *Crazy Salad*.

38 Christopher Bollen 采访琼·迪迪翁，可见于 *V*, http://www.christopherbollen. com/archive/joan_didion.pdf。

39 "Dealing with the uh, Problem," *Esquire*, March 1973.

40 "On Never Having Been a Prom Queen."

41 "Truth and Consequences," *Esquire*, May 1973.

42 "A Star Is Born," *New York Magazine*, October 1973.

43 转引自 "Guccione's Ms. Print," *New York*, October 29, 1973。

44 "Women: The Littlest Nixon," *New York*, December 24, 1973.

45 参见，例如："The Legend," in *I Remember Nothing*, 37。

46 这个片段出自 *Everything Is Copy*。

47 Jurate Karickas, "After Book, Friends No More," *Atlanta Constitution*, August 3, 1975.

48 *Nora Ephron: The Last Interview*.

49 Peter Stone, "Nora Ephron: 'I Believe in Learning the Craft of Writing,'" *Newsday*, December 5, 1976.

50 "The Story of My Life in 5,000 Words or Less," in *I Feel Bad About My* Neck (Knopf, 2006).

51 Ibid., 86.

52 Jesse Kornbluth, "Scenes from a Marriage," *New York Magazine*, March 14, 1983.

第十二章　阿伦特和麦卡锡和莉莲·赫尔曼

1 1970 年 11 月 1~2 日，汉娜·阿伦特发给玛丽·麦卡锡的电报，reprinted in *Between Friends*。

2 1970 年 11 月 22 日，汉娜·阿伦特写给玛丽·麦卡锡的书信，reprinted in *Between Friends*。

3 "Saying Good-by to Hannah," *New York Review of Books*, January 22, 1976.

4 1980 年 2 月 26 日，玛丽·麦卡锡写给 Ben O'Sullivan 的书信，in the Mary McCarthy Papers at Vassar。

5 The Dick Cavett Show, October 17, 1979, 转引自 Kiernan, *Seeing Mary Plain*, 673。

6 Jane Kramer, 转引自 Kiernan, *Seeing Mary Plain*, 674。

7　Irving Howe, 转引自 Kiernan, *Seeing Mary Plain*, 674。

8　Dick Cavett, "Lillian, Mary and Me," *New Yorker*, December 16, 2002.

9　"Miss Hellman Suing a Critic For \$2.25 Million," *New York Times*, February 16, 1980.

10　Norman Mailer, "An Appeal to Lillian Hellman and Mary McCarthy," *New York Times*, May 11, 1980.

11　Martha Gellhorn, "Guerre de Plume," *Paris Review*, Spring 1981.

12　Nora Ephron,《想象出来的朋友》前言,（Vintage, 2009）。

第十三章　阿德勒

1　Lili Anolik, "Warren Beatty, Pauline Kael, and an Epic Hollywood Mistake," *Vanity Fair*, February 2017.

2　"The Perils of Pauline," *New York Review of Books*, August 14, 1980.

3　马修·怀尔德写给编辑的信, *New York Review of Books*, February 5, 1980。

4　John Leonard, "What Do Writers Think of Reviews and Reviewers?" *New York Times*, August 7, 1980.

5　*Time*, July 27, 1980.

6　Jesse Kornbluth, "The Quirky Brilliance of Renata Adler," *New York*, December 12, 1983.

7　1961 年 8 月 29 日, 玛丽·麦卡锡写给 Carmen Angleton 的书信, 转引自 Kiernan, *Seeing Mary Plain*, 499。

8　转引自 Kiernan, *Seeing Mary Plain*, 500。

9　Review of *John Hersey's Here to Stay*, *Commentary*, April 1963.

10　"Talk of the Town," *New Yorker*, December 8, 1962.

11　"Polemic and the New Reviewing," *New Yorker*, July 4, 1964.

12　Ibid.

13　"Comment," *New Yorker*, July 20, 1963.

14　*Gone: The Last Days of the "New Yorker"* (Simon and Schuster, 1999), 82.

15　接受 Christopher Bollen 采访, *Interview*, August 14, 2014。

16　*Gone*, 33.

17　2015 年 11 月, 我在纽约大学人类学学院（New York Institute for the Humanities）就本书的调研进展作演讲时, 阿德勒在问答环节中这样说。

18　"Polemic and the New Reviewing," *New Yorker*, July 4, 1964.

19　Irving Kristol, "On Literary Politics," *New Leader*, August 3, 1964.

20　"Letter from Selma," *New Yorker*, April 10, 1965.

21 Jesse Kornbluth, "The Quirky Brilliance of Renata Adler," *New York*, December 12, 1983.

22 "Fly Trans Love Airways," *New Yorker*, February 25, 1967.

23 Ibid.

24 Introduction to *Toward a Radical Middle: Fourteen Pieces of Reporting and Criticism* (Dutton, 1971).

25 "A Teutonic Striptease," *New Yorke*r（此处疑有误，应为 *New York Times*）, January 4, 1968。

26 "Norman Mailer's Mailer," *New York Times*, January 8, 1968.

27 这则广告在 *Adler v. Condé Nast Publications, Inc.*, 643 F. Supp. 1558（S.D.N.Y. 1986）的庭审过程中被引用。

28 Lee Beauport, "Trade Making Chart on Renata Adler; But Some Like Her Literary Flavor," *Variety*, March 6, 1968.

29 "How Movies Speak to Young Rebels," *New York Times*, May 19, 1968.

30 "Science + Sex = Barbarella," *New York Times*, October 12, 1968.

31 接受 Christopher Bollen 采访, *Interview*, August 14, 2014。

32 *Pitch Dark*, (NYRB Classics, 2013), 5.

33 Renata Adler, *Reckless Disregard: Westmoreland v. CBS et al.; Sharon v. Time* (Knopf, 1986).

34 Ronald Dworkin, "The Press on Trial," *New York Review of Books*, February 26, 1987.

35 参见 Robert Gottlieb, *Avid Reader: A Life*（Farrar, Straus and Giroux, 2016）, 220。

36 *Gone*, 203.

37 Robert Gottlieb, "Ms. Adler, the New Yorker, and Me," *New York Observer*, January 17, 2000.

38 *Gone*, 125.

39 "A Court of No Appeal," *Harper's*, August 2000.

40 Ibid.

41 Ibid.

42 "Decoding the Starr Report," *Vanity Fair*, February 1999.

43 Rachel Cooke, "Renata Adler: 'I've Been Described as Shrill. Isn't That Strange?'" *Guardian*, July 7, 2013.

第十四章　马尔科姆

1 *In the Freud Archives* (Knopf, 1983), 35.

2   Ibid., 133

3   "Janet Malcolm, The Art of Nonfiction No. 4," 接受 Katie Roiphe 采访 , *Paris Review*, Spring 2011。

4   "A Star Is Borne," *New Republic*, December 24, 1956.

5   "Black and White Trash," *New Republic*, September 2, 1957.

6   James F. Hoyle 写给编辑的信 , *New Republic*, September 9, 1957。

7   Hal Kaufman 写给编辑的信 , *New Republic*, September 30, 1957。

8   "D. H. Lawrence and His Friends," *New Republic*, February 3, 1958.

9   诺曼·梅勒写给编辑的信 , *New Republic*, March 9, 1959。

10 "Children's Books for Christmas," *New Yorker*, December 17, 1966.

11 "Children's Books for Christmas," *New Yorker*, December 14, 1968.

12 "Help! Homework for the Liberated Woman," *New Republic*, October 10, 1970.

13 "No Reply," *New Republic*, November 14, 1970.

14 "About the House," *New Yorker*, March 18, 1972.

15 出自《黛安娜和尼康》前言（Aperture, 1997）。

16 "Slouching Towards Bethlehem, Pa.," *New Yorker*, August 6, 1979.

17 "Artists and Lovers," *New Yorker*, March 12, 1979.

18 "The One-Way Mirror," *New Yorker*, May 15, 1978.

19 *Psychoanalysis: The Impossible Profession* (Knopf, 1977), 47.

20 Joseph Adelson, "Not Much Has Changed Since Freud," *New York Times*, September 27, 1981.

21 *Psychoanalysis*, 110.

22 Ibid., 41.

23 Ibid., 38.

24 https://www.salon.com/2000/02/29/malcolm/.

25 Ibid., 163.

26 珍妮特·马尔科姆写给编辑的信，*New York Times*, June 1, 1984。

27 参见，例如：Robert Boynton, "Who's Afraid of Janet Malcolm?" *Mirabella*, November 1992, 可见于 http://www.robertboynton.com/articleDisplay.php?article_id=1534。

28 "Janet Malcolm, The Art of Nonfiction No. 4."

29 *The Journalist and the Murderer* (Vintage, 1990), 3.

30 我记得马尔科姆是在 2011 年 9 月 30 日与 Ian Frazier 一起参加《纽约客》节时说这番话的。

31 *The Journalist and the Murderer*, 3.

32 Albert Scardino, "Ethics, Reporters, and the New Yorker," *New York Times*, March 21,

1989.

33　Ron Grossman, "Malcolm's Charge Turns on Itself," *Chicago Tribune*, March 28, 1990.

34　David Rieff, "Hoisting Another by Her Own Petard," *Los Angeles Times*, March 11, 1990.

35　Nora Ephron in the *Columbia Journalism Review*, July 1, 1989.

36　Jessica Mitford in the *Columbia Journalism Review*, July 1, 1989.

37　John Taylor, "Holier Than Thou," *New York*, March 27, 1989.

38　David Margolick, "Psychoanalyst Loses Libel Suit Against a New Yorker Reporter," *New York Times*, November 3, 1994.

39　"Janet Malcolm, The Art of Nonfiction No. 4."

40　"The Morality of Journalism," *New York Review of Books*, March 1, 1990.

41　*The Journalist and the Murderer*, 159–60.

42　参见 *New Yorker*, July 11, 1994 上这个标题的文章。

43　*The Silent Woman: Sylvia Plath and Ted Hughes* (Vintage, 1995), 13.

44　特德·休斯写的书信，转引自 *The Silent Woman*, 53。

45　Ibid., 48.

46　珍妮特·马尔科姆写给苏珊·桑塔格的书信，日期为 1998 年 10 月 3 日，in the Susan Sontag Archive at UCLA。

47　"A Girl of the Zeitgeist," *New Yorker*, October 20, 27, 1986.

后　记

1　1985 年 10 月，玛丽·麦卡锡参加在旧金山举办的 City Arts and Lectures 时作的演讲，转引自 Kiernan, *Seeing Mary Plain*, 710。

2　Adrienne Rich, "Conditions for Work: The Common World of Women," in *On Lies, Secrets and Silence* (Norton, 1979).

3　Adrienne Rich and Susan Sontag, "Feminism and Fascism: An Exchange," *New York Review of Books*, March 20, 1975.

4　接受 Christopher Bollen 采访，日期不详，可见于 http://www.christopherbollen.com/archive/joan_didion.pdf。

5　Arendt, *Varnhagen*, 218.

索　引

（此部分页码为英文版页码，即本书页边码。）

图书在版编目（CIP）数据

那些特别善于表达自己观点的女人 /（加）米歇尔·迪安（Michelle Dean）著；冯璇译. -- 北京：社会科学文献出版社，2023.6

书名原文：Sharp: The Women Who Made an Art of Having an Opinion

ISBN 978-7-5228-1658-6

Ⅰ.①那… Ⅱ.①米… ②冯… Ⅲ.①女性－名人－传记－世界 Ⅳ.①K818.5

中国国家版本馆CIP数据核字（2023）第079576号

那些特别善于表达自己观点的女人

著　者 / ［加］米歇尔·迪安（Michelle Dean）
译　者 / 冯　璇

出 版 人 / 王利民
组稿编辑 / 段其刚
责任编辑 / 陈嘉瑜　周方茹
责任印制 / 王京美

出　　版 / 社会科学文献出版社·联合出版中心（010）59367151
　　　　　地址：北京市北三环中路甲29号院华龙大厦　邮编：100029
　　　　　网址：www.ssap.com.cn
发　　行 / 社会科学文献出版社（010）59367028
印　　装 / 南京爱德印刷有限公司

规　　格 / 开　本：889mm×1194mm 1/32
　　　　　印　张：12.625　字　数：314千字
版　　次 / 2023年6月第1版　2023年6月第1次印刷
书　　号 / ISBN 978-7-5228-1658-6
著作权合同
登 记 号 / 图字01-2020-2547号
定　　价 / 78.00元

读者服务电话：4008918866